U0872866

扎实做机器、口碑做
客户的梦
家名优产品
东佳明机器有限公司
KAI MING
ISO 14001
ISO 9001
质量管理体系认证证书
广东省名牌产品
广东省著名商标证书
公示：
连续十年
广东省守合同重信用企业
监督机关：广东省工商行政管理局
年 月 日
KAI MING
广东佳明机器
Guangdong Kaiming Eng

Guangdong Kaiming
Engineering

就是我们创作的源泉

智峰三代伺服注塑机

智峰三代伺服系列注塑机采用更先进的独立控制方式，专用伺服控制电脑，从而使智峰三代伺服注塑机的效率、精密度、稳定性、可维护性和噪声等方面有了质的飞跃。

佳明智峰系列伺服注塑机是佳明公司新一代的伺服产品，采用名牌进口部件，专用伺服控制电脑，先进的控制方式，配备性能优良的机械部件，组建起高品质的佳明伺服系统，佳明伺服系统以超高节能，超高精度，超低噪声赢得了广大客户的一致青睐。

佳明伺服系统通过模拟控制压力及流量，系统稳定、可控性强、效率高、大大提高了节能性，较传统机器节能达20%~80%。佳明伺服系统的不断完善，使佳明公司的伺服控制技术不断迈上新台阶。

公司
g Co.,Ltd.

公司地址：广东省佛山市三水乐平工业区C区15号
销售电话：0757-83602888　销售传真：0757-83601899
http://www.km-machine.com.cn
E-mail: sales@km-machine.com.cn

扎实做机器、口碑做品

客户的梦

KDX系列油电复合高速精密注塑机

KDX系列油电复合注塑机是广东佳明机器有限公司的最新之作，该系列注塑机是基于佳明公司成熟的伺服电机注塑机技术，以“节能、高速、高精密”的设计理念，结合国外先进的全电动机注塑机技术，针对手机产品、电子产品等创新研发的高速、高精密注塑机。产品在能耗、注射速度、重复精度等多项技术性能处国内领先水平。

优点

创新设计： 开合模、顶出、中子等动作采用节能的伺服电动机液压泵驱动系统，射胶、储料采用伺服电动机驱动。

功能齐全： 保留油压锁模的高锁模力，具备完善的中子、绞牙等功能。

高射速： 最大注射速度达500mm/s，注射加速度12m/S^2，是普通高速机的2~3倍。

高精密： 采用国外知名品牌的伺服电动机直接驱动注射系统，实现高应答、低噪声、更加精密的速度定位与压力控制。具有高重复精度以及稳定的背压系统。

低能耗： 等同于全电动机注塑机的低能耗

高性价比： 具备全电动机注塑机的优点，达到进口注塑机的性能，满足高精密注射成型要求，只需全电动机一半的价钱，更适合客户使用。

KAI MING

广东佳明机器有限

Guangdong Kaiming Engineeri

Guangdong Kaiming Engineering

品牌

梦想就是我们创作的源泉

广东佳明机器有限公司位于佛山市三水区乐平镇中心科技工业园C区15号，是一家集机械加工、注塑机设计研发、装配、调试、销售和售后服务为一体的专业生产注塑机自主品牌企业，建立有多条铸造智能型生产线和柔性加工生产线以及大、中、小型注塑机流水装配生产线；年产注塑机可达8 000余台，产品主要销往全国各地以及欧盟、俄罗斯、马来西亚、意大利和泰国等多个国家和地区。

公司属于国家高新技术企业，建立有三水区注塑机械工程技术研究开发中心、佛山市精密注塑机械工程技术研究开发中心和广东省节能注塑机械技术中心。公司成功自主研发有KX系列注塑机、KSS系列双色机、大型KS系列两板直压机以及PD4000t以上的超大型节能注塑机，共有8个系列、27种机型，拥有多项发明和实用新型专利，所有机型均达到了国家1级能耗指标，连续3年被国家部委纳入节能推荐产品目录。

公司建立有完善的质保体系、环保体系和计量管理体系，分别通过了ISO9001国际质量管理体系认证、ISO14001环境管理体系认证、ISO12001国际计量标准体系认证、国家注塑机产品质量认证、韩国SKC认证和欧盟产品CE安全体系认证。公司是广东省民营科技企业、广东省名牌企业、广东省著名商标企业、广东省重合同守信用企业、广东省装备制造业100强企业、国际标准采标企业、佛山市雄鹰企业、广东省智能制造100强重点扶持企业、广东省诚信示范企业、全国注塑机优秀节能企业和国家高新技术企业。佳明牌注塑机也分别获得了广东省名牌、广东省著名商标、广东省高新技术产品、全国注塑机质量过硬放心品牌和上佳节能注塑机产品品牌。

有限公司

gineering Co.,Ltd.

公司地址：广东省佛山市三水乐平工业区C区15号

销售电话：0757-83602888　　销售传真：0757-83601899

http://www.km-machine.com.cn

E-mail: sales@km-machine.com.cn

力勁集團
L.K.GROUP

中国名牌 香港名牌 广东名牌 上海名牌 中国机械500强

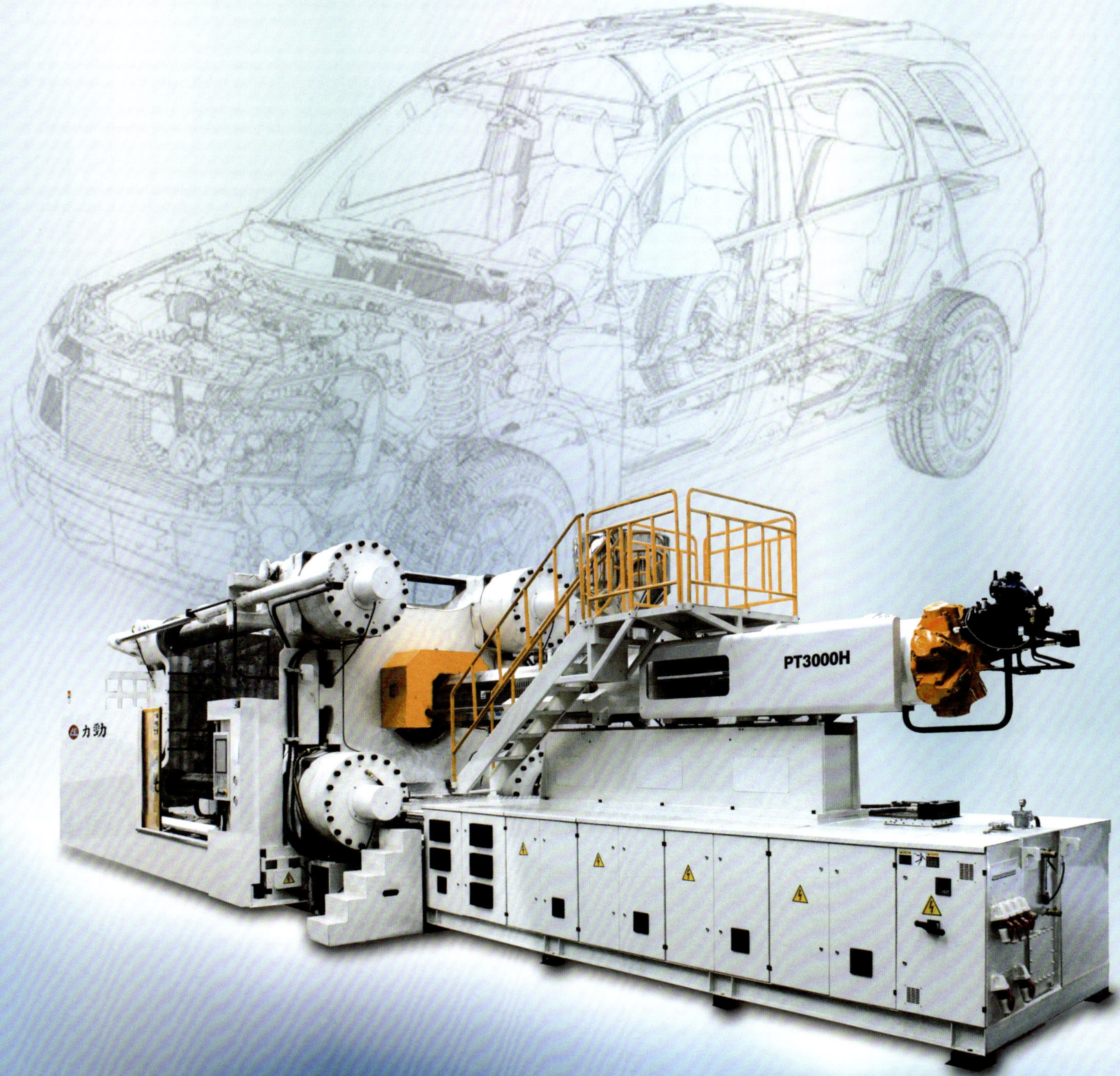

两板式高性能大型注塑机 FORZA 3000H

运用当前工业的先进技术，结合多家国内外一流塑胶生产厂家的实际生产经验研发出FORZA系列注塑机，具备先进的射胶、锁模、控制性能。专注于汽车零部件的生产，如车灯架、仪表盘、保险杠以及家电、环保塑胶等大型注塑件产品。

力劲微信公众号

总部地址：香港新界葵涌华星街1-7号美华工业大厦8字楼A室
电话：0852-3412 5500 E-mail:sales@lkmachinery.com.hk http://www.lkgroup.com.cn

我们知道您想缩短机器成型周期时间

我们也了解您需要保证极高的制品重复精度

我们为您铺平道路实现大幅提升生产效率的目标

专利设计

- 专利技术6油缸均布直压锁模结构有效保护模具变形，更好地保护模具。
- 节能环保，较传统定量泵系统机型平均节能50%以上。
- 更短成型周期，较传统机型缩短30%成型周期时间。
- 极高的制品重复精度，重量重复误差少于千分之五。

东华机械

WELLTEC

1000-4000JSe

第三代超大型伺服驱动两板式注塑机

锁模干周期仅为6S

东华微信号

www.donghua-ml.com

YIZUMI伊之密 股票代码：300415

广东伊之密精密机械股份有限公司，是专注于“模压成型”专用机械设备的设计、研发、生产、销售及服务的高新技术企业，以高精度注射成型机、高性能铝镁合金压铸机、高品质橡胶机为主导产品。

自2002年创立发展至今，现已成为中国颇具竞争力和发展潜力的大型装备综合服务商、中国颇具规模的装备制造企业之一，是中国塑料机械工业协会副会长单位、 国家高新技术企业及国家火炬计划项目实施单位。 拥有省级企业技术中心、 工程中心并设立博士后科研工作站，率先通过了CE认证、ISO 9001 — 2000 版质量体系认证。公司各生产基地总占地面积逾 20 万m^2，拥有职工2 000多名。

2011年3月，伊之密成功收购了美国百年企业HPM公司的全部知识产权，这是伊之密迈向全球化的重要里程碑。同年，为了进一步推动企业发展，优化企业格局，广东伊之密精密机械股份有限公司完成股份制改造。2014年股份公司旗下又相继成立了伊之密品牌高速包装和伊之密机器人自动化两个事业部，实现了伊之密在机械装备领域细分市场纵深发展的又一战略步骤。2015年1月23日，伊之密成功登陆深交所A股市场(股票代码：300415)，成为先期在深交所创业板上市的模压成型装备制造企业。

在全球，伊之密有多个技术服务中心和30多个海外经销商，业务覆盖近50个国家和地区。另外，伊之密计划将在印度、南美、欧洲等重要的海外市场建立海外生产基地，为全球客户提供更好的产品和服务。

广东伊之密精密机械股份有限公司

Tel:0086-757-2926 2000 www.yizumi-group.com

广东省名牌产品 广东省著名商标 国家级高新技术企业 CE认证 ISO9001 TUV认证

YIZUMI伊之密

让中国装备技术与世界同步

股票代码：300415

一样的杰出 不一样的A5

A5标准型高端伺服注塑机

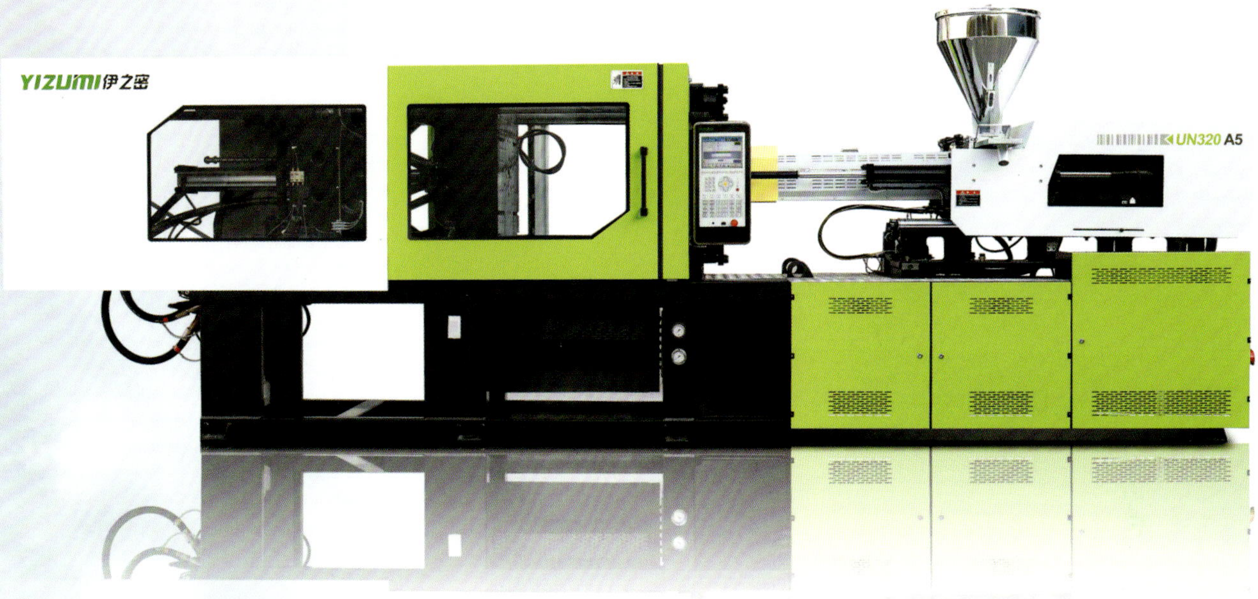

适用范围广

精密稳定

高效节能

可靠耐用

人性化

广东伊之密精密机械股份有限公司
GUANGDONG YIZUMI PRECISION MACHINERY CO.,LTD.

地址：广东省佛山市顺德区大良顺昌路12号

Tel:0086-757-2921 9800　0086-757-2926 5150 (overseas)

伊之密官方微信

TONGJIA 通佳

★ 中国塑料机械工业协会副会长单位
★ 中国塑料加工工业协会副理事长单位
★ 国家火炬计划重点高新技术企业

塑料发泡机械系列

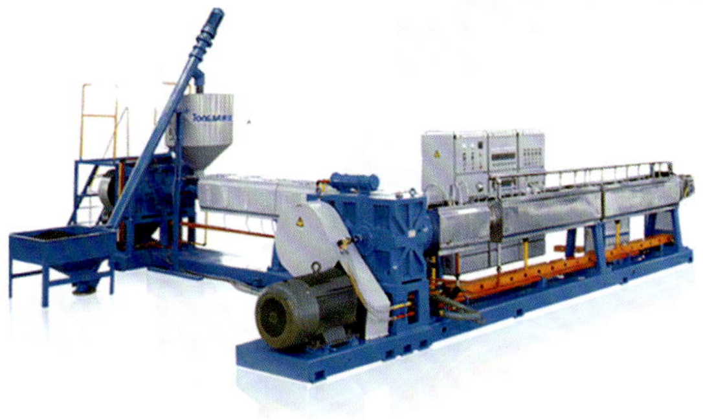

塑料挤出机械系列

山东通佳机械有限公司
SHANDONG TONGJIA MACHINERY CO., LTD.

0537-2271266 2271966
传真：0537-2984888 E-mail:sales@tongjia.com

山东通佳机械有限公司地处山东省济宁国家高新技术产业开发区，占地面积 28 万 m^2，是中国塑料机械工业协会副会长单位、中国塑料加工工业协会副理事长单位、国家火炬计划重点高新技术企业、中国专利山东明星企业。通佳品牌已在全球46个国家和地区成功注册,公司产品通过欧盟CE认证,用户遍及全国各地和世界60多个国家和地区。

公司设有国家塑料机械工程技术研究中心，先后研制开发出九大类一百八十多种规格的具有国际先进水平的塑料机械装备，其中有多项产品填补了国内空白，获得多项省部级科技进步奖和国家专利，并分别被列为国家重点新产品、山东名牌产品、国家火炬计划项目、国家技术创新基金项目。

通佳机械愿与国内外客户携手共进，共创美好未来！

高效节能注塑机系列

塑料中空成型机系列

地 址：山东省济宁国家高新技术产业开发区 327 国道 96 号

http://www.tongjia.com

通佳机械手机网站

通佳机械微信公众平台

金明
JINMING
FOCUS ON INNOVATION

1. 金明五层重型包装袋薄膜线——中国领先的五层重包线

金明与埃克森美孚将在金明实验中心展出，该设备生产的重型包装袋薄膜已经通过严格的摔包试验。在设备性能和配方上，实现市场化。

M5B-900Q-C重型包装袋薄膜线
适用原料：HDPE、LDPE、LLDPE/LDPE、mLLDPE、PP
膜宽：最大750mm
夹辊：900mm
最大产能：360 kg/h (LDPE)；300 kg/h (LDPE+LLDPE，膜宽 550mm)

五层重包线优势：

- 提高设备产量和包装速度
- 较好的韧性及蠕变强度保证了更高效的包装操作及托盘的稳定性
- 提高表面光泽度
- 优良的抗冲击性保证运输安全
- 相比三层结构，配方更加灵活，从而有效降低配方成本

2. 金明五层自立袋薄膜机组

自立袋仍是深受诸多品牌商喜爱的一种包装形式。根据欧睿国际预测，2014－2019年，自立袋的年均销量将增长6%。2015年，中国和印度在食品包装增长中占50%。2014年仅亚太地区销量就提高5%。针对如此巨大的自立袋国际市场需求，经过长期的研发与试验，金明与埃克森美孚共同在金明实验中心2800mm五层共挤高阻隔薄膜生产线上成功研发出用于制作无菌液体自立袋的解决方案。

M5B-2800Q-C五层自立袋薄膜机组
适用原料：HDPE、LDPE、LLDPE/LDPE、mLLDPE、PP
Film width: 2600 mm (max.)
膜宽：最大2600mm
Nip roller: 2800 mm
夹辊：2800mm
Machine output: 800 kg/h (LDPE)
最大产能：800kg/h（LDPE）

五层自立袋薄膜机组优势：

- 实现薄膜的减薄，降低成本
- 更好的薄膜热封性能，达到抗污染的目的
- 高产量输出
- 薄膜具备更好的弯曲性能
- 良好的薄膜透明度

3. 亚太区领先的11层高阻隔功能性流延生产线

2003年，金明率先诞生了薄膜流延生产线。2012年，金明公司推出了镀铝膜 CPP 流延生产线，标志着金明流延膜设备正式进入国内流延膜设备尖端市场。2013年，从生产更大宽幅、更大产量功能性流延膜的目标出发，金明研发出国内最大宽幅（5500mm）的流延膜设备。2014年，公司成为率先具备生产11层共挤高阻隔流延薄膜设备能力的企业。通过三年的不懈努力和技术不断创新发展，逐步奠定金明在流延装备领域的领先地位。

M9L-2500-C11层高阻隔功能性流延生产线

适用原料：HDPE、LDPE、LLDPE/LDPE、mLLDPE、PP、PA EVOH、TIE

膜宽：2200mm

薄膜厚度：60~250μm

最大产能：810kg/h

4. 金明五层热收缩膜机组

热收缩膜因其用量大，对薄膜品质要求高等需求特点，行业内客户对薄膜吹塑机组的性能提出了要求，金明实验中心成功研制的2800mm五层热收缩膜吹塑机组，最高产能达到700kg/h，设备配置金明最新的高效冷却风环。

M5B-2800Q-C五层热收缩膜机组

适用原料：HDPE、LDPE、LLDPE/LDPE、mLLDPE、PP

Film width: 2600 mm (max.)

膜宽：最大2600mm

Nip roller: 2800 mm

夹辊：2800mm

Machine output: 800 kg/h (LDPE)

最大产能：800kg/h（LDPE）

---

5. PVDC薄膜专用吹塑机组

由金明和陶氏化学在2014年合作的PVDC项目，金明目前已经在成果吸收和孵化上取得显著进展。

顶包裹技术:

广东金明精机股份有限公司

部地址：广东省汕头市濠江区河浦大道（深汕高速路河浦出口）
电话：0754－89811 333 8820 7788
传真：0754－8820 6886
邮编：515098
E-mail：sales@jmjj.com
http://www.jmjj.com

华北办事处
地址：北京亚运村慧忠北里312号天创世缘B2－906
电话：010－6480 1790
传真：010－6480 1956
邮编：100012
E-mail：bj-office@jmjj.com

华东办事处
地址：苏州市工业园区苏虹中路225号星虹国际2006室
电话：0512-6593 9383
传真：0512-6593 9383
邮编：215024
E-mail：sh-office@jmjj.com

华南办事处
地址：广州市广园东路2191号时代新世界中心南塔1308室
电话：020－8764 3983
传真：020－8764 3983
邮编：510500
E-mail：gz-office@jmjj.com

西南办事处
地址：成都市高新区天府大道北段茂业中心A塔709
电话：028-8338 5878
传真：028-8338 5878
邮编：610000
E-mail：cd-office@jmjj.com

震雄 注塑机低碳减排技术的先驱

震雄集团是率先引入节能技术的注塑机生产商之一，早在2000年便开发出一系列节能机型，在该领域的研究上历史悠久。自2007年起，震雄全线产品均为节能减排型，而近期全新推出的第三代伺服驱动SVP/3系列注塑机，在节能效果、反应速度、精确度及性价比等方面均全面优化，继续为客户带来看得见的成本效益。

震雄在二板机市场亦一直处于行业领先地位，早在2007年，震雄集团便成功研发出国内领先的真正二板式注塑机，开创了国内二板机技术的新里程；2013年，震雄自主研发制造成功推出6 500 t伺服驱动二板大型注塑机，标志着震雄二板机技术又一次实现成功跨越。

SUPERMASTER Two Platen Advanced Servo Drive Series
超霸伺服驱动二板大型注塑机系列

JETMASTER Ai Servo Drive Series
捷霸 Ai 第二代伺服驱动智能注塑机系列

EASYMASTER SVP/3 Series
易霸第三代伺服驱动注塑机系列

The Chen Hsong Group
震雄集團

香港：(852) 2665 3222 深圳：(86-755) 8413 9999 顺德：(86-757) 2233 8666 宁波：(86-574) 8683 2888 台湾：(886-3) 452 22
网址：www.chenhsong.com 电邮：marketing@chenhsong.com

HAITIAN
INTERNATIONAL

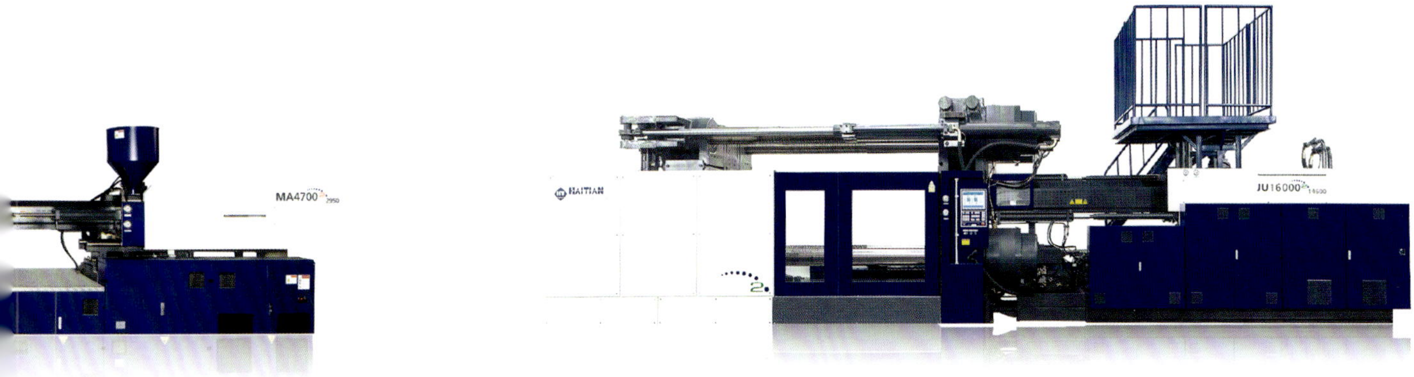

Haitian **Jupiter** 2 Series

海天天虹二代纯两板注塑机

www.haitianinter.com

海天国际控股有限公司（中国香港上市，股票代码HK01882），现为中国塑料机械工业协会副理事长单位。2014年公司主导产品销售收入逾75.3亿元，远销世界五大洲130多个国家和地区，拥有超过3万名客户。截至2014年12月，公司总资产近98亿元，员工5 200余名。

作为国家火炬计划北仑注塑机产业基地核心企业，公司产量位居世界前列、规模亚洲前茅、技术位居国内领先地位。海天塑机拥有国家认定的企业技术中心和博士后工作站，曾

荣获“中国名牌产
牌”“国家科技进

公司主导的“
机，以其“优质、
业，广泛应用于汽
子器件、玩具和日
领先品牌企业，如
五粮液、比亚迪、
团及哈药等。

海天国际控股有限公司
Haitian International Holdings Limited

地址：浙江省宁波市北仑区海天路1688号　邮编：315821
电话：0574-86188888　传真：0574-86177181
E-mail:haitian@mail.haitian.com　http:// www.haitianinter.com

HAITIAN
INTERNATIONAL

产品” “重点培育和发展的中国出口名
步二等奖”等称号。
长飞亚” “海天” “天剑”三大品牌的注塑
高效、节能、经济效益好”而闻名于行
车、医疗、建材、物流、包装、家电、电
用品等行业，其最终客户不乏世界及国内
广州本田、神龙汽车、海尔、海信、TCL、
一汽丰田、格力、松下、博士与西门子集

中国优秀民营企业
全国创新型企业
中国名牌产品
国家高新技术企业
国家技术研发中心
国家标准主要起草单位
全国创建和谐劳动关系模范企业
重点培育和发展的中国出口名牌
中国塑料机械工业协会副理事长单位
中国轻工业机械协会副理事长单位
中国机械工业百强企业
中国民营企业500强
ISO9001、CE认证企业
全国创新型企业
信用中国七星奖

共创卓越　同续辉煌

LEADERSHIP
HAS MANY DIMENSIONS
communication. innovation. efficiency.

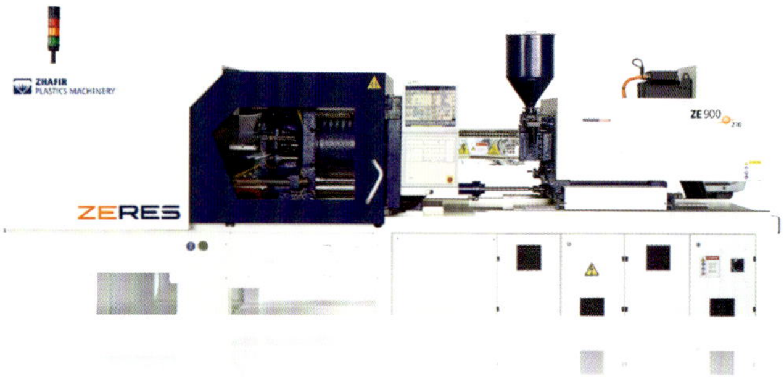

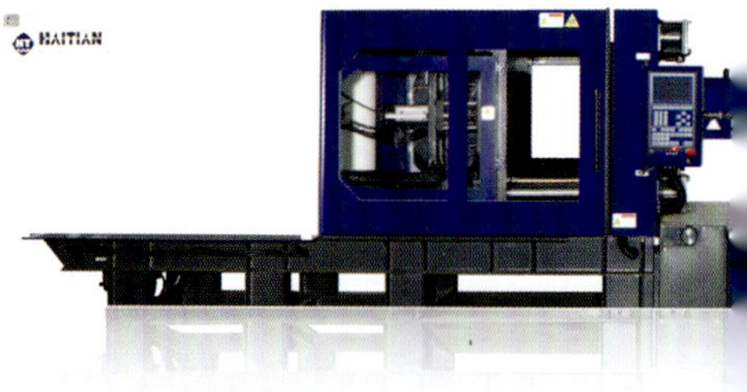

ZERES
长飞亚 ZE 系列电动注塑机

Haitian Mars 2 Series
海天天隆二代伺服节能注塑机

We Create and Extend Advantage. 共创卓越 同创辉煌

Strong Dependable Global extrusion partner

强大，非常值得信赖的环球合作伙伴

佛山巴顿菲尔辛辛那提塑料设备有限公司是全球大型的管材、型材、薄膜和片材挤出生产线供应商——巴顿菲尔辛辛那提挤出技术集团旗下一员。公司成立于1996年，位于广东顺德，占地面积17 800 m^2，雇员约160人。

我们传承欧洲的先进技术和生产理念，在中国制造和组装高性价比的挤出设备，并提供优质的服务，为国内外客户提供领先的挤出解决方案，带给他们决定性的竞争优势和技术优势。

Customized solutions for highest demands

定制的解决方案满足超高要求

产品范围：

- PO管材挤出生产线 (最大管径1 600mm)
- PERT-OB、PB-OB管材挤出生产线
- uPVC/MPVC管材挤出生产线 (最大管径1 200mm)
- cPVC管材挤出生产线 (最大管径400mm)
- uPVC门窗型材挤出生产线
- PE、PP、ABS、PVC、PC、PS、PMMA、TPE等热塑性材料的技术型材挤出生产线
- PVC造粒生产线
- 模具及下游设备

佛山巴顿菲尔辛辛那提塑料设备有限公司
battenfeld-cincinnati (Foshan) Extrusion Systems Ltd.
地址:中国广东省佛山市顺德大良凤翔工业区金翔路2号
邮编：528300
电话:0086-757-2997 5318 / 2238 0110
传真:0086-757-2997 5631 / 2221 1801
电邮：China@battenfeld-cincinnati.com

更多资讯，请浏览网站：
www.battenfeld-cincinnati.com/China

battenfeld-cincinnati

国家高新技术企业
浙江省著名商标
省级研发中心

海 星
我们追求钻石品质

HAIXING

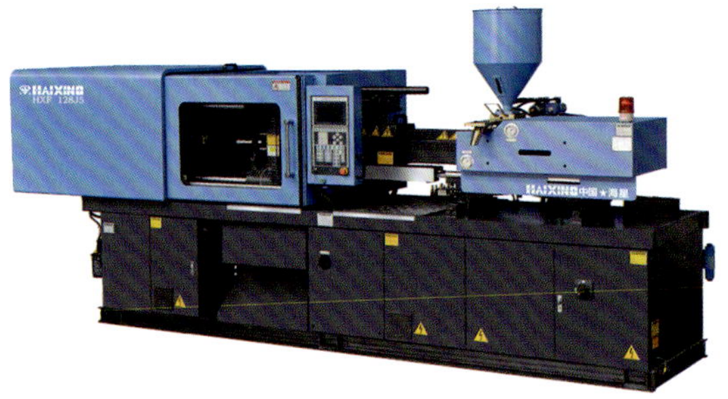

580~21000kN塑料注射成型机

宁波海星机械制造有限公司位于宁波国家高新区，是专业生产精密、节能注塑机的国家高新技术企业。公司是宁波市塑料机械行业协会副会长单位、中国塑料机械工业协会常务理事单位。

公司通过了 ISO9001 质量管理体系认证和 CE 产品安全认证，确保为客户提供适应不同产品及要求的个性化机器。现已形成十大系列、几百种规格的注塑机产品，HXF 标准机、HXF-J 变频节能机、HXF-V 比例变量泵节能机、HXF-G 电木专用机、HXF-D 混双色机、HXF-S 闭环精密机、HXH 高速精密机、HXF-J5 伺服节能机及 HXJE 全电动机等已达到国内领先水平。

海星装配分厂外景

海皇星分公司外景——冷墩机专业制

宁波海星机械制造有限公司

总部地址：浙江省宁波高新区梅景路 17 号　　邮编：315103　　注塑机销售——内贸电话：0574-8848749

总机：0574-88368836 88369335　　传真：0574-88368616 88369286　　外贸电话：0574-8835189

海皇星机械公司是海星公司旗下子公司，专业研发、生产多工位高速冷墩成型机。是中国紧固件行业自主创新优秀产品，是中国紧固件机械五大民族品牌，中国紧固件设备制造企业“八大天王”。

海星牌注塑机、冷墩机是借鉴国内外优秀技术结合自身经验的完美力作，配备世界一流的电气及控制系统，运行可靠、经久耐用。公司本着“先做品牌、再扩产量”的原则，层层把关，通过严格的装配、调试和检验，为客户提供中国一流的产品和服务。

M4-M30三/四/五/六工位

多工位螺栓、杆类、异形件冷镦成型机

近 4 万 m^2 的新生产基地

传真：0574-88368262
传真：0574-88487616
冷墩机销售——电话：0574-86178359　传真：0574-86178352

TED

➡ 我们拥有15万 m^2 现代化的厂房，1万台年产量的制造规模

我们拥有原装加工设备和自主创新的设计理念

我们拥有主要关键件的精密铸件制造和加工的能力

我们有45~7 000t三大系列的产品供您选择，并为您提供优化方案

我们拥有93个国家用户的信赖

20

泰瑞机器股份有限公司

TEDERIC MACHINERY CO., LTD.

Tel: 4008-876-896

E-mail:tederic@tederic-cn.com

http://www.tederic–cn.com

15

制造一流产品

宁波海太工贸有限公司(以下简称海太公司)前身是宁波海太塑料机械有限公司，成立于1995年，历年来先后获得“国家高新技术企业”“中国产品出口先进技术企业”“宁波市百家重点企业”等荣誉。企业总占地面积15万㎡，总部位于宁波市百丈东路延伸段海太工业园。海太公司拥有大型精密加工设备和各类高档数控加工设备以及全套精密仪器与理化设施，行业中率先通过ISO9001：2008国际质量管理体系认证和率先通过省级计量认证，已实现了ERP、PDM、CAM等企业信息化工程。

海太公司创立宁波企业（海太）工程研究院，现拥有（市级）企业工程技术中心、聚合物新型成型装备国家工程研究中心宁波分中心、塑性成型模拟及模具技术国家重点实验室宁波分中心和海太博士后工作站，已与十余家名校研究所建立长期科研合作，承担了多项国家火炬计划项目、国家新产品开发项目与重大技术攻关项目，创造了30多项国家专利技术，2003年，率先研制推出通过专家鉴定具有国际先进水平的HTD80型伺服全电动高速精密注塑机。海太公司以强大的技术力量与华中科技大学合作研发具有当今世界领先水平的智能化注塑机产品。

“海太机械”曾获省知名商号，“海太”商标曾获浙江省著名商标，推出HTL系列和HTW系列合模力为68~3 000t注塑机，产品设计优点集欧美先进技术于一体，刚性强、性能优、响应快、节能、耐用，产品通过欧盟CE认证。海太产品以优异的服务和品质获得国内外顾客的好评，境外顾客遍布30余个国家和地区。

HTL系列小型伺服节能注塑机

HTL系列中大型伺服节能注塑机

生产车间

宁波海太工贸有限公司

Ningbo Haitai Machinery Manufacture Co., Ltd.

Ningbo Haitai Industry & Trade Co., Ltd.

成就卓越品牌

2011年海太公司资产重组，现隶属浙江天星集团旗下子公司，自重组以来，业绩连续3年翻番增长，以崭新的面貌立足于塑料机械行业。

海太公司始终把技术创新作为企业发展的核心，近年来新产品的研发投入不断加大，取得了丰硕的成果。传统注塑机是高耗能产品，随着节能降耗意识的增强，用户的注塑机节能降耗的要求越来越强烈。作为变量泵节能的升级换代方案，海太公司设计开发了伺服节能注塑机，该机优良的节能效果带来的生产费用的降低，完全可以抵消伺服节能注塑机设备费用的增加，节能效果已经得到市场认可。

海太公司设计开发的HTL系列伺服节能注塑机，采用永磁同步伺服电动机驱动内啮合齿轮泵，根据不同动作的速度要求，自动调节伺服电动机的转速来改变液压油的流量，通过油泵出油口附件的压力传感器检测系统压力，采用PID算法进行压力闭环控制，将液压系统中的溢流能耗降至最低，极大地提高了能量利用效率，降低了单位产品生产能耗，节能效果十分显著。通过合理控制内啮合齿轮泵的内泄油量，保证了足够的液压油不间断通过油泵，起到润滑冷却油泵的作用，防止油泵在高压低速工作状态下温升过大，有效提高了内啮合齿轮泵的使用寿命。

海太凭借先进的技术、可靠地产品质量、优质的售后服务赢得越来越多的中外顾客的信赖，年销售量处于国内同行领先地位。以“铭求质量，竭诚服务”的质量方针为指引，海太企业将在大型机、集团化的发展进程中昂首阔步。

HTU系列节能高效注塑机

HTX系列伺服驱动比例溢流稳压注塑机

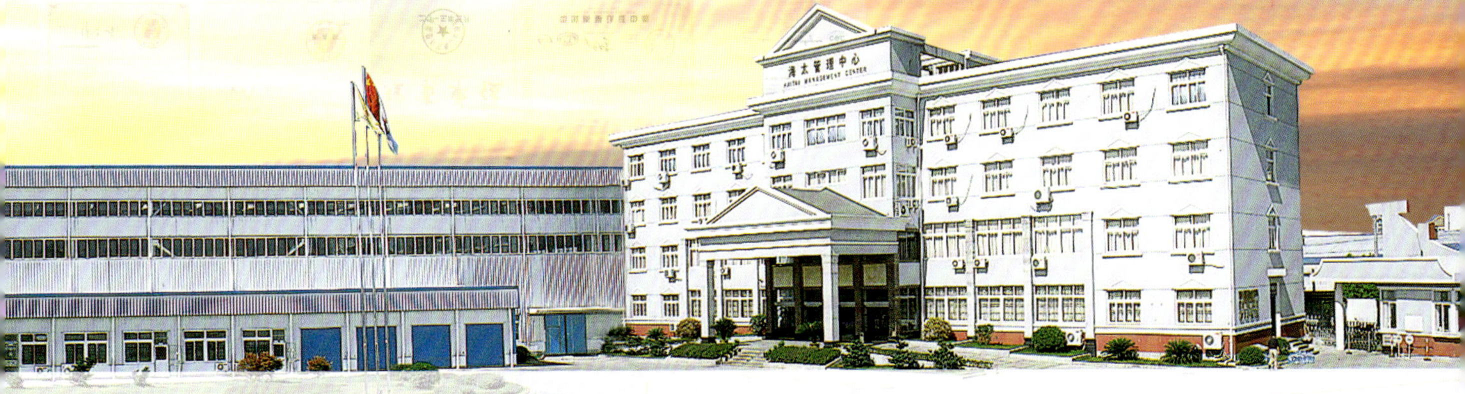

地址：浙江省宁波市百丈东路海太工业园　邮编：315101

电话：0574-88359600 89022805 89022806

http://www.china-haitai.com.cn

TONGDA
同大机械
同心合力/一起壮大
GROWING WITH PARTNERS

☆全系列挤出吹塑中空成型机组 ☆塑料注塑、吹塑模具 ☆全系列吹塑托盘

苏州同大机械十六年来专注于全自动挤出吹塑中空成型机组的研发、生产和销售，是吹塑中空成型机行业在中国塑料机械工业协会的副会长单立。为客户提供优质设备生产一流制品，高速、节能、自动化是我们每时每刻研究开发的追求，高分子量塑料塑化技术、成型均匀管坯核心技术是生产一流制品生产的基础。2010年研发成功的开创国际先河的芯型13层复合流道模头技术，已全面用于中型、大型、特大型储料缸式模头的吹塑中空成型机系统，成功控制200L双L环桶径向壁厚均匀性差异不大于0.2mm，降低5%原料消耗，已达到国际先进水平。公司至今已为全球优质客户提供了4200多台吹塑中空成型机组，分布于美国、英国、俄罗斯等68个国家和地区。滴水穿石的专业精神，精益求精的工作态度，高度负责对待每一家诚信客户，成就了同大机械、同大模具、同大吹塑托盘三大企业的健康发展。公司将持续不断研发更高效吹塑机，开办系统技术培训班，与客户真诚合乍，为共同壮大而不懈努力。

Suzhou Tongda machinery Co. LTD., has been focusing on research, development, production and sales of automatic squeeze-blow vacuum molding equipment for 16 years. It is corporate vice-president of this sector under China Plastic Machinery Industry Association. The corporation provides its clients with high quality equipment, incessantly aiming at developing high-speed and energy-saving automatic products. Macromolecular plastination technology and the core technology of even-base tube modeling are the foundation of first-class products. The 13-layer composite-channel die technology, successfully developed in 2010 and still taking the lead in this line in the world, has been fully applied in medium, large, extra large-scale squeeze-blow vacuum molding systems with accumulator-type die heads. It can successfully control the difference of vertical wall thickness of 200L double-L van within 0.2mm and reduce material consumption by 5%. The corporation has so far provided over 4,200 sets of even-blow plastic modeling equipment to esteemed clients in 68 countries and areas, including those in the US, UK and Russia. Its unrelenting professional spirit, meticulous working attitude and high responsibility to the client have contributed to the healthy development of the corporation's three major branches--Tongda machinery, Tongda Mold and Tongda Tray. The corporation will continue its efforts to develop even better molding equipment, offer systematic technique training courses and sincerely cooperate with its clients so as to achieve joint growth.

HTSII-15L 智能型高速吹瓶机

引领中国吹塑机行业发展

LEADING THE DEVELOPMENT OF CHINA EXTRUSION BLOW MOULDING MACHINE FIELD

☆全系列挤出吹塑中空成型机组　☆塑料注塑、吹塑模具　☆全系列吹塑托盘

制品

TDB-2000L 节能大型吹塑机组

苏州同大机械有限公司/张家港市同大机械有限公司

地址：江苏省张家港市凤凰镇韩国工业园凤凰大道8号　邮编：215614　电话：0512-58433698 58433998

传真：0512-58433198　E-mail:tongda@pack.net.cn　http://www.tongdamachine.com

宁波海雄塑料机械有限公司

油电复合机系列

伺服节能系列

高速机系列

清、混双色系列

二板机系列

宁波海雄塑料机械有限公司成立于2003年，已发展成为中国塑料机械工业协会常务理事单位、宁波市塑料机械工业协会副会长单位、2013年中国塑料注射成型机行业10强企业、国家重点支持的高新技术企业、浙江省著名商标企业。公司占地面积7万多m^2，拥有大型加工中心、三坐标测量机等加工、检测设备110余台（套），现有员工320人，具备年产4 000台注塑机的制造实力，2013年注塑机产品实现工业总产值近4亿元。

海雄公司在“追求卓越，塑造完美”的经营理念引领下，注重研发，现有专业工程技术人员40余人，高级工程师及设计开发骨干8人。每年都有市级科技项目，持有2项发明专利和11项实用新型专利。近年来，公司大力推进市场开发和品牌战略。规格在500~20 000kN的伺服节能系列，变量节能系列，清、混双色系列三大系列机型以及PET专用机，快餐盒专用机，电子导光板专用机等注塑机深受用户青睐。二板式系列、油电复合系列注塑机正在稳健推向市场。“海雄”牌注塑机畅销全国，远销欧美。

宁波海雄塑料机械有限公司

www.haixiongsuji.com

地址：宁波市北仑区甬江南路36号

电话：400-711-8688　传真：0574-56178113

E-mail:haixiong@haixiongsuji.com

coperion
confidence through partnership

> compounding & extrusion
> materials handling
> service

科倍隆(南京)机械有限公司隶属于德国科倍隆集团。科倍隆集团 (www.coperion.com) 是配混挤出系统、喂料技术、物料输送系统与服务的全球市场与技术领导者。科倍隆设计、研发、制造和维护用于塑料、化工、医药、食品和矿产的系统、设备和零部件。在配混设备、物料输送 / 挤出系统、科倍隆 K-Tron / 食品加工以及服务四大领域，科倍隆在全球拥有 2 500 名员工和接近 40 家销售和服务公司。

科倍隆的产品

作为双螺杆挤出机行业的领导者，科倍隆拥有领先的技术和丰富的经验。从 20 世纪 50 年代起，科倍隆就不断为用于配混技术的加工机械和设备建立了许多全新的标准，为塑料、化工和食品行业设计和加工设备，并可根据客户的具体要求进行量身定制。科倍隆已经安装了 10 000 多台挤出设备。

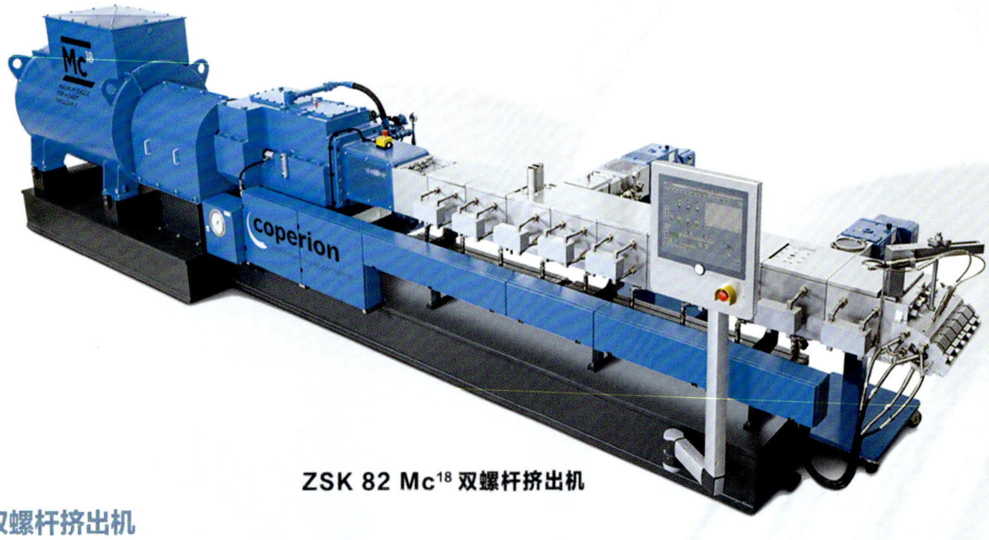

ZSK 82 Mc^{18} 双螺杆挤出机

ZSK 系列双螺杆挤出机

(1)ZSK MEGAcompounder 机型。由科倍隆 Werner & Pfleiderer 公司开发的第七代 ZSK 系列，是提高生产效率的又一里程碑。积木式结构，高转速，高能量传输，运行平稳，使用寿命长，优化的机械设计，较高的安全系数，方便灵活的控制。用于聚烯烃、工程塑料和其他需要高能量输入的连续配混过程，效果理想。

(2)ZSK MEGAvolume 机型。是满足高质量要求的理想配混机。采用模块式设计，优化平衡螺槽容积、扭矩和螺杆转速，实现优良工艺设计，性价比高，生产效率高。

(3)ZSK Kombiplast 机型。双阶结构和 ZSK 加工段的模块化原理使 Kombiplast 适用于多数领域的应用。在产品质量和成本上的优势保证了热敏感性和剪切敏感性聚合物在市场上的成功。

(4)ZSK Mc^{18} 机型是当前生产性能卓越的 ZSK 机型，工艺技术水平发展到了一个新的里程碑。拥有 18 N · m/cm³ 比扭矩，意味着产量显著增加的同时产品质量也得到提高，在市场上具有广泛的应用领域，可为您提供独特的技术优势。

专利设计
EP 0 852 533 B2

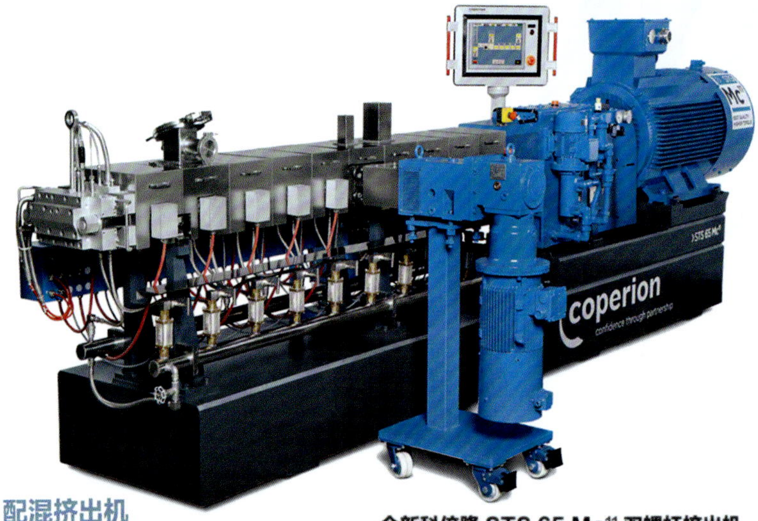

全新科倍隆 STS 65 Mc^{11} 双螺杆挤出机

STS Mc^{11}——科倍隆新一代 STS 配混挤出机
扭矩提升且配有高品质欧洲制造传动箱的全新 STS Mc^{11}

新一代 STS Mc^{11} 系列双螺杆挤出机比扭矩从 10 提高到 11.3 N·m/cm³ 并且首次达到科倍隆 ZSK MEGAcompounder 专利技术条件。由于扭矩的大幅提升，新的 STS Mc^{11} 系列挤出机产量提高最高达 27%。同时，由于物料在筒体内填充率的提高，降低了熔体温度，从而提高了最终产品的品质。STS Mc^{11} 系列采用独家定制的欧洲制造传动箱。最大螺杆转速从 800 r / min 提升至 900 r / min。为了确保在比扭矩达到 11.3 N·m/cm³ 时的刚度，STS Mc^{11} 系列采用了全新设计的(有限元分析法)底座。

CTE 50 PLUS 双螺杆挤出机

CTE PLUS 系列双螺杆挤出机——全新德国工程设计传动箱驱动 德国质量体系和中国创新的完美结合

CTE PLUS 双螺杆挤出机搭载科倍隆德国工程设计的全新传动箱。新的接线盒设计符合更高安全标准，集成安装在设备底座上。CTE PLUS 系列具有非常吸引人的性价比。高精度的加工制造工艺确保产品的高质量。同时，在满足不同加工应用要求的前提下，为客户提供了更经济有效的解决方案。

CTE PLUS 系列新传动箱 -- 为了进一步提高 CTE PLUS 系列挤出机运行稳定性和延长使用寿命，科倍隆德国为 CTE PLUS 设计了新的传动箱，其比扭矩为 7.2 Nm/cm³，可以和老款 CTE 传动箱互换。科倍隆德国重新了设计了传动箱的旋转部件和轴承，加大了齿轮的宽度，优化了齿形齿相，增加了齿轮的啮合面。同时冷却和润滑设计以及箱体的几何结构进行了优化，使箱体更加稳固。所有传动箱箱体由科倍隆南京加工制造，每一台传动箱箱体都经由德国蔡司三维坐标测量仪进行检测，其测量尺寸精度可达 1.4 微米。每一件 CTE 传动箱的箱体检测项目近 40 项。

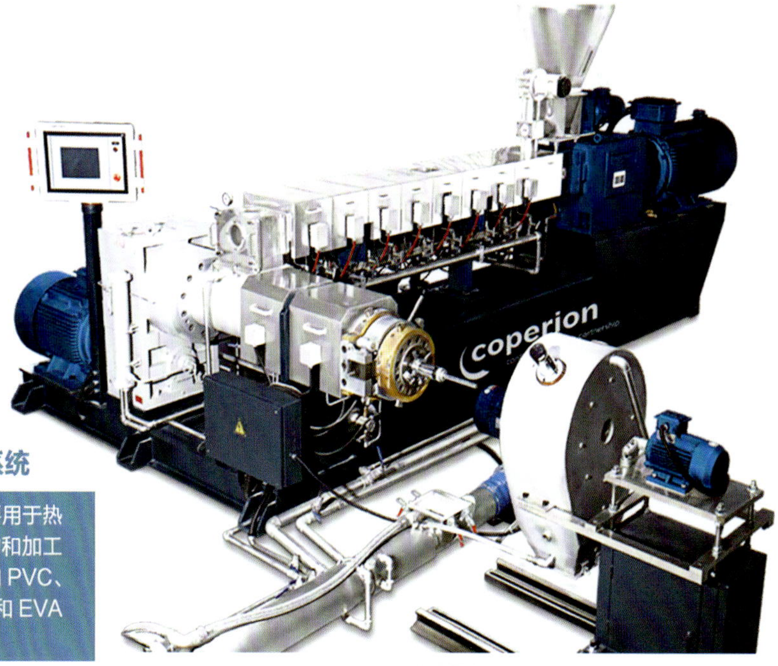

CTE PLUS 系列双阶式配混挤出造粒系统

CTE PLUS 系列双阶式配混挤出造粒系统主要用于热敏感性和剪切敏感性材料的改性和配混。双阶式结构和加工段的积木式原理适用于多种加工应用的高效配混，如 PVC、XLPE 和 HFFR 电缆料，软硬 PVC、PVC 医用料和 EVA 发泡鞋底料等。

CTE 75 PLUS/180 双阶式配混挤出系统

科倍隆的服务

科倍隆除工程设计技术优势外，还一直恪守这样的信条：我们倾听客户的声音。就像科倍隆人常说的那样：confidence through partnership（信心源于合作）。科倍隆的员工拥有丰富的经验和专业知识，可以为客户提供全方位的服务，科倍隆会派出优秀的工程师帮客户排除故障。科倍隆特有的服务体系：定期对客户的设备进行保养和检修，拥有大量的紧急备件库存，为客户提供解决问题的方案，长期对客户的设备进行检测与分析。定期对客户的操作员进行培训，对设备进行升级，以提高客户的生产效率。这种服务结构与科倍隆个性化的服务合同相匹配，可以为客户提供从基础检测到全方位维护和不同层次的服务。

科倍隆提供的不仅是服务，科倍隆之所以能创造这种新式的、个性化的服务，是因为科倍隆已经在科倍隆实验室对将来可能出现的各种风险进行了论证，这种研究经验的积累能立即应用于新产品的研发和制造，为客户提供技术竞争优势，长期保障客户的正常生产。

coperion

科倍隆（南京）机械有限公司

地址：江苏省南京市江宁区吉印大道 1296 号　　邮编：211106
销售热线：025-52783922
客服热线：025-52783933
http：//www.coperion.com

科倍隆南京新工厂

科倍隆（南京）机械有限公司于 2015 年 9 月迁至位于南京市江宁区的新厂址。新工厂面积超过 15 000 m²，将继续专注于 STS 和 CTE 双螺杆挤出机的生产与制造。新工厂采用科倍隆德国最先进的机械生产和工程设计技术；加工中心区域配备多台德国进口的数控加工中心和高端加工设备。全新的实验中心配备有 STS 35 和 STS 50 的配混挤出机，以及 1 台科倍隆德国原装的 ZSK Mc18 系列高端挤出机，将扩充全套上下游设备（包括物料输送设备），为客户提供工艺实验。

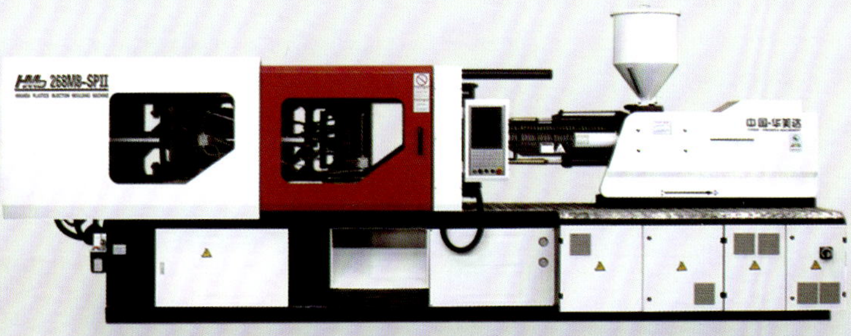

HMDM8-SPII

高速薄壁快餐盒专用机

HIGH SPEED INJECTION MOLDING MACHINE FOR THIN-WALL PRODUCTS

- 高速低压注塑，提高制品生产效率；
- 多伺服泵组合油路，节能效果更佳；
- 开模、储料同步运行，成型周期更短；（选增开模顶出同步）
- 适合薄壁类精密制品，锁模力1300~3200 kN。

IS09001 CE 国家高新技术企业

宁波华美达机械制造有限公司

NINGBO HWAMDA MACHINERY MANUFACTURING CO., LTD.

地址：浙江省宁波市小港经济技术开发区东海路新唐家弄336号

Add: Xintangjianong No.336,Donghai Rd, Xiaogang development zone, Ningbo, Zhejiang Province, China

邮编（P.C.）：315803

电话：0574-86175111 86176676 传真：0574-86176890

Tel:0086-574-86176630 86228735 Fax:0086-574-8622891

Http://www.hwamda.com

正茂精機
BlooMachine

ISO9001
ANAB IAF
626013Q10740ROS
MA
2013002180Z
CE
TCT130514013S-1
BlooMachine

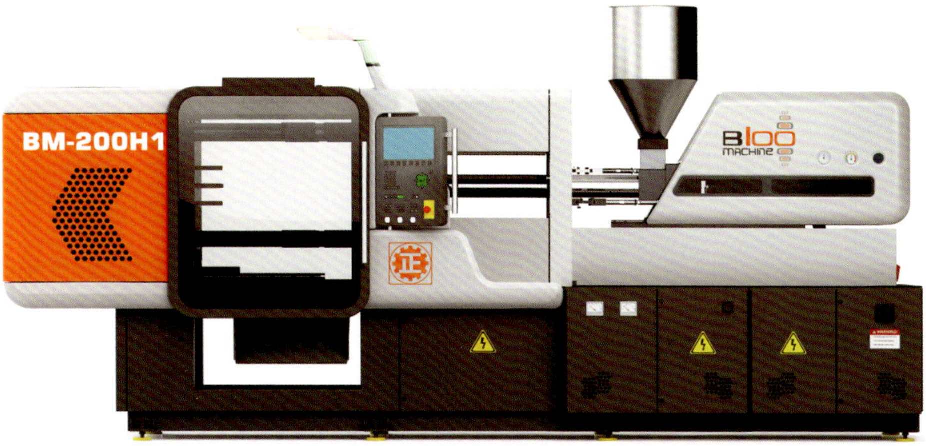

全球领先的
内循环二板直压式注塑机

广东正茂精机有限公司
地址：广东省东莞市横沥镇山厦工业区
电话:0086-769-38921039 8918211
传真:0086-769-38921061 38921060
http://www.bioomachine.com
E-mail:bmsales@bloomachine.com

SINOEXTRUDER®
SICHUAN SINOEXTRUDER TECHNOLOGY CO.,LTD.
四川中装科技有限公司

高扭矩 高转速 高产量
小型化 低温化 低能耗

绿色高效双螺杆挤出机

华南生产基地
地址：广东省东莞市横沥镇山厦工业区
电话:0086-769-38921039 89182111
传真:0086-769-38921061 38921060

地址:四川省都江堰经济开发区拉法基大道团结路59号
电话:0086-28-87278080
传真:0086-28-87278800
E-mail：sale@ sinoextruder.com
http://www.sinoextruder.com

仁興集團
YAN HING GROUP
since 1950s

Brand New Series
全新系列

DF注塑机系列

INJECTION MOULDING MACHINE SERIES

同 步 共 创 ALWAYS ON TRACK

www.yanhing.com

专业制造注塑及金属压铸机械

仁興機器廠有限公司
Yan Hing Engineering Works Ltd.
地址：香港九龙观塘开源道62号骆驼漆大厦第2座5字楼A&B室
Add: Flat A & B, 5/F., Block 2, Camelpaint Buildings, 62 Hoi Yuen Road, Kwun Tong, Kowloon, Hong Kong.
电话(Tel): 852-23891338 传真(Fax): 852-27978661 邮箱(E-mail): info@yanhing.com

仁興機械(深圳)有限公司
Yan Hing Machinery(Shenzhen)Co., Ltd.
地址：中国深圳市龙华新区民治街道民治大道973号 邮编(P.C): 518131
Add: 973 Minzhi Blvd., Minzhi Sub-District, Longhua New District, Shenzhen City, P.R China.
电话(Tel): 0755-28190909 28190240 传真(Fax): 0755-28190241

仁興機械(佛山)有限公司
Yan Hing Machinery(Foshan)Co., Ltd.
地址：广东省佛山市高明区杨和镇高明大道中人景路13号
Add: 13 Renjing Rd., Yanghe Town, Gaoming District, Foshan City, P.R. China.
电话(Tel): 0757-8880 3372 传真(Fax): 0757-8880 3329

中国机械工业年鉴系列

中国塑料机械工业年鉴

2014—2015

中国机械工业年鉴编辑委员会
中国塑料机械工业协会 编

机械工业出版社
China Machine Press

《中国塑料机械工业年鉴》2014—2015年刊设置综述、专家视点、行业概况、统计资料、产业集群、企业概况、产品与项目、标准、大事记和附录10个栏目，系统介绍各分行业及各产业集群的发展情况及亮点，分析塑料机械行业技术发展动向及取得的成就，展现了行业骨干企业的新面貌，直观地反映了行业经济发展的新变化和新成就。

《中国塑料机械工业年鉴》的主要发行对象为政府决策机构，塑料机械行业和塑料制品行业相关企业决策者，从事市场规划、企业规划的中高层管理人员。

图书在版编目（CIP）数据

中国塑料机械工业年鉴．2014—2015/中国机械工业年鉴编辑委员会，中国塑料机械工业协会编．—北京：机械工业出版社，2015.9

（中国机械工业年鉴系列）

ISBN 978-7-111-51514-2

Ⅰ．①中…　Ⅱ．①中…　②中…　Ⅲ．①塑料—化工机械—中国—2014—2015—年鉴　Ⅳ．①F426.45-54

中国版本图书馆CIP数据核字（2015）第208121号

机械工业出版社（北京市西城区百万庄大街22号　邮政编码 100037）

责任编辑：王良

北京宝昌彩色印刷有限公司印制

2015年9月第1版第1次印刷

210mm×285mm・18.5 印张・31 插页・472 千字

定价：260.00 元

凡购买此书，如有缺页、倒页、脱页，由本社发行部调换

购书热线电话（010）68326643、88379829

封面无机械工业出版社专用防伪标均为盗版

中国机械工业年鉴系列

作为『工业发展报告』

记录企业成长的每一阶段

中国机械工业年鉴

编辑委员会

名誉主任 于　珍　何光远

主　　任 王瑞祥　第十一届全国政协提案委员会副主任、中国机械工业联合会会长

副 主 任

薛一平　中国机械工业联合会执行副会长

陈　斌　中国机械工业联合会执行副会长

于清笈　中国机械工业联合会执行副会长

杨学桐　中国机械工业联合会执行副会长

赵　驰　中国机械工业联合会执行副会长兼秘书长

宋晓刚　中国机械工业联合会执行副会长

张克林　中国机械工业联合会执行副会长

王文斌　中国机械工业联合会副会长、机械工业信息研究院院长、机械工业出版社社长

委　　员（按姓氏笔画排列）

刘安江　中国联合装备集团公司总经理

孙青松　中国华电工程（集团）有限公司董事长

苏　波　中纪委驻中央统战部纪检组组长

李　冶　国家能源局总经济师

李海燕　中国机械工业联合会组织联络部主任

汪志来　中国航空工业集团公司政策与法律事务部部长

邹大挺　国家科学技术奖励工作办公室主任

张卫华　国家统计局工业统计司副司长

周卫东　中国国际贸易促进委员会机械行业分会副会长

赵　明　中国航天科工集团公司办公厅副局级巡视员

赵新敏　中国机械工业联合会副秘书长

郭　锐　机械工业信息研究院副院长、机械工业出版社副社长

徐锦玲　中国船舶工业集团公司办公厅新闻处处长

钱耀恩　中国塑料机械工业协会常务副会长

隋永滨　中国机械工业联合会顾问

董中江　中国船舶重工集团公司政策研究室主任

路明辉　中国航天科技集团公司办公厅副主任

中国塑料机械工业年鉴

记录历史 塑造品牌

中国塑料机械工业年鉴 执行编辑委员会

主　任　朱康建　中国塑料机械工业协会会长、博创机械股份有限公司董事长

副主任（排名不分先后）

瞿金平　中国工程院院士、中国塑料机械行业专家委员会主任委员、华南理工大学聚合物新型成型装备国家工程研究中心主任

钱耀恩　中国塑料机械工业协会常务副会长、海天塑机集团有限公司副总经理

蒋志坚　中国塑料机械工业协会副会长、震雄集团董事、生产总裁

洛少宁　中国塑料机械工业协会副会长、大连橡胶塑料机械股份有限公司董事长

杜　江　中国塑料机械工业协会副会长、东华机械有限公司总经理

马镇鑫　中国塑料机械工业协会副会长、广东金明精机股份有限公司董事长

陈敬财　中国塑料机械工业协会副会长、广东伊之密精密机械股份有限公司董事长

张建群　中国塑料机械工业协会副会长、山东通佳机械有限公司董事长

杜德鑫　中国塑料机械工业协会副会长、南京艺工电工设备有限公司总经理

王　珏　中国塑料机械工业协会副会长、浙江申达机器制造股份有限公司总经理

何海潮　中国塑料机械工业协会副会长、上海金纬机械制造有限公司董事长

蒋忠定　中国塑料机械工业协会副会长、宁波市海达塑料机械有限公司董事长兼总经

黄学祥　中国塑料机械工业协会副会长、江苏联冠科技发展有限公司董事长

赵桂旭　中国塑料机械工业协会副会长、青岛顺德塑料机械有限公司董事长

徐文良　中国塑料机械工业协会副会长、苏州同大机械有限公司董事长

张泽奎　中国塑料机械工业协会副会长、潍坊中云机器有限公司总经理

粟东平　中国塑料机械工业协会秘书长

委　　员（排名不分先后 ）

吴大鸣　中国塑料机械行业专家委员会常务副主任委员、北京化工大学机电工程学院副院长、塑料机械及塑料工程研究所所长、高分子材料加工装备教育部工程研究中心主任

刘梦华　中国塑料机械行业专家委员会副主任委员、大连橡胶塑料机械股份有限公司高级顾问

饶启琛　中国塑料机械行业专家委员会副主任委员、博创机械股份有限公司总工程师

傅南红　中国塑料机械行业专家委员会副主任委员、海天塑机集团有限公司技术总监

王兴天　中国塑料机械行业专家委员会特别顾问、北京化工大学教授

何亚东　中国塑料机械行业专家委员会秘书长、北京化工大学机电工程学院副院长

蔡恒志　中国塑料机械行业专家委员会委员、广东省塑料工业协会注塑专业委员会秘书长

郑建国　中国塑料机械工业协会常务理事、泰瑞机器股份有限公司董事长

俞建模　中国塑料机械工业协会常务理事、大连三垒机器股份有限公司董事长

张国强　中国塑料机械工业协会常务理事、天华化工机械及自动化研究设计院有限公司所长

梁宽强　中国塑料机械工业协会常务理事、陕西秦川机械发展股份有限公司塑料机械厂厂长

黄汉雄　中国塑料机械工业协会常务理事、华南理工大学机械与汽车工程学院教授

高学飞　中国塑料机械工业协会常务理事、江苏维达机械有限公司董事长兼总经理

中国塑料机械工业年鉴

记录历史 塑造品牌

中国塑料机械工业年鉴
执行编辑委员会

陈兴良　中国塑料机械工业协会常务理事、宁波海星机械制造有限公司总经理

黄焯佳　中国塑料机械工业协会常务理事、广东佳明机器有限公司董事兼总经理

董建宁　中国塑料机械工业协会常务理事、南京橡塑机械厂有限公司总经理

叶观养　中国塑料机械工业协会理事、广东泓利机器有限公司董事

杨宥人　中国塑料机械工业协会理事、大连塑料机械研究所所长

陈　栋　宁波市塑料机械行业协会秘书长

程　卫　大连市橡胶塑料机械协会秘书长

顾惠聪　张家港市塑料饮料机械协会秘书长

胡　莹　胶州市塑料机械行业协会秘书长

齐国伟　舟山市定海区塑机螺杆行业协会秘书长

徐　剑　聚风塑料传媒总编辑

中国塑料机械工业年鉴
编辑出版工作人员

总　编　辑　郭　锐

主　　　编　李卫玲

副　主　编　刘世博　曹　军

执行主编　朱彩绵

责任编辑　王　良

编　　　辑　朱彩绵　曹春苗　回荣英

发行服务　王海臣　秦日升　路泽贤

图文设计　张慕原

录入排版　刘超琼

地　　　址　北京市西城区百万庄大街22号（邮编100037）

编　辑　部　电话（010）68997965　传真（010）68997966

发　行　部　电话（010）68326643　传真（010）88379821

E-mail:cmiy@vip.163.com

http://www.cmiy.com　www.mepfair.com

中国塑料机械工业年鉴 特约顾问单位特约顾问

（排名不分先后）

特约顾问单位	特约顾问
浙江申达机器制造股份有限公司	王　珏
海天国际控股有限公司	张静章
博创机械股份有限公司	朱康建
广东金明精机股份有限公司	马镇鑫
宁波市海达塑料机械有限公司	蒋忠定
广东佳明机器有限公司	陈镇洪
香港力劲集团中山力劲机械有限公司	谢小斯
东华机械有限公司	杜　江
广东伊之密精密机械股份有限公司	廖昌清
山东通佳机械有限公司	张建群
震雄集团	蒋志坚
宁波海星机械制造有限公司	陈兴良
泰瑞机器股份有限公司	郑建国
宁波海太工贸有限公司	俞　冲
苏州同大机械有限公司	徐文良
宁波海雄塑料机械有限公司	郑　强
广东正茂精机有限公司	李建军
宁波华美达机械制造有限公司	刘娟儿
科倍隆（南京）机械有限公司	沈　君
仁兴机械（深圳）有限公司	梁伟祥
佛山巴顿菲尔辛辛那提塑料设备有限公司	冯　骁
宁波弘讯科技股份有限公司	俞田龙
潍坊中云机器有限公司	张泽奎
富强鑫（宁波）机器制造有限公司	王俊杰
信易电热机械有限公司	吴峻睿
四川金石东方新材料设备股份有限公司	陈绍江
张家港市贝尔机械有限公司	何德方
浙江金鹰塑料机械有限公司	潘明忠
上海金纬机械制造有限公司	何海潮
青岛顺德塑料机械有限公司	赵桂旭
东莞钜邦机电有限公司	王邦枝
江苏联冠科技发展有限公司	黄学祥
浙江精诚模具机械有限公司	梁　斌
大连橡胶塑料机械股份有限公司	林　炬
爱科机械（杭州）有限公司	徐红亮
广东乐善机械有限公司	郭锡南
青岛福润德塑料挤出技术有限公司	赵炳仁
舟山市金久机械制造有限公司	顾建军
江苏维达机械有限公司	高学飞
南京艺工电工设备有限公司	杜德鑫

中国塑料机械工业年鉴

记录历史
塑造品牌

中国塑料机械工业年鉴
特约顾问单位特约编辑

（排名不分先后）

特约顾问单位	特约编辑
浙江申达机器制造股份有限公司	傅勇敏
海天国际控股有限公司	高世权
博创机械股份有限公司	饶启琛
广东金明精机股份有限公司	郭伊娜
宁波市海达塑料机械有限公司	刘　维
广东佳明机器有限公司	方　来
香港力劲集团中山力劲机械有限公司	黄朝霞
东华机械有限公司	陈玉城
广东伊之密精密机械股份有限公司	张　涛
山东通佳机械有限公司	李　勇
佛山巴顿菲尔辛辛那提塑料设备有限公司	谭玉娟
宁波海星机械制造有限公司	陈凯定
泰瑞机器股份有限公司	周　玲
宁波海太工贸有限公司	吴永强
苏州同大机械有限公司	朱建新
宁波海雄塑料机械有限公司	张卫东
科倍隆（南京）机械有限公司	付　晓
仁兴机械（深圳）有限公司	梁志健
宁波弘讯科技股份有限公司	郑　琴
富强鑫（宁波）机器制造有限公司	陈晓周
信易电热机械有限公司	陈彦良
四川金石东方新材料设备股份有限公司	钟　毅
张家港市贝尔机械有限公司	仲清锋
浙江金鹰塑料机械有限公司	冯海波
上海金纬机械制造有限公司	刘惠明
青岛顺德塑料机械有限公司	胡　莹
东莞钜邦机电有限公司	施玉枝
江苏联冠科技发展有限公司	刘卫祥
大连橡胶塑料机械股份有限公司	程　卫
爱科机械（杭州）有限公司	陈　萍
广东乐善机械有限公司	梁少玉
青岛福润德塑料挤出技术有限公司	韩　强
舟山市金久机械制造有限公司	陶家阳
宁波市塑料机械行业协会	陈　栋
张家港市塑料饮料机械协会	顾惠聪
青岛市塑料机械行业协会	胡　莹
广东省塑料工业协会注塑专业委员会	蔡恒志

前　　言

《中国塑料机械工业年鉴》作为记载行业发展的工具书，已连续五年为读者提供了塑料机械行业较全面的年度经济运行状态和行业发展情况。新的一年，2014—2015 版《中国塑料机械工业年鉴》再次将这一年塑机行业发展的脉络和趋势展现在广大读者面前。

2014 年，是贯彻落实党的十八届三中全会精神、全面深化改革的第一年，是实施国家“十二五”规划的第四年。这一年，全面深化改革的形势对机械行业企业提出了更高的要求，塑机行业正在向创新驱动、两化融合、绿色发展为主要取向的发展方式转变，塑机行业整体平稳发展。

这一年，对于塑料机械行业来说，挑战与机遇并存，国际金融危机的影响长期存在，国际竞争日趋激烈；我国经济正在经历由结构性加速向结构性减速的转变进程中，经济的增长面呈现出新的特征。但我们也要看到，全面深化改革的各项政策已经启动，中央经济工作会议精神将得到全面贯彻，市场经济对资源配置的决定性作用也将激发新的活力。同时，塑机行业自身经历的考验和转型升级推进取得的成效，也会焕发出新的内在增长动力。我们要善于洞察形势变化，善于抓住有利时机，谋划好发展好新一年的事业。

已经开启的 2015 年，是国家“十二五”规划的收尾年，也是“十三五”规划的编制年。5 月 8 日，国务院正式发布《中国制造 2025》，标志着中国制造强国之路正式开启，我国的制造业站在了新的历史起点上。这是塑料机械行业难得的发展机遇，我们务必牢牢把握，通过提高企业创新能力，推进信息化与工业化深度融合，全面推行绿色智能智造，实现塑机行业的“工业 4.0”，继续谱写塑料机械行业的新篇章。

多年来，《中国塑料机械工业年鉴》已成为中国塑料机械工业协会与社会各界和广大用户相互联系、交流、增进了解的桥梁，并得到了大家的关心，帮助和支持。今后，希望广大用户和业内人士继续联手，相互支持，为塑料机械行业的可持续发展共同努力！

中国塑料机械工业协会会长　朱康建

2015 年 8 月

广告索引

记录历史 塑造品牌

中国工业年鉴出版基地

宁波弘讯科技股份有限公司
NINGBO TECHMATION CO., LTD.

TECHMATION

智能精密液压伺服控制系统（HYB+）

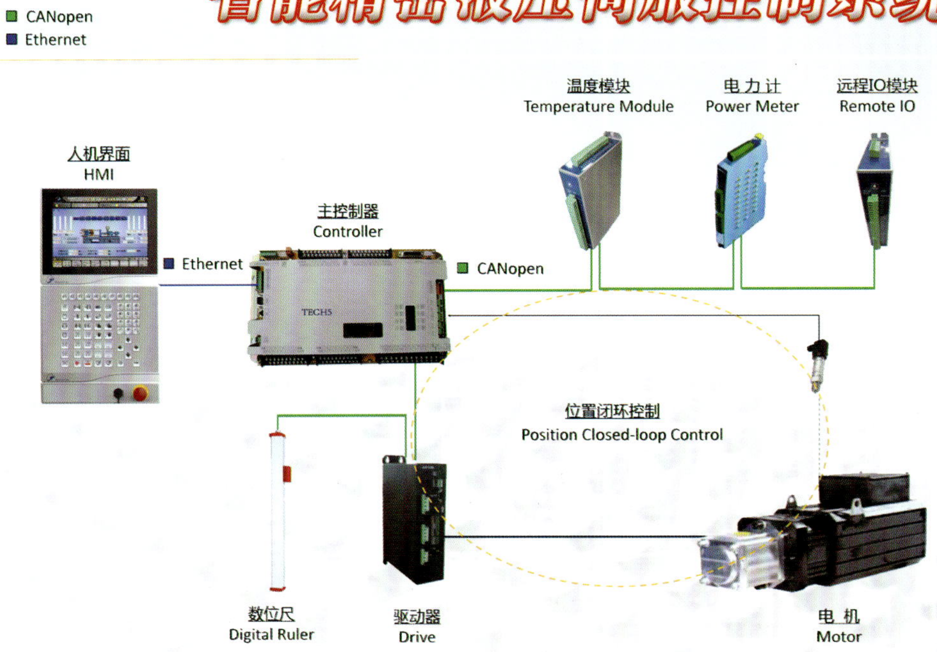

优势体现

- 高速率全数位通信，接线方便，节省线材，信息不失真；
- 集散式控制系统，扩展能力强，配置灵活；
- 精密液压开模定位控制，智能化操作，无需使用伺服阀可实现液压精准定位；
- 智能快速精准温度控制，减少调试与待机时间；
- 在线烧录程式，方便系统升级与维护；
- 铝铣面板，高端大气，突显品牌形象，提速人机响应；
- 伺服节能系统，节能效果显著，达到国家一级能耗标准。

宁波弘讯科技股份有限公司（以下简称“弘讯科技”、“Techmation”）于 1984 年创立于中国台湾，三十余年持续专注于塑料机械工业自动化控制领域，已经成为国内知名的中高端塑料机械自动化系统解决方案供应商。2015 年 3 月取得 IPO 成功并于上海证券交易所挂牌上市。弘讯科技秉持“言必信　行必果　敦品笃实　不断创新”的理念，以深厚的技术积累和行业经验为基础，以成功上市为契机，以长远的战略规划为导向，借助于资本市场发展平台，持续以引领创新的姿态与塑料机械行业共成长。

在塑机领域，弘讯科技将致力于推动塑机自动化控制向高精密、高智能、高性能发展，提高中国塑机核心竞争力，为中国从塑机“制造大国”向“制造强国”转变提供支持。同时，积极为塑料加工业的信息化、网络化、无人化的高效智能管理而提供整体解决方案，将工业化与信息化深度融合，借助互联网的力量实现塑胶业的智能制造。

此外，弘讯科技将在“中国制造 2025”战略的大背景下，加快布局向相关行业延伸，推进储备技术与项目的育成转化，为实现集团持久稳定发展打好基础。

油电/全电一机一手控制系统

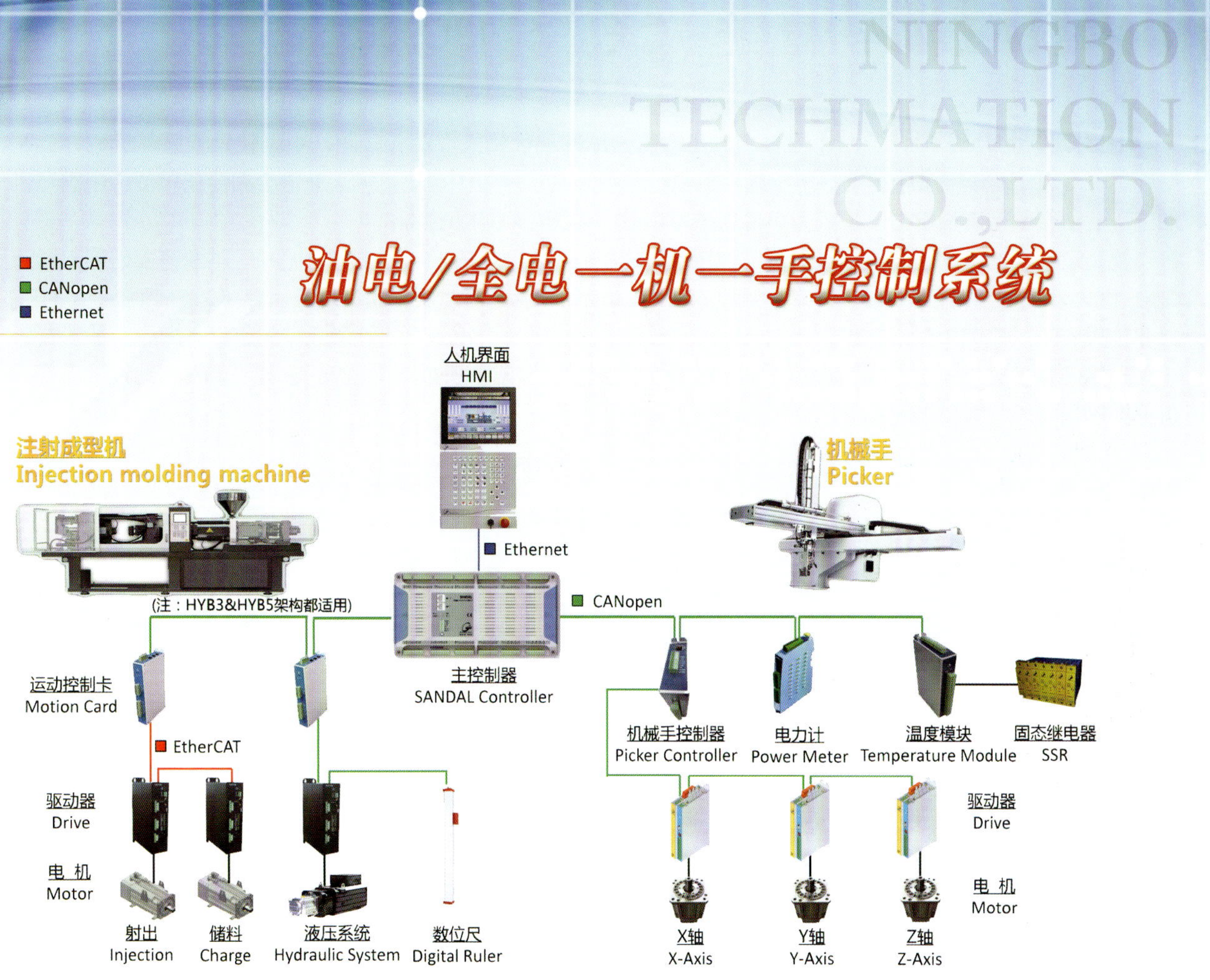

SANDAL控制系统功能特色

- 注塑机与机械手以及周边设备一站式整合控制，操作简单、方便、快捷，提高自动化程度；
- 开模位置与取件手臂位置随动控制，缩短模内等待时间，提高产品生产效率；
- 根据制品、模具、材料参数，自动生成工艺参数，实现智能控制。

SANDAL控制系统功能特色

- 采用全数位通讯，信息不失真，安装布线方便；
- 注塑机与机械手之间通信并实时交换位置信息，保障安全性；
- 通信代替IO电缆，节省资源以及降低控制器规格，性价比高。

宁波弘讯科技股份有限公司
NINGBO TECHMATION CO., LTD.
地址：浙江省宁波市北仑区大港五路88号 邮编：315800
电话：0574-86987281，86987282 传真：0574-86829287
http://www.techmation.com.cn

TONGJIA 通佳 CE TÜV ISO9001

山东通佳机械有限公司 是集科、工、贸一体的现代化大型企业集团、中国较大的塑料机械专业制造商之一，2014 年荣膺中国塑料挤出成型机械行业第二名，是中国塑料机械工业协会副会长单位、中国塑料加工工业协会副理事长单位、国家重点高新技术企业、中国专利明星企业。

公司设有“国家物理发泡塑料机械工程技术研究中心”和“山东省企业技术中心”，不断开发研制出国际先进、国内领先的塑料机械装备，并率先通过欧盟 CE 认证，产品销售遍及全国各地及世界 60 多个国家和地区，并在世界 46 个国家和地区注册了“TONGJIA”商标、设立了“TONGJIA”办事处和售后服务网点。

“信任源于品质”，通佳集团凭借雄厚的企业综合实力、精湛的技术、完善的服务，将一如既往地为您提供世界前沿技术、塑机精品和整厂交钥匙服务！

◇ PLA 聚乳酸全降解发泡片材生产线 PLA Polylactic Acid Completely Degradation Foamed Sheet Production Line

◇ 公司自主研发制造，国家专利产品
◇ CO_2 发泡，制品 100% 降解，绿色环保
◇ 广泛应用于食品包装领域，消除白色污染

※ 国家火炬计划重点高新技术企业 ※　※ 中国塑料机械工业协会副会长单位 ※

※ 中国塑料机械行业综合 10 强企业 ※　※ 中国塑料加工工业协会副理事长单位 ※

◇ PP 双向拉伸网生产线（高强度）PP Double-direction Stretching Mesh Production Line(High Strength)

本生产线是吸收国外先进技术，融合公司多年塑料网材生产经验，通过改进创新开发出来的具有国际领先水平的新型精密塑料网材设备。生产的网材制品网孔均匀美观，层面细腻光滑，再配上鲜艳夺目的色彩，其市场应用领域在飞速扩展。

经过纵横双向拉伸即成双向拉伸方格网，不仅单位面积重量轻，而且力学性能更加优越，广泛应用于建筑基层、包装纸袋加强筋、三维植被基网、植物支架网、道路维修用安全网、庭院护栏和家用装饰等。

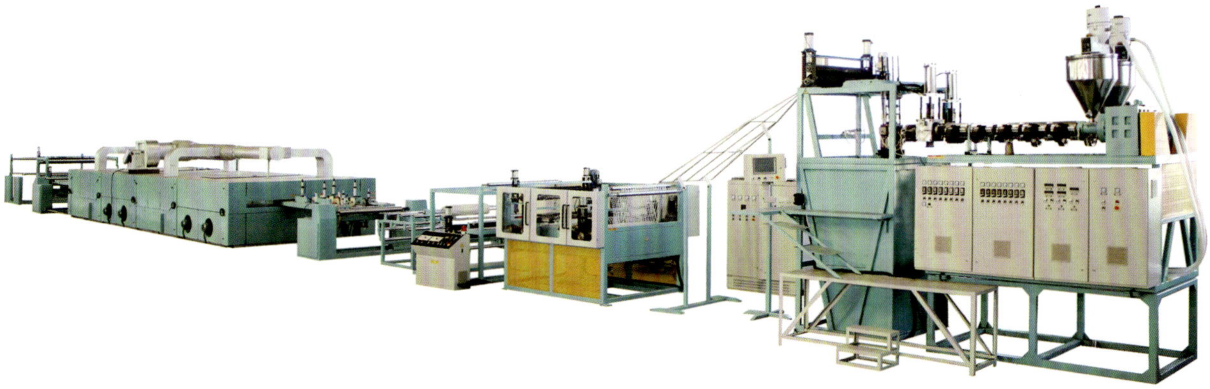

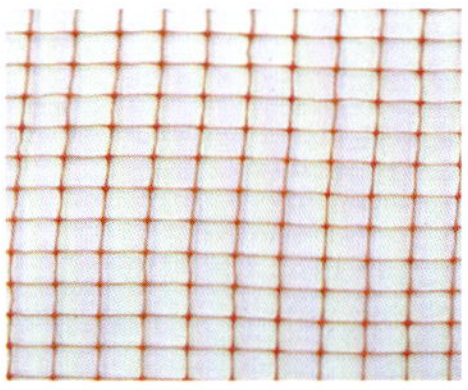

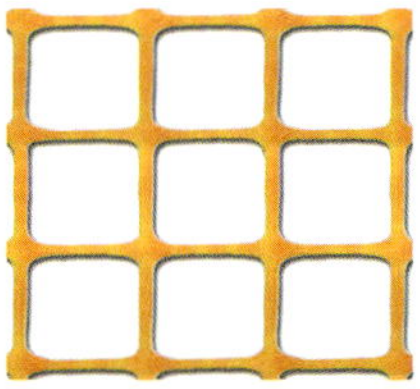

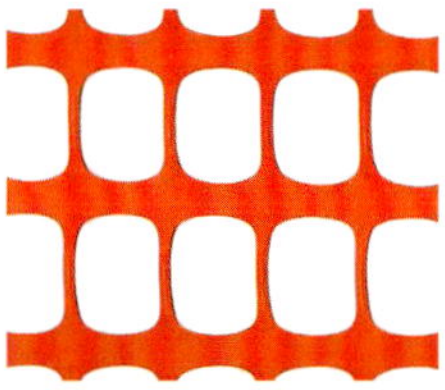

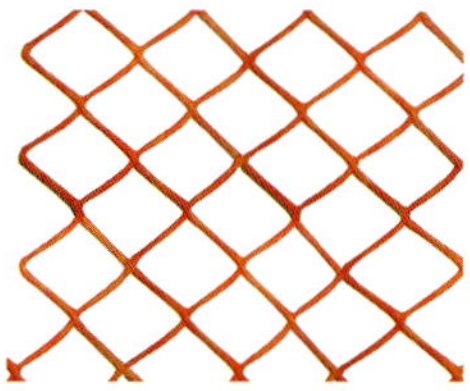

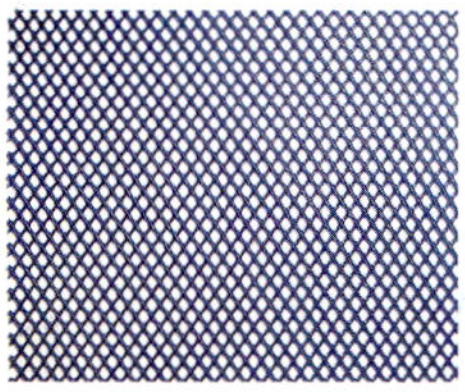

山东通佳机械有限公司

SHANDONG TONGJIA MACHINERY CO., LTD.

地址：山东省济宁国家高新技术产业开发区 327 国道 96 号

传真：0537-2984888 2986199 E-mail:sales@tongjia.com

http://www.tongjia.com

0537-2271266 2271966

通佳机械手机网站　通佳机械微信公众平台

自强不息 务实创新

稳健经营 追求永续

总经理 蒋忠定

宁波市海达塑料机械有限公司

NINGBO HAIDA PLASTIC MACHINERY CO., LTD.

宁波市海达塑料机械有限公司是专业制造 HDX、HDJL、HDJS 系列全自动塑料注射成型机的生产厂家，系中国塑料机械工业协会副会长单位，宁波塑料机械协会副会长单位，公司在行业内已享有较高的知名度。近年来，公司已陆续获得国家高新技术企业、中国驰名商标、浙江省著名商标、浙江省名牌产品、浙江省知名商号、浙江省安全生产标准化达标企业等国家、省级荣誉。公司于2000年获批自营进出口权，目前已在世界上十几个国家和地区办理商标注册。在管理上，公司自2001年以来已通过ISO9001质量认证、ISO14001认证、OHSAS18001认证和CE认证，已获得宁波市绿色环保模范工厂、区劳动关系和谐企业、区文明企业和区政府质量奖。公司已推行5S管理和ERP企业信息化管理，并取得了不错的成效。

公司创建于1992年，目前公司占地面积20余万 m^2 ，总资产5亿元，员工450人，其中具有中高级职称的技术骨干占 30% 以上，常年聘请行业知名专家和教授担任技术顾问和管理顾问，并与国内著名学府联合创办了研究中心。自成立以来，公司一直本着自强不息、务实创新、稳健经营、追求永续的企业宗旨，不断为客户提供品质卓越、制造精良的塑机产品，通过与客户长期紧密合作共赢，谋求更高的发展和更好的进步。我们不断进行技改投入、增强企业可持续发展能力。

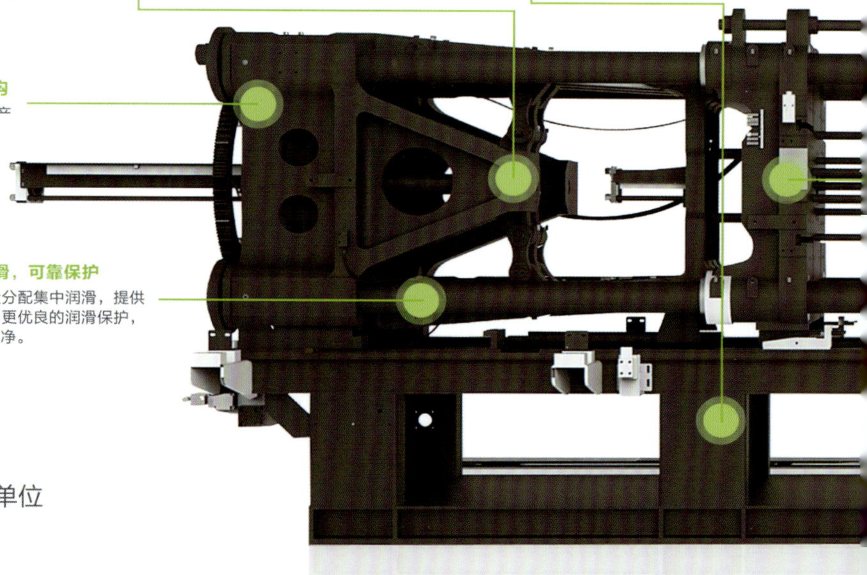

海达 HDJ®

海达塑机

· 中国塑料机械工业协会副会长单位
· 宁波塑料机械协会副会长单位

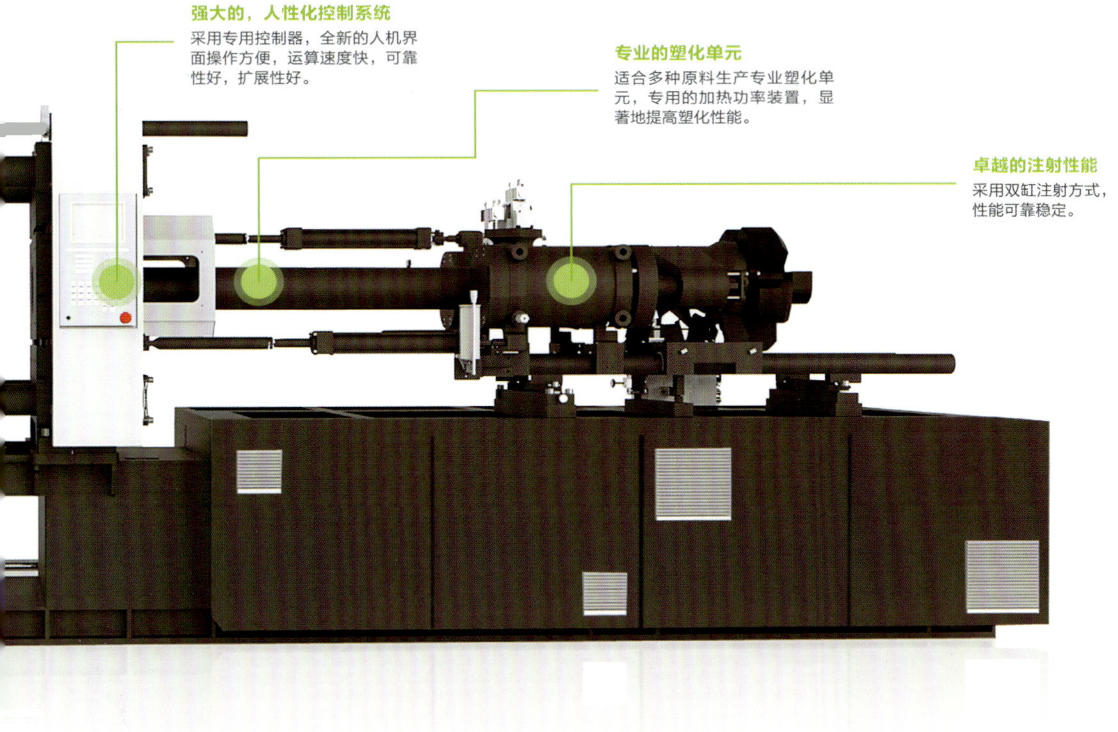
强大的，人性化控制系统
采用专用控制器，全新的人机界面操作方便，运算速度快，可靠性好，扩展性好。
专业的塑化单元
适合多种原料生产专业塑化单元，专用的加热功率装置，显著地提高塑化性能。
卓越的注射性能
采用双缸注射方式，性能可靠稳定。

HDJS绿色系列注塑机

HDJS538注塑机

智能 · 安全 · 能力多 · 高端 · 多元化

HDJS 伺服型

节能高效先锋官

持续关注环保和节能的海达企业，于 2008 年 2 月开始伺服节能环保型注塑机量产，逐渐实现了高节能、高精度、高应答、低噪声、低油温等优异特性，在理想状态下，与变量泵机种相比，节能达40%，与传统定量泵机种相比，节能最大达 70%~80%。 随后陆续将伺服节能系统拓展至其他不同机种，包括快速机、电木机以及大型两板机等，为客户每年节省电费至少30%以上。海达 HDJS 伺服系列塑机是当之无愧的节能高效先锋官。

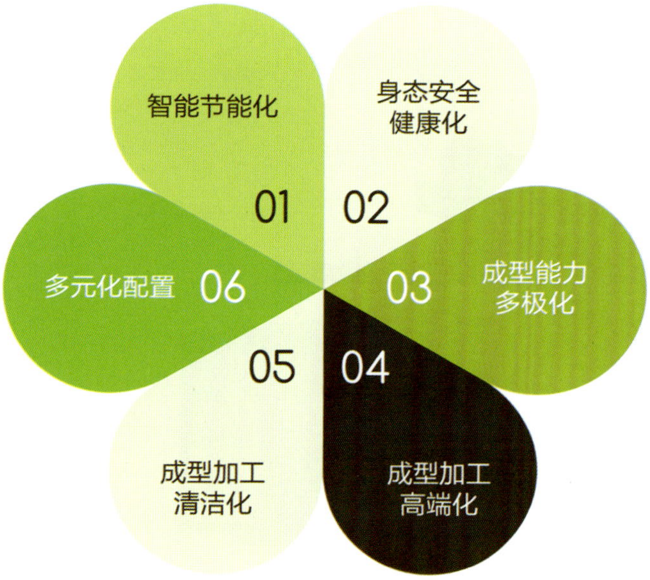

HDD两板式注射成型机

2011年，公司重点全新开发了海达HDD系列两板式注塑机，该系列产品大型机采用公司自主研发的锁模机构，小型机采用北京化工大学新近研发的内循环机构。其技术在国内外属于领先水平。适合成型容器较大的模具及其注塑制品。如：家用电器、汽车零件、物流周转箱及大型托盘等。特别是机铰机难以成型的制品，如低压注射、压缩注射、排气注射、发泡注射成型，两板机更易于实现。

关键环节

1 注塑系统　注塑稳定　调校容易

优化设计的注射单元提供更高的精度，确保了更高的稳定性。注射部件采用双导柱支撑结构、双缸平稳注射装置，射座改良，射嘴校正易，可以通过简单的操作将喷嘴与模具中心调整对中。每组注射单元3种不同螺杆直径，可供客户自行选择，全面满足个性化加工工艺要求。料筒温度时刻监控，确保高质量成型要求。

2 控制系统　全部监控　全盘掌握

彩色LCD显示屏；异常报警功能；专用注塑机控制器，双CPU控制，控制与显示CPU相对独立，可靠性好；前后门经济停止按钮；实时监测显示各动作运作情况；系统硬件I/O检测功能；专用注塑机控制器；料筒温度偏差自我修正；高精度位移传感系统。

3 合模系统　高效运行　精确定位

优化设计的合模机构采用液压式自动锁模，响应快、动作平稳、适应性强。快速关模平台更是缩短了成型周期，提高了生产效率；低压模具保护装置；多种液压顶出模式；可调动模板支撑结构；拉杆特殊工艺处理，强度可靠；开关模、顶出位置。

4 液压系统　易于维护　结构紧凑

高效节能的伺服系统　油箱液位计
油温偏差报警功能　液压油冷却装置

应用领域

注塑机具有能一次成型外型复杂、尺寸精确或带有金属嵌件的质地密致的塑料制品的能力，被广泛应用于国防、机电、汽车、交通运输、建材、包装、农业、文教卫生及人们日常生活各个领域。在塑料工业迅速发展的今天，注塑机不论在数量上或品种上都占有重要地位。

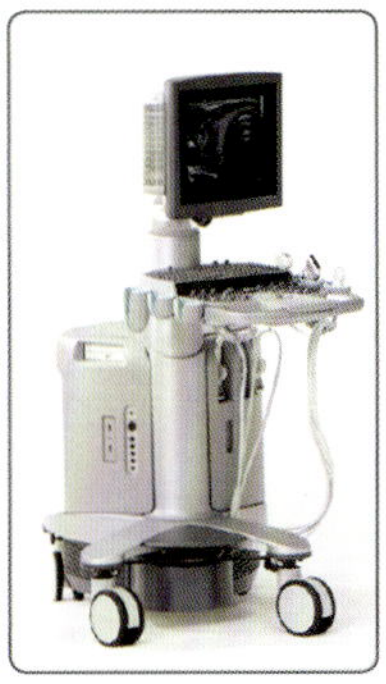

FCS
www.fcs.com.tw
富強鑫集團
FCS Group
崭新视野/节能绿化/全心生活

同业领先指标

双色机优选品牌
客制化定制服务
领先推出油电复合式注塑机
台湾同业先期且上市公司

获奖

台湾精品奖
注塑机“美学奖”
研究发展创新“特优奖”
中国注塑机行业十强企业

认证

荣获TTQS铜牌认证
通过ISO9001与CE认证
通过OHSAS18001认证

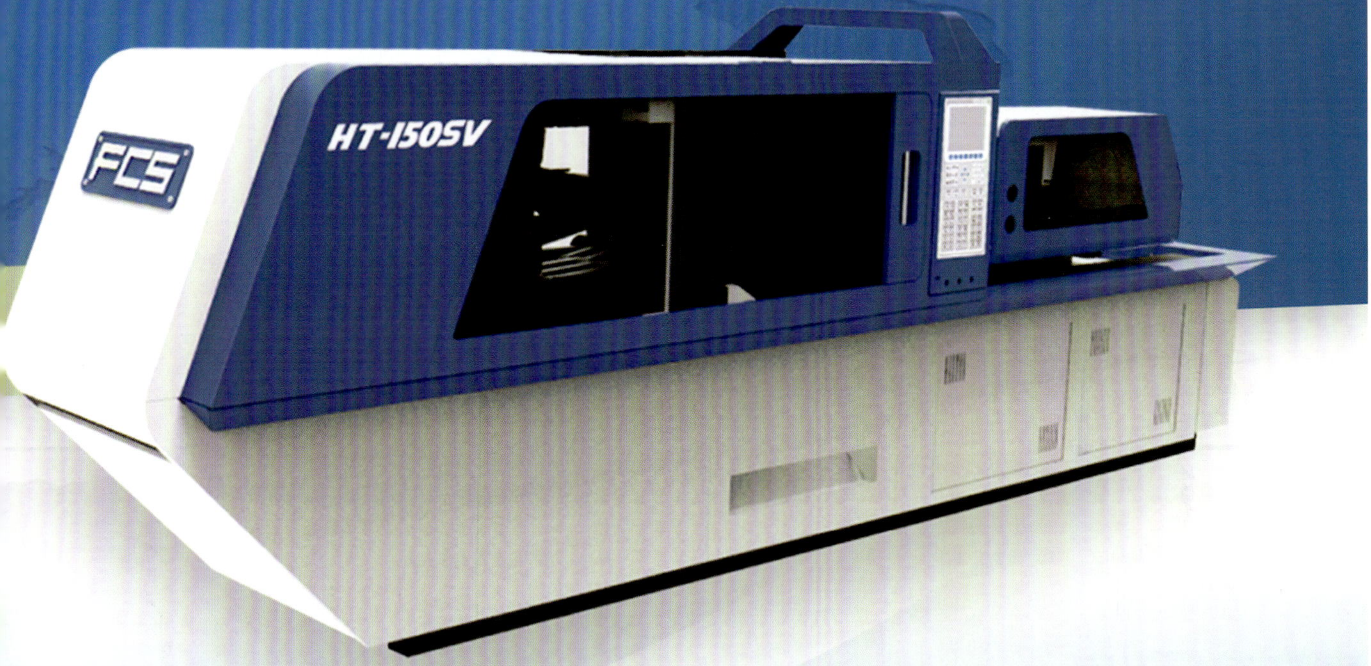

射出成型科技领航者

uCloud

台湾富强鑫
71841台南市关庙区埤头里保东路269号
TEL: 0886-6-5950688 • FAX: 0886-6-5951129
E-mail: fcsco@fcs.com.tw

东莞富强鑫
广东省东莞市大朗镇石厦管理区金厦东路18号
TEL:0086-769-83313753 • FAX:0086-769-83181903
E-mail: cdg@fcs.com.tw

宁波富强鑫
浙江省宁波市江北区海川路115号
TEL:0086-574-56138688 • FAX:0086-574-56138699
E-mail: cnb@fcs.com.tw

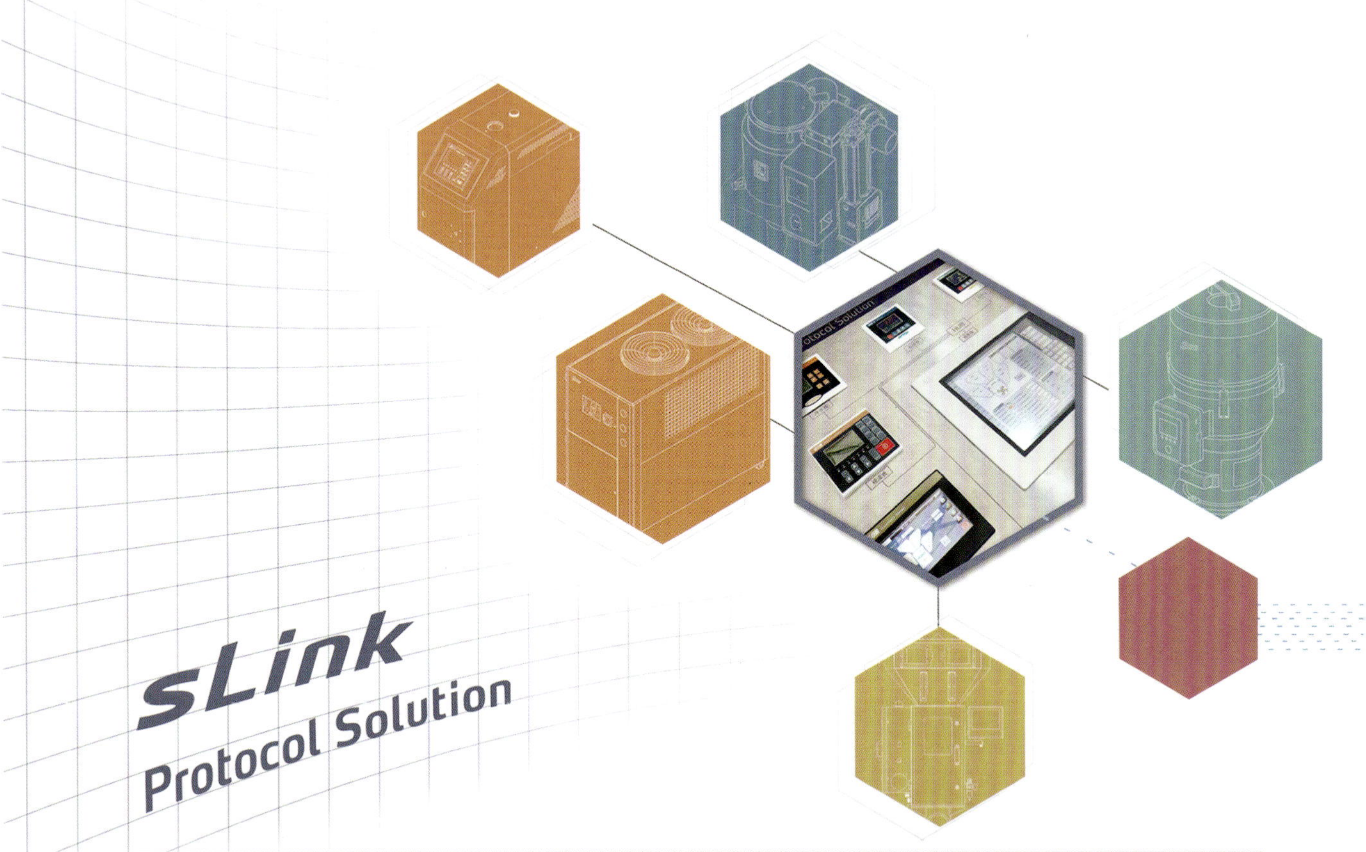

以用户友好为原则，技术创新为手段，
实现成型辅助设备与上位机的网络通信。

信易始终坚持技术创新。
如何让先进的注塑成型技术满足客户需求，一直是注塑成型者的追求。精力不仅放在“产品本身”上，更是放在“客户需求”上。信易从产品的标准、精致、实用、人性化着手，使得客户更容易操作。sLink基于Modbus TCP/RTU通信协议，友好的人机界面能带给客户更直观的感受，与上位机通信，实现集中监控，提升客户使用价值，确保结果符合客户期望。

Simple Solution

信易集團

0086 800 999 3222　　0886 0800 000 860　　http://www.shini.com

SHINI

除湿干燥
供料输送
混合拌料
冷热交换
粉碎回收
系统化对策
自动化对策
热流道系统

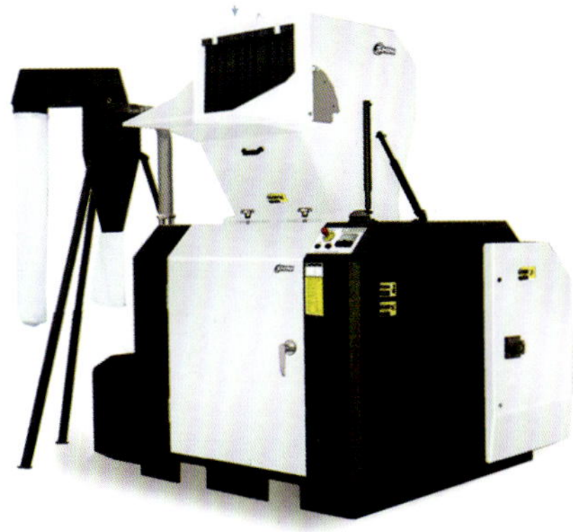

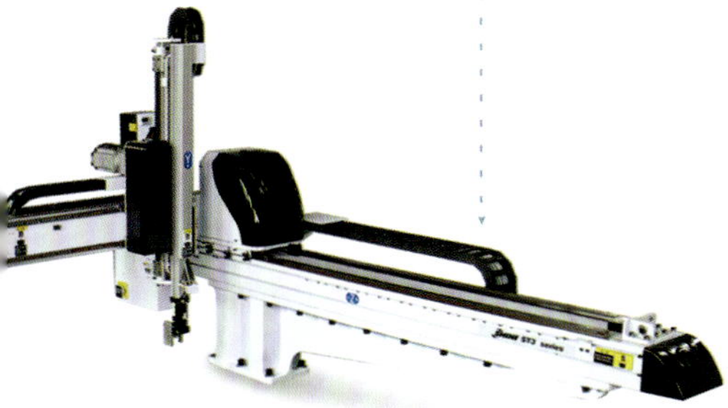

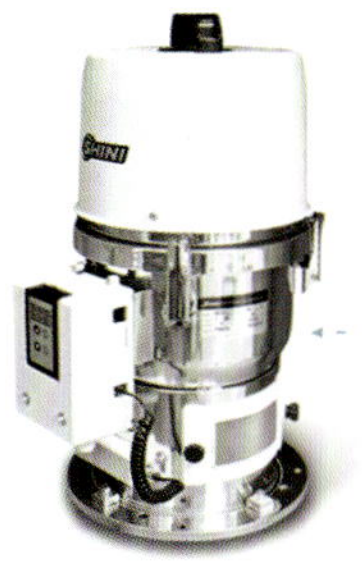

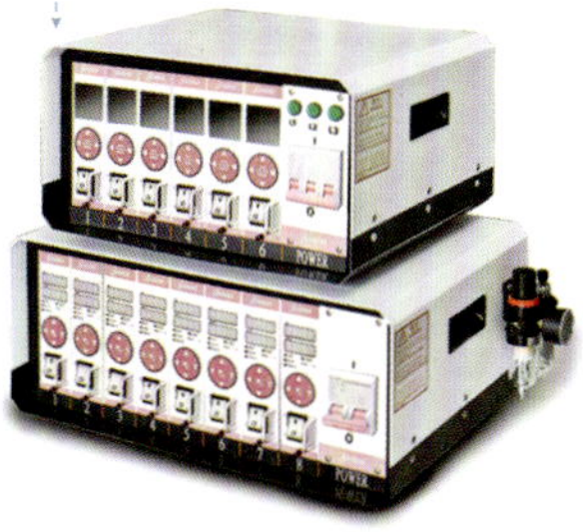

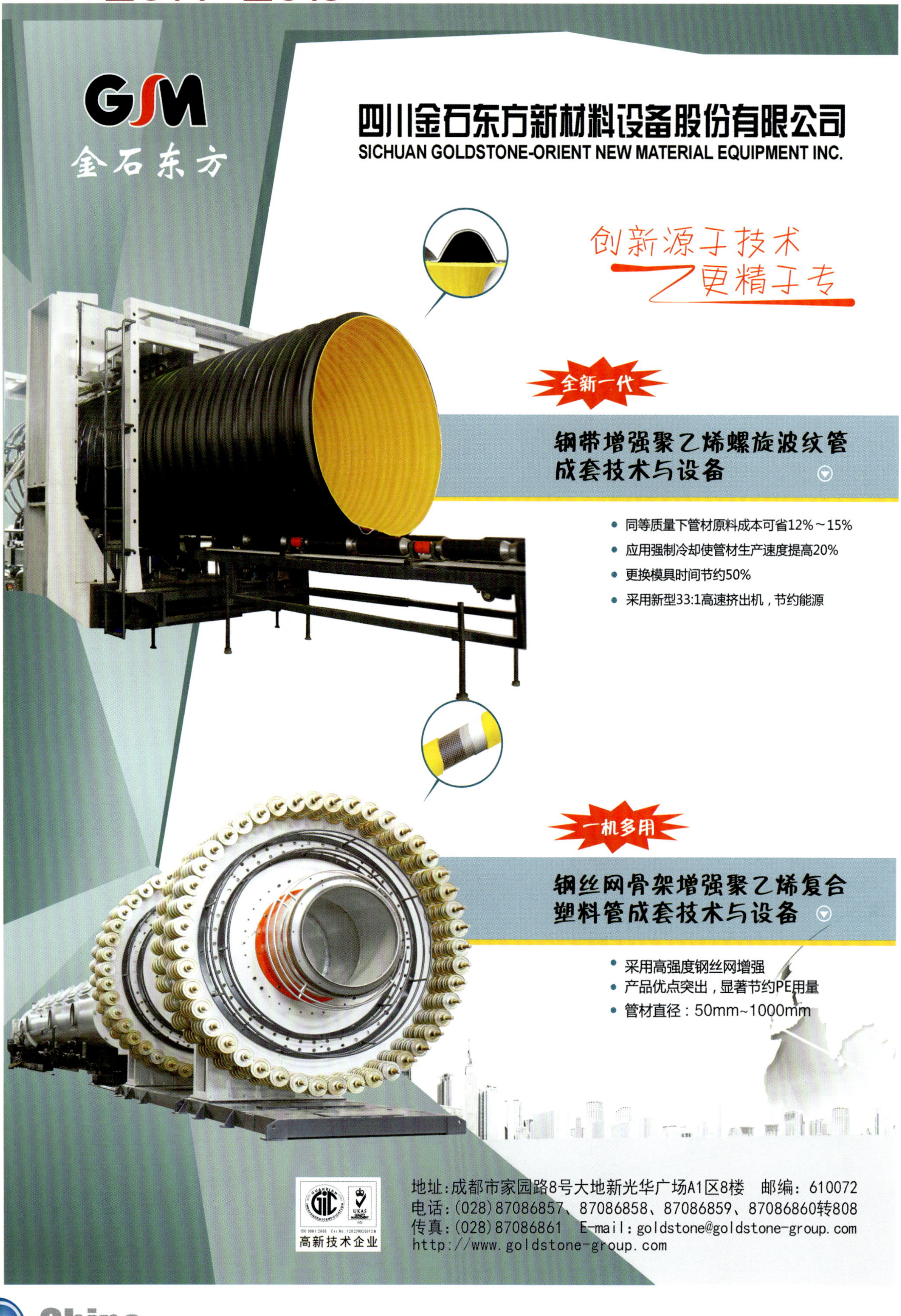
GSM
金石东方
四川金石东方新材料设备股份有限公司
SICHUAN GOLDSTONE-ORIENT NEW MATERIAL EQUIPMENT INC.
创新源于技术
更精于专
全新一代
钢带增强聚乙烯螺旋波纹管
成套技术与设备
• 同等质量下管材原料成本可省12%~15%
• 应用强制冷却使管材生产速度提高20%
• 更换模具时间节约50%
• 采用新型33:1高速挤出机，节约能源
一机多用
钢丝网骨架增强聚乙烯复合
塑料管成套技术与设备
• 采用高强度钢丝网增强
• 产品优点突出，显著节约PE用量
• 管材直径：50mm~1000mm
高新技术企业
地址:成都市家园路8号大地新光华广场A1区8楼　邮编：610072
电话:(028)87086857、87086858、87086859、87086860转808
传真:(028)87086861　E-mail:goldstone@goldstone-group.com
http://www.goldstone-group.com

BEIER 贝尔机械

www.beierpm.com

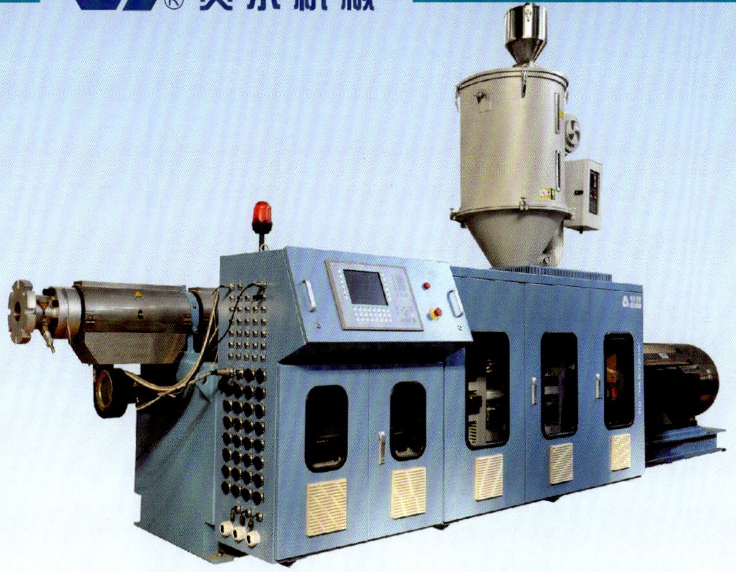

欧式高效节能单螺杆挤出机

European style single screw extruder

型号**MODEL:90/38D**

产量Output:950~1 050kg/h

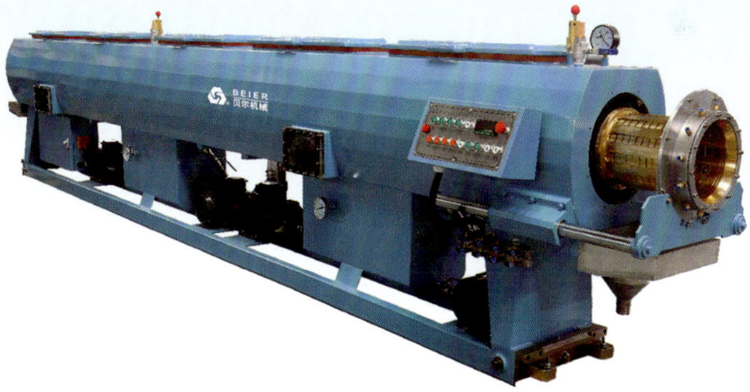

欧式管材真空定型箱

European style Pipe vacuum calibration tank

管材直径Diameter range:
Φ20~2 500mm

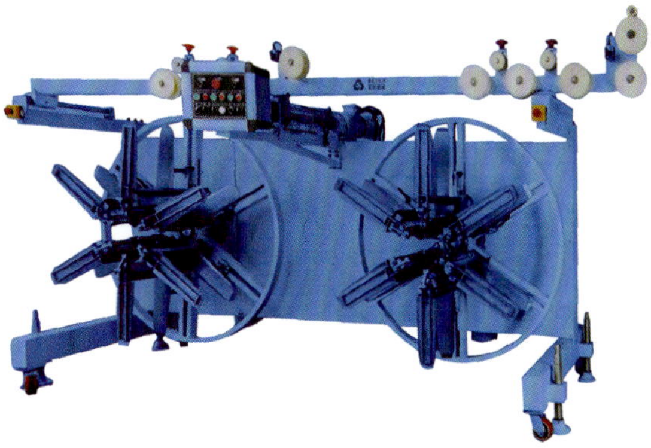

欧式单/双工位收卷机

European style Single/double coiler

型号Model:
Φ16~40mm/Φ16~63mm/Φ50~110mm

江苏贝尔机械集团 **JIANGSU BEIER MACHINERY GROUP**

地址:江苏省张家港经济技术开发区港城大道东侧 电话:0086-512-58911759 58172862(国际贸易部)
传真:0086-512-58682126 http://www.beierpm.com E-mail:hdf@beierpm.com 邮编:215600

Add:East of City Avenue, Economic Development Zone, Zhangjiagang City, Jiangsu, China
Tel:0086-512-58911759 58172862(International Trade Department) Fax:0086-512-58682126
http://www.beierpm.com E-mail:hdf@beierpm.com P.C.:215600

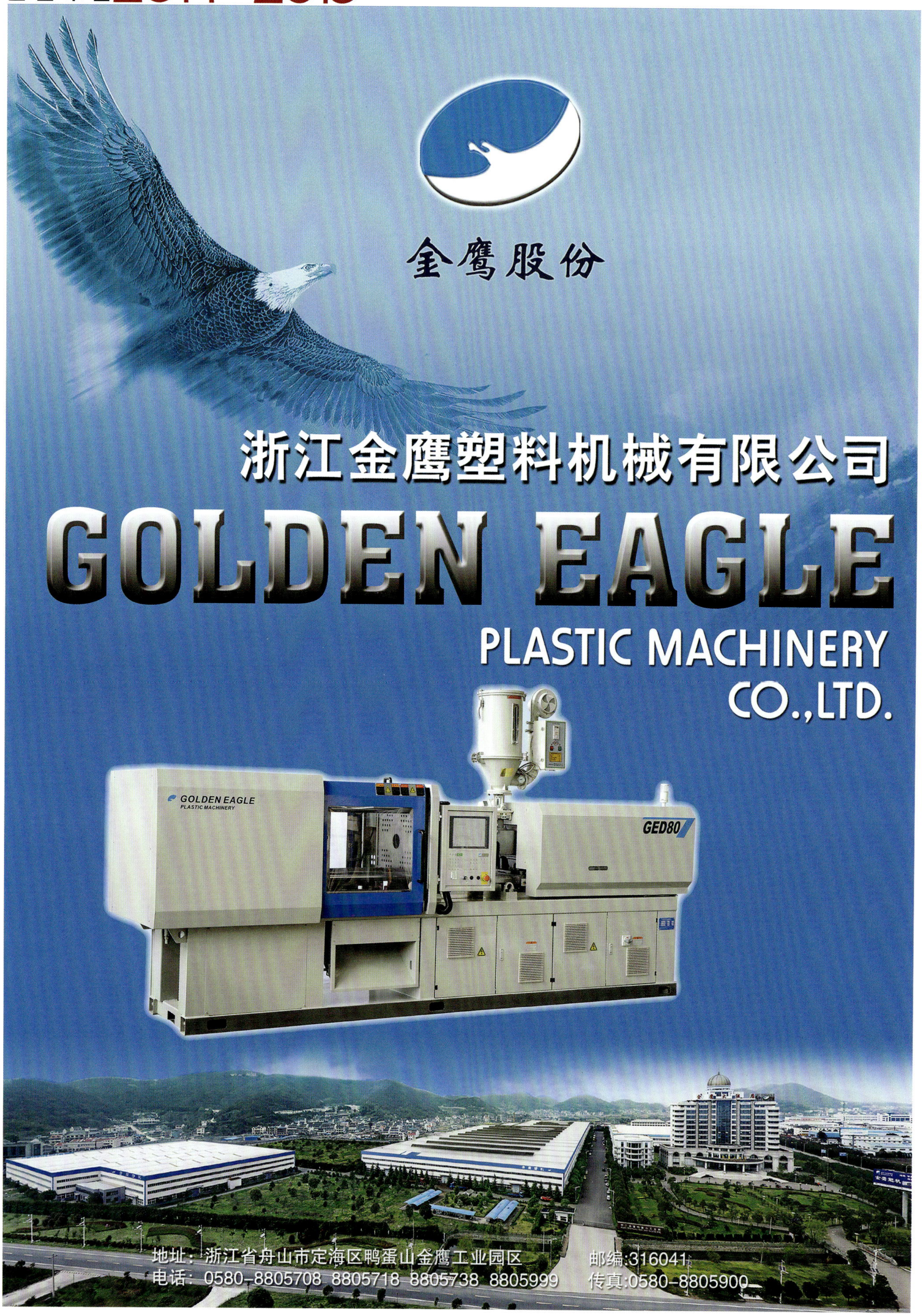
金鹰股份
浙江金鹰塑料机械有限公司
GOLDEN EAGLE
PLASTIC MACHINERY
CO.,LTD.
GOLDEN EAGLE
PLASTIC MACHINERY
GED80
地址：浙江省舟山市定海区鸭蛋山金鹰工业园区
邮编:316041
电话：0580-8805708 8805718 8805738 8805999
传真:0580-8805900

广东省塑料工业协会注塑专业委员会
2015年活动集锦

①2015年国际橡塑展台，广东省塑料工业协会注塑专业委员会会长、中山力劲机械有限公司总经理谢小斯接受媒体采访

②广东省塑料工业协会注塑专业委员会秘书长蔡恒志参加中塑机摄影展，接受中国塑料加工工业协会马占峰秘书长颁奖

③2015年国际橡塑展，广东省塑料工业协会符岸会长带领国外朋友观摩力劲展台

④力劲大型注塑机装配（摄影作品）

⑤广东省塑料工业协会注塑专业委员会秘书长蔡恒志参加深圳市标准联盟会议

⑥广东省塑料工业协会走访会员企业

⑦广东省塑料工业协会注塑专业委员会秘书长蔡恒志参加中国塑料机械工业协会五届五次理事会

会长：谢小斯　　秘书长：蔡恒志　　地址：广东省深圳市宝安区龙华镇机荷高速公路南侧力劲工业园
邮编：518109　　E-mail:zgzs2008@126.com　　电话：0755-29834366　28123321转342

聚风塑料传媒
JUFENG PLASTIC MEDIA
精心打造资讯平台　用心传递优质服务

创新不息十三载　勇于开拓写春秋
聚风塑料传媒与您一路同行

非凡的移动服务平台

“聚风塑料”微信公众号
助您轻松把握移动营销

享誉中国塑料行业
13载的著名优秀期刊

聚風塑料

手机版《聚风塑料》杂志
微问问十多位工程师在线为您解答一切问题
行业资讯全球业界信息及时为你呈现
手机版企业刊物快速展现企业综合实力
手机版产品画册移动营销必备利器
供求平台供求信息随时发布

免费索取电话：400-6750050
网络电子版阅读地址：www.w7000.com/qikan
扫描二维码，阅读手机版
《聚风塑料》

聚风塑料传媒旗下其他平台：卓商塑料统计快报（业界优秀的塑料进出口统计及市场分析类平台）、中国塑料产业进出口统计分析年报、卓商塑料网（www.w7000.com）。

综合索引

中国塑料机械工业年鉴二维码

记录历史 塑造品牌

中国工业年鉴出版基地

中国机械工业年鉴系列

《中国机械工业年鉴》

《中国电器工业年鉴》

《中国工程机械工业年鉴》

《中国机床工具工业年鉴》

《中国通用机械工业年鉴》

《中国机械通用零部件工业年鉴》

《中国模具工业年鉴》

《中国液压气动密封工业年鉴》

《中国重型机械工业年鉴》

《中国农业机械工业年鉴》

《中国石油石化设备工业年鉴》

《中国塑料机械工业年鉴》

《中国齿轮工业年鉴》

《中国磨料磨具工业年鉴》

《中国热处理行业年鉴》

《中国机电产品市场年鉴》

中国工业年鉴出版基地

编辑说明

一、《中国机械工业年鉴》是由中国机械工业联合会主管、机械工业信息研究院主办、机械工业出版社出版的大型资料性、工具性年刊，创刊于 1984 年。

二、根据行业需要，1998 年中国机械工业年鉴编辑委员会开始出版分行业年鉴，逐步形成了中国机械工业年鉴系列。该系列现已出版了《中国电器工业年鉴》《中国工程机械工业年鉴》《中国机床工具工业年鉴》《中国通用机械工业年鉴》《中国机械通用零部件工业年鉴》《中国模具工业年鉴》《中国液压气动密封工业年鉴》《中国重型机械工业年鉴》《中国农业机械工业年鉴》《中国石油石化设备工业年鉴》《中国塑料机械工业年鉴》《中国热处理行业年鉴》《中国齿轮工业年鉴》《中国磨料磨具工业年鉴》和《中国机电产品市场年鉴》。

三、《中国塑料机械工业年鉴》由中国机械工业年鉴编辑委员会和中国塑料机械工业协会共同编撰，2009 年创刊。2014—2015 年刊由综述、专家视点、行业概况、统计资料、产业集群、企业概况、产品与项目、标准、大事记和附录 10 个栏目构成，集中反映了塑料机械行业的发展情况及发展趋势，全面系统地提供了塑料机械行业的主要经济指标。

四、统计资料来源于中国机械工业联合会、中国塑料机械工业协会、国家统计局（年报及快报）和中国海关。由于统计口径不一致，数据间会略有出入，选用时请注意数据来源。

五、《中国塑料机械工业年鉴》主要发行对象为政府决策机构、塑料机械行业和塑料制品行业相关企业决策者和从事市场分析、企业规划的中高层管理人员以及国内外投资机构、贸易公司、银行、证券、咨询服务部门和科研单位的机电项目管理人员等。

六、在编撰过程中得到了中国塑料机械工业协会及行业内众多专家、学者、工程技术人员和企业的大力支持和帮助，在此表示衷心感谢。

七、未经中国机械工业年鉴编辑部的书面许可，本书内容不允许以任何形式转载。

八、由于水平有限，难免出现错误和疏漏，敬请批评指正。

中国机械工业年鉴编辑部

2015 年 8 月

目　录

综　述

专家视点

行业概况

统计资料

产业集群

企业概况

产品与项目

标　准

大 事 记

附　录

Contents

PRODUCTS AND DIRECTORIES

STANDARD

BIG NOTES

APPENDIX

综述

以宏观视角，分析2014—2015年我国塑料机械工业的经济运行情况 ，并针对行业存在的问题提出改进措施

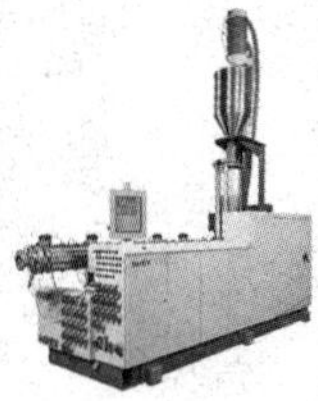

综述

2014年中国塑料机械工业发展报告

2014年是全面贯彻落实党的十八届三中全会精神、全面深化改革的第一年，也是中国塑料机械行业促发展、转方式、调结构，全面实现“十二五”规划目标的关键一年。进入2014年以来，面对异常复杂的国际国内经济形势，中国塑料机械行业坚持稳中求进、改革创新，稳扎稳打、步步为营，克服诸多困难，取得来之不易的新成绩。

一、当前塑料机械行业面临的形势

从国际形势来看，欧美发达经济体风险有所减缓，经济缓慢复苏；而主要新兴经济体的增速整体下滑趋势明显，各自面临不同的发展困境与瓶颈。大国关系复杂化进一步加剧，制衡与反制衡不断上演、冲突与合作交叠并存。面对大国之间的战略博弈和频繁的局部动荡与争端，国际安全环境的复杂性、敏感性和不确定性显著增大，塑料机械行业国际市场面临新一轮挑战。发达国家凭借其技术和人才优势，仍然占据着世界塑料机械市场的重要地位。如德国、意大利、日本等国的精密、大型、高端塑料机械产品，由于具有高技术含量、高附加值的优势，市场份额仍然在世界遥遥领先，对中国塑料机械产业形成较大压力。同时，世界各国围绕市场、资源、人才、技术、标准等各方面的全球竞争愈演愈烈，各种形式的贸易保护主义使得中国塑料机械行业所面临的外部环境更趋复杂多变。印度对华注射机发起反倾销日落复审，希冀继续以高额的反倾销税进一步阻止物美价廉的中国注射机出口到印度市场。面对贸易保护主义的抬头，中国塑料机械工业协会积极引领行业企业在日益激烈的国际市场中充分了解国际规则，主动维护自身权益。目前，协会正在牵头应诉印度对华注射机反倾销日落复审，并就印度消费税和海关中央委员会在日落复审期间单方面将对中国的反倾销税延期一年向印度德里高院提起诉讼，目前该案已被受理。

从国内形势来看，适应新形势下中国经济发展的需要，党的十八大后新领导层在着力推动全面深化改革的基础上，对宏观调控原则、方针、策略进行了重新审视，对现阶段经济形势特征提出全面分析判断，实施宏观调控政策系统调整与创新。在“稳”字当头的宏观调控基础上，中国经济呈现出“经济增速换档期、结构调整阵痛期和刺激政策消化期”三期叠加的态势，宏观经济将在相当一段时期处于增速放缓并面临下行压力状态，这对于为国民经济各领域提供专用装备的塑机行业而言，势必对内需会带来一定的冲击。但是，我们更应充分把握全面深化改革的机遇，苦下功夫促进转型升级、推动自主创新、实施高端发展战略，切实推进中国塑料机械由大变强的转变。

从产业形势来看，经过50多年的发展，中国塑料机械工业已经形成了门类齐全、基础牢固、具有世界最大规模和一定技术水平、能够基本满足国民经济需求、并且具有相当国际竞争力的产业体系，并取得了令人瞩目的一系列成就。截至2013年，中国塑料机械工业的产量已经实现连续13年位居世界第一，是进入21世纪以来中国机械工业中增长最快的产业之一，也是名副其实的世界塑料机械生产大国、消费大国和出口大国，在全球塑料机械市场具有举足轻重的地位。这个民营经济约占95%以上的行业，经过50多年的自我发展和淘汰，中小企业不断崛起，产业层次逐步提升，经济总量迅猛增长，小行业展现出大气魄。特别随着政府主管部门的不断重视，支持塑料机械行业的发展已上升为国家战略性新兴产业，吸引着世人广泛关注的目光，行业地位和影响力也显著提升。

随着汽车向轻量化、环保化方向发展，塑料将在汽车工业中的应用越来越广泛，一个塑料化的汽车工业时代即将到来；全球医疗器械市场发展趋势可与汽车和信息产业相比，正在成为世界经济的一个支柱产业。随着老龄化人口的增加，心脏起搏器、人工晶体、人工髋关节、人工膝关节等生物材料和植入体的需求不断增加，医用塑料具有市场需求大、发展潜力大和利润大等特点。由于所有塑料均需经过塑料机械这个“工作母机”的加工，才能成型为各种塑料制品，因此，塑料机械产业拥有非常广阔的市场前景。

塑料在航空航天、军事领域的应用

制作中的飞机头部

大飞机的机身部件

节能飞机

太阳能飞机模型

航空服

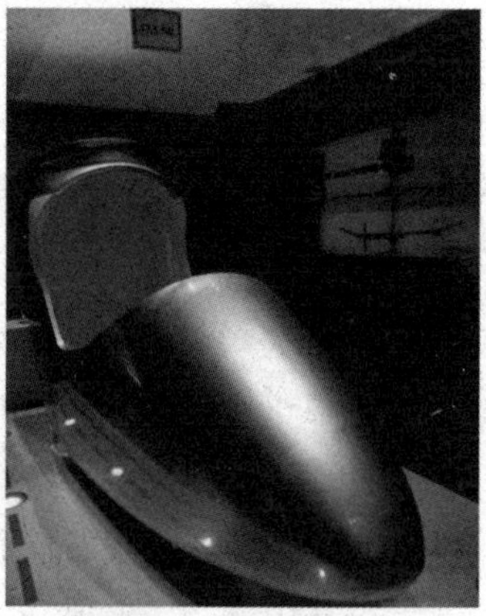

聚氨酯泡沫驾驶舱

防弹衣

塑料在交通工具领域的应用

机动车轻量化的塑料件

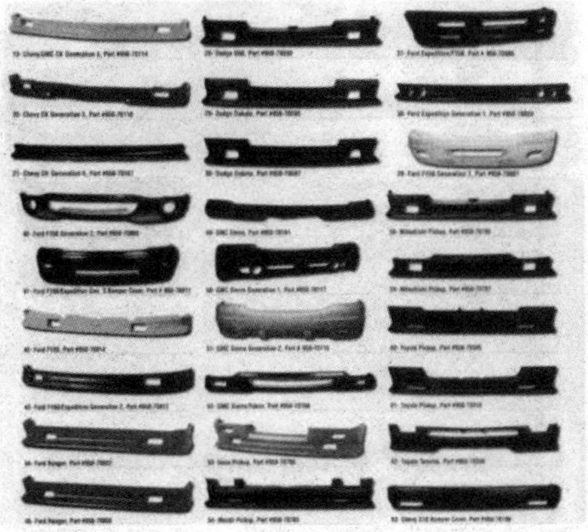

车辆前后高强度保险杠

汽车仪表盘

高强度塑料碳纤维车架

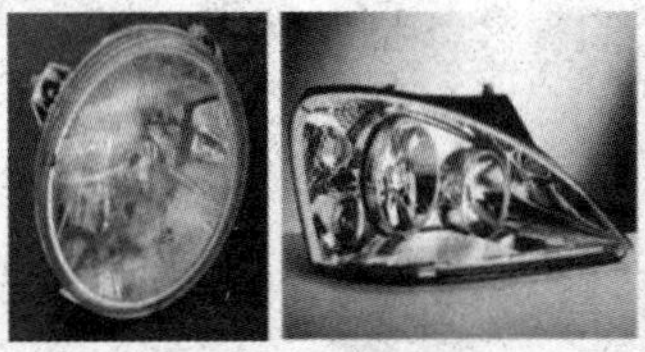

新颖车灯

新型塑料发动机箱体

重量不足1 000kg的电动跑车

环保塑料机身电动概念车

可充电太阳能车

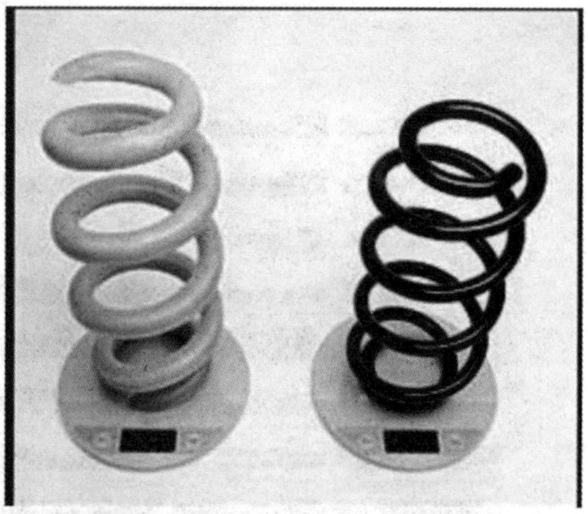

纤维玻璃增强环氧车用弹簧（左）
对照传统铁弹簧（右）

塑料摩托车

透明船

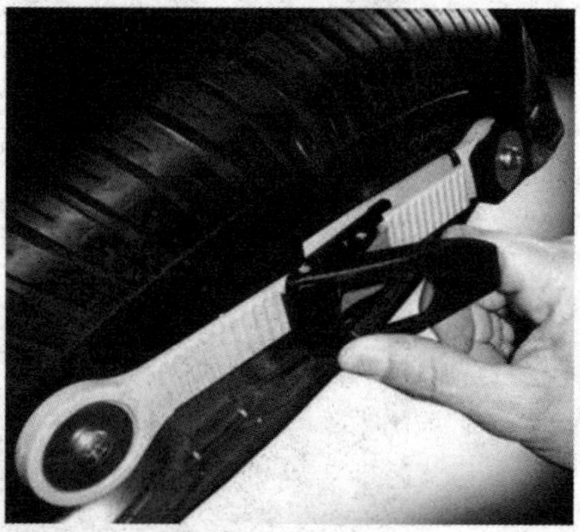

塑料代替金属制造轮胎防滑链

塑料在医疗领域的应用

医用人体心脏支架

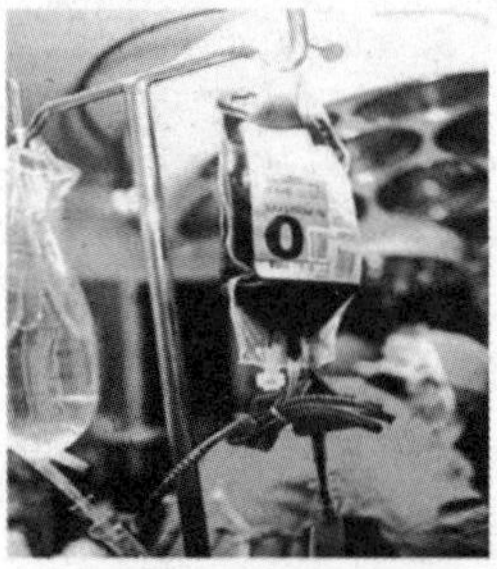

医药输血器材

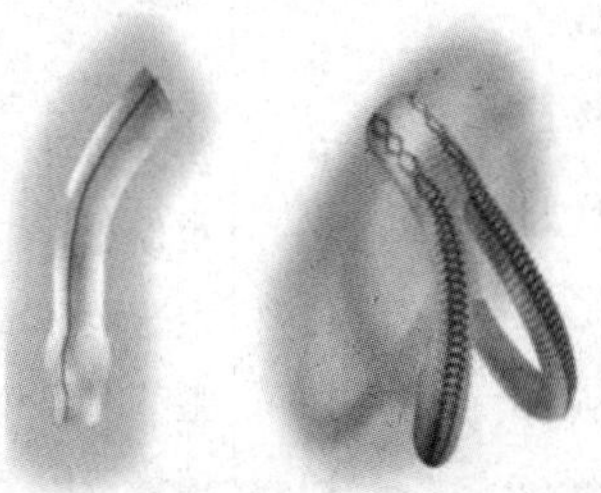

人工血管

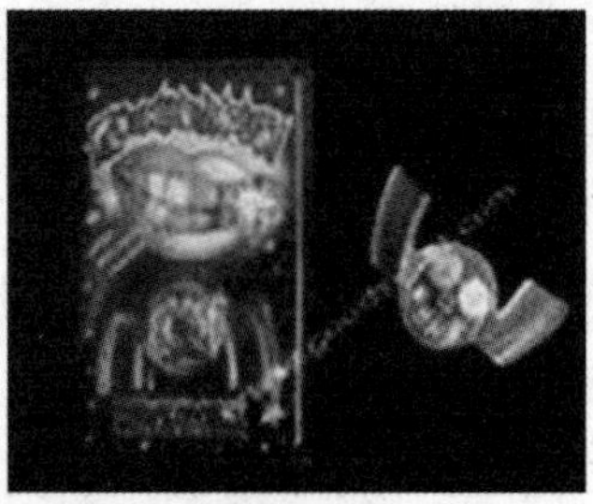

发光牙套

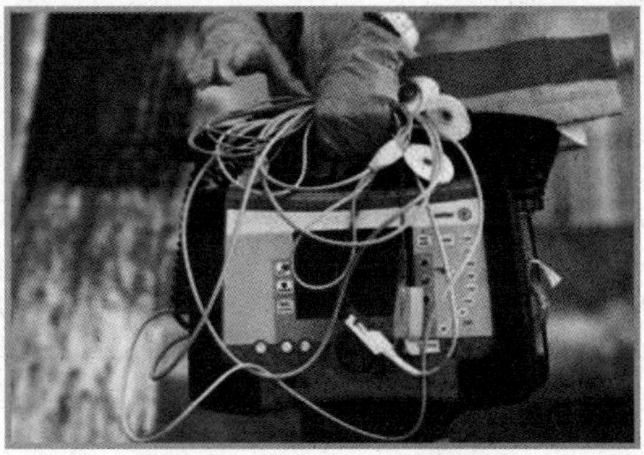

医用器材

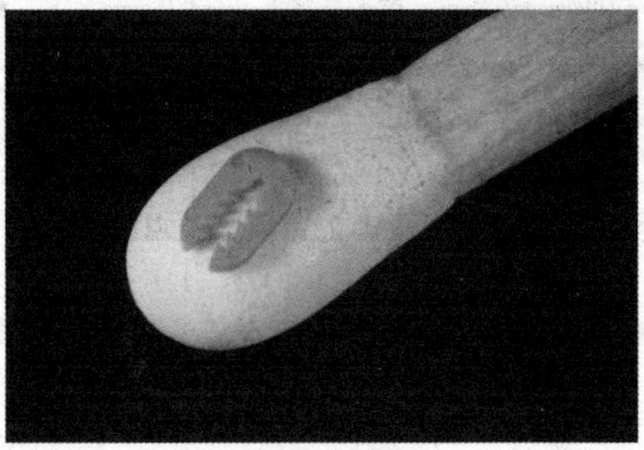

注射成型医用夹子重量仅0.003g

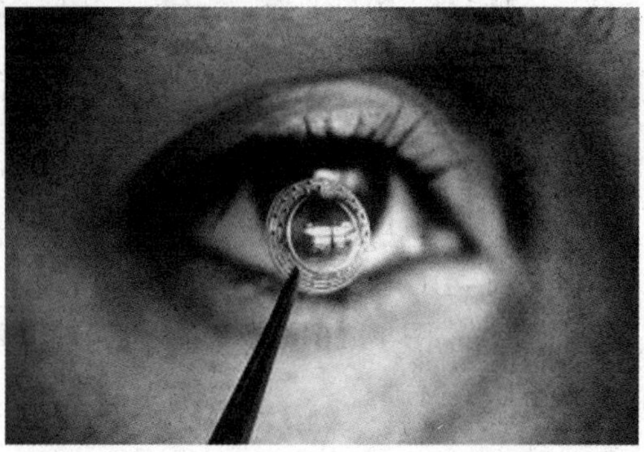

人造角膜

多年来，国家领导人对塑料机械行业的发展非常关心和重视，对塑料机械工业充满关爱和期待。当前，塑料机械作为单列行业已列入国家《装备产业技术进步和技术改造投资方向》《重大技术装备自主创新指导目录》《产业关键共性技术发展指南》《节能机电设备（产品）推荐目录》《“数控一代”装备创新工程》等，这些都为中国塑料机械行业调结构、促发展，为中国塑料机械企业加快技术进步与升级改造起到积极的政策拉动作用。

二、2014 年中国塑料机械行业发展情况

（一）2014 年行业概况

2014 年 1—12 月，我国塑料机械行业规模以上企业有 397 家，同比增长 5.6%。其中亏损企业 70 家，亏损面 17.63%；亏损额 2.54 亿元，同比增长 77.6%。总体来看，行业出口交货值、主营业务收入、利润总额均实现同比增长，三项指标分别较上年同期增长 23%、7% 和 7%。其中，第一季度分别较上年同比增长 10%、11% 和 19%；第二季度分别较上年同比增长 11%、8% 和 7%；第三季度分别较上年同比增长 52%、9% 和 34%；进入第四季度，利润总额增幅有所放缓，10 月同比下降 6%、11 月同比下降 11%、12 月同比下降 15%，第四季度利润整体同比下降 12%。从环比来看，2014 年二季度利润总额较一季度增长 51%、三季度较二季度增长 19%、四季度较三季度增长 16%。

2014 年，我国塑料机械行业规模以上企业主要经济指标见表 1。2014 年 1—12 月我国塑料机械制造工业主要经济指标走势见图 1。

表 1　2014 年我国塑料机械行业规模以上企业主要经济指标

序号	指　标	金额（亿元）	同比增长（%）
1	出口交货值	90.49	23.00
2	主营业务收入	531.99	7.00
3	利润总额	48.04	7.00
4	主营业务利润	40.55	-6.37
5	流动资产	352.16	1.62
6	应收账款	99.55	8.60
7	存货	103.10	3.85
8	产成品	33.23	1.80
9	资产总计	565.18	9.12
10	负债总计	267.25	9.12
11	主营业务成本	420.93	4.48
12	主营业务税金及附加	2.95	9.78
13	销售费用	26.52	12.17
14	管理费用	36.81	5.82
15	财务费用	4.23	6.43
16	利息支出	4.21	6.85
17	税金总额	18.62	2.29
18	应交增值税	15.67	1.00

注：数据来源于国家统计局。

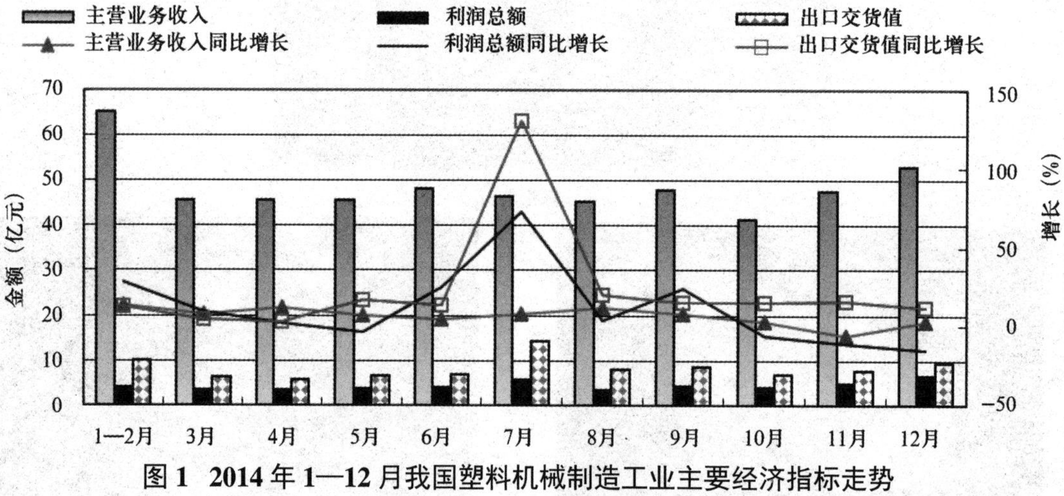

图 1　2014 年 1—12 月我国塑料机械制造工业主要经济指标走势

注：数据来源于国家统计局。

（二）2014 年进出口情况

进出口方面，根据海关数据统计，2014 年 1—12 月我国进口塑料机械 21 734 台，进口金额约 19.8 亿美元，分别同比增长 116% 和 9%，进口平均单价由 2013 年同期的 18 万美元/台下降至 9 万美元/台；进口平均单价下降较大主要是由于 11 月税号为 84775990 的其他模塑或成型机器进口了 4 826 台，进口数量同比增长 659%，而此税号当月进口金额仅为 476 万美元。

进口增长主要集中在注射机、其他注射机和塑料造粒机。其中注射机进口 7 380 台，同比增长 29%；进口金额约 7.5 亿美元，同比增长 9%；其

他注射机进口398台，同比增长26%；进口金额约6 472万美元，同比增长25%。塑料造粒机进口214台，同比增长16%；进口金额近2.15亿美元，同比增长62%。

按进口来源地看，2014年1—12月从德国进口保持稳定增长，从中国台湾、意大利、美国、奥地利进口增长较快，从日本、法国和瑞士进口的金额有约10%幅度的同比下降，而从韩国进口金额同比下降40%。

2014年1—12月，我国出口塑料机械230 584台，出口金额约18.5亿美元，分别同比增长71%和7%，出口平均单价0.8万美元/台。其中10月出口数量同比增长587%，主要为税号84775990其他模塑或成型机器当月出口19 368台，出口金额仅为742万美元；11月出口数量同比增长86%，主要是由于当月税号为84775910的3D打印机出口了11 277台，出口金额1 174万美元；贸易逆差约1.3亿美元，同比增长45%。

注射机和塑料中空成型机出口增长稳定；挤出机出口数量同比增长141%，出口金额同比增长6%；吹塑机虽然出口数量同比下降86%，但出口金额依然保持2%的同比增幅；塑料压延成型机出口数量和金额分别同比下降9%和18%。

从塑料机械产品出口走向分布看，2014年1—12月出口至越南、美国、土耳其和伊朗市场无论从数量还是金额来看均实现同比大幅增长，而出口至泰国、印度尼西亚、巴西、印度、俄罗斯和马来西亚市场则呈现不同幅度的下滑。

2014年1—12月我国塑料机械产品进出口情况见表2。2014年1—12月我国塑料机械进出口数量增速走势见图2。2014年1—12月我国塑料机械进出口金额增速走势见图3。2014年1—12月我国塑料机械贸易逆差情况见图4。2014年1—12月我国塑料机械进出口分税号统计见表3。2014年1—12月我国塑料机械进口地排名前10位见表4。2014年1—12月我国塑料机械出口地排名前10位见表5。2014年1—12月我国塑料机械进口金额洲际分布见图5。2014年1—12月我国塑料机械出口金额洲际分布见图6。

表2 2014年1—12月我国塑料机械产品进出口情况

月份	进口					出口					贸易逆差（万美元）
	数量（台）	金额（万美元）	平均单价（万美元/台）	数量同比增长(%)	金额同比增长(%)	数量（台）	金额（万美元）	平均单价（万美元/台）	数量同比增长(%)	金额同比增长(%)	
1	829	18 671	23	26	27	17 434	17 156	1.0	26	14	1 515
2	2 108	11 292	5	533	36	3 228	10 392	3.2	−38	−9	900
3	1 879	18 643	10	124	16	16 086	13 936	0.9	331	17	4 707
4	1 405	16 312	12	64	1	14 586	15 050	1.0	−71	23	1 262
5	990	15 875	16	20	9	17 386	15 265	0.9	188	5	610
6	1 191	19 266	16	59	56	14 860	14 924	1.0	125	−4	4 342
7	1 346	15 789	12	25	−9	31 430	15 149	0.5	473	−3	640
8	1 403	18 932	13	27	−3	16 354	15 374	0.9	175	−2	3 558
9	1 483	15 511	10	36	−7	22 255	15 608	0.7	313	11	−97
10	1 201	13 435	11	49	−21	33 844	15 042	0.4	587	9	−1 607
11	6 218	17 309	3	659	44	21 449	17 689	0.8	86	17	−380
12	1 681	16 400	10	88	−3	21 672	18 673	0.9	40	7	−2 273
合计	21 734	197 435	9	116	9	230 584	184 258	0.8	71	7	13 177

注：数据来源于中国海关。

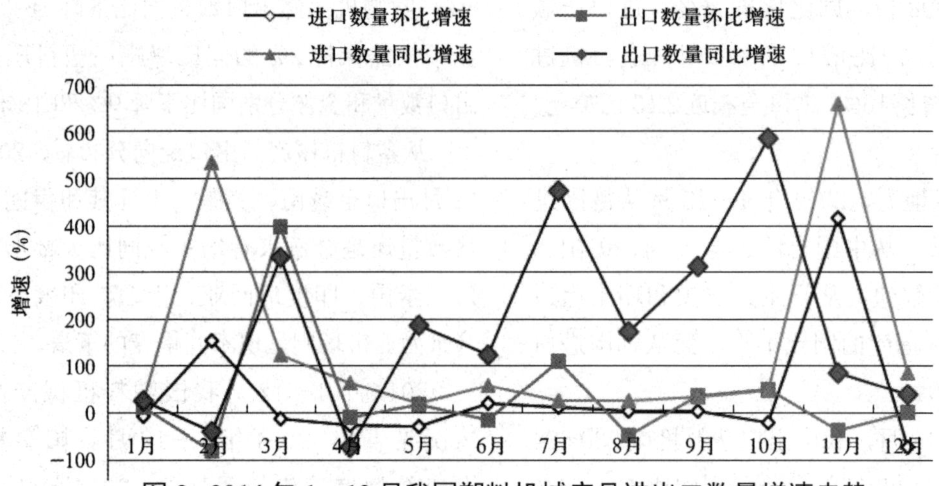

图 2　2014 年 1—12 月我国塑料机械产品进出口数量增速走势

注：数据来源于中国海关。

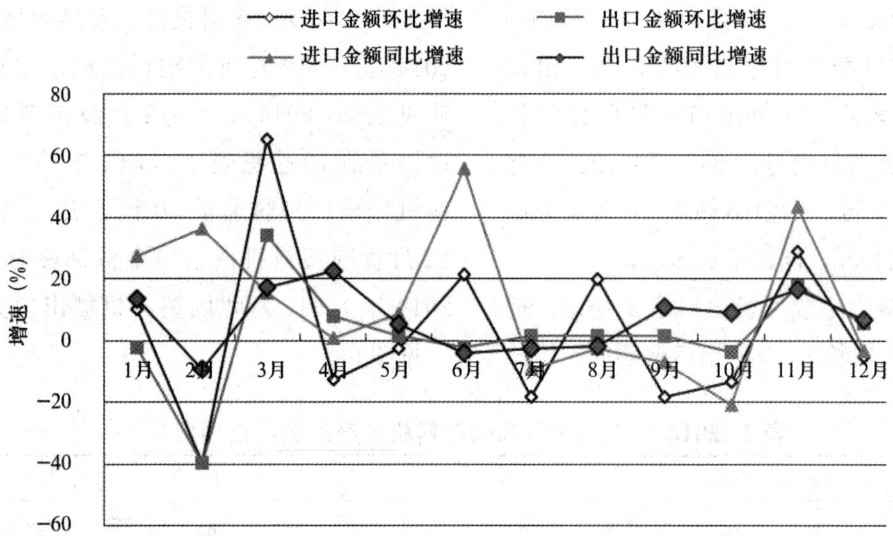

图 3　2014 年 1—12 月我国塑料机械产品进出口金额增速走势

注：数据来源于中国海关。

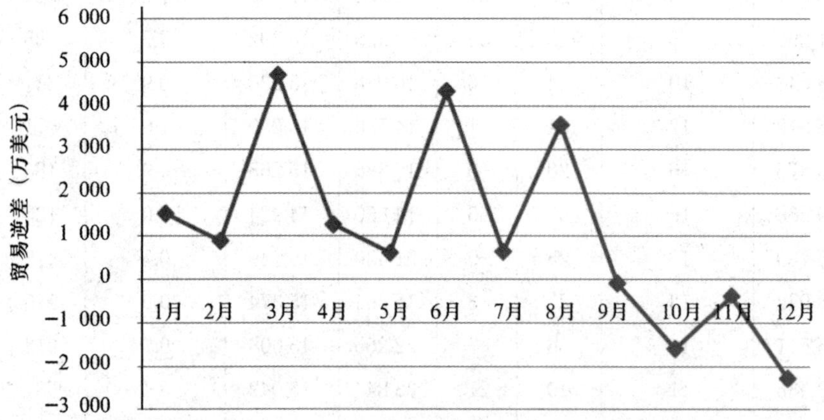

图 4　2014 年 1—12 月我国塑料机械产品贸易逆差情况

注：数据来源于中国海关。

表 3 2014 年 1—12 月我国塑料机械产品进出口分税号统计

序	税号	产品名称	进口 数量（台）	进口 数量占比(%)	进口 金额（万美元）	进口 金额占比(%)	出口 数量（台）	出口 数量占比(%)	出口 金额（万美元）	出口 金额占比(%)
1	84771010	注射机	7 380	33.96	74 665	37.82	25 082	10.88	100 779	54.69
2	84771090	其他注射机	398	1.83	6 472	3.28	1 037	0.45	2 985	1.62
3	84772010	塑料造粒机	214	0.98	21 460	10.87	3 693	1.60	8 428	4.57
4	84772090	其他挤出机	895	4.12	41 518	21.03	26 567	11.52	26 016	14.12
5	84773010	挤出吹塑机	92	0.42	8 240	4.17	2 105	0.91	6 651	3.61
6	84773020	注射吹塑机	88	0.40	3 112	1.58	522	0.23	833	0.45
7	84773090	其他吹塑机	94	0.43	9 007	4.56	6 320	2.74	11 060	6.00
8	84774010	塑料中空成型机	78	0.36	1 856	0.94	1 549	0.67	4 765	2.59
9	84774020	塑料压延成型机	97	0.45	2 855	1.45	1 431	0.62	2 318	1.26
10	84774090	其他真空模塑机器及其他热成型机器	824	3.79	14 765	7.48	6 187	2.68	7 466	4.05
11	84775910	3D 打印机	6 199	28.52	4 183	2.12	53 902	23.38	2 464	1.34
12	84775990	其他模塑或成型机器	5 375	24.73	9 303	4.71	102 189	44.32	10 493	5.69
合计			21 734	100.00	197 436	100.00	230 584	100.00	184 258	100.00

注：数据来源于中国海关。

表 4 2014 年 1—12 月我国塑料机械产品进口地排名前 10 位

序	国家	数量（台）	金额（万美元）	平均单价（万美元/台）	数量占比(%)	金额占比(%)	数量同比增长(%)	金额同比增长(%)
1	德国	1 157	64 233	56	5.32	32.53	4.42	10.35
2	日本	4 340	57 621	13	19.97	29.18	13.02	-3.31
3	中国台湾	1 947	27 811	14	8.96	14.09	14.94	47.89
4	意大利	255	10 960	43	1.17	5.55	59.38	14.55
5	美国	3 147	7 537	2	14.48	3.82	143.76	23.34
6	韩国	658	7 379	11	3.03	3.74	-26.23	-40.28
7	奥地利	147	5 590	38	0.68	2.83	40.00	36.98
8	中国	5 405	3 519	1	24.87	1.78	1 352.96	34.53
9	法国	65	2 601	40	0.30	1.32	12.07	-6.61
10	瑞士	46	2 449	53	0.21	1.24	35.29	-10.89
合计		17 167	189 700	11	78.99	96.08	79.68	7.25

注：数据来源于中国海关。

表 5 2014 年 1—12 月我国塑料机械产品出口地排名前 10 位

序	国家	数量（台）	金额（万美元）	平均单价（万美元/台）	数量占比(%)	金额占比(%)	数量同比增长(%)	金额同比增长(%)
1	越南	4 518	14 081	3.1	1.96	7.64	51.05	23.76
2	美国	41 598	10 919	0.3	18.04	5.93	103.73	36.99

（续）

序	国　家	数量（台）	金额（万美元）	平均单价（万美元/台）	数量占比（%）	金额占比（%）	数量同比增长（%）	金额同比增长（%）
3	土耳其	2 216	10 723	4.8	0.96	5.82	29.51	28.67
4	伊朗	3 328	9 864	3.0	1.44	5.35	92.59	111.95
5	泰国	2 061	9 718	4.7	0.89	5.27	9.16	-18.12
6	印度尼西亚	2 458	9 347	3.8	1.07	5.07	-27.60	-29.57
7	巴西	1 700	6 964	4.1	0.74	3.78	-19.39	-16.60
8	印度	2 396	6 948	2.9	1.04	3.77	-2.28	-6.25
9	俄罗斯	2 683	6 543	2.4	1.16	3.55	-9.36	-16.68
10	马来西亚	2 376	6 334	2.7	1.03	3.44	-11.41	-1.84
合　计		65 334	91 441	1.4	28.33	49.62	54.33	4.45

注：数据来源于中国海关。

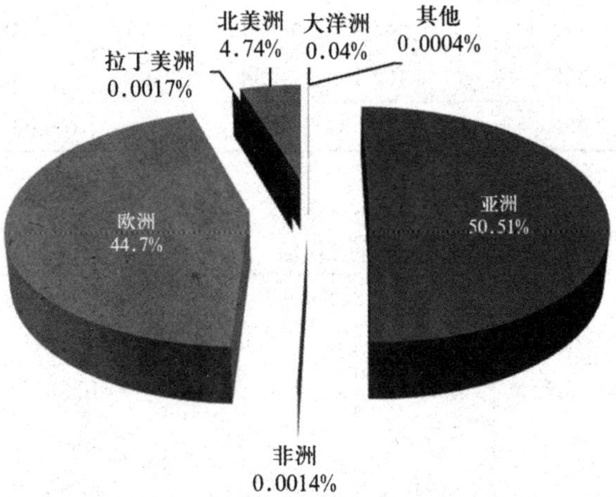

图 5　2014 年 1—12 月我国塑料机械产品进口金额洲际分布

注：数据来源于中国海关。

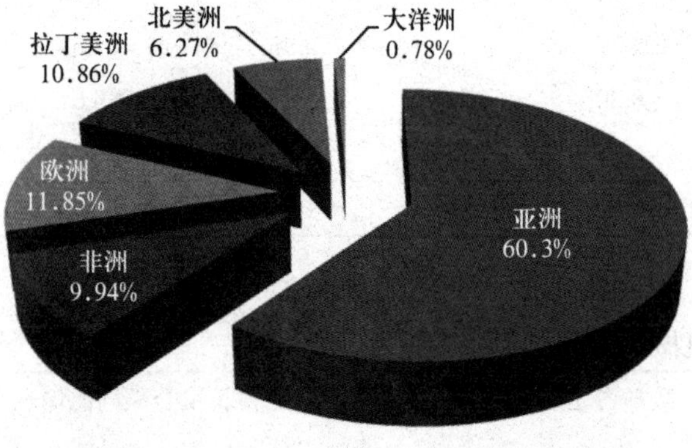

图 6　2014 年 1—12 月我国塑料机械产品出口金额洲际分布

注：数据来源于中国海关。

（三）地方塑料机械产业集群发展情况

在中国环渤海、长三角和珠三角三大区域，已形成了 10 多个以专业生产注射机、挤出生产线、中空成型机及配附件等为特色的产业集群。其中，在长三角区域，形成了一批以专业制造注射机为主的产业集群。例如，以生产注射机闻名的宁波市，被授予“中国塑机之都”称号；注射机产量最大的宁波北仑产业集群，入选中国社会科学院发布的“中国百佳产业集群”名单。在珠三角区域的广州、顺德、深圳等地，形成了多个制造注射机产品的生产基地。当前，这些产业集群正在由“低、小、散”向“园区化”“集群化”转变，正在形成特色发展、协同配套、生产规模大、科技含量高、竞争能力强的新优势。

各地方塑料机械协会在推动产业集群发展中发挥了积极的促进作用。例如，2014 年上半年，在张家港塑料饮料机械协会的组织协调下，有 62 家当地企业共申报国家专利 82 项，其中发明专利 15 项；推荐了 3 家企业申报江苏省级高新技术企业，2 家企业申报省级工程中心，3 家企业申报苏州市工程中心。为帮助协调解决人才供需矛盾，张家港塑料饮料机械协会还集中组织会员企业参加 2014 年张家港地区校园招聘会，促进校企之间的合作。

1. 宁波市塑料机械行业情况

近年来，随着国家“调结构，稳增长”一系列宏观政策的出台，为宁波市工业持续发展提供了新的活力和动力，各种有利于企业发展的因素不断聚集，企业发展的信心增加，市场预期普遍向好的方向转化。不少企业，特别是宁波市大型塑料机械骨干企业积极拟订发展计划，扩大投资规模，加大重大技改项目的建设力度，努力调整产品结构，以求更大发展。

2013 年宁波市规模以上塑料机械制造企业有 75 家，从业人员 1.56 万人，规模以上企业工业总产值 147.57 亿元，工业销售产值 127.4 亿元，主营业务收入 140.46 亿元，利润总额 21.21 亿元。主营业务收入利润率自 2010 年以来一直平稳保持在 12% 以上，2013 年达到 15.1%，远高出整个塑料机械行业 8.98% 的平均水平。

当前，宁波市塑料机械产品结构调整已取得阶段性成果，市场竞争力大幅提高。近年来，一批具有自主知识产权、能替代进口的新品相继上市，如全电动注射机、精密注射机、大型二板机、多色注射机以及多种专用机等。这些设备大量进入国内中、高端塑料机械市场，部分已替代进口，并出口到国际市场。伺服注射机等节能机已逐步成为企业产销主力，加上中高端塑料机械，出货量≥ 80%。

以宁波海天为代表的行业重点骨干企业综合实力雄厚，运行良好，规模不断扩大。据统计，宁波市前 10 家主要塑料机械制造骨干企业销售额约占宁波市行业销售额的 67%，对全市塑料机械工业主营业务收入增长贡献率达到 72.4%。

2. 张家港塑料饮料机械制造行业情况

张家港市塑料机械制造行业注册登记的企业有 258 家，年产值 50 多亿元，主要生产挤出机、中空成型机、混合机、废塑料回收造粒机、注射机、塑木型材生产线及蜂窝板生产线等。当前，挤出机制造行业由于受国家房地产调控政策的影响，以及国际经济复苏迟缓等多种因素影响，市场需求不旺，加上挤出机行业产能严重过剩，导致张家港市的挤出机生产企业举步维艰，困难重重，大多处于亏损状态，其中很多塑料机械企业采取转产其他机械产品以扭转亏损。

中空成型机生产企业效益普遍较好，主要原因是随着人民生活水平的提高，对包装产品需求越来越多，其中以饮料和食品包装产品需求最为旺盛，加上其他需要中空塑料制品的行业进一步扩大，刺激了中空塑料成型机的产能进一步扩大。一般企业的产能增幅均在 20% 以上，大企业的产能增幅则达到了 30% 以上。混合机生产企业处于不温不火的状况。混合机作为塑料机械的配套设备，是随塑料机械生产行业的变化而变化的。由于整个塑机制造行业没有大的提高，因此，为挤出机和注射机配套的混合机行业也没有超大规模的发展。废塑料回收造粒机略有增长，主要是受环保产业政策利好的影响，加上国家对废塑料回收企业的扶持与支持，使这一行业仍有一定的发展空间。但是，由于废塑料回收造粒机的总体市场需求不大，虽有小幅增长，但增长幅度有限。其他如大型吹瓶机生产线以及蜂窝板生产线等塑料机械产品，虽仍处于扩大发展状态，但由于需求量不大，其发展空间相对有限。

2013 年以来，张家港市塑料机械企业和饮料机械企业在科技创新上有了新突破，许多企业主动引进科技人才，研发新产品。如贝尔机械引进德国企业的科技人才，开发出市场认可的中空成型机高端产品；同大机械继续走节能高效的发展之路，在伺服系统上采用目前市场上最先进的产品，使产品性能在节能方面有了大幅度提高，获得市场的普遍认可；亿利机械在成功开发检查井的滚塑技术后，又完成了大型化粪池滚塑工艺的开发。企业的科技创新使产品达到节能、低碳、高效，并使新开发的产品不断向产业化方向发展。

鉴于张家港市塑料饮料机械行业企业相对小而散、多而不强的特点，为了促进行业健康发展，张家港塑料饮料机械协会曾多次提议企业走联合发展之路，组建企业集团。2013 年，繁昌机械联合五合机械和中塑机械合建销售公司，即 3 家企业合建的销售公司可为 3 家企业提供销售服务，合建的销售公司销售业务有了大幅度提高，减少了销售成本。这种联合发展之路通过初步尝试证明是切实可行的，对减轻企业销售压力、降低营销成本都有一定好处，目前，仍在积极地进一步探索。

3. 胶州市塑料机械制造行业情况

当前胶州市共有塑料机械制造企业 205 家，其中有 82 家企业处于快速成长期，占企业总数的 40%；有 65 家企业处于稳定期，占企业总数的 31.7%；有 38 家企业处于发展的初期，占企业总数的 18.54%；有 18 家企业处于转折期，占企业总数的 8.78%；有 2 家企业处于衰退期（因管理不善造成），占企业总数的 0.97%。

从产业分布来看，胶州塑料机械企业从事塑料挤出机生产居多，有 120 家企业，占当地塑料机械企业总数的 58.53%；从事塑料机械配件加工的企业有 69 家，占比 33.66%。

从固定资产规模来看，以中小规模的民营企业居多。企业固定资产总额在 500 万元以下的企业有 127 家，占当地塑料机械企业总数的 61.95%；固定资产总额在 500 万～1 000 万元的企业有 56 家，占比 27.32%；固定资产总额在 1 000 万～2 000 万元的企业有 11 家，占比 5.36%；固定资产总额在 3 000 万～1 亿元的企业有 6 家，占比 2.93%；固定资产总额在 1 亿～10 亿元的企业有 5 家，占比 2.44%。

从企业的从业人员数量来看，50 人以下的企业居多，有 177 家，占当地塑料机械企业总数的 86.34%；从业人员在 50 ～ 100 人的企业有 18 家，占比 8.78%；100 ～ 500 人的企业有 7 家，占比 3.41%；500 人以上的企业有 6 家，占比 0.29%。

胶州市民营企业发展环境较好，但盈利空间日趋变窄，经营难度有增大的趋势。影响胶州市民营企业发展的主要因素见表 6。

表 6　影响胶州市民营企业发展的主要因素

序号	影响因素	企业数（个）	占当地塑料机企业数比例（%）
1	经营成本高	191	93.17
2	用工难	180	87.80
3	融资难	147	71.70
4	赋税重	170	82.92
5	人才缺失	170	82.92
6	风险大	102	49.75
7	优惠政策少	176	85.85
8	政府干扰过多	180	87.80
9	代际传承难	193	94.15
10	营销网络少	82	40.00

注：数据来源于胶州市塑料机械协会。

2014 上半年，胶州市塑料机械行业总体经营情况不甚乐观。小企业举步维艰，受市场需求影响，订单数量明显减少；贷款较多的企业受到冲击较大，因银行贷款收紧，部分贷款较多的企业资金紧张，发展受到很大制约；而技术水平较高的企业则未受明显冲击，发展较为顺畅。

（四）中国塑料机械行业重点企业发展情况

1. 中国塑料机械优势企业

自 2011 年中国塑料机械工业协会在行业内首次开展优势企业排序及分析研究工作以来，连续 4 年面向社会各界推出了“中国塑料机械制造业综合实力 20（25）强企业”“中国塑料注射成型机行业 10 强企业”“中国塑料挤出成型机行业 5（10）强企业”“中国塑料中空成型机行业 3 强企业”。入榜名单成为国内外塑料机械相关产业及用户了解中国塑料机械企业发展的风向标。随着其影响力的日益扩大，此项工作得到业内越来越多企业的积极支持和参与。随着行业和企业的不断发展，在 2011 年和 2012 年评选的基础上，2013 年中国塑机制造业综合实力优势企业评选扩大到 25 强，中国塑料挤出成型机优势企业评选扩大到 10 强，2014 年还首次增加了中国塑机辅机及配套件行业 5 强。

根据 2010—2013 年 4 年的统计数据，中国塑料机械行业优势企业的主要经济指标占行业同期总量的比例分别为：工业总产值44%、工业销售产值45%、资产总额56%、主营业务收入44%、利润总额59%、纳税总额71%、出口额66%。中国塑机优势企业已成为塑料机械行业发展进程中名副其实的支柱。

行业优势企业排序活动，不仅为全社会和政府部门提供了权威信息，让社会各界对中国塑料机械行业优势企业的实力有了一个全面、系统的了解；更进一步坚定了企业做大做强的决心。2011—2013年中国塑机25家优势企业主要经济指标见表7，2011—2013年中国塑料注射成型机10家优势企业主要经济指标见表8，2011—2013年中国塑料挤出成型机10家优势企业主要经济指标见表9，2011—2013年中国塑料中空成型机3家优势企业主要经济指标见表10，2011—2014年中国塑料注射成型机行业10强企业排名统计见图7，2011—2014年中国塑料挤出成型机行业10强企业排名统计见图8，2011—2014年中国塑料中空成型机行业3强企业排名统计见图9，中国塑料机械行业优势企业主要经济指标及在行业占比见图10。

表7　2011—2013年中国塑机25家优势企业主要经济指标

序号	指　标	金　额（亿元）			同比增长（%）		
		2011年	2012年	2013年	2011年	2012年	2013年
1	工业总产值	213.82	205.16	235.14	/	-4	15
2	工业销售产值	206.87	196.90	232.26	/	-5	18
3	资产总额	251.99	264.27	314.18	36	5	19
4	主营业务收入	197.05	190.92	217.27	17	-3	14
5	净利润	21.23	18.68	24.61	3	-12	32
6	纳税总额	9.95	10.36	12.69	16	4	22
7	出口额	46.07	48.94	51.42	/	6	5
8	研发费用	7.38	7.46	8.87	24	1	19

表8　2011—2013年中国塑料注射成型机10家优势企业主要经济指标

序号	指　标	金　额（亿元）			同比增长（%）		
		2011年	2012年	2013年	2011年	2012年	2013年
1	工业总产值	134.16	123.52	134.52	/	-8	9
2	工业销售产值	128.80	115.26	135.62	/	-11	18
3	资产总额	152.37	160.17	187.32	16	5	17
4	主营业务收入	127.37	115.75	125.85	5	-9	9
5	净利润	15.16	13.01	15.78	-10	-14	21
6	纳税总额	6.23	6.12	7.36	2	-2	20
7	出口额	32.29	34.98	33.46	/	8	-4
8	研发费用	4.45	4.37	4.98	12	-2	14

表 9　2011—2013 年中国塑料挤出成型机 10 家优势企业主要经济指标

序号	指 标	金 额（亿元）			同比增长（%）		
		2011 年	2012 年	2013 年	2011 年	2012 年	2013 年
1	工业总产值	58.50	63.24	68.07	/	8	8
2	工业销售产值	57.56	63.94	65.20	/	11	2
3	资产总额	77.15	81.37	85.22	87	5	5
4	主营业务收入	49.94	58.14	61.09	37	16	5
5	净利润	4.27	4.13	5.52	43	-3	34
6	纳税总额	2.70	3.20	3.30	42	19	3
7	出口额	10.18	11.37	13.91	/	12	22
8	研发费用	2.23	2.49	2.56	36	12	3

表 10　2011—2013 年中国塑料中空成型机 3 家优势企业主要经济指标

序号	指 标	金 额（亿元）			同比增长（%）		
		2011 年	2012 年	2013 年	2011 年	2012 年	2013 年
1	工业总产值	4.66	3.54	4.78	/	-24	35
2	工业销售产值	4.40	3.52	4.78	/	-20	36
3	资产总额	4.16	4.68	4.04	41	13	-14
4	主营业务收入	4.11	3.30	4.28	7	-20	30
5	净利润	0.32	0.15	0.16	60	-53	7
6	纳税总额	0.21	0.14	0.23	24	-33	64
7	出口额	0.07	0.15	0.15	/	114	0
8	研发费用	0.19	0.17	0.22	90	-11	29

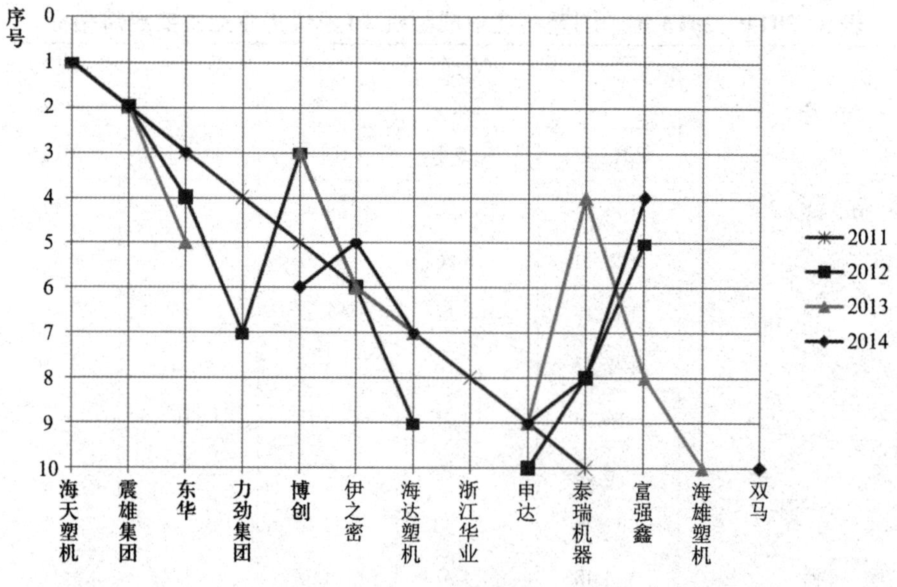

图 7　2011—2014 年中国塑料注射成型机行业 10 强企业排名统计

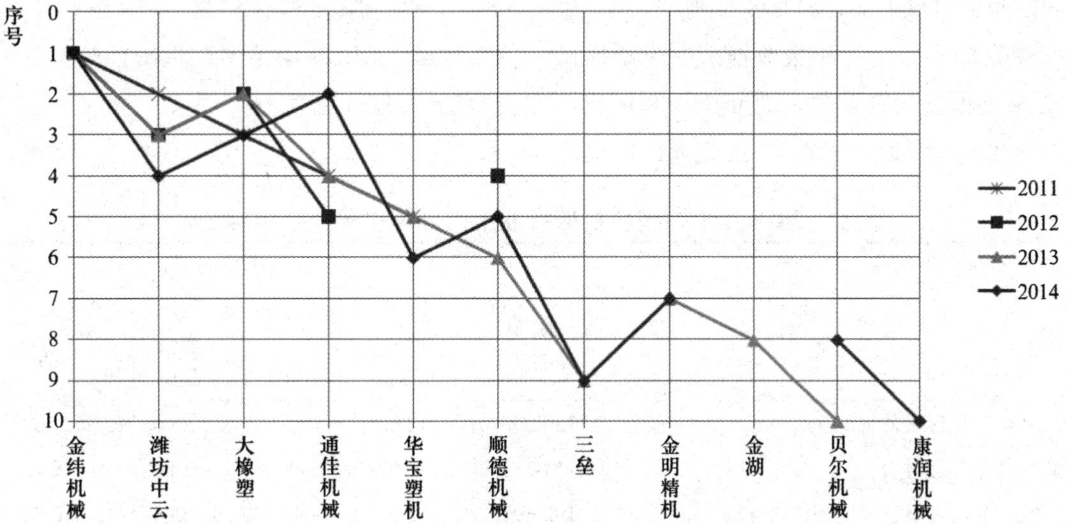

图 8 2011—2014 年中国塑料挤出成型机行业 10 强企业排名统计

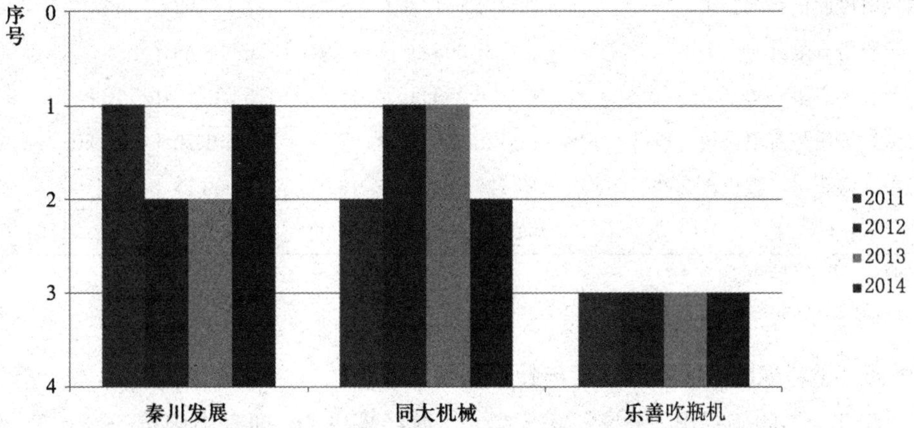

图 9 2011—2014 年中国塑料中空成型机行业 3 强企业排名统计

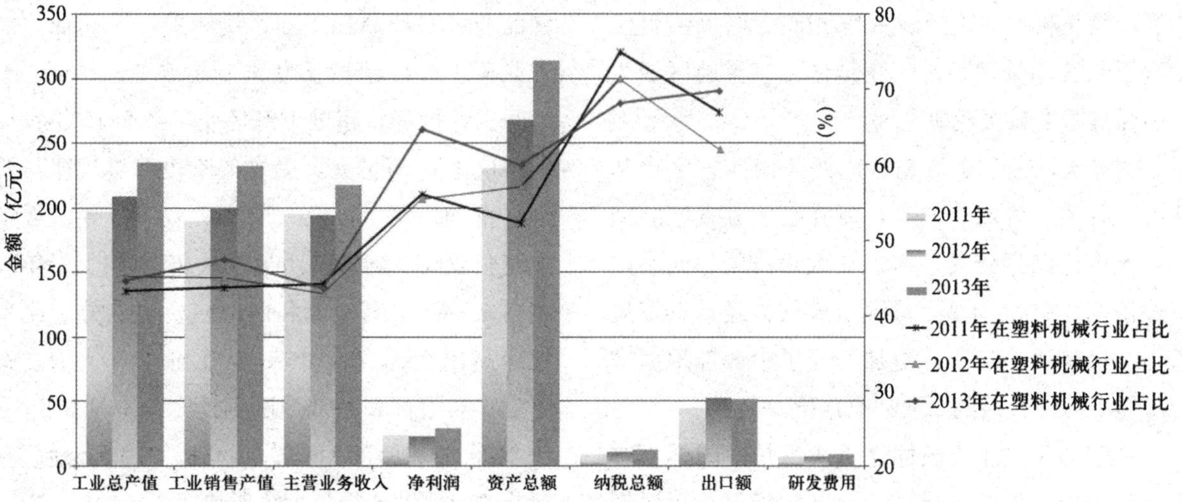

图 10 中国塑料机械行业优势企业主要经济指标及在行业占比

2. 中国塑料机械上市公司发展业绩

根据最新的上市公司年报数据，中国塑料机械行业 9 家上市公司营业收入总和为 168 亿元，同比增长 8.02%；利润总和为 18.49 亿元，同比增长 23.3%；净利润总和为 15.19 亿元，同比增长 22.84%。2013 年中国塑料机械行业上市公司主要经济指标统计见表 11。

表 11　2013 年中国塑料机械行业上市公司主要经济指标统计

序	单位名称	营业收入		利润总额		净利润	
		金额（万元）	同比增长(%)	金额（万元）	同比增长（%）	金额（万元）	同比增长(%)
1	海天国际控股有限公司	720 065.30	13.65	147 553.80	23.57	120 623.60	22.33
2	震雄集团有限公司	144 315.50	0.02	8 280.60	-15.03	6 378.40	-24.35
3	大同机械企业有限公司（塑机占 40%）	192 697.65	12.90	9 311.69	4 145.57	9 616.86	1 009.87
4	力劲科技集团有限公司（塑机占 35%）	207 419.10	0.71	6 641.80	60.68	5 472.10	104.07
5	大连橡胶塑料机械股份有限公司	121 781.00	-8.23	1 143.02	-14.96	1 106.68	-42.39
6	广东金明精机股份有限公司	27 608.40	4.94	6 588.48	6.75	5 508.01	4.24
7	大连三垒机器股份有限公司	16 290.50	-11.59	5 935.57	-13.85	4 954.64	-13.93
8	陕西秦川机械发展股份有限公司（塑机占 13%）	128 538.00	7.91	-3 591.70	-316.50	-2 929.99	-346.95
9	浙江金鹰股份有限公司（塑机占 25%）	126 272.00	16.07	3 069.13	257.14	1 153.42	37.08
合　计		1 684 987.45	8.02	184 932.39	23.30	151 883.72	22.84

注：1. 数据来源于上市公司年报。

2.1 港元 =0.781 7 元（2013 年 12 月 31 日）。

三、中国中西部塑料橡胶市场发展现状与趋势

国家“十二五”规划明确提出：坚持把深入实施西部大开发战略放在区域发展总体战略优先位置，推进重庆、成都、西安区域战略合作，培育新的经济增长极。成渝经济圈是西部最大的经济区，仅次于长三角地区、珠三角地区、京冀地区成为中国经济四增长极板块之一。

以重庆、四川、云南、广西西南四省区市和陕西、甘肃、青海、宁夏、新疆西北五省区打造的新丝绸之路经济带，东连亚太经济圈、西系欧洲经济圈，被认为是“世界上最长、最具有发展潜力的经济大走廊”，更加凸显了中西部地区在中国经济新增长极的重要战略地位。

古渝雄关、江流砥柱之重庆，是中国西部唯一的直辖市，资源丰富、工业基础雄厚，辐射周边五省约 3 亿人口，是国家城乡统筹综合改革试验区，重庆是中国最具发展潜力的城市之一、中国汽车名城、世界摩托车之都、中国经济发达的工业重镇、全球最大的笔记本生产基地、长江上游经济中心，拥有中国第三个国家级新区——重庆两江新区。重庆大力发展其电子信息业、汽车摩托车业、装备制造业、化工业、材料业、轻工业、食品业、农产品加工业、纺织业、医药业、能源产业和建筑业等 12 大优势制造产业，“十二五”期间累计投资将超过 1 万亿元，到 2015 年预计实现产值 1.88 万亿元。受发展阶段演进规律与要素价格变动作用，以及政府相关政策引导，近年来沿海企业向内陆转移明显。从 2014 年上半年投资数据来看，中国中部和西部投资比例分别比东部增速高出 2.9% 和 2.3%，从工业生产来看，2014 年上半年中部和西部地区则比东部分别高出 0.4% 和 2%。随着西部大开发的推进，中西部地区塑料工业的快速发展将是大势所趋。

（一）中西部地区塑料橡胶市场细分

随着中西部地区经济的快速发展，塑料制品的广泛应用为整个塑料工业的发展提供了有力的

需求支撑。

1. 汽车、摩托车配件业

重庆是中国汽车名城，是世界摩托车之都。汽车、摩托车行业是重庆的核心产业之一，预计到2020年产值将超过6 000亿元。汽车、摩托车部件的轻量化、安全化、舒适化、环保化要求，使汽车塑化技术及应用日臻配套成熟，带动了重庆塑料行业一个全新产业链的发展。

塑料以其重量轻、可塑性强、制造成本低、功能广泛的特点，能使汽车在轻量化、安全性和制造成本等几方面获得更多的突破，从而成为现阶段汽车工业最好的材料选择。作为汽车轻质材料，塑料及其复合材料不仅可减轻零部件约40%的质量，而且还可使成本大幅降低，所以近年来塑料在汽车中的用量迅速上升。用于乘用车中的塑料部件主要包括PP聚丙烯、PU聚氨酯、PA聚酰胺、ABS、PC聚碳酸酯、PBT聚丁烯对苯二酸酯、PPO聚苯醚和其他高性能复合材料。

按照重庆市政府到2020年的发展规划，汽车、摩托车总产值将超过6 000亿元。其中随着塑料制品应用的增多，由此所带动的塑料制品行业产值将会增长400多亿元，并带动相关新增塑料行业塑料机械销售至少15亿～17亿元。

2. 电子信息业

重庆将重点实施“云端计划”，即着力打造服务器达百万台级的云计算中心和2亿台级的电子终端产业基地。电子信息产业发展成为重要支柱产业，建成国家级电子信息产业基地、全球最大笔记本电脑生产基地、亚洲最大离岸云计算中心。“十二五”期间，累计投资将达2 100亿元，2015年实现工业产值7 000亿元，其中以计算机整机以及笔记本制造为主，预计可带动塑料机械销售至少15亿元。

随着塑料原料技术进步及塑料加工技术的提升，塑料在家电行业中的应用日益广泛。有统计显示，目前中国主要电子电器中塑料所占比例分别为：笔记本电脑43%、手机27%、吸尘器60%、电冰箱38%、洗衣机34%、电视机23%、空调10%。电子电器的塑料化已成为家电行业的重要发展方向之一，无论是通用性塑料还是工程性塑料都对家电行业发展起到了重要的支撑作用，而且塑料用量比例越来越大，目前已有全塑电熨斗，全塑吸尘器，全塑洗衣机等产品问世。

重庆电子信息业专业买家可以简单概括为“3+6+400”的生产体系，即惠普、宏碁、华硕三大品牌企业，富士康、广达、英业达、和硕、仁宝、纬创6大代工企业（占全球产量90%），以及400余家配套企业。对生产原材料的需求包括化工原料、塑胶原料、添加剂、色母粒、色粉、着色剂等，装饰性材料、工程塑料、烫金纸、热转印纸等，胶片、胶布、胶管、胶板、泡沫胶、强化塑料等。

3. 塑料包装业

近年来，中西部地区塑料包装业一直保持高速增长。百事可乐公司在重庆、成都、西安、武汉、宜昌、黄石、荆州、长沙、贵阳、昆明、南宁、桂林等主要中西部城市均设有瓶装厂，并致力于进一步加大投入，提升本地研发生产能力，为中西部消费者设计开发新产品。

此外，重庆本地还有各类小型塑饮包装企业200余家，其中包括豆浆生产、软饮料生产、酱油、醋、食用油以及各种果汁生产企业，对生产装备的需求主要包括：

（1）小型矿泉水、纯净水罐装生产线2 000～30 000瓶/h。

（2）果汁、茶饮料热灌装生产线2 000～30 000瓶/h。

（3）碳酸饮料等压灌装生产线2 000～30 000瓶/h。

（4）酱油、醋、食用油灌装生产线2000～6000瓶/h。

（5）3gal、5gal桶装饮用水生产线60～1 500桶/h。

（6）1gal瓶装饮用水生产线600～5 000瓶/h。

（7）豆奶、花生奶等蛋白饮料成套生产线0.5～4t/h。

（8）复合果蔬汁、粉加工成套设备1～10t/h。

（9）食用油专用包装生产线。

（10）饮料加工前处理成套设备。

（11）水处理（矿泉水、纯净水、食品工艺用水）成套设备2～20t/h。

4. 建筑业

塑料建材是继钢材、木材和水泥之后新兴的新型建筑材料，主要包括塑料管、塑料门窗、建筑防水材料、隔热保温材料、装饰装修材料等，在建筑工程、工业建设中用途十分广泛，具有轻质、高强度和节能等优良特性。近10年来，重庆塑料建材行业收入以25%以上的速度快速增长，随着产能逐渐增加和行业竞争的日益加剧，毛利率约保持在15%左右，今后行业毛利率的提高有待于技术水平的上升。高利率必将继续推动塑料建材行业在重庆的发展。重庆建筑业“十二五”期间，累计投资将达2 000亿元，预计2015年实现产值3 500亿元、一级建筑资质等级企业达到120户以上，将带动相关塑料建材产业70亿元左右，带动新增塑料机械需求3亿多元。

5. 化工原料

重庆具有化工产业基础和优势，以长寿、涪陵、万州三大化工基地，以及永川、丰都、潼南、云阳、黔江等特色化工产业园为载体，大力发展化工新材料、高端石化产品、新型专用精细化学品。不断延伸产业链条，着力培育发展MDI、氢氰酸、乙炔、橡胶轮胎、精细化工、乙烯芳烃、化工新材料、医药等8条产业链。“十二五”期间，累计投资700亿元，预计2015年实现工业产值1 300亿元。

中西部巨大的市场商机不仅带动本土企业的发展，也同样吸引国际著名大企业前来投资生产。巴斯夫股份公司（BASF）作为世界最大的化工企业之一，于2010年4月宣布在规划的MDI项目区域内投资建设西部地区首家组合料厂，将其强大的聚氨酯组合料生产和服务网络同时延伸到中国西部，满足来自建筑、家电、交通运输及鞋类等行业不断增长的需求。巴斯夫股份公司目前正在重庆长寿经济技术开发区独资兴建世界级40万tMDI装置项目，包括40万t/a硝基苯、30万t/a苯胺、40万t/aMDI分离生产装置等。

6. 模具行业

目前重庆正在打造西部最大的模具园，该模具产业园是重庆市人民政府批准建立的西部最大的模具产业中心，位于正在建设中的重庆渝北重庆十里汽车城核心位置，紧邻江北国际机场、火车新站、集装箱码头、长安汽车城、经济技术开发区，总占地面积近200万m^2，总投资40亿元。园区全部建成后将集模具、金属材料、建筑材料、五金交电、化工产品、橡胶制品、机械设备、汽车摩托车零部件、电子元件等产品的加工、生产、展示、销售，以及计算机软件开发、商品信息咨询服务为一体。

从汽车、摩托车模具来看，发达国家的汽车、摩托车模具市场一般占整个模具市场的一半左右，而这一比例在重庆高达75%。汽车、摩托车产品的自主开发和技术进步要求模具技术强有力的支撑，既为重庆模具产业的发展提供了广阔的发展前景和巨大的市场空间，也给模具产业提出了更高的要求。

从电子通信模具来看，未来几年对模具的需求超过100亿元。

另外，近年来中西部地区对生产塑料管件、门窗、医疗器械等行业的模具需求增长迅猛。

（二）中国西部（重庆）塑料生态产业园

2014年4月25日，中国西部（重庆）塑料生态产业园在重庆市梁平县工业园区正式开园。中国西部（重庆）塑料生态产业园规划面积20km^2，一期规划面积达5km^2。目前，该园正在进行基础设施和标准厂房建设，已经签约了年产10万t塑料管材、管件项目和年产20万t废旧塑料颗粒及塑料编织袋等一批重点塑料产业项目。

中国西部（重庆）塑料生态产业园将作为千亿级塑料产业集群核心承载区，致力于培育中国西部地区最大的塑料加工生产贸易区，并打造成国家级塑料行业转型升级示范基地。园区按照产业集群化发展思路，紧紧依托重庆市及周边地区汽车、电子、家电、装备和国防军工等产业，计划到2020年打造集塑料原材料及制品交易市场、塑料模具及机械生产、改性塑料及塑料复合材料研发生产、塑料制品加工、产品研发和检测等为一体的产业链，培育成西部地区创新力强、影响力大、绿色、低碳、循环的塑料制品生产基地和集散地。

当前，传统塑料工业市场竞争异常激烈，广大企业应以更长远的战略眼光积极发掘中西部所孕育的巨大商机，提升差异化竞争力，避免恶性价格战。

我们要进一步全面深刻认识塑料机械行业所面临的国际国内形势，客观深入地分析发展过程中的机遇与挑战，坚持以科学发展为主题，以转变发展方式为主线，继续推进行业转型升级；保持适度稳定增长，加大创新传统优势产品；培育战略新型装备，加快促进中小企业发展；注重产业集群，提升行业整体国际竞争力，巩固扩大国内市场；奋力开拓国际市场，做大行业经济总量，同时更以做优做强为目标。让我们全体同仁携起手来，同心同德，不断开拓创新、攻坚克难，以更加高昂的热情、更加开阔的视野、更加务实的作风，汇聚推进行业发展的正能量，为打造塑料机械行业经济的“升级版”，谱写塑料机械发展新篇章而共同努力！

〔供稿单位：中国塑料机械工业协会〕

2013年中国塑料工业发展报告

经过加入世界贸易组织以来十多年的迅猛发展，中国塑料加工业实现了历史性跨越，实现了从以消费品为主进入生产资料领域的快速转型，成为集新材料、新工艺、新技术、新装备为一体的新型制造业，在追赶型高速发展，告别短缺，完成数量主导型发展阶段后，开始进入提升发展质量、提高发展效益的平稳发展新阶段。把握好新发展阶段的新机遇，中国塑料加工业发展之路将更加广阔。

一、2013年塑料加工业取得了平稳发展的好成绩

2013年国内外经济形势复杂多变，全球市场需求不足，增长乏力。塑料加工行业认真贯彻中央决策，战胜了各种困难和挑战，着力推进结构调整和发展方式转变，取得了平稳发展的好成绩。

（一）生产保持平稳增长

据国家统计局统计，2013年塑料制品规模以上企业制品产量为6 188.66万t，同比增长8.02%。虽然比上年8.99%的增速回落了0.97个百分点，但相对上年GDP增长7.7%，其需求弹性仍保持在1.0以上。

2013年塑料制品累计产量情况见表1。2013年全国塑料制品行业累计产量地区占比情况见图1。2013年全国塑料制品行业累计产量主要地区同比增长情况见图2。

表 1 2013 年塑料制品累计产量情况

塑料制品类别	2013 年产量（万 t）	同比增长（%）	增幅（百分点）	塑料制品类别	2013 年产量（万 t）	同比增长（%）	增幅（百分点）
塑料制品	6 188.66	8.02	-0.97	人造革、合成革	347.02	10.69	-4.86
其中：塑料薄膜	1 089.35	7.61	-1.72	日用塑料	471.62	9.46	-4.97
其中：农用薄膜	187.36	13.60	5.86	其他塑料	4 134.18	7.71	0.45
泡沫塑料	146.48	8.96	-14.17				

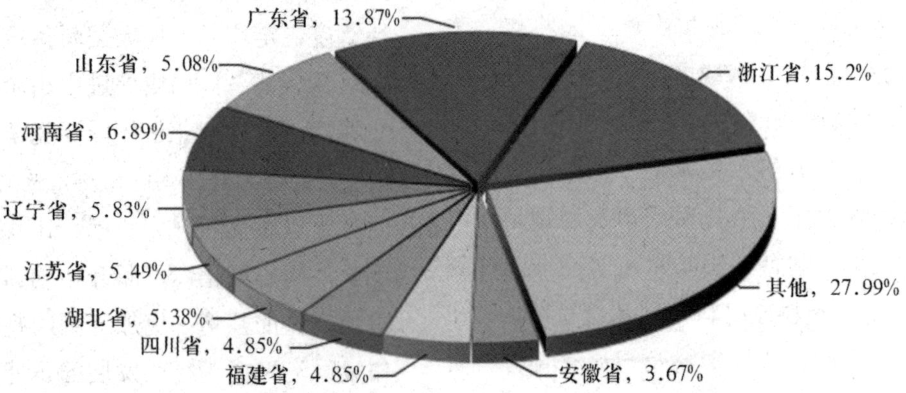

图 1 2013 年全国塑料制品行业累计产量地区占比情况

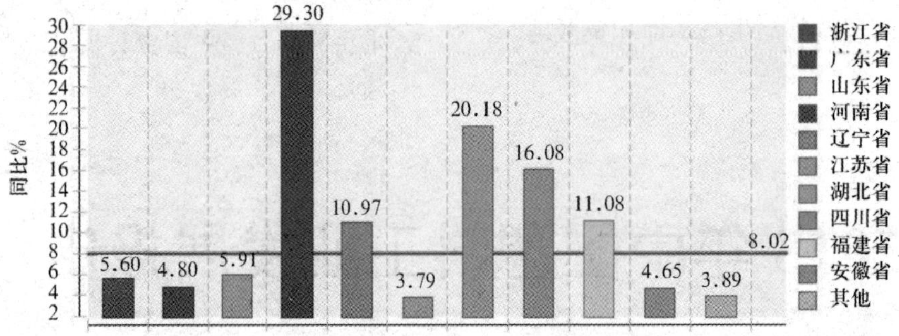

图 2 2013 年全国塑料制品行业累计产量主要地区同比增长情况

（二）主营业务收入增长高于产量增长，效益有所提高

2013 年规模以上企业主营业务收入完成 18 686.44 亿元，同比增长 14.26%，比上年同期增幅提高了 2.47 个百分点，高出产量增速 6.24 个百分点；实现利润总额 1 123.18 亿元，同比增长 16.45%，比上年同期高出 0.51 个百分点；主营业务收入利润率为 6.01%，比上年同期增加 0.11 个百分点。

塑料制品主营业务收入中占比最大的子行业是塑料板、管、型材，占比 24.81%。而上年同比增速最高的子行业是塑料丝、绳及编织品和塑料板、管、型材，其同比分别增长 16.71% 和 16.60%。塑料丝、绳及编织品，塑料板、管、型材以及塑料薄膜制造 3 个子行业的主营业务收入高于塑料行业主营业务收入平均值。

2013 年全国塑料加工业累计主营业务收入子行业占比情况见图 3。2013 年全国塑料加工业累计主营业务收入子行业同比增长情况见图 4。

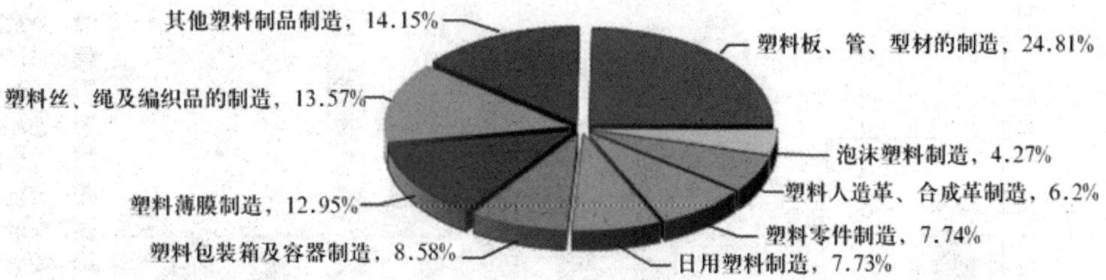

图 3　2013 年全国塑料加工业累计主营业务收入子行业占比情况

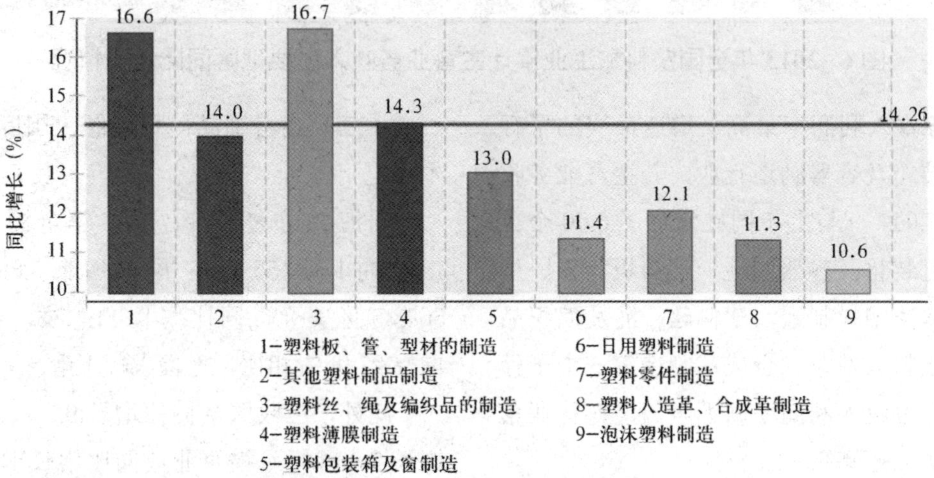

图 4　2013 年全国塑料加工业累计主营业务收入子行业同比增长情况

塑料制品主营业务收入占比较大的省份集中在广东省、浙江省、山东省、江苏省、辽宁省、福建省、河南省、安徽省、湖北省和河北省。其中：广东省占比最大，累计完成主营业务收入 3 674.12 亿元（占 19.66%），同比增长 14.71%。增速超过全国塑料制品主营业务收入平均增速的主要省份有湖北省、河南省、辽宁省、山东省、福建省、广东省等地区。河北省、安徽省、江苏省、浙江省主营业务收入增速低于全国塑料制品主营业务收入的平均增速。

2013 年全国塑料加工业累计主营业务收入地区占比情况见图 5，2013 年全国塑料加工业累计主营业务收入主要地区同比增长情况见图 6。

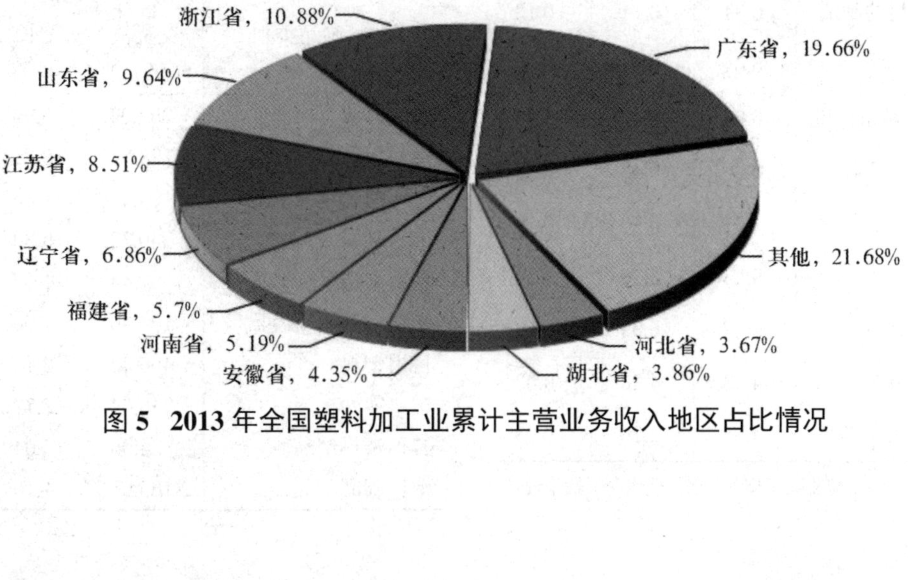

图 5　2013 年全国塑料加工业累计主营业务收入地区占比情况

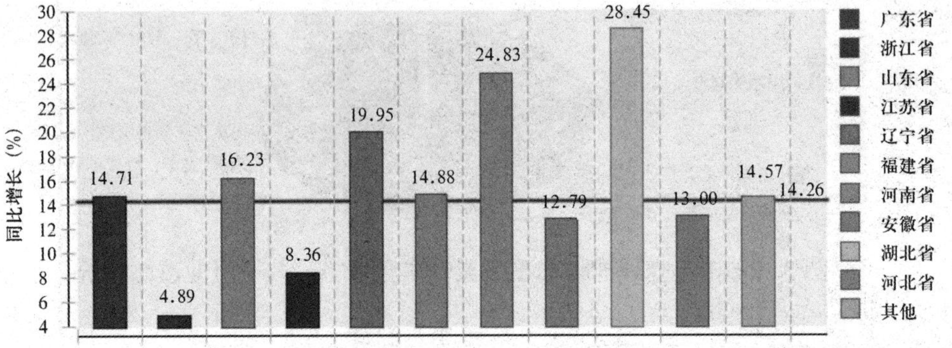

图 6　2013 年全国塑料加工业累计主营业务收入主要地区同比增长情况

主营业务收入利润率最高、增速最快的子行业是塑料包装箱及容器制造行业，其主营业务收入利润率为 7.04%，与上年同比增加了 0.50 个百分点。塑料包装箱及容器制造，塑料板、管、型材的制造，泡沫塑料制造，塑料丝、绳及编织品的制造以及塑料人造革、合成革制造等 5 个子行业累计主营业务收入利润率高于全国塑料行业累计主营业务收入利润率。

2013 年 12 月全国塑料加工业分行业主营业务收入利润率情况见表 2。

表 2　2013 年 12 月全国塑料加工业分行业主营业务收入利润率情况

塑料制品类别	2013 年 12 月收入利润率 (%)	2012 年 12 月收入利润率 (%)	增幅 (百分点)
塑料包装箱及容器制造	7.04	6.54	0.50
塑料板、管、型材的制造	6.84	6.71	0.13
泡沫塑料制造	6.64	6.54	0.10
塑料丝、绳及编织品的制造	6.60	6.40	0.20
塑料人造革、合成革制造	6.26	6.48	-0.22
塑料 *	6.01	5.90	0.11
日用塑料制造	5.43	5.16	0.27
塑料薄膜制造	5.19	5.39	-0.20
其他塑料制品制造	4.93	4.96	-0.03
塑料零件制造	4.55	4.26	0.29

注：表中数据按同比增速降序排列，带 * 行代表平均增速。

（三）塑料制品出口趋缓，国际市场需求基本稳定

据海关总署统计，2013 年全国塑料制品出口量为 1 508.55 万 t，同比增长 5.88%；出口额 568.35 亿美元，同比增长 11.13%，但与 2012 年增幅 21.95% 相比，增幅大幅下滑。

此外，应收账款同比增长 9.8%，存货量同比增长 7.85%，亏损企业数同比增长 13.22%，亏损企业亏损额增长 15.14%。

2013 年塑料制品出口交货值及增长情况见表 3。2013 年塑料制品进出口额完成情况见表 4。2013 年塑料制品行业分类产品出口情况见表 5。2013 年塑料制品分类产品出口量及与上年比较见图 7。2013 年塑料制品分类产品出口额及与上年比较见图 8。

表 3　2013 年塑料制品出口交货值及增长情况

塑料制品类别	出口交货值 (亿元)	同比增长 (%)	增幅 (百分点)
塑料薄膜	252.04	6.90	3.62
塑料板、管、型材	228.92	18.01	17.85
塑料丝、绳及编织品	105.51	11.86	6.50
泡沫塑料	40.70	-5.39	-11.11
塑料人造革、合成革	87.44	1.97	4.90
塑料包装箱及容器	124.40	-1.56	-20.26
日用塑料	456.33	2.11	-3.29
塑料零件	345.64	-7.77	-5.44
其他塑料制品	524.08	-3.04	-4.70
塑料制品	2 165.05	1.10	-1.61

表 4 2013 年塑料制品进出口额完成情况

指标名称	单位	2013 年	同比增长 (%)
塑料制品行业主要商品进出口额	亿美元	756.37	8.64
其中：出口额	亿美元	568.35	11.13
进口额	亿美元	188.03	1.72
进出口差额（出口—进口）	亿美元	380.32	16.46
出口占比	%	75.14	2.30
进口占比	%	24.86	-6.36

表 5 2013 年塑料制品行业分类产品出口情况

商品名称	出口量 (万 t)	同比增长 (%)	出口额 （亿美元）	同比增长 (%)
塑料单丝、条、杆、型材及异型材	17.08	15.58	3.78	16.59
塑料管及其附件	52.75	7.83	21.45	14.91
塑料板、片、膜、箔、带及扁条	262.78	9.16	85.12	12.57
塑料人造革、合成革	57.14	-0.54	27.56	3.38
塑料包装箱及容器及其附件	221.27	0.81	80.08	11.09
塑料零件	4.00	-4.17	5.16	15.84
建筑用塑料制品	221.64	13.10	40.94	16.26
日用塑料制品	336.92	2.78	159.68	4.44
其他塑料制品	334.97	6.21	144.57	17.95
塑料制品总计	1 508.55	5.88	568.35	11.13

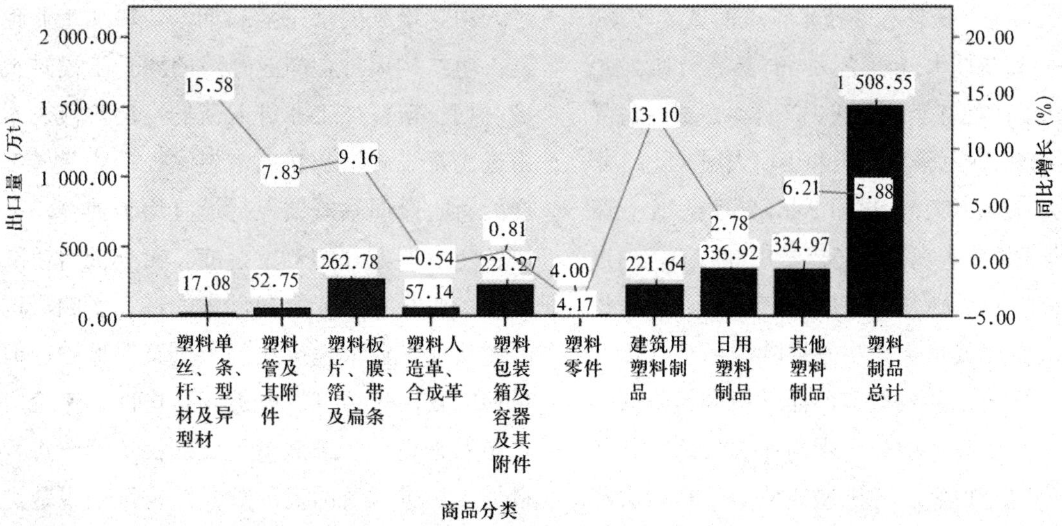

图 7 2013 年塑料制品分类产品出口量及与上年比较

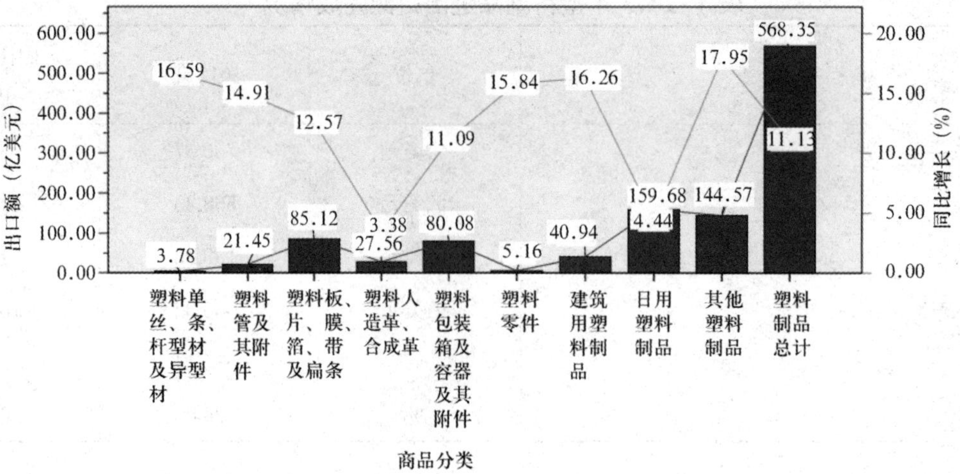

图 8　2013 年塑料制品分类产品出口额及与上年比较

以上数据表明，塑料加工业虽然保持了平稳发展，但增幅出现较大回落，增速明显放缓，特别是制品产量增速为多年来的最低值。增幅回落和增速放缓原因是多方面的，既是短期和中长期经济运行下行压力叠加作用的结果，也是塑料加工行业产品结构不合理、部分产品产能过剩、创新能力不足等自身问题影响的结果，对此必须高度重视，认真研究对策。

二、深入分析增速下滑的原因，适应增速放缓这一外部环境，把精力集中到转方式、调结构和产业升级上来

塑料加工业经过“十五”“十一五”的迅猛发展，实现了历史性跨越，实现了从以消费品为主快速进入到生产资料和高技术领域的重要转型。成为集新材料、新技术、新工艺为一体的新型制造业，并初步建立了门类齐全的现代生产体系，成为世界塑料制品生产大国、消费大国和出口大国。2013 年合成树脂为 5 837.0 万 t，进口 2 461.7 万 t，加上废塑料等，合成树脂表观消费已超过 8 500 万 t，超过全球消费量的 1/3。当前，塑料加工业通过追赶型高速发展，完成数量主导型发展阶段后进入提升发展质量、提高发展效益和产业升级的新阶段，同时也进入了由高速增长向中高速增长的增速换档期，增速明显放缓。分析增速放缓，其深层次的原因：一是由于告别短缺时代，部分产品出现产能过剩，规模扩张空间被大大压缩，规模扩张带来的高速增长已不可持续。二是以资源、能源、环境等要素为支撑的经济增长率已大大下降，以消耗资源、能源为主的粗放型增长已难以为继。三是后发优势明显削弱。利用国外现有技术，实现技术快速跨越的步伐将明显放缓，支撑行业发展的技术、装备更多的需要靠自主创新。四是经济发展的经验揭示了这样一个规律，即工业化特征的内需增长空间随着追赶任务的完成将逐渐变小。当人均 GDP 为 11 000 国际元时（国际元为购买力评价指标，2013 年我国人均 GDP 据有关测标为 10 000 国际元），主要工业品生产峰值将同时出现。因此，经济发展阶段的转换，增速放缓是一种发展的必然。当前，我国经济正由高速增长进入中速增长的增速换档期，塑料加工业也随之进入了结构调整、产业升级的增长阶段转换的关键时期。塑料加工业进入新的发展阶段，本质是由过去奇迹式增长转向常态发展的正常转换。发展的新阶段面临既要保持适宜增长速度，又要加快转变发展方式的双重挑战。在分析增速减缓原因时，要看到国际金融危机的持续影响，这是当前塑料加工业增速放缓的一个直接原因，但这是短期因素，对经济发展进入结构性减速阶段的这个必然来说，金融危机无疑加快了这一进程。塑料加工业进入新的发展阶段，也可以说是进入大调整阶段，从全球经济发展史看，任何一次经济大发展，必然迎来大发展后的大调整，这种调整是总结经验、巩固发展基础的需要。首先，要认真总结塑料加工业高速发展的经验。应清醒地认识到塑料加工业取得快速发展的辉煌成绩，主要是得益于塑料加工行业抓住历史机遇，大规模成功引进国外先进技术和装备，发挥后发优势，在较短时间内走完发达国家多年走过的路子。对这段发展历程需要认真加以总结，决不能盲目和片面理解为经济发展可以走捷径和速成，更不能把未来发展寄希望于过去那种追赶型高速增长上。未来增长应该是量的增长逐步让位于质的提升和效益的提高。同时，要认真审视和解决因大发展而无暇顾及的发展不均衡、基础薄弱、管理粗放等差距，铺平前进道路，进一步打牢继续前进的基础，防止陷入全球曾经上演过的从大发展到大萧条的历史泥潭。增长速度换档期不是下台阶，而是增长动力、增长方式的转换。

因此，冷静面对大调整阶段的增速放缓，抓住大调整的有利时机，保持发展定力，下决心加快调整发展模式、转变发展方式。要把精力集中到结构调整和产业升级上来，把立足点放在加快数量主导型向质量效益型转变上来。

三、技术创新和优化结构调整是化解产能过剩的根本途径

一般认为，产能过剩是企业最低生产供给与长期均衡状态下实际供给间的差额，一般用产能利用率或设备利用率作评价标准。设备正常利用率一般为79%～83%，超过90%可视为产能不足，小于79%则意味产能过剩。产能过剩是产需矛盾的体现，涉及产品竞争力和属性及市场销售范围。塑料加工业是快速成长的新兴制造业，并非产能过剩行业，但在部分产品中出现结构性和阶段性过剩现象。如在塑编行业、门窗异型材等行业低水平供给严重过剩，导致无序竞争，市场秩序混乱。管材产能过剩比较突出，2013年塑料管材产量为1 210万t，据不完全统计，产能已超过2 000万t。过剩产能主要集中在普通硬聚氯乙烯管材产能上，低水平盲目扩张，同质化严重是主要原因。除了结构性过剩外，双向拉伸BOPP、BOPET等包装薄膜行业，由于竞相追求最先进装备和误判市场需求，造成这部分先进产能闲置，形成阶段性过剩。产能过剩引发低价恶性竞争，造成市场秩序混乱，既影响企业效益又影响企业形象，对行业健康发展产生严重影响。

分析产能过剩的原因，可以看到创新能力不足，盲目跟风与模仿，低水平重复建设，同质化严重是其主要原因。同时，也应看到产能过剩既是市场竞争的结果，也是产业由成长期进入成熟期的必然表现。其本质是供给能力不适应市场需求，迫切要求供给水平加快升级。在全球金融危机持续影响下，全球分工格局被打破，产能过剩在全球范围内难以在一个较短时间得到解决，经济增速放缓更加快了产能过剩矛盾的暴露。

化解产能过剩任务艰巨，要牢固树立大局观，要把握行业发展趋势，认真践行科学发展观。化解产能过剩，源头是关键、存量调整是重点，创新是主要途径。中国塑料加工工业协会和各专委会要加强信息服务，及时发布产能信息，协助各级政府提高资源、环境门槛，把好土地和信贷闸门，要研究和提出项目准入条件，逐步形成产业政策建议，为从源头扼制新增低水平产能提供决策依据。当前，要把工作重点放在存量过剩产能的化解上，要按照中央确定的“四个一批”的决定，做好淘汰落后、转型、升级、转移工作。在这里淘汰是关键，淘汰落后的条件和标准是什么？这就需要依靠协会的力量，从实际出发，研究和提出淘汰落后的依据和标准建议，供政府决策参考，这是行业义不容辞的责任。淘汰落后产能除规模要求外，还应有能耗、物耗、环保、质量和安全等限制性指标，各有关专委会要紧紧依靠企业，加快研究和提出建议，为政府决策提供依据。化解产能过剩的最根本途径是科技创新和结构调整。要大力依靠技术进步和结构调整，大力开发新产品，培育新的增长点，努力形成合理的高、中、低档产品结构比例，克服同质化严重的顽疾，实现差异化发展。

四、充分认识支撑塑料加工业发展的条件发生了重要变化，要着力转变发展方式

当前，塑料加工业经济下行压力加大，生产要素成本不断加大，资源、环境、能源约束全面加强，产能过剩矛盾突出，创新能力不足，原有的成本优势和引进技术的条件优势逐渐减弱，支撑塑料加工业高速发展的条件发生了重要变化，可以说塑料加工业已进入结构调整的阵痛期。因此，加快发展方式转变任务更加迫切地摆在塑料加工业面前。

（1）要充分认识到过去长期依靠高投入、高能耗、低成本的增长模式已不可持续，要坚定不移地实现由低成本驱动向创新驱动发展的转变。为此，必须大力推进技术进步，努力缩小与国际先进水平的差距，全面提升产业素质，加快推进塑料加工业现代生产体系建设，努力实现高端制造业的战略目标。

（2）要全面推进产品和产业链高端化战略，积极开发新产品，努力培育新的增长点。塑料加工业作为新兴制造业，发展迅速，应用越来越广，技术含量越来越高。与发达国家相比，我国起步晚，产品档次不高，有些产品还不能生产。在功能性薄膜方面，如各种光学、电池隔膜、海水淡化、化工、水处理、偏光膜、食品工业方面各种微滤、超滤膜，包括非热灭菌用过滤膜；在管材方面，用于耐磨、耐腐蚀、耐热、特种介质输送、矿山用阻燃、抗静电双抗管、中高压油气输送用管，特别是海上油气输送管；在工程塑料和特别功能塑料方面，各种车、船、飞机、航天和电子用特种工程塑料都存在着差距；在极具发展潜力的滚塑加工业方面，差距更大一些。塑料作为21世纪的新材料，是未来新兴高技术产业、高端装备制造业、新能源、生物医药、信息、节能环保等产业不可缺少的高端配套材料，在新材料技术革命中占有极其重要的地位，发展前景极为广泛。《塑料加工业技术进步指导意见》明确了未来塑料加工业“功能化”“轻量化”和“微成型”的发展方向，并初步提出和汇总了新产品发展方向及项目。因此，紧跟国际塑料加工业发展动态，努力赶超国外先进技术，加快缩小差距，是转变发展方式和产业升级必须要抓好的重要工作。

（3）要以降低成本为重点，加快盈利模式的转换，确保进一步提高塑料加工业发展质量和效益。当前，塑料加工业正面临增长速度放缓和生产要素成本不断增加，资源、环境、能源约束全面增强的双重压力。市场需求不旺、企业融资困难，合理利润空间被大大压缩。传统的以“提高产量，降低消耗”为主要内容的降低变动成本和以“扩大规模，提高劳动生产率”为主要内容的降低固定成本的盈利模式遇到极大挑战，迫使我们必须加快盈利模式的转变。党的十八届三中全会提出要让市场在资源配置上起决定性作用，充分肯定了市场作用。同时，也提出了如何发挥市场作用，提高资源配置效率这一核心问题。提高资源配置效率本质就是提高全要素劳动生产率。全要素劳动生产率是指对劳动生产率、资源利用率、能源利用率、资金利用率、投入产出率、资本替代人工、人才红利等进行综合统筹、优化，实现综合成本最低和综合效益最大化。据有关部门测算，目前我国全要素劳动生产率对经济贡献率仅为30%左右，而发达国家已达70%以上。因此，提高全要素生产率是转换盈利模式的主要努力方向。提高全要素劳动生产率是一项系统工程，需要精心设计和科学管理，统筹应用，涉及企业资源配置、科技创新能力、产品结构、生产和经营组织方式、信息化水平等方面，是对粗放式发展模式的革命，是提高产出水平，降低综合成本，提高效益的重要措施。

（4）要加强企业战略转型思考。要科学确定总体发展战略，要加强市场开拓和营销战略、竞争战略和商业模式的研究。要提高战略规划的科学性和执行的有效性，要适应和抓住全球经济大数据时代的到来和新型互联网、云计算带来的影响和机遇。

转变发展方式是塑料加工业产业转型升级的

必然选择，在塑料加工业进入发展新阶段后尤为迫切。转型不仅是增长速度的调整，更重要的是增长动力和发展方式的实质性转变。产业升级就是用更先进的技术来改造提升塑料加工业，是塑料加工业迈上新台阶的基本要求。转变发展方式涉及面广，关系到塑料加工业健康、可持续发展，一定要全力做好这篇大文章。

五、坚定信心，迎接挑战，扎实工作，确保2014年塑料加工业实现平稳健康发展

2014年是贯彻中央十八届三中全会精神，全面深化改革迈出重要步伐的一年，也是实现“十二五”规划目标任务的攻坚之年。当前，我国经济面临不少风险和挑战，经济下行压力仍较大。据国家统计局统计，2014年一季度，GDP同比增长7.4%，不仅低于政府制定的全年增长7.5%的目标，也是2012年三季度以来最低的季度增长。一季度全国规模以上企业工业增加值同比增长8.7%，比上年同期回落0.8个百分点；固定资产投资同比增长17.6%，比上年同期回落3.3个百分点；出口额同比下降6.1%。塑料加工业规模以上企业完成制品839.38万t，同比下降0.35%，出口交货值同比增长2.82%。从以上数据看，在全国经济大背景下，塑料加工业生产经营遇到较大困难，面临严峻挑战，必须引起高度重视，认真做好塑料加工业各方面工作，保持塑料加工业实现平稳健康发展。

我国经济正进入增长速度换档期，结构调整的阵痛期和前期刺激政策的消化期，经济发展面临严峻挑战。但宏观经济基本面仍然是好的，中国经济增长已初步稳定在7%～8%，投资增长率基本稳定在18%左右，实际消费增长率预计11%左右，全球经济缓慢复苏，出口增速可稳定在7%以上。支撑经济增长的条件与2013年基本相同。塑料加工业作为新兴制造业、作为快速成长极具潜力的未来支柱产业，正处于成长的成熟期过渡阶段，在我国未来高端制造业中将发挥重要作用，发展潜力巨大。塑料加工业应坚定信心，抓住机遇、迎接挑战，扎实工作，坚持创新驱动发展，加快结构调整，加快高端化进程，推动产业转型升级。如此，塑料加工业就一定能克服困难，继续保持平稳、健康发展。

结束语

塑料作为21世纪的新材料，是新材料技术革命的重要领域，是新兴战略产业的重要支撑和组成部分，中国已进入重化工业发展中后期阶段，塑料及其制品在国民经济中作用越来越重要，应用越来越广泛，技术含量越来越高。中国塑料加工工业协会将按“功能化、轻量化、微成型”的当代塑料加工业发展趋势，把握发展方向，加快以企业为主体的技术创新体系建设，大力组织行业同仁协同创新和联合攻关，努力建设塑料加工业现代产业体系，推动中国塑料加工业由大向强战略目标的实现。

〔供稿单位：中国塑料加工工业协会〕

2014年中国塑料机械行业进出口统计分析报告

一、中国塑料机械进出口规模

据海关数据统计，2014年中国出口塑料机械210 923台，同比增长55.9%；出口金额为184 251万美元，同比仅增长6.8%。进口塑料机械22 245台，同比增长122.2%；进口金额200 271万美元，同比增长10.7%。2014年中国塑料机械产品进出口月度统计见表1。

表 1　2014 年中国塑料机械产品进出口月度统计

月份	出口 金额（万美元）	出口 数量（台）	出口 平均单价（万美元/台）	进口 金额（万美元）	进口 数量（台）	进口 平均单价（万美元/台）	贸易额差（万美元）
1	17 153	17 374	1.0	18 672	839	22.3	-1 519
2	10 392	3 228	3.2	11 292	2 108	5.4	-900
3	13 962	16 098	0.9	18 643	1 879	9.9	-4 681
4	15 005	14 585	1.0	16 312	1 405	11.6	-1 307
5	15 265	17 386	0.9	15 875	990	16.0	-610
6	14 925	14 828	1.0	19 729	1 191	16.6	-4 804
7	15 157	11 931	1.3	17 170	1 847	9.3	-2 013
8	15 374	16 354	0.9	18 932	1 403	13.5	-3 558
9	15 608	22 255	0.7	16 502	1 483	11.1	-894
10	15 048	33 763	0.4	13 435	1 201	11.2	1 613
11	17 689	21 449	0.8	17 309	6 218	2.8	380
12	18 673	21 672	0.9	16 400	1 681	9.8	2 273
总　计	184 251	210 923	0.9	200 271	22 245	9.0	-16 020

数据来源：中国海关。

2014 年，中国塑料机械进口增幅明显大于出口增幅，贸易逆差有所扩大，达到 16 020 万美元，几乎为上年贸易逆差的 2 倍。出现贸易逆差较大的月份有 3 月、6 月和 8 月，这 3 个月中表现出较大贸易逆差的产品是挤出机。其中，3 月，挤出机的贸易逆差为 5 402 万美元；6 月，挤出机的贸易逆差为 3 035 万美元；8 月，挤出机的贸易逆差为 2 948 万美元。

2014 年仅有 3 个月为贸易顺差。表现出较大贸易顺差的产品是注射机，其中，10 月，注射机的贸易顺差为 1 839 万美元；11 月，注射机的贸易顺差为 2 192 万美元；12 月，注射机的贸易顺差为 3 850 万美元。

中国塑料机械出口数量远高于进口数量，依然出现贸易逆差是由于出口产品平均单价低导致。中国塑料机械出口平均单价进一步下滑至 0.9 万美元/台，仅为进口平均单价 9 万美元/台的 10%。2014 年中国塑料机械产品进出口特征见表 2。

表 2　2014 年中国塑料机械进出口特征

产品	出口 金额（万美元）	出口 数量（台）	出口 平均单价（万美元 / 台）	进口 金额（万美元）	进口 数量（台）	进口 平均单价（万美元 / 台）	贸易逆差（万美元）
注射机	103 765	26 087	3.98	81 137	7 778	10.43	22 628
挤出机	34 407	10 760	3.20	62 977	1 109	56.79	-28 570
吹塑机	18 544	8 947	2.07	20 360	284	71.69	-1 816
真空模塑机及其他热成型机	14 576	9 179	1.59	20 930	999	20.95	-6 354
其他模塑机及成型机器	12 959	155 950	0.08	14 868	12 075	1.23	-1 909
总　计	184 251	210 923	0.87	200 271	22 245	9.00	-16 020

数据来源：中国海关。

2014 年，注射机仍然是保持贸易顺差的产品，同时也是出口产品中平均单价最高的产品。其余产品均处于逆差状态。

贸易逆差最大的产品是挤出机，进出口产品平均单价之差达到 50 倍，贸易逆差达 28 570 万美元。中国塑料挤出加工市场对进口挤出机的依存度远高于其他塑机，此现象或能说明，中国挤出设备相比其他塑机，需提升的空间更为广阔，国内中高端市场需求量与潜力也非常巨大。

进口产品中吹塑机平均单价最高，达 71 万美元/台，约为进口吹塑机平均单价的 35 倍。

中国塑机与国外优质进口塑机存在较大差距，这一现状并没有在 2014 年缓解。

二、中国塑料机械进口统计分析

2014 年中国进口塑料机械 22 245 台，同比增长 122.2%；进口金额 200 271 万美元，同比增长 10.7%。

从数据看，中国对国外塑料机械产品仍有一定程度的依赖。特别表现在数量方面，每个月的数量需求同比都有所增加。其中增幅较大的月份是 2 月、11 月。2 月的增幅较大是由于 2013 年同期基数偏小导致，而 11 月的增幅则是刚性需求的表现。

值得关注的是，金额的增幅要远低于数量的增幅，或许说明中国塑料机械技术的提升以及大量的国外塑机制造商落户中国，其本土化产能不断扩大，满足了部分国内中高端塑机的需求，替代了一部分进口产品。2014 年中国塑料机械产品进口月度统计见表 3。

表 3　2014 年中国塑料机械产品进口月度统计

月份	2013 年		2014 年		同比增长（%）	
	金额（万美元）	数量（台）	金额（万美元）	数量（台）	金额	数量
1	14 526	651	18 672	839	28.5	28.9
2	8 190	331	11 292	2 108	37.9	536.9
3	16 018	834	18 643	1 879	16.4	125.3
4	16 057	856	16 312	1 405	1.6	64.1
5	14 548	816	15 875	990	9.1	21.3
6	12 271	746	19 729	1 191	60.8	59.7
7	17 368	1 073	17 170	1 847	-1.1	72.1
8	19 410	1 095	18 932	1 403	-2.5	28.1
9	16 554	1 089	16 502	1 483	-0.3	36.2
10	16 930	803	13 435	1 201	-20.6	49.6
11	12 054	819	17 309	6 218	43.6	659.2
12	16 924	896	16 400	1 681	-3.1	87.6
总计	180 850	10 009	200 271	22 245	10.7	122.2

数据来源：中国海关。

2014 年德国成为中国塑料机械最大的进口国，全年进口金额高达 64 175 万美元，无论在数量还是金额方面都有所增长。

而在 2013 年成为中国塑料机械最大进口国的日本，尽管中国对其产品数量需求增加，但由于产品平均单价的下滑，导致金额方面的同比下降，成为 2014 年中国塑料机械的第 2 大进口国，也不排除日元贬值的原因。

在产品平均单价方面，德国和瑞士的塑料机械产品平均单价都非常高，均在 50 万美元/台以上。除德国和中国台湾地区外，其他主要进口来源市场的产品平均单价均有不同程度的下滑。

在中国塑料机械的主要进口国家中，仅对韩国市场的数量需求有所下滑。在金额方面表现下滑的国家为日本、韩国和法国。2014 年中国塑料机械产品进口国别分布（按金额）见图 1，2014 年中国塑料机械进口产品结构（按金额）见图 2，2014 年中国塑料机械产品进口主要国家或地区统计见表 4，2014 年中国塑料机械进口分产品统计见表 5。

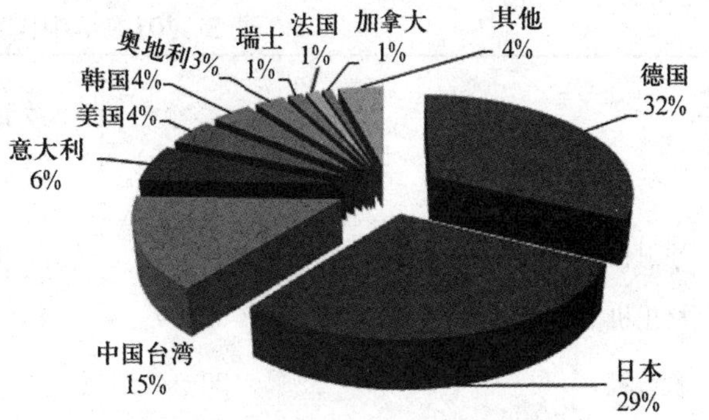

图 1　2014 年中国塑料机械产品进口国别分布（按金额）

数据来源：中国海关。

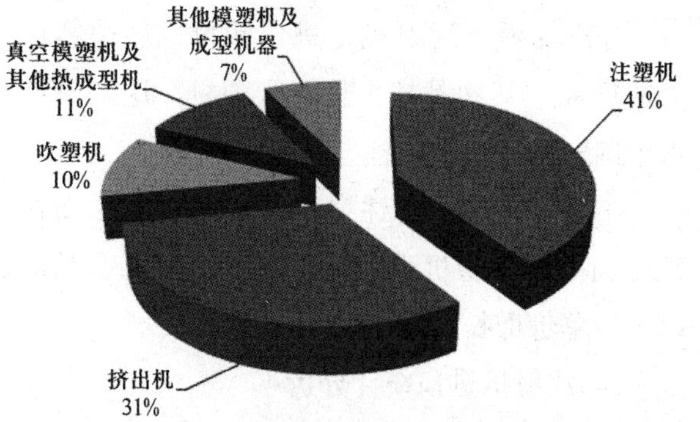

图 2　2014 年中国塑料机械进口产品结构（按金额）

数据来源：中国海关。

表 4　2014 年中国塑料机械产品进口主要国家或地区统计

国家或地区	金额（万美元）	数量（台）	平均单价（万美元 / 台）	金额同比增长（%）	数量同比增长（%）	平均单价同比增长（%）
德国	64 175	1 159	55.4	13.0	5.1	7.5
日本	57 663	4 346	13.3	-3.2	13.2	-14.4
中国台湾	29 168	1 956	14.9	55.0	15.5	34.3
意大利	11 988	256	46.8	19.5	57.1	-23.9
美国	8 551	3 346	2.6	39.9	159.0	-46.0
韩国	7 497	665	11.3	-39.7	-25.5	-19.0
奥地利	5 590	1 146	4.9	37.0	991.4	-87.4
瑞士	2 831	49	57.8	3.0	44.1	-28.5
法国	2 587	66	39.2	-7.1	13.8	-18.4
加拿大	1 771	49	36.1	32.8	88.5	-29.6
其他	8 450	9 207	0.9	37.3	1 049.4	-88.1
总计	200 271	22 245	9.0	10.7	122.2	-50.2

数据来源：中国海关。

表 5　2014 年中国塑料机械进口分产品统计

产　品	金额（万美元）	数量（台）	平均单价（万美元 / 台）	金额同比增长（%）	数量同比增长（%）	平均单价同比增长（%）
注射机	81 137	7 778	10.4	10.5	29.1	-14.4
挤出机	62 977	1 109	56.8	27.1	-33.9	92.3
吹塑机	20 360	284	71.7	-9.6	-5.0	-4.8
真空模塑机及其他热成型机	20 930	999	21.0	0.1	-4.3	4.6
其他模塑机及成型机器	14 868	12 075	1.2	3.0	1 156.5	-91.8

数据来源：中国海关。

分产品看，注射机是进口塑料机械中占比最大的产品，其次是挤出机、吹塑机，这三类产品占中国塑料机械进口总金额的 80% 以上。

在数量方面，对注射机的需求增加，而在金额方面，仅吹塑机表现为减少。挤出机产品的进口平均单价增长非常显著。

1. 注射机进口统计分析

2014 年中国进口注射机 7 778 台，同比增长 29.1%；进口金额为 81 137 万美元，同比增长 10.5%。从全年看，2 月份进口注射机数量最多，高达 1 300 余台，但金额的表现却是最低。其中可能包含了零部件的进口。8 月和 6 月在进口金额方面表现最高。2014 年中国注射机进口月度统计见图 3。

日本仍然是中国注射机的最大进口国，无论是数量还是金额都占有绝对优势。从金额占比来看，从日本进口的注射机占中国进口注射机总量的一半之多，其次是德国和中国台湾。

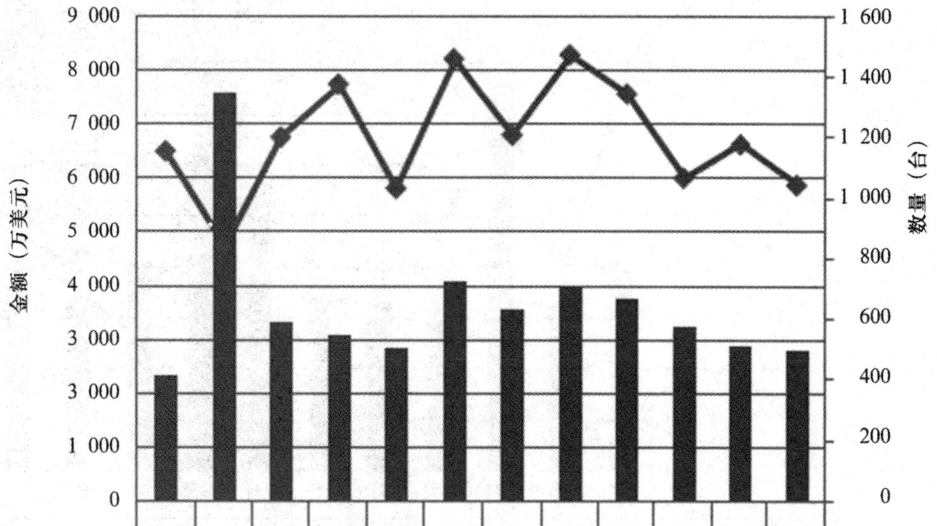

	1月	2月	3月	4月	5月	6月	7月	8月	9月	10月	11月	12月
数量（台）	415	1 351	595	554	509	732	637	714	675	578	517	501
金额（万美元）	6 518	4 742	6 777	7 764	5 829	8 235	6 820	8 308	7 582	6 024	6 647	5 892

图 3　2014 年中国注射机进口月度统计

数据来源：中国海关。

从数量上看，除日本外，从中国台湾、韩国和德国进口的注射机也非常多。尽管数据显示从奥地利进口的注射机数量也非常多，但平均单价表明这属于异常数据。在进口量偏大的国家里，产品的平均单价却并不是非常高。平均单价最高的国家是瑞士，其次是加拿大。2014 年中国注射机进口国家或地区分布（按金额）见图 4。2014 年中国注射机进口国别统计见表 6。

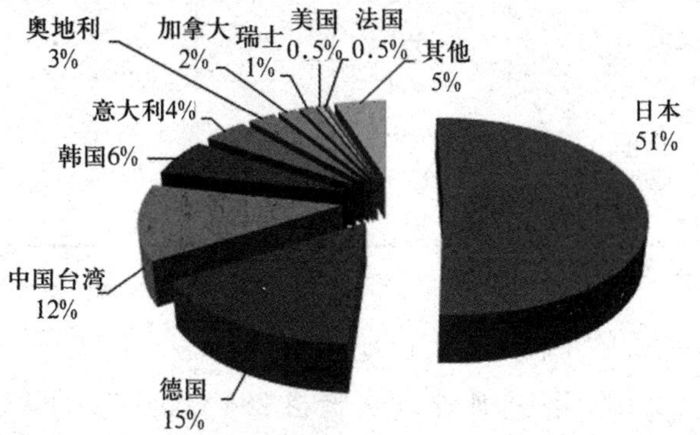

图 4　2014 年中国注射机进口国家或地区分布（按金额）

数据来源：中国海关。

表 6　2014 年中国注射机进口国别统计

国家或地区	金额（万美元）	数量（台）	平均单价（万美元/台）
日本	41 249	3 825	11
德国	12 346	556	22
中国台湾	9 957	1 157	9
韩国	4 941	407	12
意大利	3 281	89	37
奥地利	2 060	1 068	2
加拿大	1 417	21	67
瑞士	1 142	13	88
美国	447	94	5
法国	355	18	20
其他	3 942	530	7
总　计	81 137	7 778	10

数据来源：中国海关。

2. 挤出机进口统计分析

2014 年中国进口挤出机 1 109 台，同比下降 33.9%；进口金额为 62 977 万美元，同比增长 27.1%。进口平均单价约为 56.8 万美元/台。可以推断，中国对进口挤出机产品的数量需求有所减少，但对机械的品质要求有所提高。2014 年中国挤出机进口月度统计见图 5。

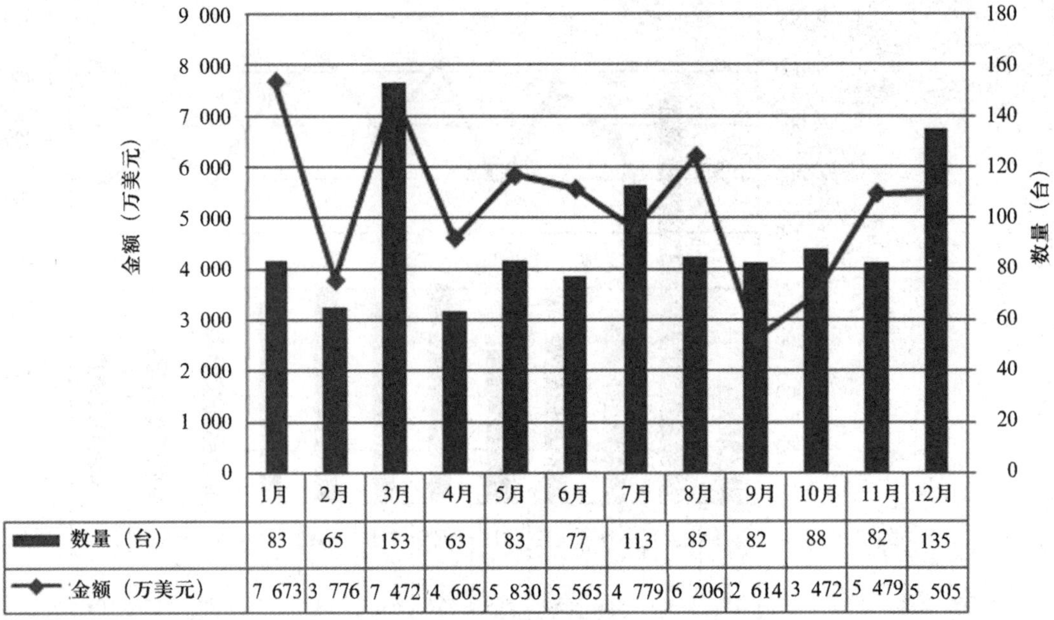

图 5　2014 年中国挤出机进口月度统计

数据来源：中国海关。

从全年看，3 月、7 月和 12 月中国进口挤出机数量较多，均在 100 台以上。进口金额较多的月份为 1 月和 3 月，均在 7 000 万美元以上。

此外，1 月也是进口挤出机平均单价最高的月份，当月进口挤出机的平均单价高达 90 万美元/台以上。2014 年中国挤出机进口国家或地区分布（按金额）见图 6，2014 年中国挤出机进口国别统计见表 7。

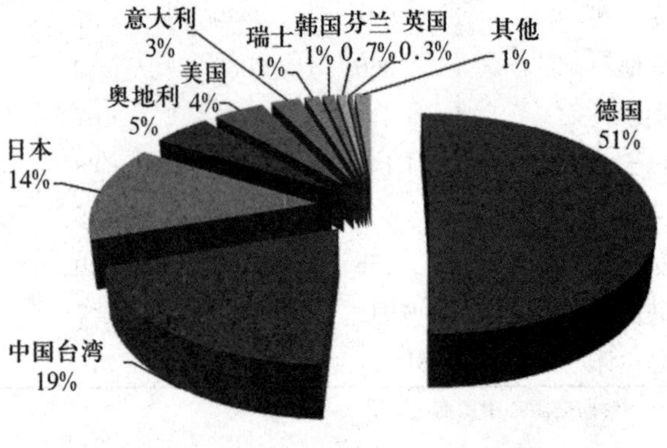

图 6　2014 年中国挤出机进口国家或地区分布

（按金额）

数据来源：中国海关。

德国是中国挤出机进口量最大的国家，从金额方面来看已经占到了一半以上的比例。其次是中国台湾地区和日本。一直以来，挤出机都是中国塑机贸易逆差最高的产品，从德国和日本、瑞士进口的挤出机平均单价也非常高。在高端挤出机方面，中国对进口的依赖程度较高。

表 7　2014 年中国挤出机进口国别统计

国家或地区	金额（万美元）	数量（台）	平均单价（万美元/台）
德国	31 876	267	119
中国台湾	12 100	293	41
日本	8 744	127	69
奥地利	3 060	50	61
美国	2 693	87	31
意大利	1 515	68	22
瑞士	775	8	97
韩国	631	68	9
芬兰	494	14	35
英国	240	35	7
其他	849	92	9
总　计	62 977	1 109	57

数据来源：中国海关。

3. 吹塑机进口统计分析

2014 年中国进口吹塑机 284 台，同比下降 5.0%；进口金额 20 360 万美元，同比下降 9.6%。吹塑机是中国进口塑料机械平均单价最高的产品。2014 年中国对吹塑机的进口依赖有所减小。2014 年中国吹塑机进口月度统计见图 7。

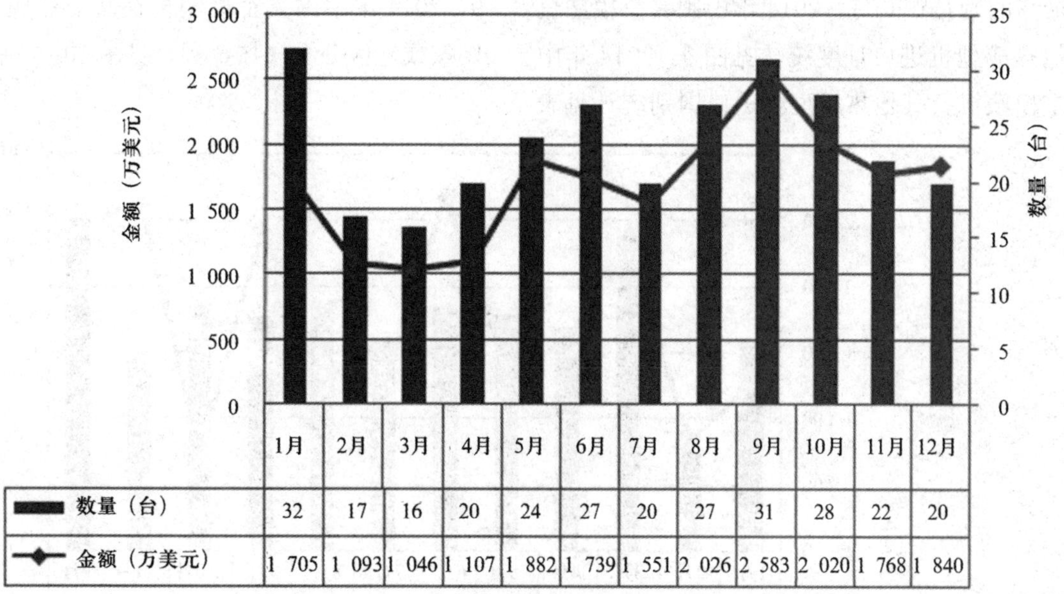

图 7 2014 年中国吹塑机进口月度统计

数据来源：中国海关。

从全年来看，1 月和 9 月进口的吹塑机数量较多，同时 9 月也是进口金额最多的一个月。2014 年中国吹塑机进口国别统计见表 8。2014 年中国吹塑机进口国家或地区分布（按金额）见图 8。

表 8 2014 年中国吹塑机进口国别统计

国家或地区	金额（万美元）	数量（台）	平均单价（万美元/台）
德国	12 065	79	153
日本	3 837	89	43
法国	1 249	10	125
意大利	1 153	17	68
中国台湾	667	38	18
瑞士	370	3	123
美国	359	16	22
奥地利	268	3	89
加拿大	111	1	111
泰国	101	8	13
其他	179	20	9
总　计	20 360	284	72

数据来源：中国海关。

德国是中国吹塑机进口的最大国家，进口金额占有绝对优势，其金额占比几乎占到了总金额的 60%，并且产品的平均单价也是最高的。从日本进口的吹塑机数量最多，随后是德国和意大利。尽管从中国台湾进口的吹塑机数量较多，但产品平均单价偏低，主要为中低端产品。

除德国外，从瑞士、法国和加拿大进口的吹塑机平均单价均过 100 万美元/台。

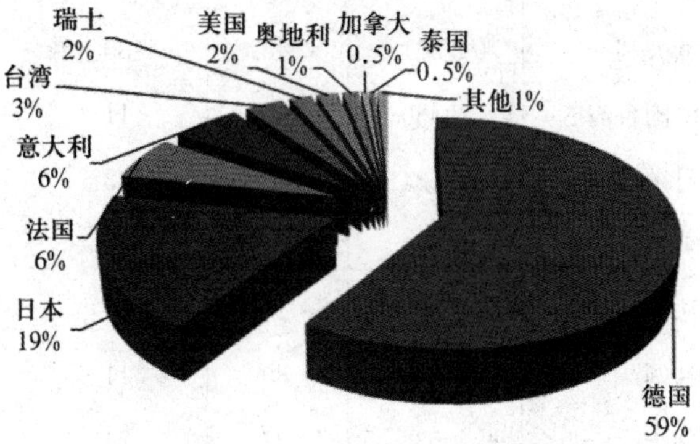

图 8 2014 年中国吹塑机进口国家或地区分布（按金额）

数据来源：中国海关。

4. 真空模塑机及其他热成型机进口统计分析

2014 年，中国进口真空模塑机及其他热成型机 999 台，同比略有下滑；进口金额为 20 930 万美元，与上年同比基本相同。

从 2004 年全年看，12 月份中国进口真空模塑机及其他热成型机数量最多。而进口金额方面表现最高的则是在 6 月。2014 年中国真空模塑机及其他热成型机进口月度统计见图 9。2014 年中国真空模塑机及其他热成型机进口国别统计见表 9。2014 年中国真空模塑机及其他热成型机进口国家或地区分布（按金额）见图 10。

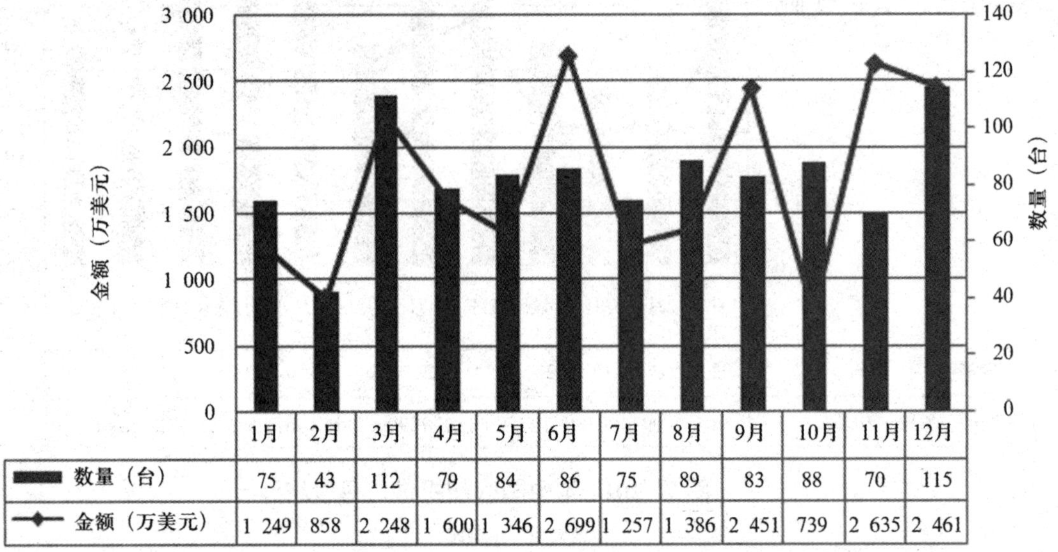

图 9　2014 年中国真空模塑机及其他热成型机进口月度统计

数据来源：中国海关。

表 9　2014 年中国真空模塑机及其他热成型机进口国别统计

国家或地区	金额（万美元）	数量（台）	平均单价（万美元 / 台）
德国	6 533	152	43
意大利	3 881	45	86
中国台湾	3 430	306	11
日本	2 634	113	23
美国	1 531	137	11
法国	889	25	36
韩国	854	80	11
瑞士	534	22	24
泰国	202	25	8
奥地利	195	24	8
其他	247	70	4
总　计	20 930	999	21

数据来源：中国海关。

中国真空模塑机及其他热成型机的主要进口来源地是德国，其次是意大利、日本和中国的台湾地区，这四个国家或地区的进口金额之和占到了真空模塑机及其他热成型机进口总金额的约 80%。

数量方面，从中国台湾进口的产品数量最多，但产品平均单价偏低。类似的情况还有美国，进口数量约为 100 台左右，但平均单价仅为 11 万美元/台。

从意大利进口的产品平均单价最高，为 86 万美元/台。

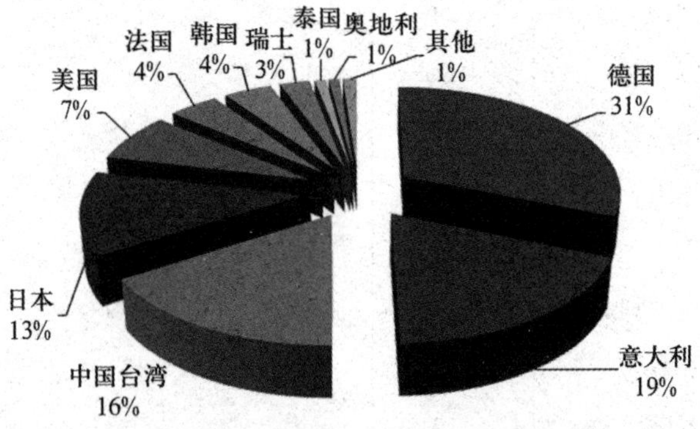

图 10　2014 年中国真空模塑机及其他热成型机进口国家或地区分布（按金额）

数据来源：中国海关。

5. 其他模塑机及成型机器进口统计分析

2014 年，中国进口其他模塑机及成型机器 12 075 台，同比增长 1 156.5%；进口金额为 14 867 万美元，同比增长 3.0%。产品平均单价显著下滑至 1.2 万美元/台。

2014 年每个月的其他模塑机及成型机器的进口数量都要高于上年同期水平，不排除其中包含了零部件的进口可能。2014 年中国其他模塑机及成型机器进口月度统计见图 11，2014 年中国其他模塑机及成型机器进口国家或地区分布（按金额）见图 12，2014 年中国其他模塑机及成型机器进口国别统计见表 10。

其他模塑机及成型机器进口的主要国家为美国，无论是数量还是金额都要高于其他国家。其次是中国台湾地区。虽然从意大利进口的产品数量不多，但产品平均单价比较高，为 58 万美元/台。

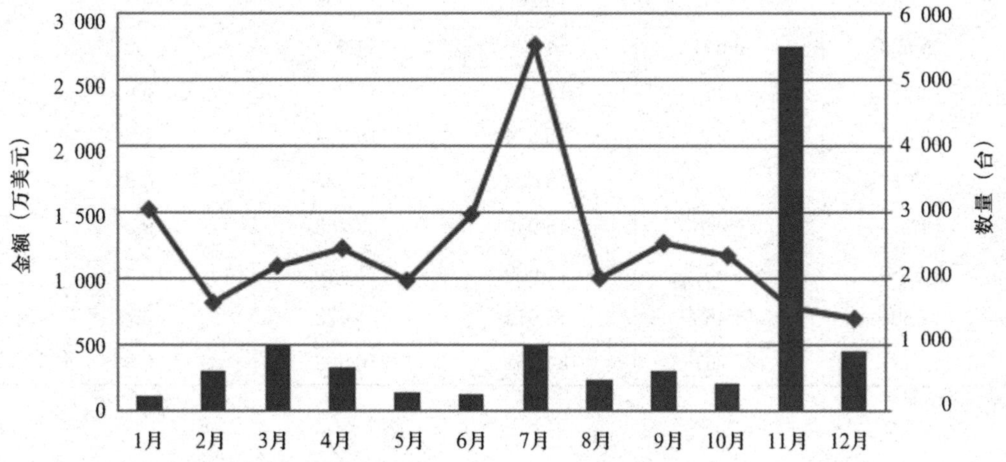

图 11 2014 年中国其他模塑机及成型机器进口月度统计

数据来源：中国海关。

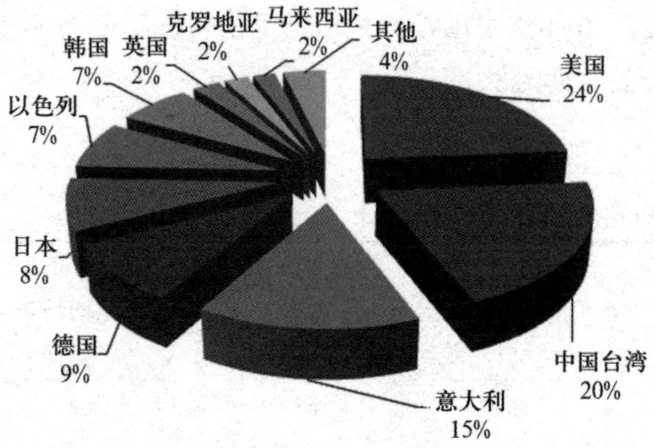

图 12 2014 年中国其他模塑机及成型机器进口国家或地区分布（按金额）

数据来源：中国海关。

表 10 2014 年中国其他模塑机及成型机器进口国别统计

国家或地区	金额（万美元）	数量（台）	平均单价（万美元/台）
美国	3 521	3 012	1
中国台湾	3 014	162	19
意大利	2 158	37	58
德国	1 354	105	13
日本	1 198	192	6
以色列	1 092	167	7
韩国	972	105	9
英国	369	57	6
克罗地亚	322	15	21
马来西亚	301	12	25
其他	567	8 211	0.1
总计	14 868	12 075	1.2

数据来源：中国海关。

三、中国塑料机械出口统计分析

2014 年中国出口塑料机械 210 923 台，同比增长 55.9%；出口金额为 184 251 万美元，同比仅增长 6.8%。2014 年中国塑料机械产品出口月度统计见表 11。

表 11 2014 年中国塑料机械产品出口月度统计

月份	2013 年		2014 年		同比增长（%）	
	金额（万美元）	数量（台）	金额（万美元）	数量（台）	金额	数量
1	15 107	13 932	17 153	17 374	13.5	24.7
2	11 464	5 246	10 392	3 228	-9.4	-38.5
3	11 884	3 729	13 962	16 098	17.5	331.7
4	12 281	50 968	15 005	14 585	22.2	-71.4
5	14 488	6 031	15 265	17 386	5.4	188.3
6	15 523	6 604	14 925	14 828	-3.9	124.5
7	15 556	5 484	15 157	11 931	-2.6	117.6
8	15 656	5 948	15 374	16 354	-1.8	174.9
9	14 077	5 392	15 608	22 255	10.9	312.7
10	13 770	4 926	15 048	33 763	9.3	585.4
11	15 180	11 553	17 689	21 449	16.5	85.7
12	17 506	15 468	18 673	21 672	6.7	40.1
总计	172 491	135 281	184 251	210 923	6.8	55.9

数据来源：中国海关。

金额的增减幅度更能反映出中国塑料机械进出口的真实情况。2014 年，中国塑料机械出口实现了个位数的同比增长，保持了稳定发展。

年初和年末通常都是中国塑料机械出口的旺季，2014 年也不例外。特别是进入第四季度，出口一直呈上升趋势，到 12 月出口金额达到历年最高值。中国的传统佳节通常在 2 月，受此因素影响，2 月的贸易量通常会有所减少，随后逐步恢复。2014 年中国塑料机械产品出口主要国别统计见表 12，2014 年中国塑料机械产品出口国别分布（按金额）见图 13。

表 12 2014 年中国塑料机械产品出口主要国别统计

国家	金额（万美元）	数量（台）	平均单价（万美元 / 台）	金额同比增长（%）	数量同比增长（%）	平均单价同比增长（%）
越南	14 082	4 522	3.1	23.7	51.2	-18.2
美国	10 921	41 539	0.3	36.9	103.4	-32.7
土耳其	10 723	2 211	4.8	28.7	29.2	-0.4
伊朗	9 877	3 336	3.0	112.2	86.9	13.6
泰国	9 720	2 062	4.7	-19.0	9.2	-25.8
印度尼西亚	9 311	2 451	3.8	-29.7	-27.6	-2.9
印度	6 935	2 387	2.9	-6.4	-2.7	-3.8
巴西	6 550	1 531	4.3	-21.3	-27.4	8.4
俄罗斯联邦	6 538	2 683	2.4	-16.7	-9.4	-8.1
马来西亚	6 333	2 366	2.7	-1.9	-11.9	11.4

数据来源：中国海关。

2014 年中国塑料机械出口前 10 国基本与 2013 年相同，主要区别是 2014 年伊朗进入了前 10，而韩国则排在第 11 位。

越南成为 2014 年中国塑料机械的最大出口国，无论是数量还是金额方面均有增长。伊朗则是 2014 年中国塑料机械出口增长最迅速的市场，数量和金额的增幅都几乎翻倍。2014 年出口量和出口额增长的国家还有美国、土耳其。

印度尼西亚、巴西、泰国和俄罗斯 2014 年对中国塑料机械的需求均出现较大幅度的下滑。

在平均单价方面，仅伊朗、马来西亚和巴西表现为同比上升，其余国家的出口平均单价均有所下滑。2014 年中国塑料机械出口产品结构（按金额）见图 14。

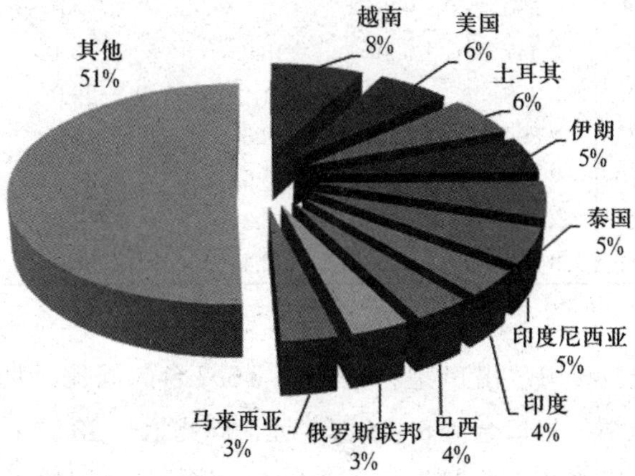

图 13　2014 年中国塑料机械产品出口国别分布（按金额）

数据来源：中国海关。

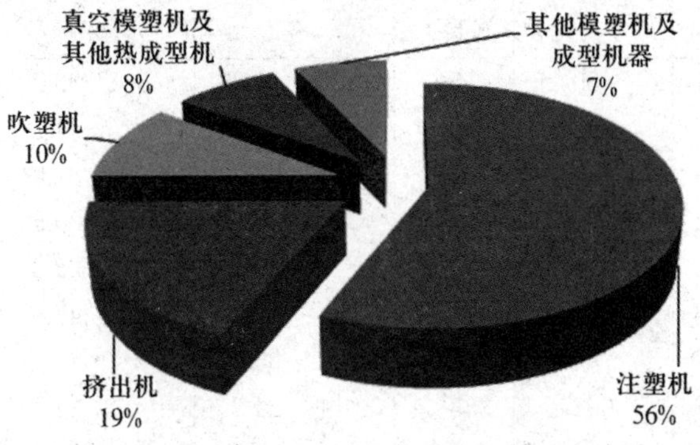

图 14　2014 年中国塑料机械出口产品结构（按金额）

数据来源：中国海关。

注射机历来都是中国塑料机械出口的重要产品，2014 年，注射机出口金额占全部塑机出口金额比例高达 56%，是中国塑机出口的绝对主力。挤出机、吹塑机合计占比仅为 29%，该三大塑机主机合计占比为 85%。

1. 注射机出口统计分析

2014 年，中国出口注射机 26 087 台，同比增长 9.1%；出口金额 103 765 万美元，同比增长 9.1%；平均单价 3.98 万美元/台，同比略降。从全年来看，每个月的出口数量都呈同比增长状态，出口金额仅 2 月、8 月和 12 月这 3 个月有所下降，其余月份均增长。

其中 5 月有 1 774 台注射机以总金额 1 599 562 美元出口至乌兹别克斯坦，导致 5 月出口数量的异常增长。从全年的整体情况来看，2014 年中国注射机出口实现了稳步发展，保持了个位数的增长。2014 年中国注射机出口月度统计见表 13，2014 年中国注射机出口国家或地区分布（按金额）见图 15，2014 年中国注射机出口前 10 位的国家（地区）统计见表 14。

表 13　2014 年中国注射机出口月度统计

月份	金额（万美元）	数量（台）	数量同比增长（%）	金额同比增长（%）
1	9 557	2 190	11.3	0.0
2	6 312	1 320	11.9	-49.9
3	8 819	1 785	10.0	2.4
4	8 145	1 955	14.7	9.7
5	9 275	3 932	12.2	101.1
6	9 278	2 414	14.3	29.4
7	8 283	2 271	1.3	5.8
8	8 589	1 900	4.7	-2.4
9	9 062	2 203	14.5	27.9
10	7 863	2 047	7.7	17.2
11	8 839	2 022	6.7	12.2
12	9 742	2 048	2.9	-13.6

数据来源：中国海关。

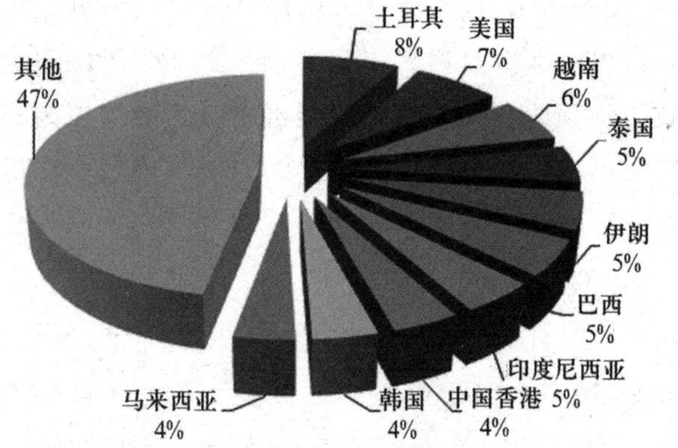

图 15　2014 年中国注射机出口国家或地区分布（按金额）

数据来源：中国海关。

表 14　2014 年中国注射机出口前 10 位的国家（地区）统计

国家或地区	金额（万美元）	数量（台）	金额同比增长（%）	数量同比增长（%）
土耳其	8 257	1 606	27.5	17.4
美国	7 422	894	16.0	21.5
越南	6 623	2 190	54.1	73.8
泰国	5 475	899	-14.7	13.8
伊朗	5 461	1 743	169.4	194.9
巴西	5 316	1 136	-17.3	-19.9
印度尼西亚	4 665	1 064	-25.1	-24.8
中国香港	4 143	896	32.9	3.1
韩国	3 930	1 123	-11.5	-14.6
马来西亚	3 714	975	1.4	-13.8

数据来源：中国海关。

从全年的出口国家或地区来看，土耳其已经成为中国注射机出口的最大国，同比 2013 年有着显著增长，出口金额占比已经达到总金额的 8%。其次是美国，出口金额占比已达总金额占比的 7%。排在第 3 位的越南在出口数量方面增幅非常大，以此也带动了出口金额的增长。

从同比增长来看，伊朗是 2014 年全年注射机出口增幅最大的国家，数量同比增长 190% 以上，金额同比增长 160% 以上。尽管中国注射机在不少国家和地区的出口有所增长，但在俄罗斯、巴西、印度尼西亚和韩国的出口有明显下滑。特别是在数量方面，出口俄罗斯的下滑幅度最大。可见，俄罗斯对中国注射机的需求量有所减少。

2. 挤出机出口统计分析

2014 年中国出口挤出机 10 760 台，同比下降 14.2%；出口金额 34 407 万美元，同比增长 5.7%；平均单价为 3.20 万美元/台。从全年来看，有 6 个月出口数量呈同比减少状态，而出口金额有 4 个月呈同比减少状态。2014 年中国挤出机出口月度统计见表 15。

表 15　2014 年中国挤出机出口月度统计

月份	金额（万美元）	数量（台）	金额同比增长（%）	数量同比增长（%）
1	3 254	946	10.2	-45.3
2	1 714	407	-22.6	-52.1
3	2 070	899	21.7	85.4
4	2 711	917	14.0	24.3
5	2 565	721	-15.5	-25.4
6	2 530	966	-3.5	4.3
7	3 447	1 036	18.0	-5.1
8	3 258	868	-1.1	-22.0
9	2 804	822	2.6	-39.8
10	2 684	1 017	5.0	24.3
11	3 811	1 119	28.3	7.3
12	3 559	1 042	12.4	-26.0

数据来源：中国海关。

其中，出口塑料造粒机 3 692 台，同比下降 4.8%；出口金额 8 436 万美元，同比增长 25.5%；平均单价 2.28 万美元/台。2014 年中国塑料造粒机出口月度统计见表 16。

表 16　2014 年中国塑料造粒机出口月度统计

月份	金额（万美元）	数量（台）	金额同比增长（%）	数量同比增长（%）
1	859	255	60.3	-33.2
2	322	99	-5.6	-44.1
3	555	198	32.1	37.5
4	696	344	6.7	36.5
5	675	242	36.4	-28.2
6	595	362	17.8	47.8
7	794	475	36.7	48.4
8	692	338	24.2	34.7
9	832	329	52.7	19.2
10	998	366	41.0	31.7
11	557	336	-26.6	-4.0
12	862	348	38.6	-59.8

数据来源：中国海关。

从金额来看，出口前 10 名的国家金额占比已经达到了出口总金额的一半以上。其中，越南是中国挤出机的最大出口国，金额占比达 8%。其次是伊朗、俄罗斯，都在 7% 以上，接着是印度尼西亚、印度等国家。2014 年中国挤出机出口国别分布（按金额）见图 16，2014 年中国挤出机出口前 10 位的国家见表 17。

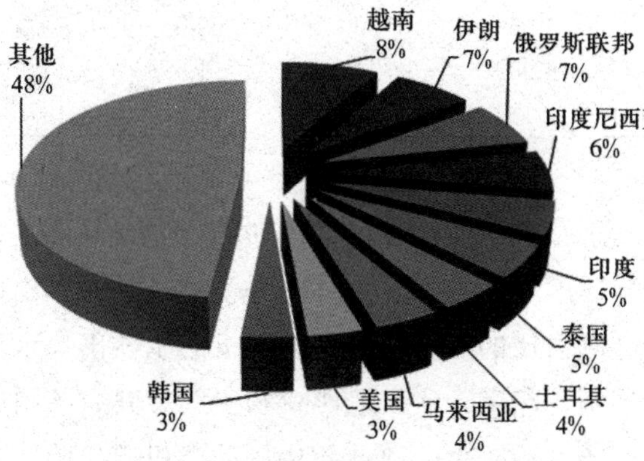

图 16　2014 年中国挤出机出口国别分布（按金额）

数据来源：中国海关。

表 17　2014 年中国挤出机出口前 10 位的国家

国家	数量（台）	金额（万美元）	数量同比增长（%）	金额同比增长（%）
越南	1 003	2 838	60.5	24.6
伊朗	652	2 321	57.1	116.1
俄罗斯联邦	453	2 264	-40.0	-23.5
印度尼西亚	523	2 056	-42.5	-18.1
印度	586	1 720	-49.6	14.7
泰国	463	1 694	-8.3	-35.2
土耳其	190	1 368	22.6	56.3
马来西亚	439	1 329	-16.2	-11.6
美国	275	1 130	80.9	56.9
韩国	221	1 062	72.7	73.5

数据来源：中国海关。

2013 年越南还仅只是中国挤出机出口第 4 大国，而在 2014 年该国对华挤出机的需求量开始显著增长。特别是数量方面增长 60% 以上，尽管金额方面增幅低于数量。同比表现增长的国家还有伊朗、土耳其、美国和韩国。其中伊朗在出口金额方面表现了翻倍的增长。说明该国对中国挤出机的品质要求有所提高。

另一方面，俄罗斯、印度尼西亚、泰国和马来西亚对中国挤出机的需求同比减少。2014 年中国塑料造粒机出口国别分布（按金额）见图 17。

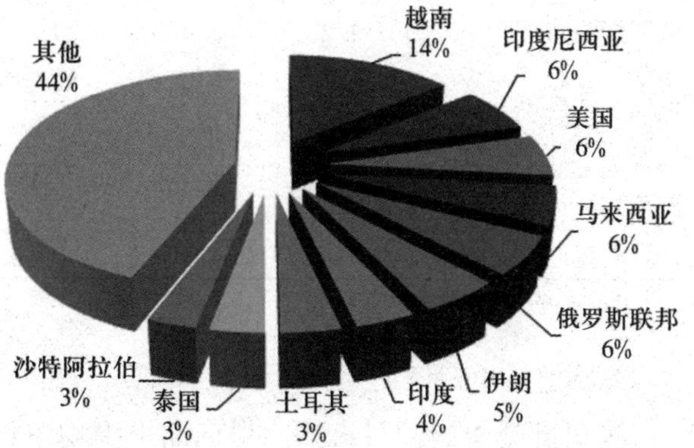

图 17　2014 年中国塑料造粒机出口国别分布（按金额）

数据来源：中国海关。

中国塑料造粒机的出口国别比较分散，2014 年全年出口金额排名前 10 位的国家所占的金额总比例约为 56%，除越南外，其余各国的出口金额占比均不到 10%。

从出口前 10 国来看，除印度尼西亚、俄罗斯和土耳其之外，其余国家对中国塑料造粒机的需求量均有不同程度的增长。其中数量增幅最大的是泰国，其次是伊朗、美国和沙特阿拉伯，增幅均在 50% 以上。

造粒机最大出口国越南在数量方面有接近 50% 的增长，金额增幅最大，高达 124%。2013 年越南成为中国塑料造粒机的第 2 大出口国，2014 年的显著增长促使该国成为当年中国塑料造粒机的最大出口国。

2013 年，作为中国塑料造粒机最大出口国的俄罗斯则是前 10 国中唯一出现金额同比下滑的国家，可见，2014 年在造粒机出口方面俄罗斯市场有所收缩。2014 年中国造粒机出口前 10 位的国家见表 18。

表 18　2014 年中国造粒机出口前 10 位的国家

国家	数量（台）	金额（万美元）	数量同比增长（%）	金额同比增长（%）
越南	464	1 186	48.2	124.2
印度尼西亚	223	546	-26.9	58.3
美国	58	508	52.6	105.7
马来西亚	220	473	36.6	23.5
俄罗斯联邦	190	472	-25.8	-23.4
伊朗	77	411	57.1	44.7
印度	141	310	14.6	0.6
土耳其	42	301	-2.3	59.3
泰国	129	276	98.5	41.5
沙特阿拉伯	65	247	51.2	90.0

数据来源：中国海关。

3. 吹塑机出口统计分析

吹塑机是中国塑料机械出口产品中平均单价最低的产品，也是进口、出口平均单价相差最大的产品。2014 年中国出口吹塑机 8 947 台，出口金额 18 544 万美元，同比增长 16%，出口平均单价仅为 2.07 万美元/台。

排除 2013 年数据中以下因素：① 2013 年 1 月，以总金额 28 000 美元出口 1 418 台设备至希腊；② 2013 年 4 月，以总金额 108 884 美元出口 46 501 台设备至中国香港；③ 2013 年 6 月，以总金额 315 000 美元出口 7 544 台设备至南非。2014 年，中国出口吹塑机数量同比下降 7.9%，金额同比增长 2.7%。

在数量方面，2014 年有 7 个月呈同比下滑现象，其中，2 月受春节影响，下滑幅度最大。在金额方面，也有 5 个月表现为同比下滑，除 2 月外，6 月下滑幅度也较大，为 26.6%。2014 年中国吹塑机出口月度统计见表 19。

表 19　2014 年中国吹塑机出口月度统计

月份	金额（万美元）	数量（台）	金额同比增长（%）	数量同比增长（%）
1	2 038	1 152	37.1	13.6
2	632	332	-49.3	-50.4
3	1 159	627	64.9	38.1
4	1 486	725	22.5	31.6
5	1 346	831	2.1	-27.4
6	1 361	710	-26.6	-3.8
7	1 497	899	-11.2	-13.1
8	1 376	676	-12.1	-32.7
9	1 573	857	1.2	27.5
10	1 959	690	32.9	-23.8
11	1 992	743	-1.5	14.8
12	2 124	705	10.0	-19.5

数据来源：中国海关。

与注射机、挤出机不同，吹塑机的出口国别相对分散，出口前 10 位的国家总金额占比不到出口总金额占比的 50%。中国吹塑机的主要出口市场有越南、印度、印度尼西亚和伊朗。其余各国所占市场份额较小。2014 年中国吹塑机出口国别分布（按金额）见图 18，2014 年中国吹塑机出口前 10 位的国家见表 20。

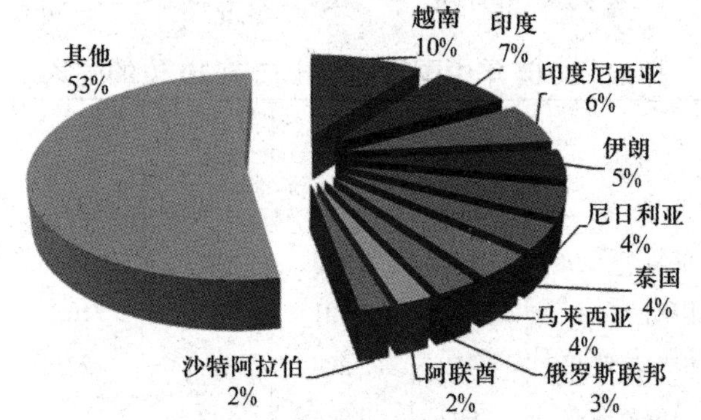

图 18　2014 年中国吹塑机出口国别分布（按金额）

数据来源：中国海关。

表 20　2014 年中国吹塑机出口前 10 位的国家

国家	数量（台）	金额（万美元）	数量同比增长（%）	金额同比增长（%）
越南	491	1 878	-0.8	44.2
印度	245	1 271	21.3	50.4
印度尼西亚	269	1 183	-17.5	-22.1
伊朗	484	859	-2.6	54.5
尼日利亚	732	837	-35.6	41.9
泰国	366	713	11.2	-46.6
马来西亚	237	707	-49.0	6.5

（续）

国家	数量（台）	金额（万美元）	数量同比增长（%）	金额同比增长（%）
俄罗斯联邦	221	507	-16.6	-7.7
阿联酋	86	411	-28.9	114.1
沙特阿拉伯	227	360	70.7	-35.4

数据来源：中国海关。

在吹塑机出口市场上，2013年越南仅排在第3位，2014年虽然在数量方面略有减少，但金额方面增幅明显，这是促使越南在2014年成为中国吹塑机最大出口国的主要原因。

排在第2位的印度，无论是数量还是金额方面均有显著增长，并且从产品平均单价来看也有增长，可以推测印度对中国吹塑机的需求量和产品品质要求均有提升。

4. 真空模塑机及其他热成型机出口统计分析

2014年，中国出口真空模塑机及其他热成型机9 179台，同比下降31.9%；出口金额14 576万美元，同比增长20.1%；出口平均单价仅为1.59万美元/台。2014年中国真空模塑机及其他热成型机器出口月度统计见表21。

表21　2014年中国真空模塑机及其他热成型出口月度统计

月份	金额（万美元）	数量（台）	金额同比增长（%）	数量同比增长（%）
1	1 368	1 663	38.5	131.3
2	734	505	-39.1	-30.7
3	1 061	427	37.1	-29.9
4	1 636	1 524	87.2	30.5
5	863	473	-18.4	-72.3
6	887	371	-35.6	-73.3
7	1 151	562	26.9	-33.6
8	1 275	416	21.2	-72.6
9	1 032	427	29.2	-69.4
10	1 451	760	56.2	-39.2
11	1 465	732	57.0	-39.5
12	1 653	1 319	33.5	39.7

数据来源：中国海关。

在月度统计中，2014年1月、4月和12月的出口数量偏大，经分析，是由于出口至埃及和澳大利亚的数量较大而导致。2014年中国出口至埃及真空模塑机及其他热成型机1 333台，出口金额2 986 636美元，产品平均价格2 241美元/台；而出口至澳大利亚的产品数量983台，出口金额876 537美元，产品平均价格仅为892美元/台。排除此异常因素，则2014年，中国出口真空模塑机及其他热成型机6 863台，出口金额为14 190万美元。

其中，出口塑料中空成型机1 549台，同比增长28.1%；出口金额4 765万美元，同比增长13.5%。出口塑料压延成型机1 426台，同比减少9.3%；出口金额2 307万美元，同比下降19.0%。2014年中国塑料中空成型机出口月度统计见表22，2014年中国塑料压延成型机出口月度统计见表23。

表22　2014年中国塑料中空成型机出口月度统计

月份	金额（万美元）	数量（台）	金额同比增长（%）	数量同比增长（%）
1	498	108	71.7	-33.3
2	190	40	-51.0	-36.5
3	311	67	-16.2	-23.0
4	429	114	2.4	20.0
5	330	84	3.1	25.4
6	322	70	-6.9	-22.2
7	397	92	19.9	16.5
8	499	137	20.8	44.2
9	369	121	33.2	49.4
10	332	464	20.7	562.9
11	531	134	24.1	63.4
12	557	118	64.3	-50.4

数据来源：中国海关。

表23　2014年中国塑料压延成型机出口月度统计

月份	金额（万美元）	数量（台）	金额同比增长（%）	数量同比增长（%）
1	237	576	-30.9	262.3
2	89	38	-69.1	-65.5
3	120	44	-26.8	-63.6
4	183	42	-6.6	-83.8
5	133	111	-56.8	-39.7
6	202	129	-42.6	26.5
7	143	125	-42.1	-30.6
8	382	43	203.2	-63.2

（续）

月份	金额（万美元）	数量（台）	金额同比增长（%）	数量同比增长（%）
9	182	80	15.9	23.1
10	90	63	-68.4	-18.2
11	330	132	105.0	43.5
12	214	43	-4.5	-59.0

数据来源：中国海关。

印度尼西亚 2013 年已经成为中国真空模塑机及其他热成型机的最大出口国，2014 年，依然保持这一位置。但从金额来看，该市场有所下滑，金额同比下滑约 8%。在金额占比方面，2013 年印度尼西亚的金额占比为 8%，2014 年则下滑到 6.4%。在出口金额方面表现下滑的国家还有越南和泰国。越南曾是 2013 年中国该产品出口的第二大国。

值得关注的是，出口至伊朗的真空模塑机及其他热成型机显著增加。数量同比增幅高达 370%，金额同比增幅高达 145%。2013 年，中国的真空模塑机及其他热成型机对伊朗的出口并不多，伊朗甚至没有挤进出口前 10 位的排名，而在 2014 年其金额占比就已经提升至 5.5%。2014 年中国真空模塑机及其他热成型机出口国别分布（按金额）见图 19，2014 年中国真空模塑机及其他热成型机出口前 10 名国家见表 24，2014 年中国塑料中空成型机出口国别分布（按金额）见图 20，2014 年中国塑料压延成型机出口国别分布（按金额）见图 21。

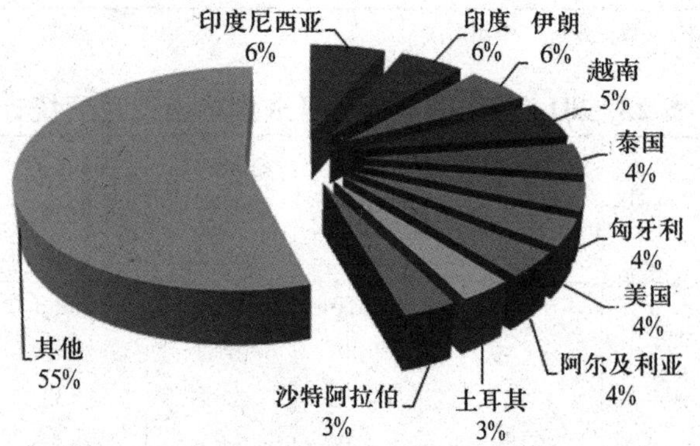

图 19　2014 年中国真空模塑机及其他热成型机出口国别分布（按金额）

数据来源：中国海关。

表 24　2014 年中国真空模塑机及其他热成型机出口前 10 名国家

国家	数量（台）	金额（万美元）	数量同比增长（%）	金额同比增长（%）
印度尼西亚	306	925	4.1	-8.4
印度	722	814	91.0	8.7
伊朗	362	807	370.1	145.6
越南	519	777	57.3	-12.7
泰国	140	656	-18.1	-11.5
匈牙利	5	592	66.7	24 733.0
美国	353	553	-87.2	14.9
阿尔及利亚	76	528	-3.8	98.9
土耳其	60	484	-29.4	227.5
沙特阿拉伯	478	471	462.4	13.3

数据来源：中国海关。

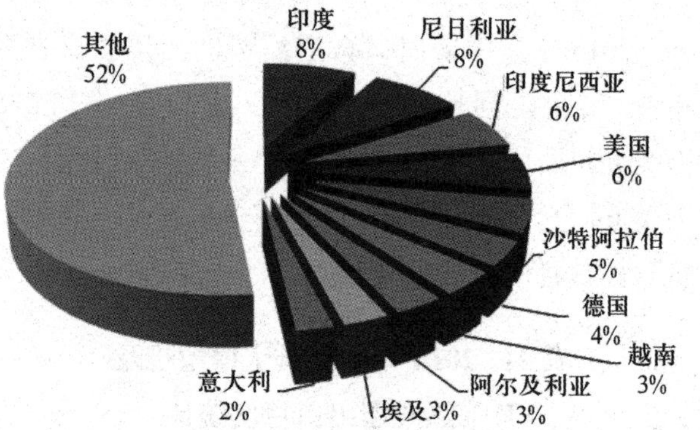

图 20　2014 年中国塑料中空成型机出口国别分布（按金额）

数据来源：中国海关。

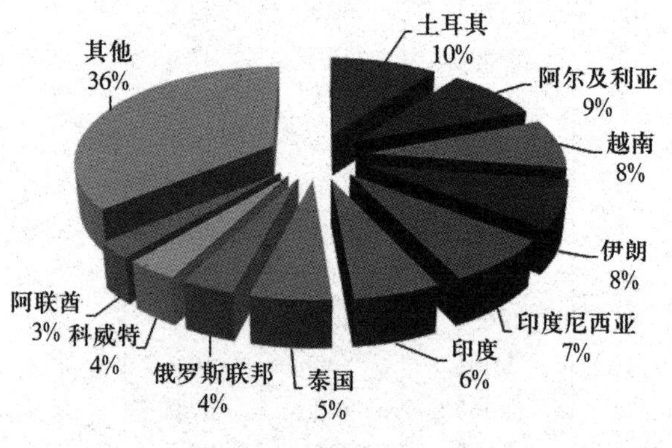

图 21　2014 年中国塑料压延成型机出口国别分布（按金额）

数据来源：中国海关。

5. 其他模塑机及成型机器出口统计分析

2014 年，中国出口其他模塑机及成型机器 155 950 台，同比增长 672.5%；出口金额 12 959 万美元，同比下降 11.5%。出口平均单价不到 0.1 万美元/台。2014 年中国其他模塑机及成型机器出口月度统计见表 25。

表 25 2014 年中国其他模塑机及成型机器出口月度统计

月份	金额（万美元）	数量（台）	金额同比增长（%）	数量同比增长（%）
1	935	11 423	-12.0	1 452.0
2	1 000	664	-13.4	82.4
3	852	12 360	23.3	2 728.4
4	1 026	9 464	46.4	4 050.9
5	1 216	11 429	49.9	4 329.8
6	870	10 367	-43.9	3 753.9
7	780	7 163	-58.2	1 862.5
8	876	12 494	-43.1	3 323.0
9	1 137	17 946	5.3	7 472.2
10	1 091	29 249	-27.7	14 098.5
11	1 583	16 833	63.9	145.7
12	1 595	16 558	-6.5	67.7

数据来源：中国海关。

2014 年，出口其他模塑机及成型机器的数量同比大幅提升，而出口金额的增长相对平稳。可能是由于出口产品中包含塑料机械零部件产品所致。2014 年中国其他模塑机及成型机器出口国别分布（按金额）见图 22。

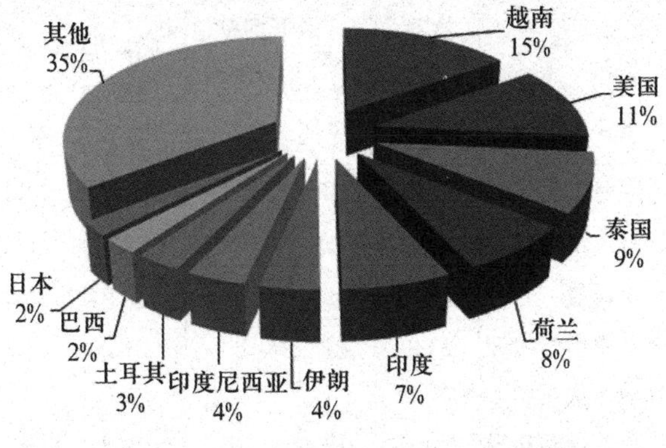

图 22 2014 年中国其他模塑机及成型机器出口国别分布（按金额）

数据来源：中国海关。

从出口金额看，越南是中国其他模塑机及成型机器出口的最大国家，尽管出口金额在同比方面表现为下滑。其次是美国，出口金额占比也在 10% 以上，出口数量和金额同比均有增长。2014 年中国其他模塑机及成型机器出口前 10 位国家见表 26。

表 26 2014 年中国其他模塑机及成型机器出口前 10 位国家

国家	数量（台）	金额（万美元）	数量同比增长（%）	金额同比增长（%）
越南	319	1 966	13.5	-24.7
美国	39 934	1 459	139.0	1 398.9
泰国	194	1 182	108.6	32.9
荷兰	1795	964	13 707.7	2 089.7
印度	361	879	57.0	-70.7
伊朗	294	486	151.3	29.9
印度尼西亚	289	482	-36.8	-75.4
土耳其	306	380	385.7	-40.4
巴西	226	302	391.3	266.1
日本	1 232	278	1 196.8	50.9

数据来源：中国海关。

出口金额方面表现增长的国家还有泰国、荷兰、伊朗、巴西和日本。其中荷兰的增幅较大是其基数偏小导致。

四、中国塑料机械进出口主要国别统计分析

1. 德国

德国历来是中国塑料机械进口的重要来源地。2014 年中国从德国进口塑料机械 1 159 台，同比增长 5.1%；进口金额达 64 175 万美元，同比增长 13.0%；平均单价 55 万美元/台，同比增长 7.5%。从市场占比来看，虽然数量占比仅为 5.2%，但金额占比已达到 32%。其主要原因在于产品平均单价的提高，产品平均单价的提高在一定程度上说明了产品的附加值有所提高。2014 年中国从德国进口塑料机械统计见表 27。

2014 年，中国从德国进口的注射机金额同比显著提高。2014 年的订单中有 92% 都是阿博格直接销售的。据相关报道，德国注射机生产企业阿博格（Arburg GmbH & Co. KG）的 2014 年财政年度销售达到 5.4 亿欧元，创下新的纪录。2013 年

销售额为 4.7 亿欧元，2012 年为 4.88 亿欧元。全电机产品销售额增长了 1 成，混合机大涨 28%，经典的液压 Allrounder 增长 25%。大型 Allrounder（最高 5 000t）增长 16%，交钥匙系统的订单攀升 34%。众所周知，这类都是高附加值的产品。2014 年中国从德国进口塑料机械产品结构比例（按金额）见图 23。

表 27　2014 年中国从德国进口塑料机械统计

产　品	金额（万美元）	数量（台）	平均单价（万美元 / 台）	金额同比增长（%）	数量同比增长（%）
注射机	12 346	556	22	19.7	22.2
挤出机	31 876	267	119	41.5	-8.2
吹塑机	12 065	79	153	-18.1	-15.1
真空模塑机及其他热成型机	6 533	152	43	-16.2	-16.9
其他模塑机及成型机器	1 354	105	13	-6.9	29.6
总　计	64 175	1 159	55	13.0	5.1

数据来源：中国海关。

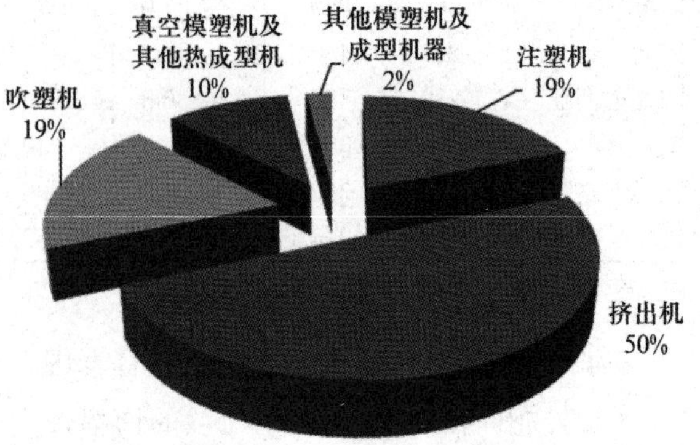

图 23　2014 年中国从德国进口塑料机械产品结构比例（按金额）

数据来源：中国海关。

从金额来看，挤出机是中国从德国进口的最主要产品，约占了一半的比例。挤出机的平均单价高达 119 万美元/台，这是中国从德国进口塑料机械平均单价高的主要原因。注射机和吹塑机的金额占比基本相同。

尽管在数量方面，中国从德国进口的注射机最多，但挤出机和吹塑机的平均单价要高得多。

2. 日本

2014 年中国从日本进口塑料机械 4 346 台，同比增长 13.2%；进口金额达 57 663 万美元，同比下降 3.2%；平均单价 13 万美元/台，同比下降 14.4%。2014 年中国从日本进口塑料机械统计见表 28。

2014 年，中国从日本进口塑料机械平均单价的下降除汇率因素外，也与中国国产塑机技术进步、竞争力增强有关。

从市场占比来看，金额占比约达到 30%，数量占比约达到 20%。

日本的各类产品的平均单价处于中低档的价格。因此，虽然中国从日本进口的塑料机械数量最多，但在金额方面要略少于德国。日本是中国注射机的最大进口国，2014 年该产品的进口金额占比已经超过 70%。毫无疑问，日本产的注射机在品质方面非常有保障，而在价格方面比德国略有优势，这正是中国从日本大量进口注射机的主要原因。2014 年中国从日本进口塑料机械产品结构比例（按金额）见图 24。

表 28　2014 年中国从日本进口塑料机械统计

产　品	金额（万美元）	数量（台）	平均单价（万美元 / 台）	金额同比增长（%）	数量同比增长（%）
注射机	41 249	3 825	11	8.8	14.2
挤出机	8 744	127	69	-32.6	-17.0
吹塑机	3 837	89	43	39.5	25.4
真空模塑机及其他热成型机	2 634	113	23	-32.2	-37.2
其他模塑机及成型机器	1 198	192	6	-40.0	118.2
总　计	57 663	4 346	13	-3.2	13.2

数据来源：中国海关。

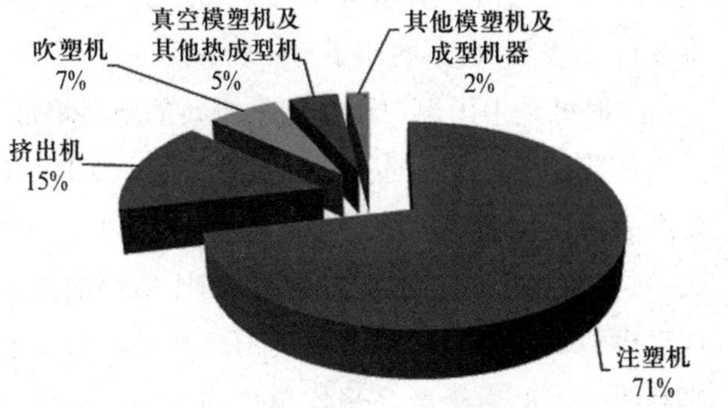

图 24 2014 年中国从日本进口塑料机械产品结构比例（按金额）

数据来源：中国海关。

从 2012 年开始，日本对中国出口就表现为下滑趋势，尽管 2014 年在数量方面表现为增长，但在金额方面还是表现为下滑。表现下滑的主要产品为挤出机、真空模塑机及其他热成型机、其他模塑机及成型机器。

出现这种情况与日本塑料机械产业转移有很大关系。总部位于东京的日本制钢所（JSW）也考虑在印度建造一座注射机生产厂，该公司将在未来几年进入印度市场。日本制钢所将近 50% 的全球产量被供应给汽车业，JSW 认为印度汽车市场蕴藏潜力。目前印度市场主要被液压机和混合塑机生产商占领，JSW 的专长领域是全电式注射机生产。日本制钢所初步计划最初每月生产大约 50 台塑机。此外，吹塑机器生产商日精 ASB 机械株式会社计划斥资 5 000 万美元在印度建新厂，将其打造成一个大型的出口基地，同时也供应当地市场，新厂将同时具备机械和模具生产能力。

3. 中国台湾地区

中国台湾是全球第五大塑胶机械生产地，每年销售 15 亿美元。由于岛内市场有限，产品大量出口，是全球第四大塑胶机械出口地。台湾机械行业有 80% 以上的设备出口到海外，而中国大陆是最大的出口市场，占出口总额的 25% ～ 30%。中国大陆和东南亚总共占到台湾机械出口总额的 56%，而中东、非洲、南美和中美洲分别只占到 7%。2014 年中国台湾塑料机械对日本和美国等发达国家的出口额也有明显增长，但对一些重要的新兴市场，包括印度尼西亚、泰国和印度的出口额有所下滑。总体而言，作为全球最大的塑料机械出口地之一，受益于 iPhone 6 和其他智能手机的推动，中国台湾塑橡胶机械行业在 2014 年适度复苏。

2014 年中国大陆地区从中国台湾地区进口塑料机械 1 956 台，同比增长 15.5%；进口金额 29 168 台，同比增长 55.0%；平均单价为 15 万美元，同比增长 34.3%。2014 年中国大陆从台湾地区进口塑料机械统计见表 29。

从数量来看，中国大陆地区从台湾地区进口的主要塑料机械产品是注射机，而从金额来看挤出机所占的比例最大。而这两类产品在 2014 年的进口量均有提高。而对吹塑机和其他模塑机及成型机器的进口量有所减少。2014 年中国大陆从中国台湾地区进口塑料机械产品结构比例（按金额）见图 25。

表 29 2014 年中国大陆从台湾地区进口塑料机械统计

产　品	金额（万美元）	数量（台）	平均单价（万美元/台）	金额同比增长（%）	数量同比增长（%）
注射机	9 957	1 157	9	45.8	36.0
挤出机	12 100	293	41	130.4	19.6
吹塑机	667	38	18	−30.8	−44.9
真空模塑机及其他热成型机	3 430	306	11	38.1	−0.6
其他模塑机及成型机器	3 014	162	19	−8.2	−26.7
总　计	29 168	1 956	15	55.0	15.5

数据来源：中国海关。

中国台湾地区一直都是大陆进口塑料机械的主要地区。一方面在于该地区的产品保留了技术方面的优势，同时，由于在生产、运输、贸易等方面的成本较低，从而产品也获得了较大的价格优势。此外，由于看好大陆市场，不少台商纷纷来到大陆投资建厂，这些生产厂家更倾向于与台湾本土企业合作，或是延续原有的合作。

当然，也不排除台湾塑料机械生产企业来大

陆建厂会对这一数据今后的变化造成影响。

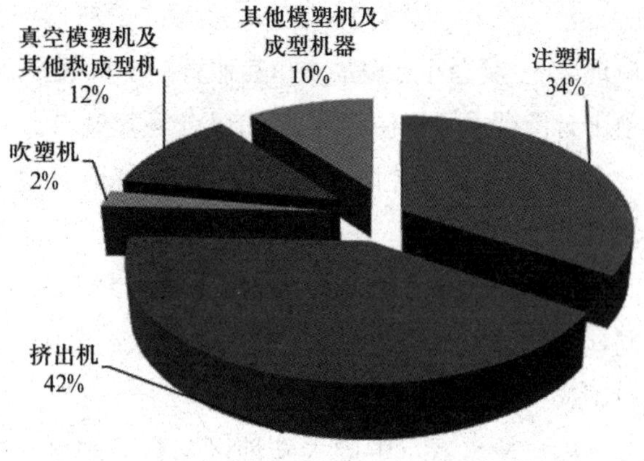

图 25 2014 年中国大陆从中国台湾地区进口塑料机械产品结构比例（按金额）

数据来源：中国海关。

4. 越南

2014 年 5 月中旬的越南反华暴乱成为了当时的话题，各方人士对此后中越贸易持有各种担忧和预测。所幸的是企业在暴乱后恢复比较迅速，同时还有越南政府和保险公司提供的相应赔偿。事实证明该事件对中国塑机出口的影响有限。就越南本身而言，当地的低成本优势以及不受一部分国家反倾销影响的因素吸引了大量塑料企业在越南建厂，从而增加了该国对生产设备的需求。2014 年中国出口至越南塑料机械统计见表 30。

表 30 2014 年中国出口至越南塑料机械统计

产　品	金额（万美元）	数量（台）	平均单价（万美元/台）	金额同比增长（%）	数量同比增长（%）
注射机	6 623	2 190	3.02	54.1	73.8
挤出机	2 838	1 003	2.83	24.6	60.5
吹塑机	1 878	491	3.82	44.2	-0.8
真空模塑机及其他热成型机	777	519	1.50	-12.7	57.3
其他模塑机及成型机器	1 966	319	6.16	-24.7	13.5
总　计	14 082	4 522	3.11	23.7	51.2

数据来源：中国海关。

2014 年，越南成为中国塑料机械的最大出口国，出口数量 4 522 台，同比增长 51.2%；出口金额 14 082 万美元，同比增长 23.7%；出口平均单价 3.11 万美元/台，同比下滑 18.2%。

注射机是中国出口至越南最主要的塑料机械，无论是数量还是金额远多过其他产品，且 2014 年该产品的同比增幅也相对显著，达 50% 以上。其次是挤出机，出口数量过千台，同比增幅明显。真空模塑机及其他热成型机的出口数量增长虽然非常明显，但由于产品平均单价的下滑，出口金额仍然表现为同比减少。2014 年中国出口至越南塑料机械产品结构比例（按金额）见图 26。

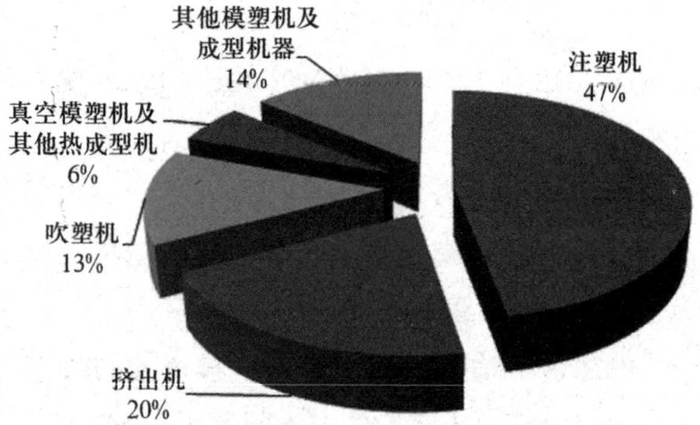

图 26 2014 年中国出口至越南塑料机械产品结构比例（按金额）

数据来源：中国海关。

受劳动力成本上升的压力，不少企业把生产环节迁往越南等劳动力较便宜的国家。德国大型塑料薄膜生产商 RKW 公司在 2014 年 3 月收购了其越南合资企业 RKW-Lotus 公司的合作方，该公司设在胡志明市的工厂是越南最大的塑料薄膜制品出口商，有 90%以上的产量出口海外，主要销往欧洲。该公司最近三年里把越南的产能数翻了近一倍，达到 29 000t。

5. 美国

近几年，中国塑料机械对美国的出口量一直保持良好的增长势头，2014 年也不例外。2014 年出口塑料机械 41 539 台，同比增长 103.4%；出口金额 10 921 万美元，同比增长 36.9%。出口数量中不排除因包含有零部件等而导致的异常数据，但金额的变化更加真实地反映了需求量的变化。2014 年中国出口至美国塑料机械统计见表 31。

表 31 2014 年中国出口至美国塑料机械统计

产 品	金额（万美元）	数量（台）	平均单价（万美元 / 台）	金额同比增长（%）	数量同比增长（%）
注射机	7 422	894	8.30	16.0	21.5
挤出机	1 130	275	4.11	57.0	80.9
吹塑机	356	83	4.29	26.2	13.7
真空模塑机及其他热成型机	553	353	1.57	14.9	-87.2
其他模塑机及成型机器	1 459	39 934	0.04	1 398.9	139.0
总 计	10 921	41 539	0.26	36.9	103.4

数据来源：中国海关。

分产品看，同比增长最多的产品是挤出机，增幅达 50% 以上，其次是吹塑机、注射机，均取得了 2 位数的增长。真空模塑机及其他热成型机的出口数量虽然有所下降，但得益于产品平均单价的提高，出口金额反而获得了 2 位数的增长。

对美国市场出口增长的原因，首先，在于美国制造业本身有着深厚的功底；其次，在于美国体制具有活力，对中国品牌的认可逐步加深；第三，中国企业多年努力的推广出现了成效。2014 年中国出口至美国塑料机械产品结构比例（按金额）见图 27。

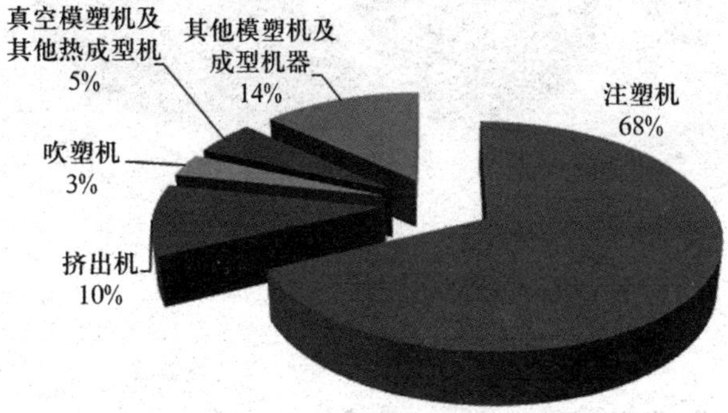

图 27 2014 年中国出口至美国塑料机械产品结构比例（按金额）

数据来源：中国海关。

美国塑料加工制造业协会委托 Plante & Moran PLLC 公司调查收集了美国塑料业 18 年来的统计信息。该信息显示只有不到 10% 的受访企业被列入“非常成功的企业”分类，这类企业的经营收益回升 10%，销售额回升 15%，增幅达到 5%。Plante & Moran 公司塑料业团队联合主管 Jeff Mengel 认为塑料业的健康度已经恢复至 20 世纪 90 年代末以来最高的水平。他指出，中国的生产确实有一些向美国回岸，但更多来自传闻而不是大规模数据。来自国际制造制作商协会的经济分析师 Chris Kuehl 表示经济全球化的初步阶段，很难预测哪个国家或哪个行业将会在哪里突然迅猛发展起来，生产企业可能更需要担心更有冲劲的小国在赶超中国、印度和美国。

总之，美国市场对于塑料机械企业来说是机遇。

6. 土耳其

2014 年，中国出口至土耳其的塑料机械数量为 2 211 台，同比增长 29.2%；出口金额 10 723 万美元，同比增长 28.7%。2014 年中国出口至土耳其塑料机械统计见表 32。

表 32 2014 年中国出口至土耳其塑料机械统计

产 品	金额（万美元）	数量（台）	平均单价（万美元 / 台）	金额同比增长（%）	数量同比增长（%）
注射机	8 257	1 606	5.14	27.5	17.4
挤出机	1 368	190	7.20	56.4	22.6
吹塑机	234	49	4.78	18.1	22.5
真空模塑机及其他热成型机	484	60	8.07	227.5	-29.4
其他模塑机及成型机器	380	306	1.24	-40.4	385.7
总 计	10 723	2 211	4.85	28.7	29.2

数据来源：中国海关。

土耳其市场可以说是在健康稳步的发展，无论是注射机、挤出机还是吹塑机均取得了 2 位数的增长。三大类塑机中挤出机的增幅最大。

而真空模塑机及其他热成型机虽然在数量方面有所下滑，但出口金额表现为增长。2014 年中国出口至土耳其塑料机械产品结构比例（按金额）见图 28。

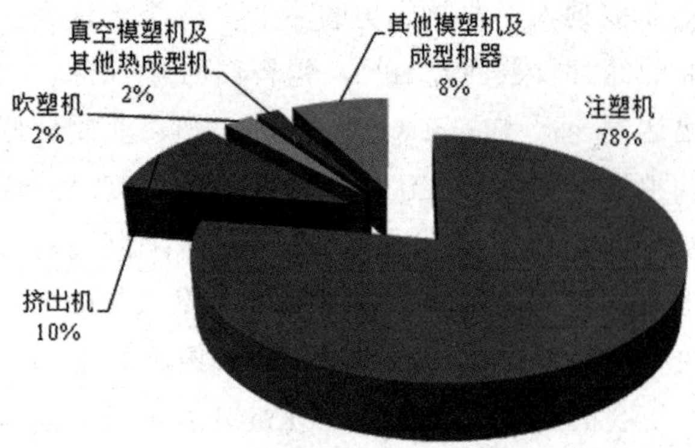

图 28 2014 年中国出口至土耳其塑料机械产品结构比例（按金额）

数据来源：中国海关。

从产品结构来看，出口至土耳其的主要塑料机械产品是注射机，金额占比接近 80%。

作为新兴市场的土耳其已经成长为了欧洲的第二大注射机市场。全球销售额最高的注射机制造商恩格尔曾表示：土耳其正显示出积极的迹象。在注射机领域，其重要的战略地位是不言而喻的，国内也有不少企业考虑在土耳其建立相应的生产基地。

7. 伊朗

2014 年，中国对伊朗出口塑料机械 3 336 台，同比增长 86.9%；出口金额为 9 877 万美元，同比增长 112.2%；产品平均单价 2.96 万美元/台，同比增长 13.6%。2014 年中国出口至伊朗塑料机械统计见表 33。

表 33 2014 年中国出口至伊朗塑料机械统计

产 品	金额（万美元）	数量（台）	平均单价（万美元/台）	金额同比增长（%）	数量同比增长（%）
注射机	5 461	1 743	3.13	135.2	156.7
挤出机	2 264	453	5.00	110.7	9.2
吹塑机	859	484	1.77	54.6	-2.6
真空模塑机及其他热成型机	807	362	2.23	145.6	370.1
其他模塑机及成型机器	486	294	1.65	29.9	151.3
总 计	9 877	3 336	2.96	112.2	86.9

数据来源：中国海关。

从产品结构来看，出口至伊朗的主要塑料机械产品为注射机，其金额占比已达 50%。其次是挤出机，金额占比为 23%。这两类产品在出口数量同比方面均有增长。在数量方面仅有吹塑机表现为同比下滑，而在金额方面，各产品均表现为同比增长。

从同比增长来看，伊朗是 2014 年全年注射机出口增幅最大的国家，数量同比增长 150% 以上，金额同比增长 130% 以上。2014 年中国出口至伊朗塑料机械产品结构比例（按金额）见图 29。

据了解，尽管伊朗的塑料加工业目前处于起步阶段，得益于丰富的石化资源及伊朗政府对发展石化下游产品的鼓励，其市场发展前景广阔。按伊朗石化工业的发展规划，预计到 2015 年，伊朗石化产品的产能达 6 500 万 t，产值超 200 亿美元。其中聚合物和塑料产品的产能将达到 1 100 万 t，其市场需求极其旺盛，是中东地区塑料行业增长最快的市场之一。中国与伊朗合作的项目有兰州合泰华塑料制品有限公司投资 300 万美元与伊朗库姆省 Sanaye Plastic Markaz 公司合作建设塑料制品厂。而在 2014 年，伊朗工矿商业部官员雅兹达尼（Ali Yazdani）称，2014 年 8 月 23—29 日，约有 160 个工业、矿业项目举行开工仪式，其中包括 16 个橡胶和塑料加工厂。

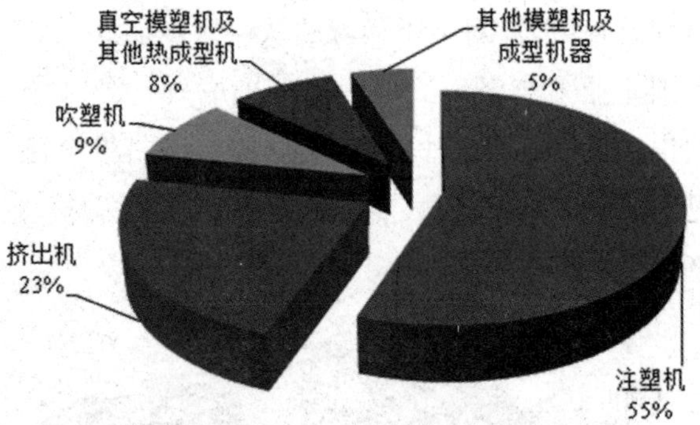

图 29 2014 年中国出口至伊朗塑料机械产品结构比例（按金额）

数据来源：中国海关。

8. 泰国

随着跨国企业寻求规避中国成本上涨带来的影响，东南亚作为替代选择，日益受到更多的关注。据消息，日本沙迪克有限公司正把注射机生产迁出福建省厦门市工厂，移至其泰国曼谷工厂。2014 年中国出口至泰国塑料机械统计见表 34。

表 34　2014 年中国出口至泰国塑料机械统计

产　品	金额（万美元）	数量（台）	平均单价（万美元/台）	金额同比增长（%）	数量同比增长（%）
注射机	5 475	899	6.09	-14.7	13.8
挤出机	1 694	463	3.66	-35.2	-8.3
吹塑机	713	366	1.95	-46.6	11.2
真空模塑机及其他热成型机	656	140	4.69	-11.5	-18.1
其他模塑机及成型机器	1 182	194	6.09	32.9	108.6
总计	9 720	2 062	4.71	-19.0	9.2

数据来源：中国海关。

生产的转移，会增加当地对设备数量的需求，然而由于竞争的加剧，产品价格优势将成为竞争的关键之一。这便是销售数量增长而销售金额下降的主要原因。2014 年中国对泰国出口塑料机械便是这种情况。全年中国出口 2 062 台塑料机械至泰国，同比增长 9.2%；出口金额 9 720 万美元，同比下滑 19.0%；产品平均单价 4.71 万美元/台，同比下滑 28.5%。

除真空模塑机及其他热成型机外，其余产品的平均单价均有不同程度的下滑。

从产品结构来看，出口至泰国的主要设备为注射机，金额占比达一半以上。其次是挤出机，金额占比接近 20.%。2014 年中国出口至泰国塑料机械产品结构比例（按金额）见图 30。

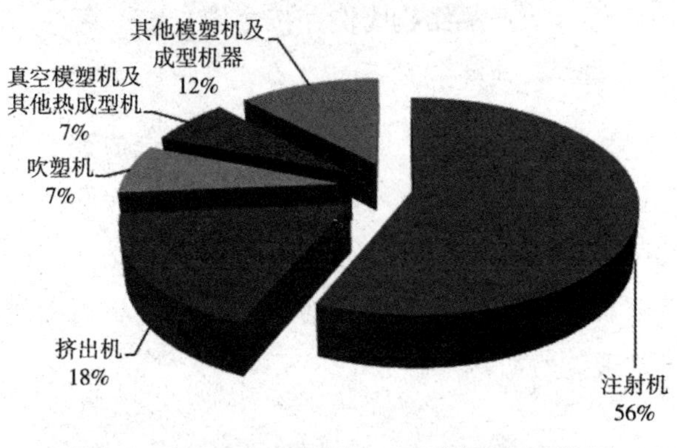

图 30　2014 年中国出口至泰国塑料机械产品结构比例（按金额）

数据来源：中国海关

值得注意的是，泰国再生塑料市场已实现跳跃式增长。2013 年该国再生塑料数量就比 2011 年的 50 万 t 大幅增长 60%，达到 80 万 t。2014 年，泰国再生塑料树脂市场价值有望达到 235.6 亿泰铢，比 2013 年增长 14.7%。

2015 年，泰国的再生塑料业将持续增长，其主要原因是，更多泰国国内及境外的大型厂商投资再生塑料业，这些厂商均在塑料垃圾处理尤其在垃圾分类方面具有丰富的专业知识和经验。预计，2015 年泰国投入再生塑料的塑料垃圾占塑料垃圾总量之比例，将从 2014 年的 37.9% 提高为 40.0%，促使其再生塑料树脂的市场价值比 2014 年增长 16.8% ～ 22.7%，达到 275.2 亿～ 289 亿泰铢。

9. 印度尼西亚

2014 年中国出口 2 451 台塑料机械至印度尼西亚，同比下降 27.6%；出口金额 9 311 万美元，同比下降 29.7%；平均单价 3.8 万美元/台，同比下降 2.9%。2014 年中国出口至印度尼西亚塑料机械统计见表 35，2014 年中国出口至印度尼西亚塑料机械产品结构比例（按金额）见图 31。

表 35　2014 年中国出口至印度尼西亚塑料机械统计

产　品	金额（万美元）	数量（台）	平均单价（万美元/台）	金额同比增长（%）	数量同比增长（%）
注射机	4 665	1 064	4.38	-25.1	-24.8
挤出机	2 056	523	3.93	-18.1	-42.5
吹塑机	1 183	269	4.40	-22.1	-17.5
真空模塑机及其他热成型机	925	306	3.02	-8.4	4.1
其他模塑机及成型机器	482	289	1.67	-75.4	-36.8
总　计	9 311	2 451	3.80	-29.7	-27.6

数据来源：中国海关。

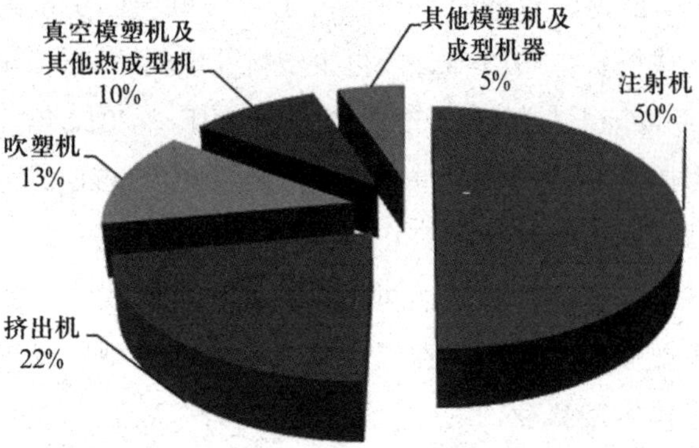

图 31　2014 年中国出口至印度尼西亚塑料机械产品结构比例（按金额）

数据来源：中国海关。

从产品结构来看，中国出口至印度尼西亚的主要设备为注射机，金额占比达一半，其次是挤出机，金额占比达 20% 以上。而最主要的这两类出口产品在 2014 年的出口均受创。注射机出口同比下滑约 25%，挤出机出口数量同比下滑 40% 以上，金额同比下滑接近 20%。

10. 印度

2014 年，中国对印度出口塑料机械 2 387 台，同比下降 2.7%；出口金额 6 935 台，同比下降 6.4%；产品平均单价 2.91 万美元/台，同比下降 3.8%。2014 年中国出口至印度塑料机械统计见表 36。

表 36　2014 年中国出口至印度塑料机械统计

产　品	金额（万美元）	数量（台）	平均单价（万美元/台）	金额同比增长（%）	数量同比增长（%）
注射机	2 252	473	4.76	70.7	−1.9
挤出机	1 720	586	2.94	14.7	-49.6
吹塑机	1 271	245	5.19	50.4	21.3
真空模塑机及其他热成型机	814	722	1.13	8.7	91.0
其他模塑机及成型机器	879	361	2.43	−70.7	57.0
总　计	6 935	2 387	2.91	−6.4	−2.7

（续）

数据来源：中国海关。

但值得注意的是，从塑料机械整体来看，全球各主要出口国对印度的塑料机械出口情况都不理想。中国是印度的最大进口塑机来源地，其次是德国。而 2013 年德国对印度橡塑机械出口下跌 25%，2014 年前 10 个月跌势继续，下滑 15%（该数据来自德国塑机协会 VDMA）。数据显示，德国塑料机械对印度出口的跌幅和全球其他主要塑料机械出口国的跌幅相当。分析人士也注意到了印度制造业的不景气，认为其增势较弱且起伏动荡，尽管有稳定的微小希望。2014 年中国出口至印度塑料机械产品结构比例（按金额）见图 32。

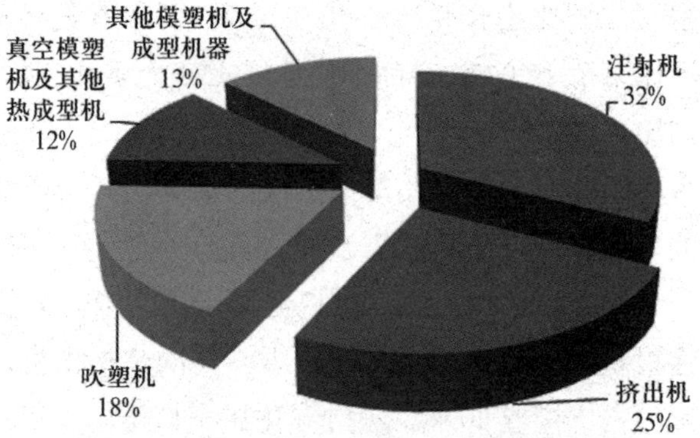

图 32　2014 年中国出口至印度塑料机械产品结构比例（按金额）

数据来源：中国海关。

〔数据来源于中国海关，由于获得的途径及时间不同，与中国塑料机械工业协会所发布的 2014 年中国塑料机械进出口数据有一定的出入。经分析，该出入并不影响对中国塑料机械行业进出口形势的总体判断。〕

中国塑料机械工业年鉴
2014—2015

专家视点

专家介绍行业内最新的技术发展情况

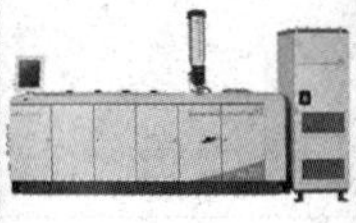

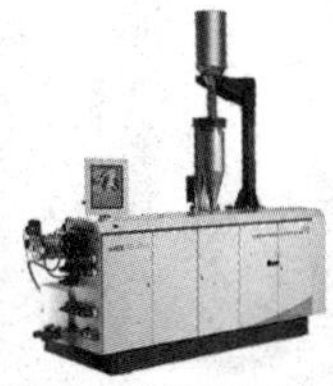

专家视点

超高分子量聚乙烯单螺杆高效连续挤出成型生产设备

UHMWPE 通常指黏均分子量超过 150 万的线型聚乙烯，综合性能非常优异，主要表现为：耐磨性高、抗冲击性高、自润滑性好、冲击能吸收性好、化学稳定性高、抗黏附性高等，被国外称为“令人惊异的塑料”而受到重视。但由于树脂黏度极高，临界剪切速率很低，熔融体表现为高弹态特性，用传统的塑料成型加工方法与传统设备根本无法进行加工。长期以来受限于生产效率极低的间歇式压制烧结、柱塞挤出成型以及顶出法挤出制品，效率低、能耗高、产品种类单一。提高其高效加工技术水平，使其得到更加广泛应用一直是世界各国化工领域攻坚的难题。

（一）超高分子量聚乙烯原料加工特性

UHMWPE 在挤出加工过程中存在一些特有的加工性能和一些现象。

1. 粉末原料特性

目前市场上所有供应商提供的 UHMWPE 树脂原料均为粉状料，如北京燕山石化总公司生产的 UHMWPE 粉径大约为 0.28mm（60 目），比较适合模压成型，特别是压制成型厚制品和深腔制品时，粉料的松散性和流动性对于物料充满型腔、在模内形成均匀高压，保证制品密度均匀、减少熔体在模内的流动和取向，从而减小制品内应力和收缩变形具有重要意义，但常温下的粉料体积通常为塑化成型后制品体积的 2 倍左右。粉料特性不利于挤出和注射时物料的输送，常规加工会出现问题。

2.“料塞”输送问题

由于传统的单螺杆挤出机及注射机的螺杆加料段设计是基于固体输送机理的，依靠固体塞与机筒内表面的摩擦力使固体物料向前推进。这种设备用于加工 UHMWPE 时，由于摩擦因数很小不足以形成足够的摩擦力推进固体物料，物料只能抱在螺杆上随螺杆旋转但不能向前推进。因此，目前国外用于加工 UHMWPE 的挤出机主要是柱塞往复式挤出机。

为了顺利地挤出 UHMWPE，传统方式是需要在固体加料段增大料塞与机筒之间的摩擦因数，这样虽然解决了在低转速情况下可以挤出 UHMWPE 问题，但仍然存在无法高效塑化物料、挤出产量低，螺杆转速提高仍然打滑及可挤出的物料的相对分子质量受限制等问题。

3. 熔体强度不足

现在大部分 UHMWPE 挤出加工或柱塞挤出成型时没有使用牵引机，制品的冷却定型是在模具中完成的，导致产量普遍偏低。主要原因是 UHMWPE 熔体强度在正常挤出加工温度区域内很低，在生产管材或型材时采用牵引机容易导致热的管坯或型坯破裂，无法实现连续生产。主要原因是 UHMWPE 熔体强度与大分子的解缠密切相关，未解缠或只有轻微解缠时，UHMWPE 熔体由熔体颗粒黏接形成，因熔体颗粒间黏接力较小同时熔体颗粒变形量有限，所以熔体强度很低，极易出现熔体破裂；随着大分子解缠程度的增加，由熔体颗粒间的黏接逐步转变为大分子间的相互缠结和大分子的拉伸和拉直，熔体强度可大幅度增加，当解缠达到一定程度时，UHMWPE 具有足够的熔体强度满足制品加工工艺要求而不出现熔体破裂。

（二）挤出加工难点分析

UHMWPE 流动曲线模型见图 1。UHMWPE 流动状态模型见图 2。图中纵坐标表示剪切应力，横坐标表示剪切速率。一般来说，挤出圆棒、普通制品及单丝时的剪切速率为 10^{-3} ～ 10^{4}/s，吹塑成型时的剪切速率为 1 ～ 10^{4}/s，注射成型时的剪切

速率为 $10^2 \sim 10^5$/s，显然制品截面积越大，单位时间的挤出量越少，剪切速率也就越低。从图中可以看出，UHMWPE 在口模中流动时，随着剪切速率的提高，经历 A、B、C、D4 个区域，其流动依次表现为层流、熔体破裂、滑流和喷射流 4 种不同状态，即：① A 区：为层流（Laminar Flow)，它在剪切速率较低的范围内出现，和普通 PE 一样，树脂产生出模膨胀现象。② B 区：开始出现熔体破裂（Melt Fracture)，挤出物出现表面缺陷，此时的剪切速率称为临界剪切速率。③ C 区：转变为滑流（又称柱塞流，Plugflow)，这是由于流动速度较快，料流各层间不产生相对位移，和层流状态不同，它不产生离模膨胀现象。④ D 区：在高剪切速率下，流动激变为喷射流 (Flashflow)。例如：从注射机喷嘴射出的 UHMWPE 就很容易发生严重破裂，呈粉末飞散状态，通常认为这种现象为 UHMWPE 所独有。

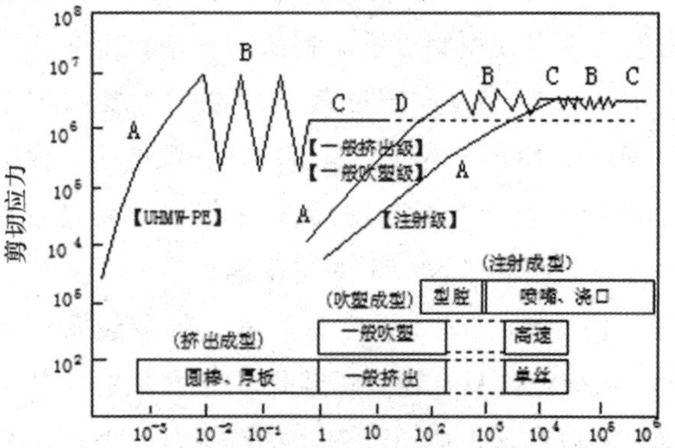

图 1　UHMWPE 流动曲线模型

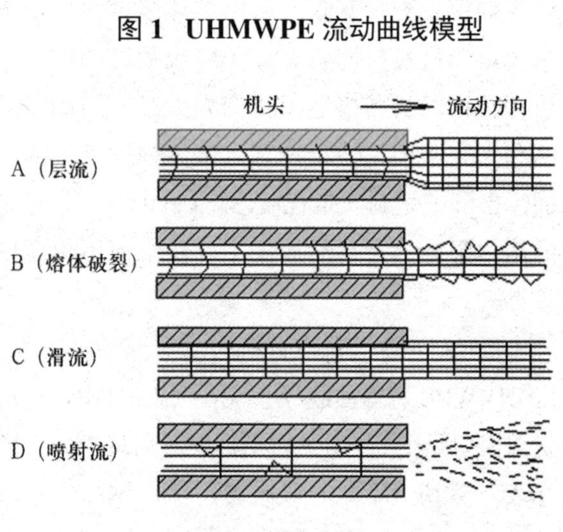

图 2　UHMWPE 流动状态模型

可以看出，随着剪切速率的增大，UHMWPE 的流动状态发生了过渡变化，不过极低剪切速率下出现的层流状态和高剪切速率下出现的喷射流破坏状态都难以观察到，通常在挤出时能看到的，主要是熔体破裂和滑流状态。所以在挤出 UHMWPE 时挤出速度较其他 HDPE 加工要低，在实际挤出中也证实了这一点。因此，在设定挤出速度时一定要适当。过快管坯易出现出料不连续甚至造成熔体破裂，无法成型； 棒材因冷却不及时出现温度过高造成变形，无法得到合格的产品。

造成 UHMWPE 成型加工如此困难和产量低的主要原因表现在以下 4 个方面：

（1）超高分子量聚乙烯（UHMWPE）熔体表现为高黏弹体。一般聚乙烯熔体流动性能可用熔体流动指数（MI）来表示（190℃，负荷为 2.16kg)，而 UHMWPE 熔体黏度极高，就是把负荷加大 10 倍（21.6kg）也未能发生树脂流动（MI ≌ 0），设计的螺杆挤出机来加工 UHMWPE 则需要足够的驱动转矩，否则陷入不能正常挤出状态。

在螺杆螺槽物料的流动行为：

一般聚乙烯（PE）：固体→玻璃态→高弹态→黏流态

UHMWPE 原料则是：固体→半熔固体→高黏弹体

（2）临界剪切速率低，易造成熔体破裂。临界剪切速率是指熔体开始出现破裂时的剪切速率。对聚乙烯剪切速率达到 10^2/s（挤出）和 10^4/s(注射）时就可能产生破裂现象。因此，在用 UHMWPE 进行挤出成型时，常遇到由于熔体破裂而引起制品表面产生裂纹，影响制品的成型。UHMWPE 相对分子质量越高，其临界剪切速率越低，越容易出现熔体破裂。

（3）很低的摩擦因数（0.07 ～ 0.11），易出现进料打滑。由于摩擦因数低，使得 UHMWPE 粉料在进料过程中极易打滑，大大降低了螺杆的输送能力，并且由于摩擦生热，还可能使粉料黏附在螺杆或机筒上，使进料更加困难和不稳定。

（4）热性能较差，成型温度范围窄。由于UHMWPE是长分子链结构，在温度与氧气的作用下易断键而引发聚烯烃的热降解。如UHMWPE在空气中受热时，200℃开始氧化，超过260℃时出现明显的热降解，因此，UHMWPE成型时需要严格控制温度。

（三）超高分子量聚乙烯挤出输送机理

通过在实验室挤出设备上进行UHMWPE挤出，对UHMWPE在螺杆挤出过程中各个阶段的运动状态变化进行分析，探索UHMWPE物料在螺杆中挤出输送机理。

1. 加料段粉末固体输送

普通聚乙烯粒料，在加料段进料口处，料粒之间相互滚动、滑动，以散粒体的形式输送，即存在明显的“非塞流”。UHMWPE树脂的形态为粉末状，粒度很小(12～60目)，比表面积大，很容易被压实，观察进料口的物料输送状况，可发现螺杆对粉料的攫取较为稳定，故UHMWPE在加料段的运动可视为固体塞输送。

2. 压缩段的熔融变化

（1）静态熔融过程。首先观察UHMWPE在静态受热条件下的熔融变化过程。将UHMWPE粉末置于一金属圆柱腔中进行加热，并插入温度计测量温度变化。当圆柱腔壁面附近的温度达到UHMWPE树脂的熔点136℃时，壁面处的粉料开始出现一层不透明的“硬皮”状物质。温度逐渐升高，大约220℃时，这层“硬皮”逐渐变为半透明状物质，并逐渐向圆柱腔中心扩散，直到物料表面层全部变为半透明状，犹如一块橡胶而难以流动，即呈高黏弹态。继续加热，当壁面附近温度达到260℃时，壁面处物料逐渐变黄，说明UHMWPE开始降解。

（2）螺杆中的动态熔融过程：通过对UHMWPE上述静态熔融过程的观察，进一步对其在螺杆压缩段的动态熔融过程进行分析。物料从加料段末端，以粉末固体床形式进入螺槽逐渐变浅的压缩段。在机筒外热的作用下，机筒壁面处达到熔点的物料变成不透明的“硬皮”，并逐渐变成一层半透明状物质，可视为形成了所谓“熔膜”，但由于呈高黏弹态，熔膜层速度分布不像普通PE的熔膜那样呈线性或非线性分布，而是呈柱塞状分布。热量继续向粉末固体床内层扩散，于是熔融层越来越厚，最后固体床完全熔融，成为高黏弹体。

由于黏度极高，UHMWPE在压缩段的熔融和未熔融部分基本上呈整体向前输送，而不像普通PE那样，熔池区的黏流体作涡旋流动。

3. 计量段熔体输送

LDPE挤出物料状态见图3。UHMWPE挤出物料状态见图4。

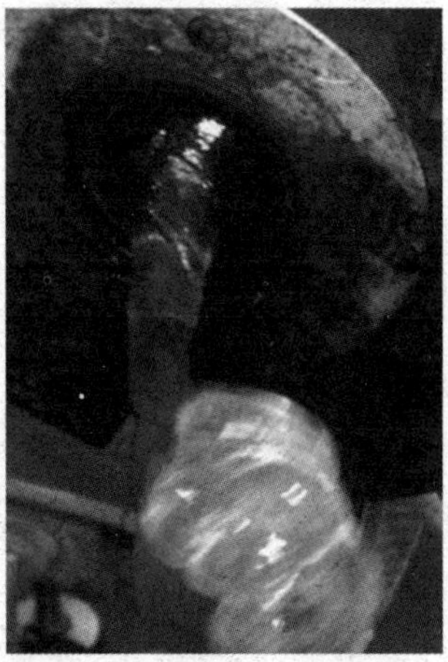

图3 LDPE挤出物料状态

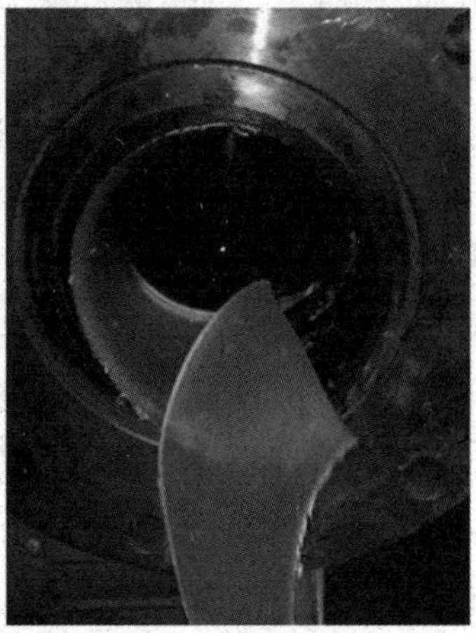

图4 UHMWPE挤出物料状态

普通PE在计量段已完全变成能自由流动的黏流体，熔体刚从螺杆头出来时还呈螺旋运动，但很快就粘成一体连续流出，而UHMWPE从螺杆头出来后，成为类似于固态的带状物，随着螺杆的运动而螺旋前进。据此可以认为，UHMWPE在计量段已被压成致密的带状熔融“固体塞”。不难理解，UHMWPE 熔体在计量段的输送基本上只呈沿螺槽方向的一维运动，而普通 PE 熔体在螺槽方向为拖曳流和压力流的复合流并且还存在螺槽横向的环流运动。

4. 停留时间分布函数

为了验证 UHMWPE 的真实流动状态，在相同条件下分别测试了 LDPE 和 UHMWPE 的停留时间分布函数 RTD，挤出累积停留时间分布函数见图 5。

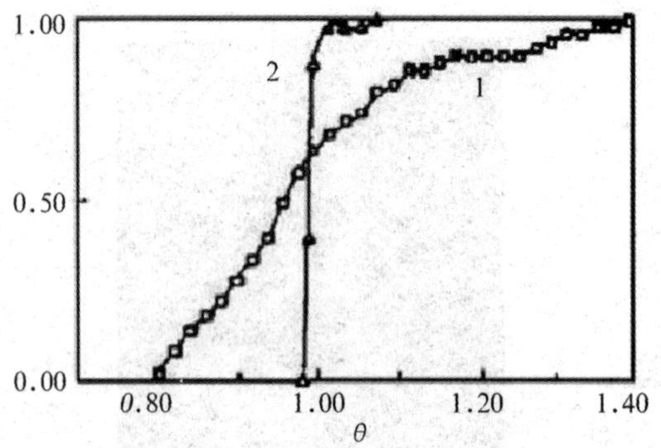

图 5　挤出累积停留时间分布函数

1—LDPE　2—UHMWPE

从图 5 中可以看出，LDPE 的累积停留时间分布函数分布较宽，而 UHMWPE 则几乎呈一竖直线，这充分说明 UHMWPE 在螺杆上的运动确为塞流输送。综上可知，由于 UHMWPE 特殊的加工性能，其螺杆输送机理与普通 PE 是不相同的。UHMWPE 在螺杆上的运动可看作是固体输送过程，即“粉末固体→半固体→高黏弹固体”的变化过程，是典型的“塞流”输送机理。由于 UHMWPE 的熔体黏度极高，无自由流动态，采用普通单螺杆挤出机，如果螺杆推力不足，物料易抱附螺杆而在压缩段出现堵塞现象。对 UHMWPE 输送机理的研究有助于 UHMWPE 单螺杆挤出机的合理设计，这也是实现 UHMWPE 单螺杆高效挤出工业化的理论基础，下面重点针对超高分子量聚乙烯单螺杆挤出固体输送与熔融输送机理进行较深入研究。

（四）UHMWPE 单螺杆挤出固体输送理论

以新型螺旋沟槽单螺杆挤出机固体输送为研究对象，将嵌入螺杆螺槽与机筒沟槽内的物料视为整体固体塞，建立了新型的弧板物理模型，通过对弧板固体塞的受力平衡和力矩平衡分析求解，确立螺旋沟槽单螺杆挤出机能够实现正位移输送的边界条件方程，系统研究正位移输送建压机理、原料粒径与机筒衬套沟槽几何参数对正位移输送机理的影响；实现对固体输送段输送特性和建压能力的可控。基于正位移输送机理，可设计具有正位移输送能力的新型螺旋沟槽单螺杆挤出机，为高效挤出 UHMWPE 奠定了设备基础。

1. 建立基于正位移输送边界条件的物理模型和数学模型

将螺杆和机筒视为一个不可分割的对物料协同作用的整体系统，将嵌入螺杆螺槽和机筒沟槽的物料视为整体固体塞，通过建立螺旋沟槽单螺杆挤出机固体输送新型物理模型——弧板模型，弧板模型见图 6，并对弧板模型中固体塞受力情况分析求解，得到了满足固体输送段实现正位移输送的边界条件方程。固体塞受力分析见图 7。在方程求解中，充分考虑了固体塞的可压缩性及惯性力对固体塞产生的加速度的影响，弥补了 Darnell-Mol 理论及其他传统理论的缺陷：①固体塞运动过程中，忽略加速度的影响。②假定固体塞运动过程中密度恒定。③假定固体塞运动过程中输送角恒定。④假定固体塞速度大小恒定。⑤固体输送段初始压力不能为零。

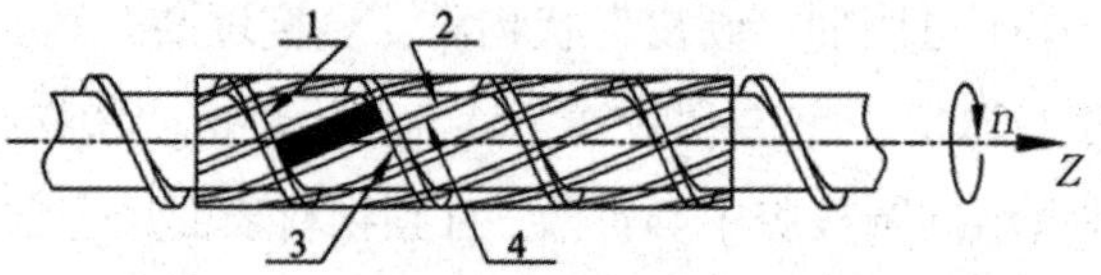

图 6　弧板模型

1　螺杆螺棱推进面　2　加料套螺棱后缘面
3　螺杆螺棱后缘面　4　加料套螺棱推进面

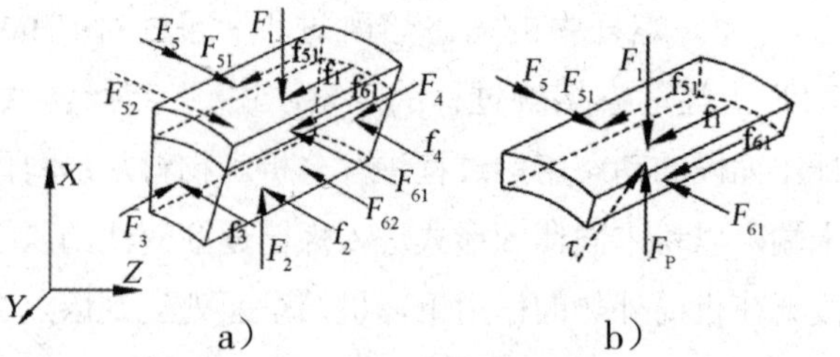

图 7　固体塞受力分析

a) 整体固体塞受力分析　b) 沟槽部分固体塞受力分析

在图 7 中，根据固体塞沿螺杆轴向的受力平衡和环绕螺杆周向的力矩平衡求解得到固体塞内部位于机筒内表面处剪切界面上的剪切力 τ，为避免固体塞输送过程中在剪切界面上发生剪切断裂，实现整体固体塞正位移输送，应满足剪切界面上的剪切力小于物料间的内摩擦力，由此求解并化简得到固体塞正位移输送第一边界条件方程：

$$\begin{cases} \left(\frac{F_5}{F_1}\right)^2\left[1+\frac{1}{f_T^2}\right]+\frac{F_5}{F_1}\left[2+4\frac{F_{51}}{F_1}\right]+\left[2\frac{F_{51}}{F_1}+1\right]^2 \le \left(\frac{f_i}{f_T}\right)^2 \\ \frac{F_5}{F_1}=\frac{A_2}{A_1}+\frac{A_3}{A_1}+\frac{H_1}{W_{b1}}\times\frac{A_4}{A_1}-\frac{H_2}{W_2}+\frac{H_2}{W_2}\times\frac{A_6}{A_1} \\ \frac{F_{51}}{F_1}=\frac{H_2}{W_2} \end{cases} \qquad (1)$$

式中：A_1 是与机筒、螺杆结构参数及其表面摩擦因数有关；F_1 是固体塞各表面受到的压力；H_2 是沟槽深；W_2 是沟槽宽；H_1 是螺槽深；W_{b1} 是螺杆顶径处螺槽宽；f_r 是机筒表面摩擦因数；f_i 是物料内摩擦因数。

通过联立求解固体塞的连续性方程和运动方程，得到了沿螺杆螺槽方向固体输送段压力方程式。

$$p=p_0\times e^{\frac{-\beta\times z}{L}}+\frac{\gamma^2\rho_m v_0^2 D_2}{D_1}\left(e^{\frac{-\beta\times z}{L}}-1\right) \qquad (2)$$

式中：β 是与机筒、螺杆结构参数、机筒和螺杆表面摩擦因数、物料特性参数及加工工艺参数有关；D_1 是与机筒、螺杆结构参数及其表面摩擦因数有关；p_0 是加料口处压力；γ 是修正系数；L 是沿螺杆轴向固体输送段长；Z 是沿螺杆螺槽方向距离；ρ_m 是物料实密度；v_0 是沿螺杆螺槽方向物料初速度。

为了确保沿螺杆螺槽方向建立正向压力系统，方程 (2) 中的参数 β 应小于零，因此得到固体塞正位移输送第二边界条件方程：

$$\beta=\frac{\rho_0 D_1}{\rho_0-\gamma^2 C_0\rho_m v_0^2 D_3(\rho_m-\rho_0)}<0 \qquad (3)$$

式中：ρ_0 是物料松密度。

通过正位移输送边界条件方程 (1) 和 (3) 可以确定不同螺杆螺槽、机筒沟槽几何参数下，要实现正位移输送，螺杆及机筒沟槽参数的匹配取值范围，也可以对已知几何参数的螺杆、机筒组合进行正位移输送验证，提供理论支持。

2. 正位移输送沟槽深宽比与沟槽螺旋角设计准则

当正位移输送边界条件方程 (1) 和 (3) 均等于零时，分别得到正位移输送第一临界方程 (4) 和第二临界方程 (5)。

$$X_1=\left(\frac{F_5}{F_1}\right)^2\left[1+\frac{1}{f_T^2}\right]+\frac{F_5}{F_1}\left[2+4\frac{F_{51}}{F_1}\right]+\left[2\frac{F_{51}}{F_1}+1\right]^2-\left(\frac{f_i}{f_T}\right)^2=0 \qquad (4)$$

$$X_2=\frac{\rho_0 D_1}{\rho_0-\gamma^2 C_0\rho_m v_0^2 D_3(\rho_m-\rho_0)}=0 \qquad (5)$$

在确定的螺杆和机筒几何参数下，由临界方程可得到第一和第二临界曲线，通过临界曲线可以确定螺杆及机筒沟槽参数的匹配取值范围，也可以对已知几何参数的螺杆、机筒组合进行正位移输送验证，提供理论支持。正位移输送临界曲线见图 8。

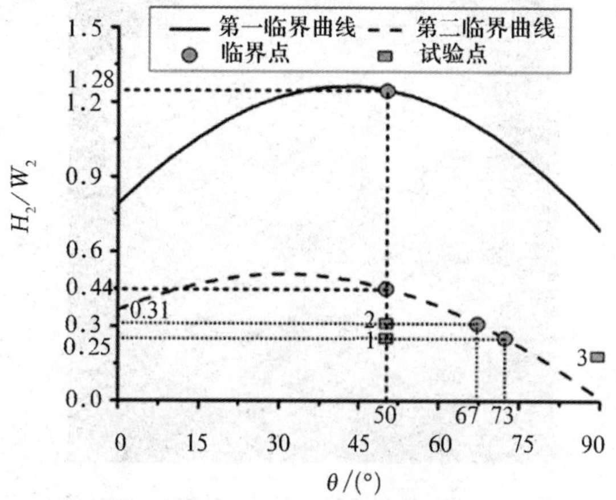

图 8　正位移输送临界曲线

图 8 反映了满足正位移输送的沟槽深宽比与沟槽螺旋角的匹配设计临界曲线。根据正位移输送边界条件方程计算得到，当沟槽深宽比和沟槽螺旋角同时小于对应于第一和第二临界曲线上的临界值时，在剪切界面上满足正位移输送边界条件方程，实现了对固体塞的正位移输送。因此，由图中临界曲线可以得到满足正位移输送的三个特性：①临界曲线下方与坐标轴所围区域内任意沟槽深宽比和沟槽螺旋角组合均满足正位移输送。②沟槽螺旋角为临界曲线下方任意值，可以确定满足正位移输送的沟槽深宽比取值范围。③沟槽深宽比为临界曲线下方任意值，可以确定满足正位移输送的沟槽螺旋角取值范围。图中试验点 1、2 的沟槽螺旋角为 50°，对应于第一和第二临界曲线上满足正位移输送的临界沟槽深宽比分别为 1.28 和 0.44，因为试验点 1 中的沟槽深宽比为 0.25，试验点 2 中的沟槽深宽比为 0.31 均小于临界沟槽深宽比 0.44，所以实现固体段中的固体塞正位移输送，这与曲线特性②的分析相符。由图 8 还可以看出，在试验点 1 中的沟槽深宽比为 0.25，满足正位移输送的临界沟槽螺旋角为 73°，在试验点 2 中的沟槽深宽比为 0.31，满足正位移输送的临界沟槽螺旋角为 67°，因此，试验点 1 和 2 中的沟槽螺旋角均满足正位移输送，这与曲线特性③的分析相符。实验点 3 中的沟槽螺旋角为 90°，满足正位移输送的沟槽深宽比为 0，这没有实际意义，因此在直槽衬套中难以实现固体塞正位移输送。试验条件下的固体塞输送实物图见图 9。

图 9　试验条件下的固体塞输送实物图

可以看到在固体塞输送过程中，没有在机筒内表面处发生剪切断裂，沟槽中固体塞部分与螺槽中固体塞部分始终保持整体在螺杆螺棱推力和沟槽螺棱推力的共同作用下沿沟槽螺旋角方向向前输送，这与图 8 中由正位移输送临界曲线得到的分析结论相一致，同时也证明正位移输送边界条件方程是正确的。

3. 摩擦因数对正位移输送的影响

外摩擦因数对正位移输送临界曲线的影响见图 10。由图 10 中曲线可以看到，随着外摩擦因数的变化，第一和第二临界曲线的位置发生了变化，导致临界曲线上满足正位移输送的沟槽深宽比和沟槽螺旋角的临界值发生了变化。当外摩擦因数增大时，满足正位移输送的临界曲线下方有效面积不断减小，实现正位移输送的条件范围变窄，导致正位移输送向摩擦拖曳输送转变。这是因为在正位移输送中，螺杆螺棱推力面推力和机筒沟槽螺棱推力面推力为固体塞输送的动力，螺杆和机筒表面的摩擦力为固体塞输送的阻力，外摩擦因数增大时，固体塞前进的阻力增大，导致剪切界面上的剪切力增大，当剪切界面上的剪切力大于物料间的内摩擦力时，固体塞内部发生剪切断裂，正位移输送被破坏，摩擦拖曳输送起作用。因此，基于正位移输送机理下设计的螺杆和机筒衬套，其表面应该加工得更为光滑，这不仅有利于实现正位移输送，还可以减小摩擦热，是从本质上不同并优于 IKV 挤出机。

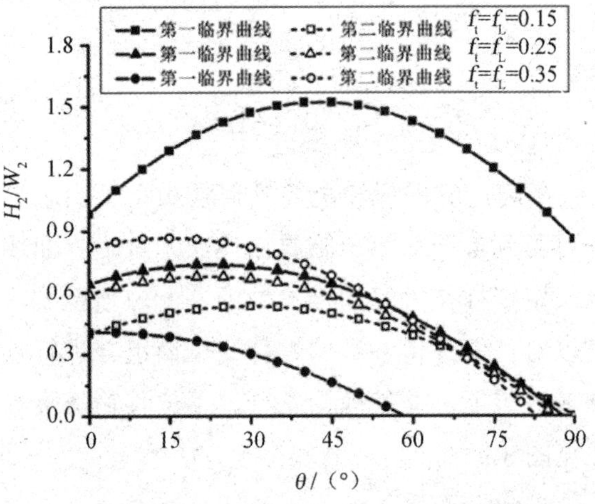

图 10　外摩擦因数对正位移输送临界曲线的影响

（五）UHMWPE 单螺杆挤出熔融段理论

1.UHMWPE 的熔融过程

为了直观地观察 UHMWPE 在单螺杆挤出机中的熔融状态，采用从挤出机尾部顶出螺杆的方法，快速将螺杆从机筒中顶出，观察黏附在螺杆上及螺槽中的物料熔融情况。

通过试验可观察到 UHMWPE 的熔融过程分为两个部分。观察砸出的压缩段物料，我们看到，从 UHMWPE 在挤出机内第二压缩段开始，物料已不呈粉末状，而是黏结状，上表面首先出现黏结状硬皮，越接近计量段，物料黏结得越紧密，类似于在模压机中的烧结，UHMWPE 单螺杆挤出熔融试验现象见图 11。

图 11 UHMWPE 单螺杆挤出熔融试验现象

这是由于在压缩段，物料内部挤压、摩擦、剪切，以及从机筒吸收的热量，使物料内部有部分物料和小分子填料提前熔融，与机筒接触的部分更是首先出现了硬皮，随着固体塞温度不断上升，熔融现象从上表面逐渐向下推进。

紧接着是熔膜区，从观察到的 UHMWPE 熔融处的螺带可以观察到，在熔膜区，物料由原来的白色逐渐变为透明。螺带与机筒内壁接触面见图 12，在这一区域，螺带上表面（即与机筒内壁接触的表面）逐渐趋于透明，下表面（即与螺杆接触的表面）仍为白色，但是当螺带全部熔融时，底部的白色也随之消失。螺带与螺杆接触面见图 13。

图 12 螺带与机筒内壁接触面

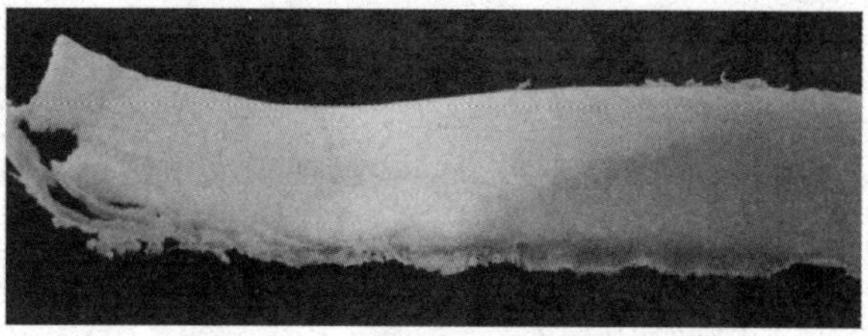

图 13 螺带与螺杆接触面

由此可以证明，UHMWPE 的熔融过程与其在静态受热时的状态相似，在受热面首先熔融变透明，随着热量的传递，透明熔膜逐渐变厚，直到螺带全部熔融。这是由于 UHMWPE 物料的黏度太高，很难出现熔体流动。从取下的样条螺带可以看到一些螺带底部（与螺杆接触的部分）有类似于熔池形状的，逐渐变窄的未熔融，和变宽的熔融区域。这是因为机筒和螺杆温度高，并且螺杆的顶出需要一定的时间，物料在机筒内继续受热，螺杆前部也向后部传递热量，出现了螺棱背面熔融较多。

UHMWPE 单螺杆挤出熔融物理模型见图 14，即将螺杆螺槽展开并沿着螺槽伸展方向切开，以及在熔融不同阶段螺杆横截面所见的熔融状态。

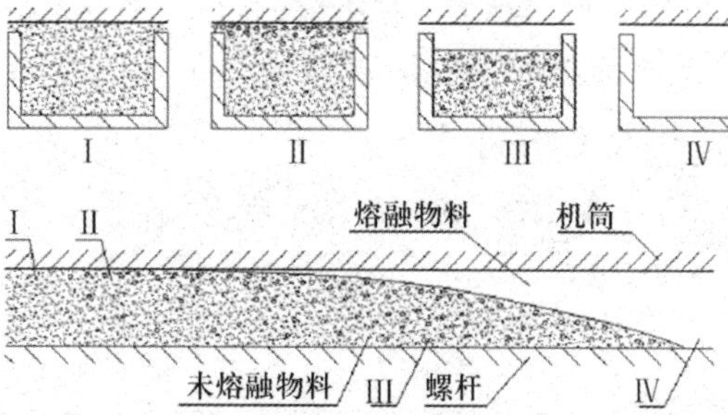

图 14 UHMWPE 单螺杆挤出熔融物理模型

2.UHMWPE 熔融模型计算

熔膜与固体床的速度呈柱塞状分布，边熔融边前进，熔膜层越来越厚。熔膜区断面分为熔膜和固体床两部分，上面是熔膜，下面是固体床。为计算熔膜径向分布 $\delta=f(Z)$，以及熔融长度，我们建立了 UHMWPE 熔融模型，建立一系列平衡方程，并进行了求解。

（1）熔膜质量平衡方程

取 z 向微元，熔膜经过微元后流率由 Q_a 变为 $Q_{a}+\Delta Q_{\delta}$，增量来自固体床熔融所增加的熔体。

$$Q_\delta + \Delta Q_\delta = Q_\delta + \frac{\omega W \Delta Z}{\rho_m} \Rightarrow \frac{\mathrm{d}Q_\delta}{\mathrm{d}z} = \frac{\omega_A W}{\rho_m}$$

式中：ω_A 是单位面积物料熔融速率，W/m^2；ρ_m 是熔体密度，kg/m^3。

对上式积分得

$$Q = \frac{\omega_A W}{\rho_m} \times Z + C_1$$

因为 $Z = 0$ 时，熔膜体积 $Q = 0$，所以 $C_1 = 0$ 得：

$$\rho_m Q = \omega_A W_z \qquad (6)$$

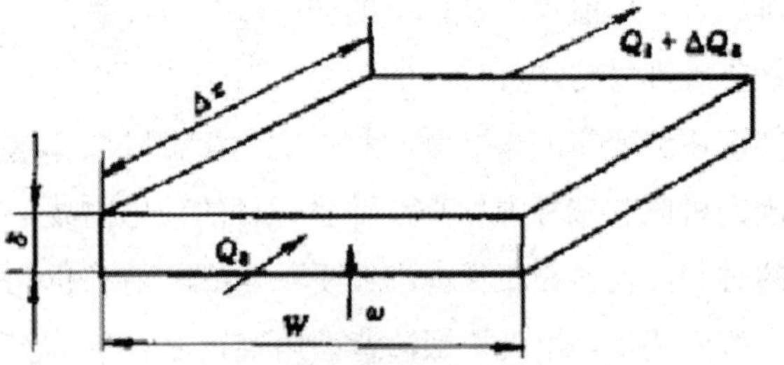

图 15 熔膜的质量平衡

（2）固体床平衡

固体床质量与熔膜质量之和为总的输送流率。

$$\rho_m Q_\delta + V_{sz}(H - \delta) W \rho_s = G \qquad (7)$$

式中：δ 是熔膜厚度，m；G 是质量流率，g/min；将式 (6) 代入式 (7) 得

$$\omega_A W_Z + V_{sz}(H - \delta) \times W \times \rho_s = G$$

所以 $$\delta = H - \frac{G - \omega_A WZ}{V_z W \rho_s} \qquad (8)$$

式 (8) 中 G 可将固体输送段质量流率代入，所以 G 可知，ω_A，V_{sz} 未知。

（3）固液相分界面热量平衡

从液相流入分界面热量与流入固相热量之差等于固相熔融所需要热量，即

$$k_m\left(\frac{\mathrm{d}T}{\mathrm{d}y}\right)_m - k_s\left(\frac{\mathrm{d}T}{\mathrm{d}y}\right)_s = \omega_A \lambda \qquad (9)$$

式中：λ 是熔融潜热，kJ/kg；k_m，k_s 是热导率，W/(m·K)；$\left(\frac{\mathrm{d}T}{\mathrm{d}y}\right)_m$，$\left(\frac{\mathrm{d}T}{\mathrm{d}y}\right)_s$ 是热梯度。

①固相温度分布

固相微块中的传热分析见图 16。

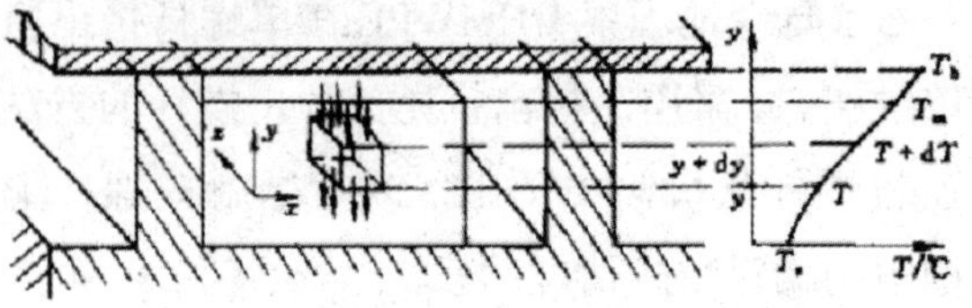

图 16 固相微块中的传热分析

取微元 dxdydz 来分析，微元下面温度为 $T_{(y)}$，上面为 $T_{(y+\mathrm{d}y)}$

所以

$$k_s\left(\frac{\mathrm{d}T}{\mathrm{d}y}\right)_{y+dy}\mathrm{d}x\mathrm{d}z\mathrm{d}t - k_s\left(\frac{\mathrm{d}T}{\mathrm{d}y}\right)_y \mathrm{d}x\mathrm{d}z\mathrm{d}t = \rho_s \mathrm{d}x\mathrm{d}y\mathrm{d}z C_s \mathrm{d}T$$

化简得 $$k_s\left(\frac{\mathrm{d}T}{\mathrm{d}y}\right)_{y+\mathrm{d}y} - k_s\left(\frac{\mathrm{d}T}{\mathrm{d}y}\right)_y = \rho_s \mathrm{d}y C_s \mathrm{d}T \qquad (10)$$

因为 $$\left(\frac{\mathrm{d}T}{\mathrm{d}y}\right)_{y+\mathrm{d}y} = \left(\frac{\mathrm{d}T}{\mathrm{d}y}\right)_y + \frac{\mathrm{d}}{\mathrm{d}y}\left(\frac{\mathrm{d}T}{\mathrm{d}y}\right)\mathrm{d}y$$

所以(5)可进一步化为 $$k_s \frac{d^2T}{dy^2} = \rho_s C_s \frac{dT}{dt} \qquad (11)$$

因为挤出过程各点不随温度变化，所以 $\frac{\partial T}{\partial t} = 0$

又因为 $\frac{\mathrm{d}T}{\mathrm{d}t} = \frac{\partial T}{\partial t} + \frac{\partial T}{\partial y} \times \frac{\mathrm{d}y}{\mathrm{d}t}$，且 $\frac{\mathrm{d}y}{\mathrm{d}t} = V_{sy}$

所以，(6)可化为 $$V_{sy} \times \frac{\partial T}{\partial y} = \frac{k_s}{\rho_s C_s}\frac{\mathrm{d}^2T}{\mathrm{d}y^2} \qquad (12)$$

边界条件：$y = 0$ 时，$T = T_\mathrm{m}$；$y = -\infty$ 负无穷时，$T = T_s$。

得固相温度分布函数：

$$T = B_s e^{\frac{y}{B_s}} \times \frac{1}{B_s}(T_m - T_s) + T_s = (T_m - T_s)e^{\frac{y}{B_s}} \qquad (13)$$

$$\frac{1}{B_s} = \frac{V_{sy}\rho_s C_s}{k_s}$$

②液相分布函数

因为 UHMWPE 的熔融状态类似于“固体塞”，熔膜层与层之间无相对运动，则热量主要依靠机筒热传导获得，计算方法与固相相同。

边界条件：$y = 0$ 时，$T = T_m$；$y = \delta$ 时，$T = T_b$。

$$T=e^{\frac{y}{B_m}}\left(\frac{T_b-T_m}{e^{\frac{\delta}{B_m}}-1}\right)+T_m-\frac{T_b-T_m}{e^{\frac{\delta}{B_m}}-1}\times\frac{1}{B_s}=\frac{V_{sy}\rho_s C_s}{k_s}$$

所以：$k_m\left(\frac{\mathrm{d}T}{\mathrm{d}y}\right)_m\Big|_{y=0}-k_s\left(\frac{\mathrm{d}T}{\mathrm{d}y}\right)_s\Big|_{y=0}=\frac{k_m}{B_m}\left(\frac{T_b-T_m}{e^{\frac{\delta}{B_m}}-1}\right)-\frac{k_s}{B_s}(T_m-T_s)$

由 $k_m(\frac{\mathrm{d}T}{\mathrm{d}y})_m-k_s(\frac{\mathrm{d}T}{\mathrm{d}y})_s=\omega_A\lambda$ 得

$$\omega_A=\frac{\frac{k_m}{B_m}\left(\frac{T_b-T_m}{e^{\frac{\delta}{B_m}}-1}\right)-\frac{k_s}{B_s}\left(T_m-T_s\right)}{\lambda}$$

$$\frac{1}{B_s}=\frac{V_{y}\rho_s C_s}{k_s}$$

$$\frac{1}{B_m}=\frac{V_{ym}\rho_m C_m}{k_m}$$

式中：V_{ys}，V_{ym} 分别为固相和液相在 方向的速度，现为未知。

由 $\rho_s V_{ys} W\mathrm{d}z=\omega_A W\mathrm{d}z$，得 $V_{ys}=\frac{\omega_A}{\rho_s}$

又因为 $\rho_s V_{ys}=\rho_m V_{ym}$（分界面上下流量平衡），

所以 $V_{ym}=\frac{\omega_A}{\rho_m}$

因此 $\omega_A=\frac{k_m}{\delta C_m}\ln[\frac{C_m(T_b-T_m)}{\lambda+C_s(T_m-T_s)}+1]$

联立 $V_{sz}=\frac{V_b\tan\phi}{\sin\theta+\tan\phi\cos\theta}$，$\tan\phi=\frac{\sqrt{1+K^2-M^2}-KM}{K\sqrt{1+K^2-M^2}+M}$

$$K=\frac{\bar{D}}{D_b}\times\frac{\sin\bar{\theta}+f_s\cos\bar{\theta}}{\cos\bar{\theta}-f_s\sin\bar{\theta}}$$

$$M=2\frac{H_1 f_s}{W_b f_b}\left(K+\frac{\bar{D}}{D_b}\cot\bar{\theta}\right)\sin\theta_b+\frac{W_s f_s}{W_b f_b}\left(K+\frac{D_s}{D_b}\cot\theta_s\right)\sin\theta_b+\frac{\bar{X}}{W}\times\frac{H_1}{Zb}\times\frac{1}{f_b}\left(K+\frac{\bar{D}}{D_b}\cot\bar{\theta}\right)\sin\bar{\theta}\ln\frac{P_2}{P_1}$$

式中：θ_b 是螺杆顶部螺纹升角；θ 是牵引角

所以式 $\delta=f(Z)$ 可求。同时，在 $\delta=$ H 时，即全部熔融时，得熔融段长度 $Z=\frac{G}{\omega_A W}$

通过试验，UHMWPE 的熔融温度为 136℃左右，当第二压缩段温度被设定为 110 ～ 130℃时，熔融位置在距离螺杆头第 8 至第 10 个螺槽。同时，第 8 至第 10 个螺槽在挤出机计量段的加热圈内，则 T_b=230℃，而 T_s 等于第二压缩段加热圈温度，即 110 ～ 130℃。

（4）熔膜区长度理论值计算

测量在不同转速下 UHMWPE 的挤出产量 G，不同转速下 UHMWPE 的挤出产量见图 17。

所需要的参数都已知，代入计算。熔膜长度随转速变化见图 18。图 18 为第二压缩段温度分别在 110℃和 130℃时，熔膜区长度随转速的变化。

3. 结论

通过对 UHMWPE 单螺杆挤出熔融模型进行计算，验证了 UHWMPE 熔融过程，并得出可指导生产的计算公式熔膜径向分布 $\delta=f(Z)$ 和熔膜区长度 $Z=\frac{G}{\omega_A W}$

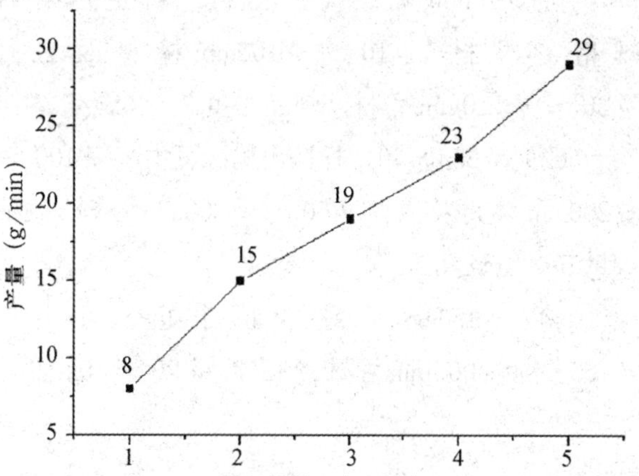

图 17　不同转速下 UHMWPE 的挤出产量

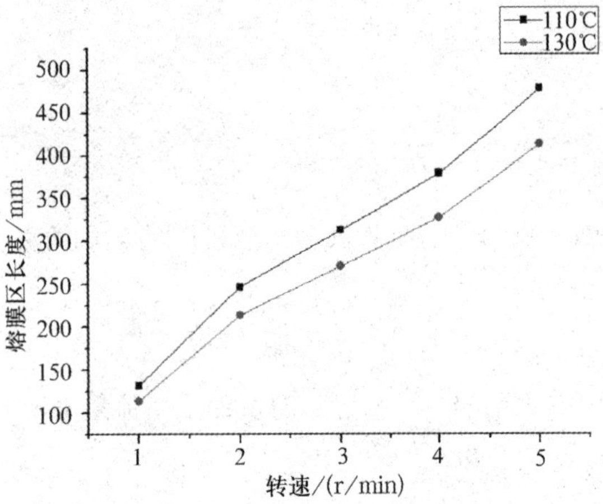

图 18 熔膜长度随转速变化

（六）研制的系列成套设备

北京化工大学塑料机械及塑料工程研究所从1993 年开始，经过十几年的研究获得多项国家发明专利，从理论、设备及工艺三方面相结合，攻克了超高分子量聚乙烯螺杆挤出成型的难题，实现了超高分子量聚乙烯单螺杆高效连续挤出成型的工业化。

研发的专用单螺杆挤出设备及成套技术获得较大突破，在挤出异型材、棒材及高耐磨管材方面，可不添加任何加工助剂，可直接挤出 UHMWPE 各种规格管材、异型材及棒材制品，黏均相对分子质量可达 500 万～1 000 万以上，开发的系列设备如下：

(1) ϕ45mm 单螺杆挤出机：可生产各种规格异型材、ϕ10～ϕ100mm 棒材及直径 ϕ20～ϕ110mm 管材，制品产量 3～5kg/h。

（2）ϕ65mm 单螺杆挤出机：可生产 ϕ100～ϕ200mm 棒材及直径 ϕ50～ϕ300mm 管材，制品产量 5～10kg/h。

（3）ϕ150mm 单螺杆挤出机：可生产 ϕ160～ϕ1 000mm 管材，制品产量 20～50kg/h。

在连续高效挤出成型超高分子量聚乙烯管材领域，开发了系列成套挤出机组，黏均相对分子质量可达 300 万以上。

（1）ϕ65mm/110mm 挤出生产线：可生产直径 ϕ20～ϕ110mm 管材，产量达到 30kg/h。

（2）ϕ90mm/250mm 挤出生产线：可生产直径 ϕ50～ϕ250mm 的管材，生产产量可达 40～50kg/h。

（3）ϕ150mm/700mm 挤出生产线：可生产直径 ϕ160～ϕ700mm 的管材，生产产量可达 120kg/h。

（4）ϕ200mm/1 000mm 挤出生产线：可生产直径 ϕ200～ϕ1 000mm 的管材，生产产量可达 150kg/h。

（七）应用前景

国民经济众多领域如电力、煤炭、冶金、水利、粮食加工、化工和石油开采等对 UHMWPE 制品如管材、异型材、板材等有着广泛而迫切的需求，UHMWPE 异型材广泛应用于饮料、啤酒、烟草行业中的垫条、护栏及机械设备导轨与滑道上等，棒材可以加工成各种抗磨、抗冲击、自润滑零件。

许多行业都涉及固体颗粒、粉体、浆体的管道输送，这些物料不仅输送量大，而且对管道的磨损和腐蚀都比较严重，传统的金属管道难以满足使用寿命要求。随着 UHMWPE 管道的推广应用、应用领域的不断拓展，其替代传统金属管道的优势将越来越显著，为实现真正的“以塑代钢”而发挥重要作用，所产生的经济社会效益将不可估量，人们完全有理由相信，UHMWPE 制品具有广阔而光明的发展前景。

〔撰稿人：北京化工大学塑料机械及塑料工程研究所薛平、何继敏、贾明印等〕

双转子连续混炼机制造与应用技术进展

在高分子材料加工过程中，为了改善制品的力学性能、抗老化性能、导电性能和抗静电性能等，或者使得制品具有某些特殊的特性——如阻隔性能、抗菌性能等，或者为了提高高分子材料的加工性能，常常需要在原料中加入各种助剂——如抗氧化剂、润滑剂、填充剂、导电炭黑等。而添加物在聚合物基体中的分散形态和织构，对于该共混物的性能和质量有着决定性的影响。因此，在高分子材料加工过程中，混炼加工是一个非常重要的加工工艺过程。尤其是随着各种纳米功能材料的不断出现，为制备各种功能高分子材料创造了条件，也对混合设备的混合性能提出了越来越高的要求。如何确保各种功能材料和填充改性材料以原始粒子的形式在聚合物基体中实现均匀分散，已经成为各种功能改性高分子材料生产的关键所在。

1. 混炼设备的发展

在高分子材料加工过程中，常用的混炼设备主要分为两大类，即间歇式混炼设备和连续式混炼设备。常用的间歇式混炼设备有：开炼机、密炼机等。该类设备的共同特点是，间歇工作，分布混合能力强。其中密炼机以其优异的分散、分布混合特性，被广泛地运用于塑料、橡胶的混炼加工。但是，由于该类混炼设备的工作过程是间歇的，一个工作周期需要经历加料、混炼、卸料等过程，混炼过程不连续，产品质量不够稳定，而且常常需要配置结构庞大的上下辅机才能工作，使其在工业上的应用受到了一定的限制。常用的连续式混炼设备有：单螺杆挤出机、双螺杆挤出机、Buss-Kneader 螺杆挤出机和双转子连续混炼机等。该类设备的共同特点是连续工作，产品的质量稳定，产量大，自动化程度高。其中双螺杆挤出机由于具有优异的分散、剪切混炼性能，被广泛地运用于各种塑料的混炼加工和反应挤出加工。但该类设备的分布混合特性较弱，不能满足有较高分布混合要求和高填充高分散的场合对混合过程的要求。

双转子连续混炼机作为一种既可以连续工作，又具有密炼机优异的分散和分布混合特性的高分子材料混炼设备，是由美国 Farrel 公司于 20 世纪 60 年代中期首先推出的一种新型混炼装备，主要被用于橡塑共混材料、高浓缩母粒的混炼。双转子连续混炼机结构示意图见图 1。

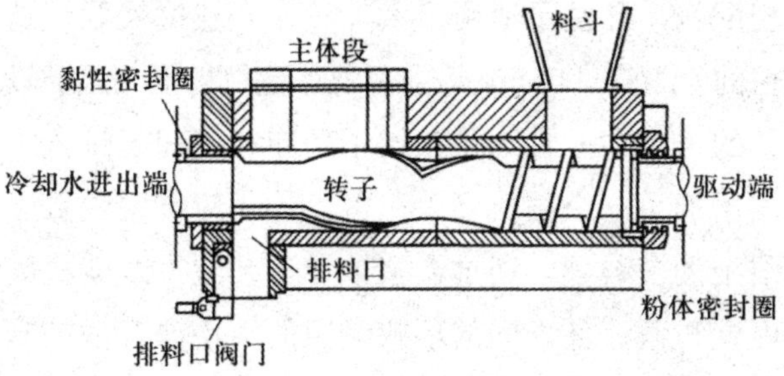

图 1　双转子连续混炼机结构示意图

该类设备由混炼筒体和转子等部分组成。其混炼筒体的混炼腔是由两个相互平行且部分连通的∞形孔组成，转子在混炼腔体内做异向向内旋转。连续混炼机的转子按功能可以分为加料段、混炼段和卸料段，转子结构示意图见图 2。其中加料段像一对非啮合的双螺杆，表面由矩形螺纹组成，将由计量加料机加入的物料输送到混炼段；转子的混炼段则像一对密炼机的转子，其表面由两对旋转方向相对、角度各不相同的螺棱，与进料段相连的螺棱将物料向前输送，而与出料段相连的螺棱则将物料向相反方向输送，物料在此被压缩、熔融、剪切、伸展，从而最终被混炼与塑化；转子的卸料段是椭圆形的，物料在此通过卸料口被排出料筒。

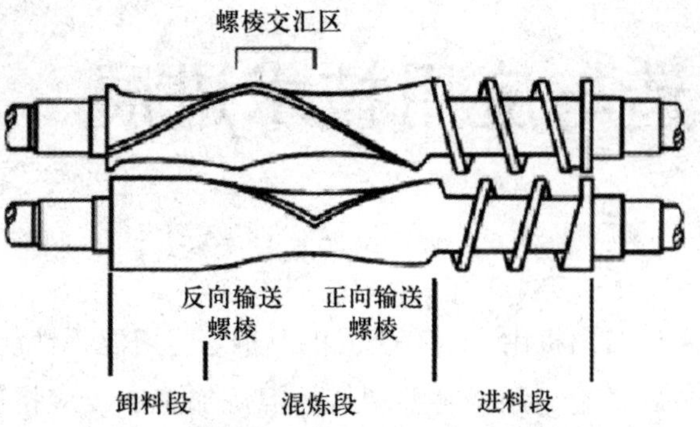

图 2　转子结构示意图

20 世纪 70 年代，意大利 POMINI 公司引进了美国 FARREL 公司的专利，开发了拥有双混炼段的加长型连续混炼机 LCM 系列。该系列的混炼机转子由于拥有两个混炼段，物料在混炼腔内的停留时间得到了延长，使得设备更加适合于对高剪切和热相对比较敏感的聚合物材料。日本制钢和神户制钢通过引进该项技术，并与聚合物熔体泵相配合，开发了适用于大型石化企业的聚烯烃造粒的 CIMS、LCM-P 等系列混炼造粒机组。该类设备的一个共同特点是在转子的卸料端和混炼段之间增加了一个截流环，在机筒的相应位置设置了一个调节装置。通过调整该调节装置，改变机筒内壁与截流环之间的环状缝隙的大小，可以控制混炼段物料的充满度，达到调节混炼程度的目的。提高了该类设备对聚合物熔融指数的适应性，扩大了设备的使用范围。

FARREL 公司通过将双转子连续混炼机进行重新设计，并与单螺杆聚合物熔体挤出机相配合，构成了一台紧凑型的双转子连续混炼造粒机组。该设备具有极其优异的填充混炼能力和分散、分布混合能力，又可以连续工作，实现了高分子聚合物共混改性过程的连续化、低排放、低能耗、高效率，被广泛应用于高填充改型塑料、高浓缩色母粒、导电高分子材料、电缆料、热塑性弹性体的混炼造粒，取得了良好的社会和经济效益。

2. 双转子连续混炼机的工作过程

各种高分子材料通过定量加料机加入到连续混炼机中，被转子喂料段螺纹送到混炼段。在转子混炼段，物料首先受到与加料段螺纹相连的那部分螺棱的向前推动作用，而与卸料段相联的那部分螺棱则迫使物料向相反的方向运动。这样，物料便在此堆积，并被剪切、辊压、粉碎、熔融和混合。随着新物料的不断加入，已经混合好的物料最终被迫移向卸料段，并通过卸料门排出。

由于两根转子混炼段上专门设计的 8 根螺棱的长度、螺旋角和旋向都不相同，物料在此将依次受到来自不同螺棱大小与方向的推力作用。因此，在一个循环流动过程中，熔体的速度大小和方向至少会发生 8 次变化。通常物料在混炼过程中，在一个混炼段，其流动速度大小与方向将改变约 5 000 次。这种变化进一步加剧了物料界面的更新和流动的紊乱程度，促进了分散相的破碎、分散，以及新的相界面的形成，对物料的分散均化和低熔点挥发物的排除极为有利，使得该机器具有良好的混炼特性和脱、排气性能。

由于连续混炼机的排料量是由加料量所决定的，设备可以在饥饿状态下工作，也可以在充满物料的状态下工作。因此，通过控制加料量，可以调节物料在混炼机中的停留时间及产量。该机器的可调工作参数有：加料速度、转子的转速、背压、温度和卸料口开启度等。物料的卸料温度随着转子转速的增加而增加，随着卸料门开启度的增加而降低；双转子连续混炼机消耗的功率随着产量（加料速率）、转子转速的增加而增加，随着卸料门开启度、料筒温度的增加而减少。

3. 双转子连续混炼机的特点与应用

与目前常用的混炼装备相比，双转子连续混炼机具有以下的特点：

（1）优异的混合特性。在保留了密炼机优异的填充混合特性的前提下，还可以连续工作，产品质量高并且稳定；与啮合形同向平行双螺杆配混料挤出机相比，由于免除了高搅预处理工序，生产过程实现了真正意义上的连续化，确保了生产过程的高效连续，产品质量的稳定。

（2）可变变量多。在混炼机工作过程中，通过调整加料速度、转子转速、料筒温度和卸料口开启度等操作参数，对混炼过程进行在线调整和控制，以达到预期的混炼效果，无需停车调整，产品均一性好。

（3）填充混合效果强、生产过程稳定、高效节能。可以在无低分子蜡的前提下实现超细无机填充颗粒在聚合物中的均匀分散，产品质量稳定，能耗低（同等工艺条件下，单位产品能耗较常规设备低 30% ~ 50%）。

（4）维护方便。没有复杂的推力轴承系统，操作、维护简单方便，操作费用低；料筒为剖分式结构，清料方便彻底；转子采用双混炼段分段式结构，拆卸转子时无需拆卸轴承，维护、检修快捷简便。

（5）自动化程度高、劳动强度低、环境保护好。全系统采用先进的集中控制系统，可以使设备的混合操作工艺始终处于最佳状态；完善的联锁联控，确保自动化、高效安全生产，产品质量稳定，彻底摆脱了人为失误对生产过程的影响。工人劳动强度低、环境好。设备操作人数较常规工艺减少一半以上，粉尘排放量减少 95% 以上。

目前，国际上双转子连续混炼机主要应用于以下几个方面：

（1）色母粒、填充母料、电缆料等行业。该设备可以用于填充母料、色母料的混合与造粒，具有分散均匀、填充量大、工艺过程简单、生产能力高和节省能源等特点，可以承担目前双螺杆配混料挤出机所无法完成的混合操作，如：高填充黑母料（炭黑填充量在 50% 以上），无卤阻燃电缆料（填充量在 70% 以上），各种中、高压电缆屏蔽料，高档色母料（填充量可达 50%），PE 压力管专用母料，无低分子润滑剂的高分散高填充母料和无机填充母粒（填充量可达 80% 以上）高档电缆专用料等目前我国市场所急需的高质量的橡塑共混、改性材料。

（2）化学建材行业。运用该设备可以生产以废树脂、木屑、造纸厂废渣、蔗糖厂废渣、农作物秸秆等废旧材料为原料的塑木复合材料，不但可以减少工农业废弃物对环境的影响，而且还可以减少对木材的需求，保护森林资源，有利于环境的保护与改善，符合我国目前的产业政策与可持续发展战略。该类塑木复合材料除了可以用于包装工业以外，还可以用于建筑、装潢和家具等行业。

运用本机组可以对热塑性弹性体进行有效混合，生产目前国内急需的高档防水卷材，替代进口，解决目前国内建筑行业普遍存在的屋面与墙壁渗漏问题。

（3）新材料与功能母料。该设备具有较强的填充混合能力，是制造新型高分子材料、功能母料的一种理想的混合设备，可以用于橡塑改性材料、特种高分子材料、纳米填充高分子材料、功能材料、高抗冲工程塑料、无机填充无卤阻燃材料的制造。

4. 我国双转子连续混炼技术进展

我国对双转子连续混炼技术及相关装备的认识较晚。目前，国内双转子连续混炼机主要用于聚烯烃合成树脂的造粒，相关装备还主要依靠进口，2012 年，大连橡胶塑料机械股份有限公司等单位通过联合攻关，实现了年产 25 万 t 聚烯烃转子型连续混炼造粒机的国产化。早在 1999 年，国内相关企业和高校就已经开展了有关中小型双转子连续混炼机的国产化方面的研究。但是，由于缺乏系统的理论支撑，导致所研制的设备在混合性能、可靠性和运行周期等方面和国外进口设备相比还有较大的差距，严重影响了该类设备的推广应用。目前，国内绝大部分的双转子连续混炼造粒机由国外厂家提供。2013 年，汕头美联新材料股份有限公司从美国 FARREL 公司进口了 2 套 CP1000 双转子连续混炼造粒机组，用于高浓缩钛白粉母粒的生产。2014 年，常州普莱克红梅色母料有限公司从美国 FARREL 公司进口了 1 套 CP2000 双转子连续混炼造粒机组，用于高浓缩钛白粉母粒的生产。但是，进口设备高昂的投资使大量普通用户望而却步，严重制约了相关技术在我国塑料加工工业的推广应用与国内相关产品的技术升级。

华东理工大学橡塑机械工程研究中心的学者和技术人员对双转子连续混炼机进行了深入的理论研究和工程开发，在国家“863”项目、自然科学基金项目、上海市产业化重大专项等资助下，经过20多年的潜心研究，在国内率先开发了具有高拉伸特点的高效连续混炼技术，并运用该技术开发成功混沌型双转子连续混炼机，并取得了如下成果：

（1）通过转子结构创新，在混炼机中建立起高拉伸的混沌流场，解决了高填充混合过程中粉体分散的难题，开发出具有自主知识产权的高拉伸混沌型连续混炼转子，并针对不同的物料对分散相结构的要求，开发出了高拉伸低剪切高分散型的M1型转子、高填充型的M2型转子和非对称高拉伸混沌型M3型转子。

（2）提出了基于固相磨蚀解聚和低分子挥发物蒸气返流、凝析的粉体包覆浸润与黏性耗散熔融混合于一体的高效连续混炼技术，实现了无低分子分散剂前提下的高填充粉体在聚合物中的高分散。

（3）建立了基于能量传递、耗散等效的双转子连续混炼机放大设计模型，在国内率先开发出转子直径 ϕ30 ～ ϕ150mm 的系列高拉伸混沌型连续混炼造粒机。

相关技术获得了上海市科学技术进步奖二等奖，并获得国家发明专利6项。

5. 国产双转子连续混炼机的应用

目前，国内双转子连续混炼造粒机组主要依赖进口，相关设备的国产化还处于起步阶段。自从1999年以来，华东理工大学橡塑机械工程研究中心为国内各厂家研发了30余套双转子连续混炼造粒系统，用于高填充复合材料、高填充功能材料、高浓缩母粒、电缆屏蔽料等的生产。

（1）双转子连续混炼机在高填充炭黑母粒生产中的应用。采用双混炼段转子结构的双转子连续混炼造粒机和高填充高分散型M2型转子，配以失重式计量秤和水环切粒系统，开发成功年产5 000tPE100管道料用炭黑母粒连续生产装置，在无低分子润滑剂前提下炭黑在PE中的高分散，产品性能全面达到了卡博特名牌产品的性能指标，已经在苏州国嘉高分子科技有限公司、顺德永虹塑料色母厂等单位得到应用。

（2）双转子连续混炼机在电缆屏蔽料生产中的应用。采用单混炼段双转子连续混炼造粒机和高拉伸低剪切型M1型转子，配以失重式计量秤和水下切粒系统，开发成功年产2 500t、5 000t的35kV以下半导电电缆屏蔽料生产线和年产1 200t PTC恒温发热功能高分子材料生产线，经过与进口设备相比，设备的总体性能达到进口CP II的性能。相关生产装置已经在上海万益高分子材料有限公司、浙江万马高分子材料有限公司和杭州华源电热有限公司等单位得到应用。

（3）双转子连续混炼机在高填充白母粒生产中的应用。采用双混炼段转子结构的双转子连续混炼造粒机和高填充高分散型M2型转子，配以失重式计量秤和水环切粒系统，开发成功年产2 500t、年产5 000t的钛白粉含量为70%左右的高浓缩白母粒连续生产装置，在无低分子润滑剂前提下实现了钛白粉在PE中的高分散，已经在上海汤逊化工有限公司、汕头彩虹塑胶纤维母粒厂和常州双成塑母料有限公司等单位得到应用。

（4）双转子连续混炼机在高填充色母粒生产中的应用。采用双混炼段转子结构的双转子连续混炼造粒机和M1/M2型转子，配以失重式计量秤和水环切粒系统，开发成功年产2 500t高浓缩色母粒连续生产装置，已经在顺德永虹塑料色母厂、汕头彩虹塑胶纤维母粒厂等单位得到应用。

（5）双转子连续混炼机在高填充功能材料生产中的应用。采用双混炼段转子结构的双转子连续混炼造粒机和非对称高拉伸混沌型M3型转子，配以失重式计量秤和水环切粒系统，开发成功年产2 500t 80%滑石粉填充PP高抗冲母粒连续生产装置、年产5 000t 80% $CaCO_3$ 填充石头纸专用料连续生产装置，已经在金发科技股份有限公司、九鼎环保纸业有限公司等单位得到应用。

〔撰稿人：华东理工大学谢林生〕

挤出技术结构创新的热点

挤出技术和注射技术是塑料成型加工的两种方式，通过分析挤出技术和注射技术发展的方向可以看出，两者的区别很大：挤出技术通常以生产线的方式进行，生产出来的产品基本上是成品，包装后即可以投入市场销售；而注射机加工出来的产品主要是半成品，后续需要组装、印刷、处理等多种工序。因此，挤出技术的创新更多地围绕设备本身的结构或者配套生产线的结构改进进行。本文介绍近年挤出技术结构创新的热点及发展方向。

1. 大长径比螺杆

大长径比的概念主要是围绕提高生产效率提出的，并且现在螺杆的长径比不断增加。其应用主要针对高速挤出，通过采用大长径比低温螺杆，可实现高产节能。

前几年比较典型的产品，如KraussMaffei的36长径比的挤出机。最近两个比较典型的技术包括：Battenfeld-Cincinnati在2010年德国杜塞尔多夫国际塑料及橡胶展览会（简称K展）上推出长径比40的高速单螺杆挤出机和KraussMaffei Berstorff在K2013上推出的长径比41的单螺杆挤出机KME 60-41 B/R。KraussMaffei Berstorff长径比41的单螺杆挤出机KME 60-41 B/R见图1。

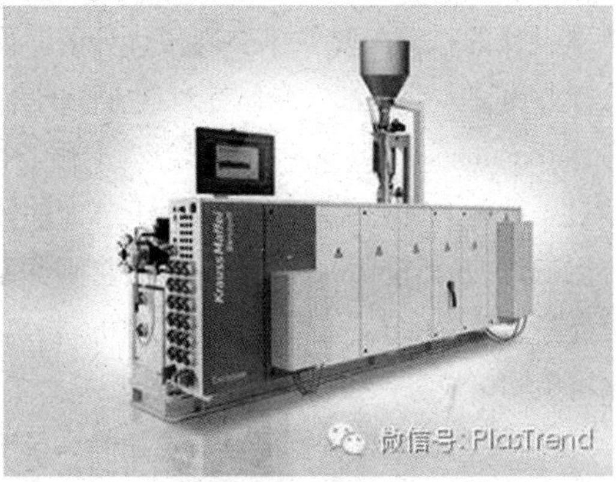

图1 KraussMaffei Berstorff长径比41的单螺杆挤出机KME 60-41 B/R

KraussMaffei Berstorff挤出技术部总裁Peter Roos关于这一新型挤出机的介绍，很好地体现了大长径比挤出机的优点：“正如我们的格言‘永无止境’所说，该新系列由于采用了专利加工概念和41 *L/D*螺杆，大幅提高了生产速度，同时又可保持较低的熔体温度和较高的产品质量。”此外，大长径比还有一个优势就是单位能耗低。

2. 高效冷却

冷却系统在塑料挤出机上的应用非常普遍，例如挤出机螺杆机筒冷却；挤出模头冷却，尤其是在吹塑薄膜过程中，冷却风环技术在一定程度上代表着吹膜技术的水平高低，也是保证高生产速度的关键；配套成型机、辅助设备的冷却也是企业关注的重点；另外，选择什么样的冷却介质与冷水系统也是关键。

因此，业界也出现一些专注冷却系统改善以提升生产效率的公司，可以说，冷却系统改善既是提高挤出效率的关键，也是实现节能降耗的有效环节；有效的冷却设计还可以节省空间。

3. 新加热系统的应用

加热是挤出加工过程中非常关键的环节之一，也是挤出过程中耗能的重要因素。因此，对加热系统的改进显得非常重要。各种新加热系统的应用，在提高加热效率、降低能耗、改善工作环境方面起到了积极的作用。

电磁感应加热是近年来快速发展的一种节能技术，此技术已成功地应用于挤出机、注射机、压铸机和橡胶加工的平板硫化机等。有部分厂家与主机厂配套使用，但更多的电磁加热技术提供商则以改造服务为重点。

电磁感应加热的特点：定向加热，向环境散失热量少；加热效率高；升温时间短；可以更稳定地实现温度控制；目前改造以整体缠绕式结构为主，不易维修，但有厂家已开发出类似电加热的两半结构，可以补偿这一不足。试验得知，与电加热比较，电磁感应加热可以节能 20% ～ 50%。上海凯琦节能科技有限公司的电缆挤出机就是利用电磁感应加热。上海凯琦节能科技有限公司的电缆挤出机见图 2。

图 2 上海凯琦节能科技有限公司的电缆挤出机

传统的加热干燥是从物料的外部开始加热，而红外加热则是从物料的内部开始加热。这样，水分可以无阻碍地实现快速排出，新技术的应用显著降低了干燥所需的时间与能耗。据介绍，能耗可减少 20% ～ 65%。红外技术除用于干燥外，还可用于其他材料的加热，如管材交联、塑料加热熔融等。

在塑料行业应用的加热系统还有很多，除应用最为普遍的电加热之外，还有超声熔融、蒸汽加热、导热油加热、水加热、过热水加热和热风等，每种技术均有其适用的范围。

4. 高性能螺杆结构

螺杆的结构与加工材料和挤出加工的效率有关。近年来，新型螺杆结构开发的重要方向包括：①高性能螺杆设计：针对高混合、高速度等挤出机。②组合结构，已普遍应用，尤其是在配混行业。③前面介绍的大长径比也是从螺杆结构考虑的创新之一。④多线螺纹螺杆的应用有增多的趋势。

5. 驱动电动机

对挤出工业而言，驱动电动机的合理选用，不但可以实现节能，还可节省空间，如水冷电动机与直驱电动机的应用。所谓直驱电动机，即无齿轮挤出机，由于无齿轮挤出机不再需要变速器，在共挤应用领域，尤其是多层共挤领域可以显著节省空间，成为这一技术应用的主力方向。

在 K2013 展上，Reifenhaeuser 以 Rethinking 为主题，展出一款设想的 2020 年挤出机原型。Reifenhauser 在 K2013 上展出的未来概念挤出机见图 3。在这一未来概念的挤出机中，Reifenhaeuser 挤出技术公司特别强调了能源、功率、可靠性、维护保养、操作以及设计与功能性的角色。其中重要的一点是，通过与西门子合作，开发出可以自由选择电动机形式的挤出驱动概念，无需额外的工程投资，客户就可以自由选择所需的电动机防护等级与冷却方式。

图 3 Reifenhauser 在 K2013 上展出的未来概念挤出机

6. 保温罩

近年来，越来越多的厂家开始关注保温罩散热对能耗以及工人操作环境的影响。据悉，经常有人特别提到“机筒隔热”，例如，巴顿菲尔辛辛那提挤出技术公司在 K2010 上，特别谈到其通过特殊设计的机筒隔热技术实现了优异的节能效果。行业内许多公司都有专门针对这方面的介绍，据 IC International 公司介绍，其已经为塑料工业提供超过 100 万套隔热系统。很多关于节能的技巧中，也把这一点作为一个重要的方面特别介绍。将机筒隔热罩应用于注射机、中空成型机、挤出机、挤出机头和口模等，可以达到以下效果：

（1）减少电加热环境辐射，电加热系统节能 20% ～ 40%，也有的厂家可以节能 60% 以上；具体与设备规格及所采用的技术有关。

（2）防止料筒加热圈外部高温对人体可能带来的烫伤与不安全隐患。

（3）改善室内环境，降低室内温度，减少夏天空调工作量。据相关统计，可减少空调用电30%～50%。

（4）由于热量损失少，设备开机前预热时间缩短，设备起动快，停机时间短，产量提高。

（5）由于热量损失少，同样的温度控制区间，加热器重启工作周期延长，有助于延长加热器寿命，同时生产过程稳定性更好，有助于提高产品质量。

（6）通常都设计为具有优异的阻燃性与耐高温性，不会因为隔热圈原因造成设备意外故障。

（7）新装、改造方便，对接线盒、热电偶等部位可切开，不影响生产检查。

（8）设备维护时，可容易拆除。

7. 开槽机筒

开槽机筒设计是已有几十年历史的老技术，但应用后提高效率非常显著。近年来，越来越多的厂家开始把这一技术应用于其高产量挤出机中。

8. 一键调整

典型的技术包括：薄膜片材生产过程中的厚度调整和管材规格调整等。其带来的效果是切换过程中的效率显著提高，而产生的废料显著减少。

在2014国际橡塑展上，伊诺艾克斯公司（Inoex）与上海金纬机械制造有限公司合作展出管材规格快速切换系统。伊诺艾克斯贸易(北京)有限公司最早在2005国际橡塑展上首次在中国展出其创新产品自动变径系统。在2009国际橡塑展上，广东联塑科技集团与伊诺艾克斯公司合作展出配备自动变径技术的管材生产线。

2003年5月，KraussMaffei Berstorff公司的QuickSwitch在线变径系统问世，该系统显著增加了生产线的灵活性，制造商只需一个按键即可在几分钟内完成整个生产线的管径变换。所有浪费的材料只是一短截锥形管。比传统的管材切换过程所需的人力和材料消耗都显著减少。事实上，快速更换过程节约的时间，也意味着能耗的显著降低。采用快速切换系统浪费的材料见图4。

图4 采用快速切换系统浪费的材料

德国步瑞公司（Breyer）在2005国际塑料展览会（NPE 2005）上展示其单键改变薄膜厚度技术。在生产塑料薄膜时，利用新的间隙调节装置可自动改变薄膜的厚度；用于挤出薄膜时，独特的Breyer间隙调节系统为用户提供了实实在在的好处；该系统具有自动薄膜厚度设定功能；在其全新的操作模式下，只需改变挤出速度就可自动精确地调节间隙。

以上介绍主要是基于设备调整的概念，与提高产品规格、品种效率有关的还有：

（1）最近几年普遍使用的不停机换网装置。

（2）配混挤出机更换生产时不停机快速清洗。

（3）齿轮泵更换物料时的快速清洗。

（4）生产过程中产生工艺偏差时的自动调整系统。

（5）除主机调整之外，模头的自动调整系统等。

9. 联线生产

其主要概念在于将挤出系统与后续加工系统配套，组成系统化生产线，从而实现高效自动化生产，同时减少生产过程中所需人数，以及干燥、物料处理等中间环节。

（1）挤出配混与注射联线。在K 2007上，Husky展出一套将配混挤出机与注射生产线连线生产的系统。

（2）挤出配混与后续反应加工联线。KraussMaffei曾经展出过将配混挤出机与反应注射加工相连的生产系统。

（3）片材挤出与热成型联线。这样的联线生产技术已经非常普遍。

同样的连线还包括机边自动回收加料系统等。

10. 超微超大

可以说，对任何挤出产品而言，超微、超大都在不断突破挤出的极限，近年来，针对微型挤出和大型挤出比较集中的技术包括：

（1）超大型配混挤出机。尤其是在大型石化行业的突破开发被认为是国家战略层面的重大成果，我国首台 20 万 t 双螺杆配混挤出机由北京化工大学、大连橡胶塑料机械股份有限公司等合作开发成功后，已销售多台。

（2）大型管道挤出机。相应的产品较多，包括大口径波纹管，大口径钢带增强管，大口径平壁管等。

（3）超微型管材挤出。尤其是在医用导管领域的技术尤其值得关注。

（4）宽幅薄膜线。尤其是多层共挤宽幅双拉线近年来发展迅速，例如幅宽 10.4m 的 BOPP 生产线。

11. 模块化结构

挤出机尤其是螺杆机筒的模块化结构应用已经非常普遍，具有可以根据不同产品生产工艺调整结构组合，便于生产维修的优点。另一个模块化的概念（挤出机和配套辅机的模块化，即根据客户的不同需要，可以选择相应的标准化主机与配套辅机）值得关注。

12. 共挤结构

共挤挤出机的布置方法，首先要考虑节省空间。新型挤出机除前面介绍的无齿轮挤出机外，背驮式挤出机的应用也越来越多。在 K2013 上，巴顿菲尔辛辛那提建材事业部展出 1 台由平行双螺杆挤出机 twinEX 78-34 P 和锥形双螺杆挤出机 conEX 63 P 组成的背驮式共挤解决方案。据介绍，出于生态和经济原因，现今在窗主体型材不可见部分的生产中要使用多达 40% 的回收料。巴顿菲尔辛辛那提建材事业部展出的背驮式共挤解决方案见图 5。

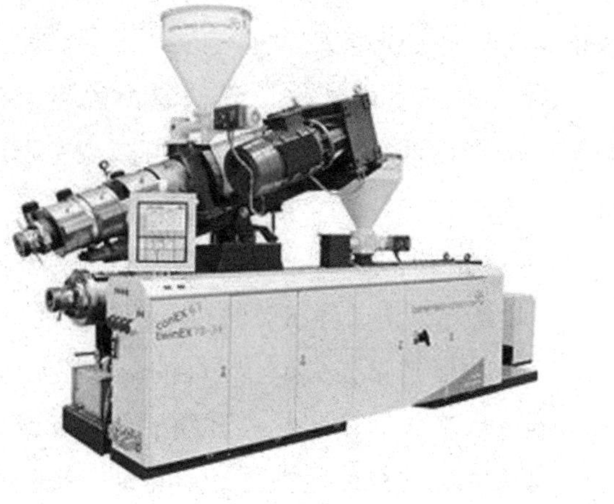

图 5 巴顿菲尔辛辛那提建材事业部展出的背驮式共挤解决方案

在 K2013 期间，有多家公司展出类似结构的背驮式解决方案。奥地利泰森公司 (Theysohn) 展出的背驮式共挤挤出机见图 6。该机主要用于型材的挤出成型。

图 6 奥地利泰森公司展出的背驮式共挤挤出机

13. 多螺杆结构

近年来，多螺杆挤出机以其优异的脱挥（脱去挥发组分）与配混效果，出现多种不同的结构形式。例如，北京化工大学开发的倒三角形排列的全啮合三螺杆挤出机；华南理工大学聚合物新型成型装备国家工程研究中心以承担的国家科技重点攻关项目和“863”项目为依托，开发出 TDM 系列同向平行三螺杆动态混炼挤出机。还有特殊的一字形排列多至 8 螺杆的挤出机和德国格诺斯的多螺杆挤出机。

日本的挤出机生产商 Technovel 公司在 K2007

上展出全啮合同向旋转4螺杆挤出机。该设备采用一字排列。Technovel现场职员介绍，其所开发的KZW FR系列四螺杆挤出机（正在申请专利）主要用于传统的加工方法，如单螺杆甚至双螺杆无法加工的物料的加工。据介绍，该设备可以减少加工过程中的物料生热、延长物料的停留时间、改进排气功能、改进进料性能，并具有较好的分散性能，可以实现稳定的精密挤出，还可节能、节省空间。Technovel在K 2010展出的一字排列挤出机见图7。

图7 Technovel在K 2010展出的一字排列挤出机。

德国格诺斯(Gneuss)公司先后于K2007和Chinaplas 2008上推介其最新开发的多螺杆配混系统MRS挤出机。MRS系统包含一个单螺杆鼓，根据不同规格，在螺杆鼓上有8～10个螺筒槽。在这些螺筒槽中分别装配有与挤出机轴线平行的输送螺杆，这些小螺杆由一套行星齿轮系统驱动，并与主螺杆反向旋转，利用这一系统实现显著的交换效果。这些小螺筒槽开在螺杆鼓上，有30%的地方为开放式，从而可以优化熔体的进入并易于排出。Gneuss最新介绍的MRS挤出系统为与NGR合作推出的高性能再生挤出系统。Gneuss最新推出的高性能再生挤出系统见图8。

14.特殊结构设计

挤出机的改进除了常规的螺杆机筒等改进之外，设计特殊的结构组合近年来发展迅速。下面几个方面值得关注：

（1）前面介绍的MRS挤出挤出机。

（2）舟山市通发机械有限公司开发的锥形同向双螺杆挤出机，改变了以往锥双只能是异向的原理，该设备比其他同规格产品的产量提高30%以上，省电30%～50%，节能效果显著。

（3）北京化工大学研制的磨盘挤出机主要用于高填充应用，包括磁粉填充。

（4）已有越来越多公司成功研发出往复螺杆挤出机，也面向高填充应用。

图8 Gneuss最新推出的高性能再生挤出系统

15.智能化

智能化是网络与智能电子相结合的产物，虽然与纯粹的结构设计距离有点远，但仍很重要，大概包括这样一些因素：

（1）智能调整，如前面提到的“一键调整规格”。

（2）智能检测，智能调整与补偿。

（3）生产线配套的远程诊断服务功能。

远程服务已经从传统的连网，发展到语音沟通，再到远程的可视化检查。例如，布鲁克纳在K2013上专门介绍了其远程可视检测技术。

精诚时代集团于2014年11月在日本东京为其微互智能系统举办了全球首发，并在2015年CHINAPLAS上在中国首发。其可以实现的功能包括：实时监测原料在生产过程中的流动情况，并通过科学仿真模拟，将工作状态调整到最佳，可以避免多次试机，或由于产能调整，工艺调整多造成的原料、成本、时间的浪费；系统故障排除，实时掌控内部的工艺参数，及时发现问题，提供智能化解决方案；支持新材料开发，帮助客户解决行业当中全面创新的部分。

16. 设备与模头的配合

模头是挤出成型不可或缺的重要组成部分，针对模头技术的创新也是挤出新技术发展的一个重要方面。典型的创新应用包括：

（1）齿轮泵应用，实现更稳定的精密挤出成型。

（2）工艺稳定化技术以及设备、工艺与模头综合优化。

（3）在传统的速度、温度、压力综合优化平衡之外，考虑：智能调整、规格与多物料适用性、模头冷却效率提高和工艺波动适应性等因素。

17. 更多层

在多层共挤领域，实现更多层数逐渐成为市场的主流。一个是传统的多层概念，另外一个是微层复合的概念。

多层共挤技术在传统的实现多层如 3 层、5 层、7 层、9 层和 11 层概念的基础上，越来越多的厂商开始考虑系统适应多用途的灵活性。例如，在 K2013 上，多层薄膜生产线的厂商不约而同地演示 5 层共挤 + 多配方生产。

Hosokawa Alpine 公司在 8 天的展会上展示了 8 个配方，每天使用不同厂家的材料生产不同的产品。每次规格切换的时间只需 35min。

Bandera 在展会期间展示了 5 个配方的应用，生产的产品厚度 30 ～ 120μm。

生产线在具有充分灵活性的同时，产量也有相当大的提高。多家公司介绍，其产量可以超过 1 000kg/h。Macchi 在 K2013 上现场演示见图 9。

图 9　Macchi 在 K 2013 上现场演示

提高产量看似简单，实际上，挤出机要实现高度的灵活性与极高的产量，每一个零部件的设计都非常关键，从挤出机、模头、风环到膜厚检测、层间厚度调整，再到牵引卷取以及控制系统等，只有各部分的综合优化，才能生产出高性能的生产线。

广东金明精机股份有限公司在 K2013 上现场展示了 5 层共挤薄膜技术及多个配方。

另外，一个值得关注的技术是微层复合技术，近年来已从传统的包装阻隔，进入太阳能、汽车、光学和医疗等领域。

2006 年国际塑料展览会（NPE）上，美国 EDI 公司宣布推出革命性的模头系统——其获得陶氏化学的授权使用“复合层倍增器”专利技术。EDI 总裁兼首席执行官 Timothy C. Callahan 当时表示，“目前我们还不知道实际能达到的上限，但是我个人认为，有可能生产出 80 层的 50μm 薄膜。”现在，可以实现远不止 80 层。

国内模头行业领先企业精诚模具推出自主开发的微层复合共挤模头，用于光学和阻隔薄膜等应用。其可以实现在 0.01 ～ 0.10mm 范围内的 50 ～ 1 000 层的微层共挤。

北京化工大学杨卫民教授提出了与美国 EDI 公司所采用的层倍增技术不同的新的微层复合概念。其采用熔体微积分原理，实现纳米级的叠层结构，新的分叠器结构均衡性更好。北京化工大学开发的分叠器结构见图 10。

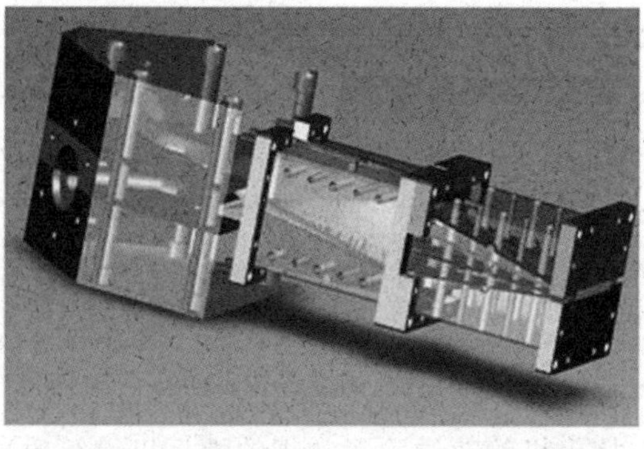

图 10　北京化工大学开发的分叠器结构

在 2012 年浙江舟山举办的第十届“中国国际塑料加工技术高峰论坛”上，四川大学的郭少云教授介绍了其应用微层复合技术进行不同应用的研究成果。例如，将这一技术应用于隔声减振材料研究，发泡层和未发泡层交替叠加，交替排布PP+FR建立有效的阻燃体系等。

18. 免干燥挤出

关于免干燥挤出，业内关注度最高，发展最成熟的是PET免干燥挤出，尤其是用于高效生产PET片材。

这里着重介绍在第六届日本国际塑料展（IPF 2008）上看到的抽真空免干燥挤出技术。虽然这里介绍的是与注射机配套的技术，但在挤出行业同样可以借鉴。抽真空免干燥技术的3个关键点：螺杆饥饿喂料，真空料斗的密封效率。螺杆和机筒的密封效率。这一技术之所以束之高阁40年（1968年发明）之后，才再次面世，主要得益于密封技术的进步。

19. 高转矩、高转速

在2007K展上，Leistritz ZSE MAXX挤出机的比转矩增加到15 N·m/cm³，这是当时同向旋转双螺杆挤出机的最大值。在2013K上，太仓莱斯特瑞兹机械有限公司（Leistritz）董事总经理Sven Wolf自豪地宣布："首次实现了20N·m/cm³这一难以逾越的目标，进一步扩大了工艺条件范围，更重要的是可实现更高的生产速度。"而实现这一大转矩，很大的一点在于其所采用的smartXX——智能螺杆。

从国内领先的挤出机齿轮厂商常州长浪齿轮箱有限公司了解到，目前公司已有16N·m/cm³的高转矩减速器应用于双螺杆挤出机，且已自主开发成功20N·m/cm³高转矩同向双螺杆减速器。

本文着重从挤出系统结构创新的角度介绍了挤出新技术发展的部分热点，我们看到大量的介绍以国际领先供应商为主，尽管也包括部分国内最新的技术发展，但整体而言，我国挤出技术的整体发展与国际领先同行相比还有一定的差距，提高产品的稳定性是一个重要方面，但同时，提高国内产品的品质认同度更不容忽视。

〔撰稿人：深圳市塑讯科技有限公司段庆生〕

电热式快速热循环吹塑技术研发及应用

吹塑的工业制件整体性高、综合性能好、附加值较高、成本低，可代替塑料的注塑制件、热成型制件和结构发泡制件以及金属的制件。因此，越来越多的工业塑件（如汽车中的扰流板、燃油箱、仪表盘和保险杠等）采用挤出吹塑进行生产。然而，在常规吹塑中，型坯吹胀后与低温模具型腔接触，型坯表层迅速"固化"，使吹胀的型坯不能紧贴模腔，从而在制品的表面产生麻点、橘皮纹和凹陷等缺陷。因此，对于一些具有较高外观要求的工业塑件（如汽车扰流板），通常需对其进行打磨、抛光和喷涂等二次加工处理后才能满足使用要求，这样不仅延长了生产流程，降低了生产效率，而且还造成材料和能源的浪费。

快速热循环成型（RTCM）是近年发展较快的一种高分子材料成型技术。该技术在成型过程中对模具温度进行动态控制，以使黏流态型坯或熔体可在较高的模腔温度下进行吹胀或充模，大大改善熔体的流动行为，明显提高塑件表面质量，可消除常规成型所需的后续处理工序。

基于上述原因，研发了电加热快速热循环吹塑技术，期望通过该技术直接成型高光外表面的挤出吹塑制件，以缩短生产流程、降低能耗、节约成本。具体讲，本文以汽车扰流板作为研究对象，从热循环吹塑流程、模具电加热系统优化、模具热响应评估和热循环吹塑实验这 4 个方面对电热式快速热循环吹塑技术的研发及其应用展开系统研究。

1. 快速热循环吹塑流程

快速热循环吹塑流程与常规吹塑流程基本类似，只是增加了模具快速加热和快速冷却环节。因此，一个完整的电热式快速热循环吹塑周期包括模具快速加热、型坯成型、模具合模、型坯吹胀、制品冷却、模具开模和取件等几个阶段。电热式快速热循环吹塑流程见图 1。

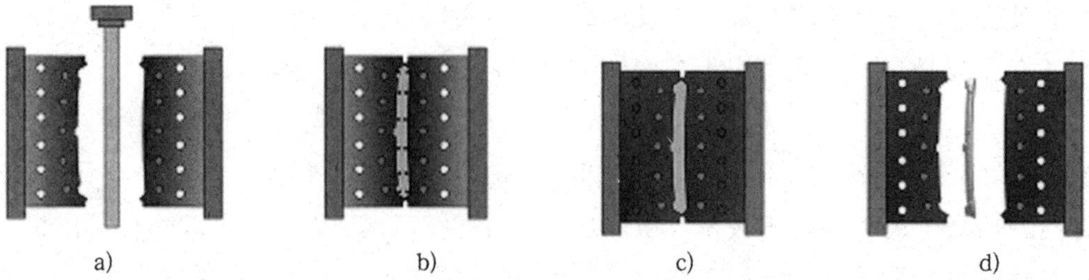

图 1　电热式快速热循环吹塑流程

a) 模具快速加热阶段　b) 高温保持阶段　c) 模具快速冷却阶段　d) 低温保持阶段

2. 模具加热系统的优化

RTCM 中模具型腔表面的加热效率和温度均匀性影响制品的生产效率和质量。下面基于作者提出的集有限元法（FEM）和粒子群优化（PSO）算法于一体的优化设计策略对扰流板模具电加热系统进行优化。汽车扰流板及其电加热快速热循环吹塑模具示意图见图 2。

图 2 给出了汽车扰流板及其电加热快速热循环吹塑模具的结构示意图。该扰流板的长度、宽度、高度按实际尺寸缩小约 3/5，缩小后分别为 420mm、110mm 和 30 mm。为提高模具的加热效率，电热棒沿型腔表面共型布置（如图 2c 所示）。

（1） 模具电加热系统优化模型建立。模具电加热系统优化设计模型见图 3。

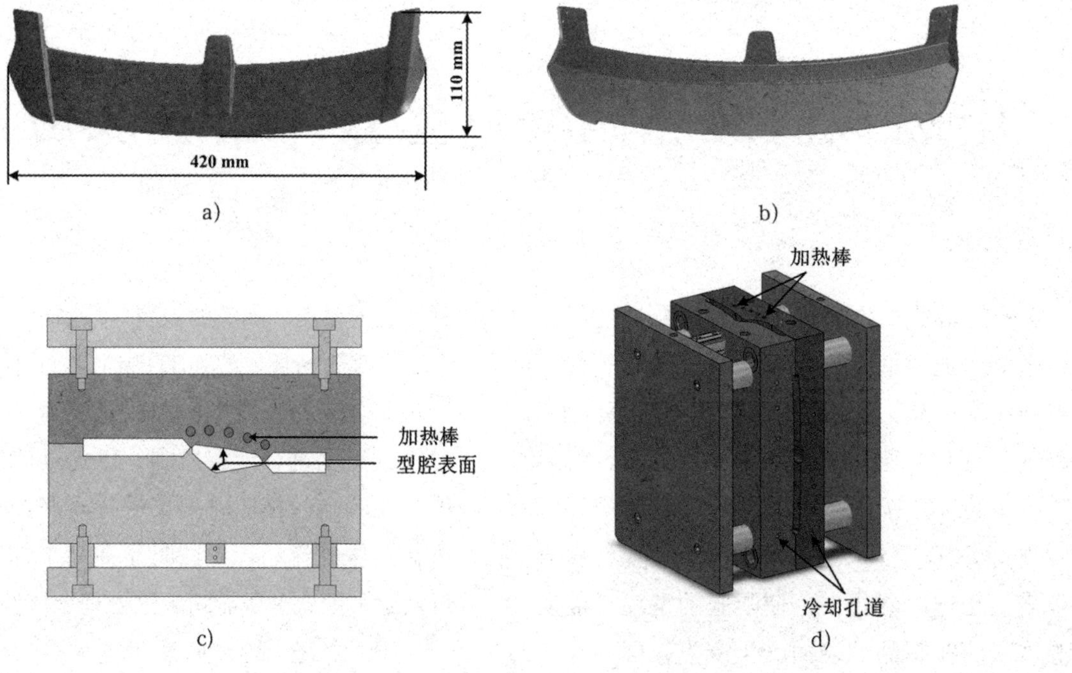

图 2　汽车扰流板及其电加热快速热循环吹塑模具示意图

a) 扰流板正面视图　b) 扰流板背面视图　c) 模具截面视图　d) 模具三维视图

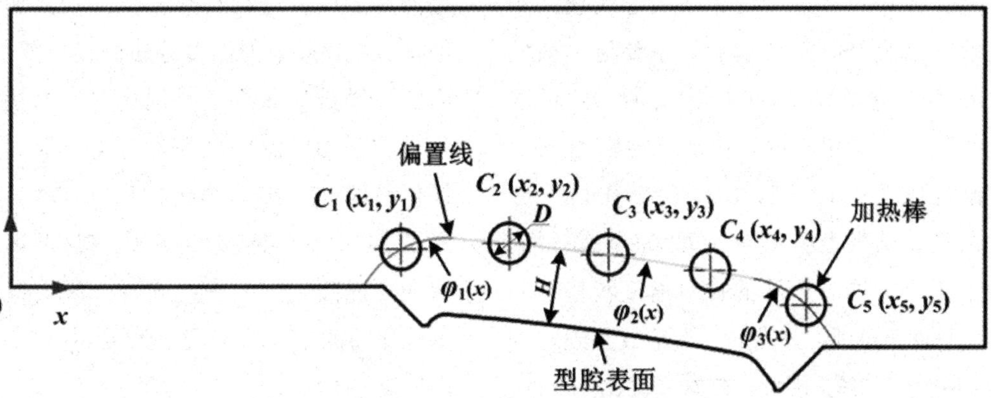

图 3　模具电加热系统优化设计模型

如图 3 所示，电热棒中心距模具型腔表面的距离（H）、电热棒的数量（N）、直径（D）及其中心坐标（x_i, y_i）是涉及模具电加热系统设计的主要参数，它们的合理取值需综合考虑模具的加热效率、型腔表面温度均匀性、模具结构强度、模具制造成本等方面。本文将参数 H、D 和 N 分别取值为 15mm、8mm 和 5 个，只考虑（x_i, y_i）对模具传热的影响，即选定 $X=[x_1, x_2, x_3, x_4, x_5]$ 和 $Y=[y_1, y_2, y_3, y_4, y_5]$ 作为优化设计变量。将图 3 中的 5 根电热棒按从左至右的顺序分别命名为 C_1、C_2、C_3、C_4 和 C_5。于是，模具电加热系统设计的优化问题转化为对（x_i, y_i）的优化。

分别建立表征模具型腔表面加热效率和温度均匀性的两个目标函数。以模具型腔表面被完全加热至 120℃时所需的加热时间（表示为 t_{rh}）作为表征模具加热效率的目标函数，采用加热阶段结束时（即 t_{rh} 时刻）对应的模具型腔表面的最高温度（表示为 T_{max}）作为表征模具型腔表面温度均匀性的目标函数。同时，优化目标函数 t_{rh} 和 T_{max} 属多目标优化问题。然而，由于这两个目标函数对优化变量的要求是相互制约的。因此，不可能同时实现两个目标函数的最小化。实际上，只要将这两个目标函数中的一个作为约束条件处理，并根据设计要求合理地限制其约束范围，所获得的优化结果同样是合理且有效的。为获得高品质的汽车扰流板，将模具型腔表面温度均匀性作为优化目标，并假设当 t_{rh} 不超过 32 s 时，模具型腔表面加热效率完全能满足快速热循环吹塑的要求。基于上述分析，扰流板模具电加热系统的优化模型可描述为：

Min: T_{max} (X, Y)　　(1)

$= T_{max}(x_1, x_2, x_3, x_4, x_5, y_1, y_2, y_3, y_4, y_5)$

s.t.

$T_{min}(X, Y) \geqslant 120℃$

$t_{rh}(X, Y) \leqslant 32$ s

$y1 = \phi_1(x_1)$

$y_j = \phi_2(xj)$ (j= 2, 3, 4)

$y_5 = \phi_3(x_5)$

$xi(l) \leqslant xi \leqslant xi^{(u)}$ (i=1~5)

式中，$T_{min}(X, Y)$ 代表 t_{rh} 时刻所对应的模具型腔表面最低温度；$x_i^{(l)}$ 和 $x_i^{(u)}$ 分别表示优化设计变量的下限和上限。

（2）优化模型求解。采用 PSO-FEM 优化方法对加热系统优化模型 [即式（1）] 进行求解。下面仅对模具传热的 FEM 模拟和 PSO 参数的设置进行阐述。

采用 ANSYS 有限元软件的热分析模块对电加热快速热循环吹塑模具的传热过程进行模拟。模具和周围环境的初始温度假设为 30℃，在电热棒安装孔壁面上施加的热流密度载荷大小为 3×10^5 W/m^2，模具外表面与周围环境之间的自由对流换热系数设为 10 W/(m・℃)。模具材料为 P20 钢，其密度、比热容和热导率分别为 7 850 kg/m^3、460 J/(kg・℃)) 和 33.4 W/(m・℃)。对模具温度场进行求解，获得不同设计变量组合下的 trh 值和 trh 时刻所对应的模腔表面温度分布。

合理地设置 PSO 参数可使算法快速地搜索到全局最优解。涉及 PSO 算法的参数主要包括惯性权重因子 ω 和加速常数 C_1、C_2。本文中，ω 的取值通过试错法进行确定，设定粒子群规模为 10，对 ω 分别取值为 0.4、0.5、0.6、0.7、0.8 和 0.9 进行 6 次试验。结果表明，当 ω 取 0.9 时获得的目标函数值最小，同时算法的收敛速度较快（55 次迭代）。有研究表明，C_1 和 C_2 为常数并固定为 2 时可以得到较好的解。因此，在本文优化中，ω、C_1、C_2、粒子规模和最大迭代次数分别设置为 0.9、2、2、10 和 55。

（3）优化结果与讨论。经过 55 次迭代，获得了最优的加热系统设计变量组合。优化前后结果对比见表 1，表 1 列出了加热系统优化设计参数及其对应的目标函数值。作为比较，基于试错法所获得的初始的加热系统设计变量组合及其对应的目标函数值也相应地列入了该表中。为验证优化结果的有效性，采用 ANSYS 软件对加热系统优化前后的模具进行传热模拟。模具加热终了时刻优化前后模腔表面温度分布比较见图 4。图 4 定量比较了模具加热终了时优化前后的扰流板前半部分模腔表面的温度分布。可见，模具加热时间由优化前的 35 s 缩短至优化后的 30 s，加热效率提高了 14%，这可有效缩短快速热循环吹塑的成型周期，提高生产效率；同时，最大型腔表面温差由优化前的 25℃降低至优化后的 2.3℃，温度均匀性提高了 91%。

表 1　优化前后结果对比

设计变量	初始值	优化值
x_1/mm	133	132.10
x_2/mm	154	152.06
x_3/mm	167	172.90
x_4/mm	191	192.12
x_5/mm	207	213.33
t_{rh}/s	35	30.00
T_{max}/° C	146.06	122.59

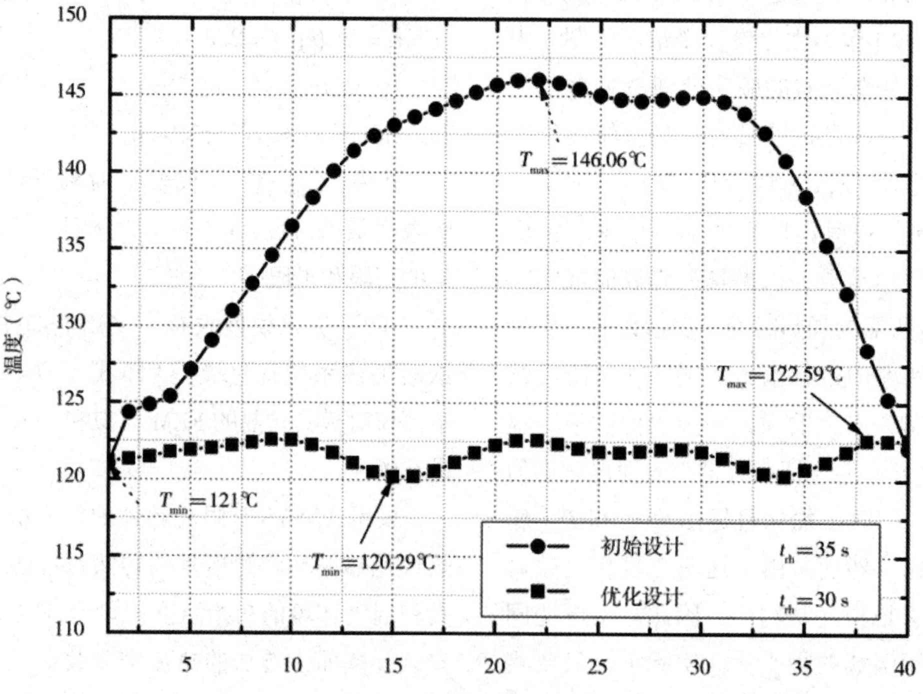

图 4　模具加热终了时刻优化前后模腔表面温度分布比较

3. 模具热响应评估

将上一节获得的电加热系统优化设计参数应用到扰流板吹塑模具的设计中，研制了扰流板快速热循环吹塑模具。研制的快速热循环汽车扰流板吹塑模具见图 5。三维传热分析网格模型和 3 个温度测量位置（P1, P2, P3 为温度测量位置）见图 6。

结合数值模拟和实验对扰流板前半部分模具型腔表面的热响应效率和温度均匀性进行评估。采用ANSYS热分析模块对前半部分模具进行三维传热数值模拟。考虑到前半部分模具结构的对称性，仅选取其下半部分作为分析对象，其对应的传热分析的网格模型如图6所示。图中P1，P2和P3表示模腔表面上3个温度测量位置。

图5　研制的快速热循环汽车扰流板吹塑模具

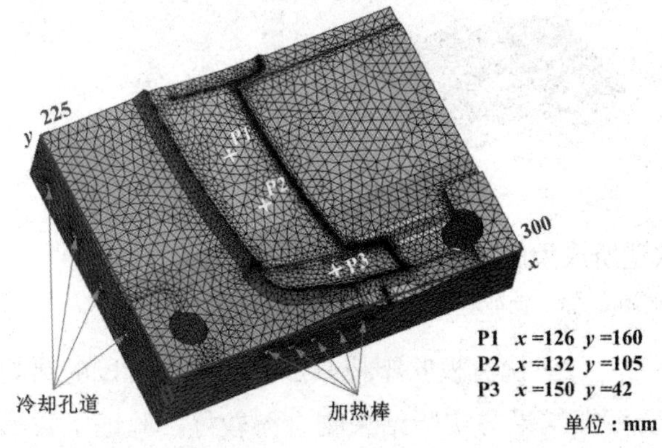

图6　三维传热分析网格模型和3个温度测量位置（P1, P2, P3为温度测量位置）

在加热阶段，安装在扰流板模具前半部分中的电热棒通电将形腔表面持续加热至预定温度（120℃）；当模腔表面P2位置升至该温度时，切断电热棒电流，停止加热模具。加热阶段3个测量位置（P1, P2, P3）的温度响应曲线。图7给出了加热阶段模腔表面P1、P2和P3位置的温度响应曲线。可见，该三个位置的温度随加热时间呈近似线性地提高，实验测量获得的模腔表面平均升温速率约为2.5℃/s，经35 s持续加热，模腔表面的温度可升高至120℃，达到快速热循环吹塑对模腔表面温度的要求。加热阶段3个测量位置（P1, P2, P3）的温度响应曲线见图8。

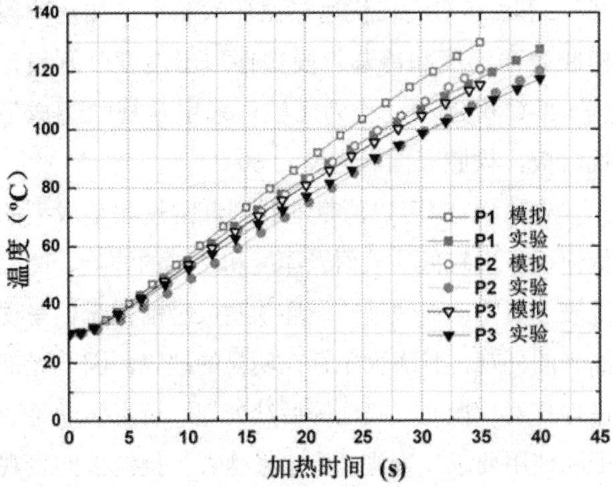

图7　加热阶段3个测量位置（P1, P2, P3）的温度响应曲线

图8给出了冷却阶段模腔表面P1、P2和P3位置的温度响应曲线。可见，在模具加热阶段结束后5 s内，由于温度惯性，模腔表面温度将继续提高约10℃，而在随后的冷却时间内，模腔表面温度将快速地降低。经35 s冷却，模腔表面温度可降低至95℃，平均冷却速率约为1 ℃/s。

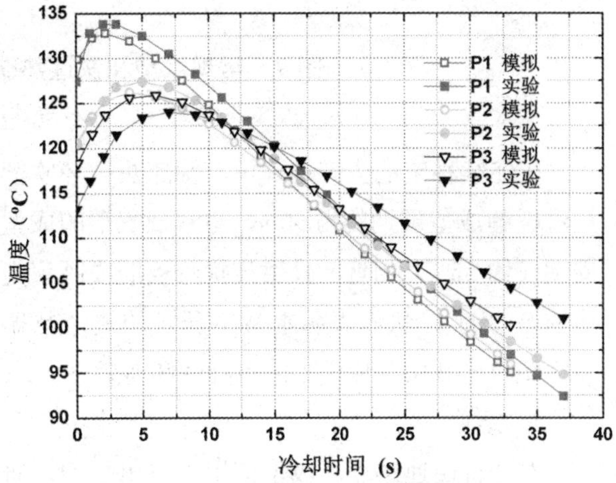

图8　冷却阶段3个测量位置（P1, P2, P3）的温度响应曲线

从图7和8还可见，数值模拟结果实验结果吻合得较好，从而验证了本文对模具加热和冷却阶段数值模拟结果的可靠性。

4. 快速热循环吹塑实验

实验所用的原料为吹塑级ABS树脂。吹塑前原料在 90℃下真空干燥 8 h。从挤出机入料口到型坯机头出口共有 7 个温度控制段，各段温度设定依次为 170℃、190℃、210℃、220℃、230℃、235℃和 235℃。在快速热循环吹塑中，加热阶段模腔表面温度和冷却阶段塑件顶出温度分别设定为 120℃和 95℃。作为比较，采用常规吹塑成型扰流板，模腔表面温度设为 30℃。

从图 9a) 中可以清楚地看到，常规吹塑成型的扰流板呈现较低的表面光泽度和明显的波痕、凹陷等表观缺陷；而快速热循环吹塑成型的扰流板呈现高光的外观，且表面不存在明显的缺陷，因此无需进行打磨、抛光、喷涂等后续处理，可直接满足装配和使用要求。为进一步定量地表征扰流板的表观质量，采用三维光学表面轮廓仪对所成型的扰流板的表观形貌进行测量，结果如图 9b）所示。可见，与常规吹塑成型的扰流板相比，快速热循环吹塑成型的扰流板呈现更平整、更光滑的表观形貌，前者表面的粗糙度值（Ra）为 328 nm，而后者表面的 Ra 仅为 95 nm。因此，快速热循环吹塑可显著改善扰流板的表观质量。原因是在快速热循环吹塑中，较高的模具温度可有效地降低吹胀的型坯与模腔接触后的固化速率，使型坯外表层温度高于塑料热变形温度的时间足够长，从而使型坯熔体在吹胀过程中可沿模具型腔表面发生一定的延伸流动，准确地再现型腔表面，消除麻点、波痕等表面缺陷，从而吹塑出具有高光外观的制件。

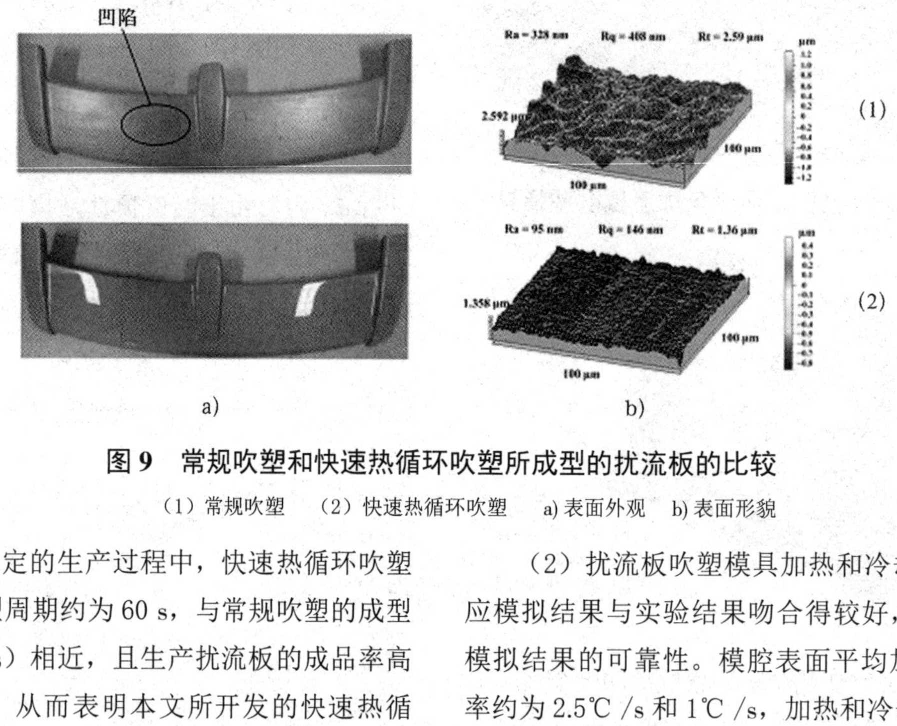

图 9　常规吹塑和快速热循环吹塑所成型的扰流板的比较

（1）常规吹塑　（2）快速热循环吹塑　a) 表面外观　b) 表面形貌

在连续稳定的生产过程中，快速热循环吹塑扰流板的成型周期约为 60 s，与常规吹塑的成型周期（约 55 s）相近，且生产扰流板的成品率高达 90% 以上，从而表明本文所开发的快速热循环吹塑技术在实际应用中的可行性和有效性。

5．结论

本文将快速热循环成型应用于挤出吹塑，研发了电加热快速热循环吹塑技术。通过研究，得出如下结论。

（1）与试错法相比，采用作者所提出的 PSO-FEM 优化方法能快速地获得快速热循环成型模具加热系统的优化设计参数。扰流板吹塑模具电加热系统优化结果表明，优化后的模腔表面加热效率和温度均匀性分别提高了 14% 和 91%。

（2）扰流板吹塑模具加热和冷却阶段的热响应模拟结果与实验结果吻合得较好，验证了数值模拟结果的可靠性。模腔表面平均加热和冷却速率约为 2.5℃ /s 和 1℃ /s，加热和冷却终了时刻对应的模腔表面温度分布均较均匀。

（4）采用快速热循环吹塑成型的扰流板呈现高光的外观，表面不存在明显的缺陷，可直接满足装配和使用要求。此外，在连续稳定的生产过程中，快速热循环吹塑的成型周期与常规吹塑的近相，且生产扰流板的成品率高达 90% 以上，从而表明本文所研发的快速热循环吹塑技术在实际应用中的可行性和有效性。

〔撰稿人：华南理工大学塑料橡胶装备及智能化研究中心黄汉雄、肖成龙〕

中国塑料机械工业年鉴

2014—2015

行业概况

逐一分析塑料机械行业各分行业的发展情况

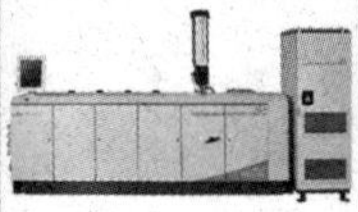

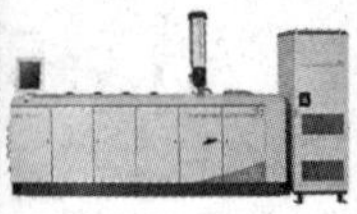

行业概况

塑料注射成型机行业概况

作为三大合成材料之一的塑料自问世以来发展迅猛。随着以塑代钢、以塑代有色金属、以塑代水泥的逐步发展，塑料广泛应用于航空航天、国防、石化、海洋、电子、光电通信、建筑材料、包装、农业及轻工等各个领域。塑料注射成型机（也称注塑机）是塑料的最主要加工设备，发展塑料注射成型机技术与设备具有重要意义。从整体上看，注塑机产量、出口量、总产值均领先于其他注塑设备，已经成为塑料机械工业最重要的组成部分。

一、注塑机行业生产发展情况

1. 行业整体平稳增长

2014 年 1—12 月，我国塑料机械行业规模以上企业 397 家，同比增长 5.6%。总体来看，行业出口交货值、主营业务收入、利润总额均实现同比增长，3 项指标分别较上年同比增长 23%、7%、7%。其中，第一季度分别较上年同比增长 10%、11%、19%；第二季度分别较上年同比增长 11%、8%、7%；第三季度分别较上年同比增长 52%、9%、34%；进入第四季度，利润总额增幅有所放缓，10 月同比下降 6%、11 月同比下降 11%、12 月同比下降 15%，第四季度利润整体同比下降 12%。从环比来看，2014 年二季度利润总额较一季度增长 51%、三季度较二季度增长 19%、四季度较三季度增长 16%，2014 年塑料机械行业规模以上企业主要经济指标见表 1。

表 1　2014 年塑料机械行业规模以上企业主要经济指标

序号	指标	金额（亿元）	同比增长（%）
1	出口交货值	90.49	23
2	主营业务收入	531.99	7
3	利润总额	48.04	7
4	主营业务利润	40.55	-6.37
5	流动资产	352.16	1.62
6	应收债款	99.55	8.6
7	存货	103.1	3.85
8	产成品	33.23	1.80
9	资产总计	565.18	9.12
10	负债总计	267.25	9.12
11	主营业务成本	420.93	4.48
12	主营业务税金及附加	2.95	9.78
13	销售费用	26.52	12.17
14	管理费用	36.81	5.82
15	财务费用	4.23	6.43
16	利息支出	4.21	6.85
17	税金总额	18.62	2.29
18	应交增值税额	15.67	1

注：数据来源于国家统计局。

2. 两化深度融合，推行智能制造

博创机械股份有限公司于 2015 年 2 月 28 日成为广东省第一家首批通过国家两化融合体系评定的企业，博创机械股份有限公司始终将信息化带动工业化发展作为企业安身立命之本，不断从先进的生产、信息技术中寻找企业发展的创新优势，将两化深度融合纳入企业的战略发展规划。

3. 科技创新

东华机械有限公司制造的“DKM-R 系列大型橡胶注射成型机”被列入 2013 年度国家重点新产品计划，荣获国家重点新产品称号，这是对东华机械有限公司综合实力、市场表现力、消费者公信力等各方面的认可。该系列产品填补国内空白，

可以满足市场的需要，其性能主要指标已达到国内领先水平，2012 年、2013 年获东莞市科学进步奖一等奖、广东省科学技术奖二等奖。

博创机械股份有限公司生产的 BE 全电动系列塑料注射成型机荣获中国机械工业科学技术奖二等奖。该 BE 全电动系列塑料注射成型机采用全新的机械结构和控制原理，高刚性的机械系统结合全电动注塑机专用的控制系统，可确保机器精密、稳定运行。

二、塑料机械行业进出口情况

据海关数据统计，2014 年中国出口塑料机械 210 923 台，同比增长 55.9%；出口金额为 184 251 万美元，同比增长 6.8%。进口塑料机械 22 245 台，同比增长 122.2%；进口金额 200 271 万美元，同比增长 10.7%。2014 年中国塑料机械进出口月度统计见表 2。2014 年，塑料机械进口额增幅明显大于出口额增幅，贸易逆差有所扩大，达到 16 020 万美元。由表 2 可见，我国塑料机械出口数量远远高于进口数量，但依然出现贸易逆差，其原因在于出口平均单价低，中国塑料机械出口平均单价已下滑至 0.9 万美元/台，仅为进口平均单价 9 万美元/台的 1/10。

表 2 2014 年中国塑料机械进出口月度统计

月份	出口			进口			贸易逆差（万美元）
	金额（万美元）	数量（台）	平均单价（万美元 / 台）	金额（万美元）	数量（台）	平均单价（万美元 / 台）	
1 月	17 153	17 374	1.0	18 672	839	22.3	-1 519
2 月	10 392	3 228	3.2	11 292	2 108	5.4	-900
3 月	13 962	16 098	0.9	18 643	1 879	9.9	-4 681
4 月	15 005	14 585	1.0	16 312	1 405	11.6	-1 307
5 月	15 265	17 386	0.9	15 875	990	16.0	-610
6 月	14 925	14 828	1.0	19 729	1 191	16.6	-4 804
7 月	15 157	11 931	1.3	17 170	1 847	9.3	-2 013
8 月	15 374	16 354	0.9	18 932	1 403	13.5	-3 558
9 月	15 608	22 255	0.7	16 502	1 483	11.1	-894
10 月	15 048	33 763	0.4	13 435	1 201	11.2	1 613
11 月	17 689	21 449	0.8	17 309	6 218	2.8	380
12 月	18 673	21 672	0.9	16 400	1 681	9.8	2 273
总 计	184 251	210 923	0.9	200 271	22 245	9.0	-16 020

注：数据来源于中国海关。

1. 进口

据中国海关数据统计，2014 年中国进口注塑机 7 778 台，同比增长 29.1%；进口金额为 81 137 万美元，同比增长 10.5%。其中 8 月进口额为全年最高，高达 8 308 万美元。从注塑机进口国的统计来看，日本仍然是中国注塑机最大的进口国，在数量和金额上都占有绝对优势。从金额占比来看，日本进口的注塑机金额占中国进口注塑机总金额的 51%，其次是德国和中国台湾，分别是 15% 和 12%，而从中国注塑机进口的平均单价来看，瑞士最高，达到 88 万美元/台；加拿大居第二，平均单价为 67 万美元/台；平均单价最低的是奥地利为 2 万美元/台。2014 年中国注塑机进出口月度统计见图 1。2014 年中国塑料机械进口国别和地区统计见表 3。

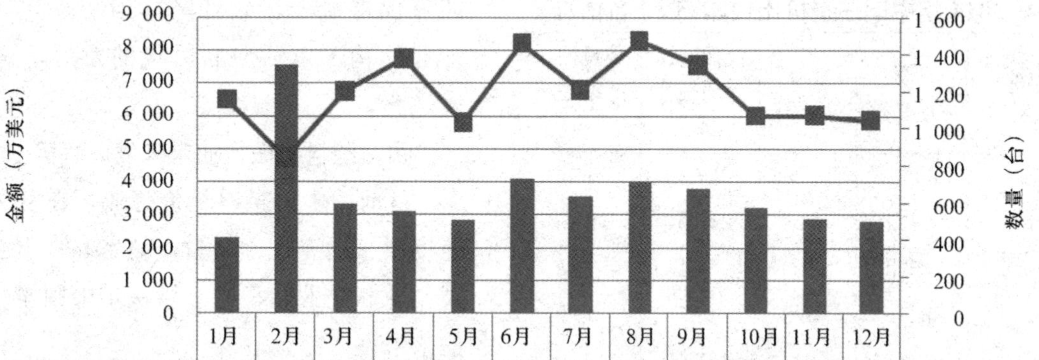

	1月	2月	3月	4月	5月	6月	7月	8月	9月	10月	11月	12月
数量（台）	415	1 351	595	554	509	732	637	714	675	578	517	501
金额（万美元）	6 518	4 742	6 777	7 764	5 829	8 235	6 820	8 308	7 582	6 024	6 047	5 892

图 1　2014 年中国注塑机进出口月度统计

注：数据来源于中国海关。

表 3　2014 年中国注塑机进口国别和地区统计

国家或地区	金额（万美元）	数量（台）	平均单价（万美元 / 台）
日本	41 249	3 825	11
德国	12 346	556	22
中国台湾	9 957	1 157	9
韩国	4 941	407	12
意大利	3 281	89	37
奥地利	2 060	1 068	2
加拿大	1 417	21	67
瑞士	1 142	13	88
美国	447	94	5
法国	355	18	20
其他	3 942	530	7
总　计	81 137	7 778	10

注：数据来源于中国海关。

2. 出口

据中国海关数据统计，2014 年中国出口注塑机 26 087 台，同比增长 9.1%；出口金额达 103 764 万美元，同比增长 9.1%；平均单价为 3.98 万美元/台，同比略有下降。2014 年，每个月的出口数量都呈同比增长状态，表明 2014 年中国注塑机出口稳步发展。而从出口的国家或地区的数据来看，土耳其已经成为中国注塑机出口的最大国，同比 2013 年增长显著，其出口金额占总金额的 8%。其次是美国，出口金额占到 7%。再从同比增长的数据来看，对伊朗的出口金额同比增长 169.4%，出口数量同比增长 194.9%，成为 2014 年中国注塑机出口增幅最大的国家。2014 年中国注塑机出口月度统计见图 2。2014 年中国注塑机出口国前 10 名情况见表 4。

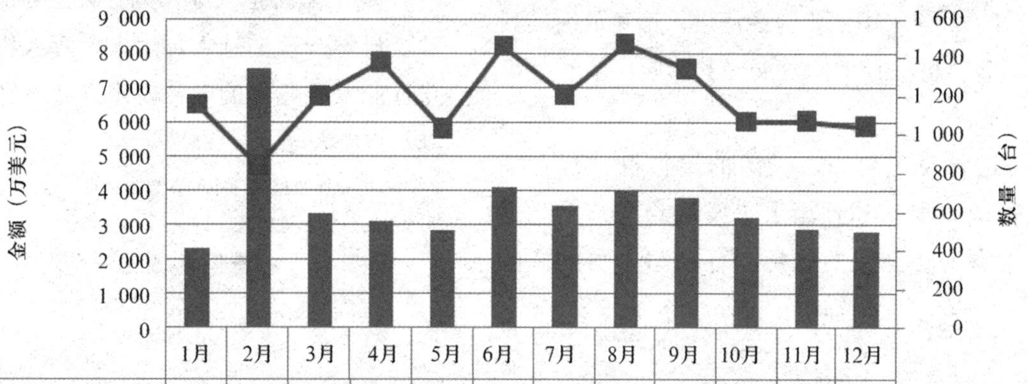

	1月	2月	3月	4月	5月	6月	7月	8月	9月	10月	11月	12月
数量（台）	415	1 351	595	554	509	732	637	714	675	578	517	501
金额（万美元）	6 518	4 742	6 777	7 764	5 829	8 235	6 820	8 308	7 582	6 024	6 047	5 892

图 2　2014 年中国注塑机出口月度统计

注：数据来源于中国海关。

表 4　2014 年中国注塑机出口国前 10 名情况

国家或地区	金额（万美元）	数量（台）	金额同比增长（%）	数量同比增长（%）
土耳其	8 257	1 606	27.5	17.4
美国	7 422	894	16.0	21.5
越南	6 623	2 190	54.1	73.8
泰国	5 475	899	-14.7	13.8
伊朗	5 461	1 743	169.4	194.9
巴西	5 316	1 136	-17.3	-19.9
印度尼西亚	4 665	1 064	-25.1	-24.8
中国香港	4 143	896	32.9	3.1
韩国	3 930	1 123	-11.5	-14.6
马来西亚	3 714	975	1.4	-13.8

注：数据来源于中国海关。

三、塑料机械行业发展面临的新形势

2014 年，塑料机械行业经历了历史性的转型，面临着以下新形势：

（1）塑料机械加工行业由注重量的增加转向质的提升和效益的提高，企业逐渐加快转型升级步伐。

（2）产能过剩、企业组织架构不合理等问题愈加凸显，企业内部对于市场的变化不能及时做出反应，还无法完全适应和满足市场的需求。

（3）生产要素成本不断增加，资源、环境、能源的约束日趋增强，塑料机械行业市场的压力加大。

（4）目前，由于我国经济进入增速放缓的新常态，塑料机械行业的发展受其影响，增长速度也逐渐放缓。

在这种新形势下，我国的塑料机械行业需要正确认识现状和预测未来发展趋势，主动适应新常态，让企业的思想和行动与中央的决策能够保持统一，始终坚持创新驱动，合理调整产业结构，以适应新时代的发展，走可持续发展道路。

四、塑料机械行业未来发展趋势

目前，中国塑料机械行业正在从大规模和高速度增长向专注于质量、效率和环保上转变，科技创新和企业转型升级将决定中国塑料机械行业的未来。

塑料机械工业的发展依赖塑料原料工业、塑料制品加工工业的发展，塑料机械行业总的发展趋势必然是朝着组合结构、专用化、系列化、标准化、复合化、微型化、大型化、个性化和智能化的方向发展。为适应塑料原料、塑料制品加工行业的需求，塑料机械企业要能够做到以下 5 个坚持，以适应行业的未来发展趋势。

（1）坚持把创新摆在发展全局的核心位置，完善有利于创新的制度环境。

（2）坚持把质量作为企业建设的生命线，强化企业的质量主体责任，加强质量技术攻关、自主品牌培育。

（3）坚持把可持续发展作为企业建设的重要着力点，加强节能环保技术、工艺及装备的推广应用。

（4）坚持把结构调整作为企业建设的关键环节，大力发展先进制造业，改造提升传统产业，推动生产型制造向服务型制造转变。

（5）坚持把人才作为建设企业的根本，建立健全科学合理的选人、用人、育人机制，加快培养行业发展急需的专业技术人才、经营管理人才以及技能人才。

〔因统计数据来源不同，数据会有一定出入，不影响对注塑机行业的总体形势判断。〕

〔撰稿人：博创机械股份有限公司饶启琛〕

中空塑料吹塑成型机行业概况

一、行业基本情况

中空塑料吹塑成型机一般简称中空吹塑机，又称为中空机、吹塑机，是塑料加工行业的三大重要装备之一。

中空塑料吹塑成型机主要由机头、挤出塑化装置（挤出机）、机架、合模机、吹胀装置、液压系统、伺服液压系统、气动系统、电气控制系统、以及模具和周边辅助设备等组成。

近年来，中空塑料吹塑成型机已经由过去的单一机组向中空吹塑机生产线发展，且发展速度越来越快。这种中空塑料吹塑机生产线主要由中空塑料吹塑成型机、全自动上料机、全自动混料机、全自动后冷却去飞边设备、全自动贴标机、飞边输送设备、飞边粉碎机、称重设备、气密测试设备、成品打包设备及输送设备等组成智能化的全自动吹塑机生产线。随着吹塑机生产线的问世与不断发展，不仅减轻了操作人员的劳动强度，同时还大幅度提高了生产效率与产品质量。今后在一些大宗吹塑产品的生产中，将出现更多的专业吹塑机智能化生产线，这些吹塑机生产线的进步与发展，将带来许多塑料吹塑制品的产业化集中和规模化生产。这种技术的进步与发展，希望能够引起吹塑机设备生产厂家与吹塑制品生产厂家的高度关注与重视，争取在吹塑机智能化生产线相关技术领域，特别是一些吹塑机的关键核心技术方面取得更多的技术突破与创新发展。预计未来几年内，吹塑机智能化生产线的相关核心技术的进步与创新将是决定吹塑机生产线制造厂家生死存亡的关键。

我国大陆中空塑料吹塑成型机制造行业受到国际金融危机影响后，因多国经济不振进入调整期等综合因素的影响，导致我国中空塑料吹塑成型机的总体出口量减少。受国内一些行业在前几年高速发展后进入一段时间的调整期，因国内经济发展放缓等多种因素影响，市场对中空塑料吹塑成型机的需求出现负增长，从而导致我国中空塑料吹塑成型机整个行业的生产、销售与上年相比，除少数明星企业以外，均有不同程度的下降。其中，一些企业下降幅度较大，少数企业由于经营不善和多年积累的各种管理问题出现停产、半停产状态。有几家企业由于许多问题的积累，出现生产、销售难以为继资不抵债的状况，只好走企业破产和企业重组的道路。

在这种经济发展速度放缓，经济环境相对困难的情况下，一些明星企业依然继续保持2012年度的发展势头，迎难而上，进一步加强企业内部管理、产品研发、技术创新市场开拓等方面的工作，努力克服各种困难开发市场，产销仍然保持上年的基本水平。在加快产品研发和技术创新工作方面有了一些新的进展，设备制造水平与设备制造质量不断提高，中空塑料吹塑成型机的一些重要技术项目获得重大技术突破，部分重要零部件的研发、制造打破国外同行的长期垄断地位，研制出更加适合中国国情和现状的关键部件与设备，使其达到一个更高的技术水平。

在明星企业中，苏州同大机械有限公司、陕西秦川机械发展股份有限公司、香港雅琪集团广东开平塑料机械厂2013年度中空塑料吹塑成型机销售产值均达到1.6亿元以上，继续保持了2012年度的发展势头。

在中国塑料机械工业协会组织的“2013年度中国塑料机械行业优势企业排序”中，苏州同大机械有限公司、陕西秦川机械发展股份有限公司、广东乐善机械有限公司进入中国中空塑料吹塑成型机制造行业前 3 强。

凭借中空塑料吹塑成型机优势，明星企业研发和制造的吹塑机设备、吹塑机智能化生产线进入世界的一些高端市场，许多吹塑设备与吹塑机智能化生产线已经进入欧美国家，高性能、高效率、高质量、高性价比得到了这些发达国家吹塑制品行业厂家的肯定。一些高端的中空塑料吹塑成型机设备的研发技术水平与制造质量已经达到世界先进水平。

但是，国内个别中空塑料吹塑成型机制造企业的研发、制造水平不高，设备质量以及稳定性、耐用性较差，少数设备出口到一些欠发达国家，由于设备质量差、后期技术服务与配件供应等方面的多种原因，影响了一些吹塑机设备的正常使用，从而影响了中国制造吹塑机设备的声誉，值得引起吹塑机制造厂家全行业的高度重视，应加以改善。

二、主要企业生产、研发情况

1. 苏州同大机械有限公司

苏州同大机械有限公司主要研发、生产 10mL ～ 5 000L 全系列的中空塑料吹塑成型机组与高速，全自动智能化生产线，该产品除在国内销售以外，其中 46% 的吹塑机设备销售到海外 68 个国家和地区。2013 年，该公司生产销售各种不同规格的中空塑料吹塑成型机组、生产线约 500 台（套），实现销售产值 2 亿多元。

2013 年，公司继续保持 2012 年度的发展势头，加快技术创新步伐与新产品研发的速度，成功研制多款新型中空塑料吹塑成型机组和智能化生产线，5L、15L、30L 双工位高速吹塑智能化生产线的研制和不断的技术创新与技术进步，进一步为中小型塑料桶的高速生产和全自动智能化生产奠定了良好的基础，为国内外吹塑制品制造厂家提供了更多的优质中空吹塑机智能化生产线。在成功研制 TDB-2000L、TDB-1600L 吹塑托盘高速生产线的基础上，成功研制出了 TDB-500L、TDB-800L、TDB-1200L 等多款单层、多层吹塑托盘高速生产线，并且成功实现了与生产其他大型吹塑容器兼容，有效提高了大型中空塑料吹塑成型机生产线的利用效率和降低容器制品厂家的设备采购成本，已经有多条吹塑托盘生产线销售到海外吹塑制品厂家。

2013 年，该公司不断推进全系列的中空塑料吹塑成型机的各类技术创新工作，进一步优化塑料成型机头的流道设计和大幅度提高吹塑机的制造水平，成功研制出具有国际领先水平的复合流道技术，并且通过中国塑料机械工业协会组织的专家组鉴定，大幅度提高了中空塑料吹塑成型机设备的换色、换料的工作效率。同时，还将多项新技术应用到公司过去出厂的老设备上，为老设备更换具有先进技术水平的重要零部件，大幅度提高了吹塑制品生产厂家的生产效率与制品质量，并且极大地节约了换色、换料的原料成本和缩短了换色、换料的周期，受到了新老吹塑制品生产客户的欢迎与肯定。

2013 年，公司在 2012 年度研制成功 TDB-50AT 专用吹塑机组的基础上进一步研发多款汽车吹塑零部件的吹塑机智能化生产线，这些吹塑机生产线主要用于吹塑成型汽车塑料风管制品。这些风管可采用两种不同材料成型，可实现风管软—硬—软，硬—软—硬材料的转换，满足部分汽车特殊风管的吹塑成型。这些吹塑机生产线的研制成功，可为汽车吹塑配件制品生产厂家提供新的设备选择，与同类进口设备相比，可节约较多投资。经过测试与生产，这些吹塑机生产线完全达到了同类进口设备的功能和生产效率，吹塑成型的风管制品达到同类进口吹塑机设备加工成型的质量水平。

2013 年，公司进一步加大对超大型、重型数控加工设备的资金投入，充分发挥超大型数控龙门加工中心的作用，实现对宽度 2 500mm、长度 6 000mm、高度 2 200mm 的超大型部件的精细加工，确保这些超大型部件的加工质量与精度要求。同时，公司实现对所有大型零部件与结构件进行时效处理与表面喷砂处理新技术的应用，对进一步提升大型、超大型中空塑料吹塑成型机的内部质量，消除这些零部件的残余应力取得了很好的效果。2013年，公司引进多种数控加工、材料处理方面的新技术与新设备，大幅度地提高了中空塑料吹塑成型机的内外质量水平。

2013年，公司加快与科研院所的合作步伐，与江苏科技大学合作建立的企业研究生工作站，研制了多个不同型号的新型中空塑料吹塑成型机组与生产线，其中TDB-2000L吹塑托盘生产线获得2013年度中国机械工业科学技术进步奖二等奖。2013年，公司还与北京化工大学、华南理工大学、江苏工业大学等多所大学的专业研究院所进行了多个专业技术研究项目的合作，这些研究工作进展顺利。公司聘请德国工程师进行中空塑料吹塑成型机的设计工作，所有这些新技术的研究与新型设备的研制工作均取得较快的技术进展，已经取得许多阶段性的技术成果。2013年，公司申请国家发明专利权10余项，实用新型专利权与外观设计专利权共20余项，在独立研发与合作研究方面均取得较快的进步。

2013年，公司在独立研制成功“动则灵”柔性曲环径向控制系统的基础上，进一步完善了创新技术，在柔性环径向控制技术方面取得新的技术进展，特别是在实时调整与控制方面取得了新的技术突破。公司在多款机型上广泛推广使用伺服电动机液压节能系统，使这些设备实现了节能、高速、高效运行。由于许多新技术在中空塑料吹塑成型机实现应用，进一步提升和稳定了该公司在吹塑机方面的技术优势。

公司研制成功的TDB-2000L、TDB-1600L两条高强度吹塑托盘生产线主要用于研制、生产高强度吹塑托盘，在其子公司——张家港市同大机械有限公司运行良好。2013年，各种不同规格高强度吹塑托盘生产、销售工作取得了良好的效果。同时，张家港市同大机械有限公司起草了《吹塑平托盘》国家标准推荐稿，已经通过中国托盘委员会组织的专家组评审，修改形成了《吹塑平托盘》国家标准送审稿，预计在2015年即可通过国家发布。截至2013年底，张家港市同大机械有限公司共研制了20多款高强度吹塑托盘，其中1 600mm×1 600mm×150mm超大型吹塑托盘、1412内叉口吹塑托盘、1513多种规格免人工卸货吹塑托盘等不同用途的吹塑托盘均是国内首创并投入大批量生产。

2013年，公司继续开展吹塑技术培训班的技术培训工作，加快为国内客户培训吹塑技术人才，截至2013年底，公司共为国内客户培训吹塑技术人才和设备调试人才400多名，对于稳定和提高吹塑制品厂家的技术水平和稳定制品质量起到了较好的作用。

2013年，公司建立了江苏省级机电技术研究中心，通过相关国家管理部门的批准与认证，为公司今后更加深入，广泛地研究中空塑料吹塑成型机的各类相关技术、进一步提升企业的各项技术水平和提高对高新技术的研发与创新能力打下了坚实的基础。

2. 陕西秦川机械发展股份有限公司

2013年，陕西秦川机械发展股份有限公司基本保持平稳的发展势头，实现销售产值约1.6亿元。制造、销售各种较大型规格的中空塑料吹塑成型机组120台（套）。

2013年该公司继续深化研究的新产品有：

(1) SCJC30×3三层带液位线塑料挤出吹塑中空成型机。SCJC30×3三层中空成型机主要用于生产20～30L三层带液位线包装用塑料桶，该塑料桶主要用于液体及固体化工危险品及非危险品包装、食品包装、日用化工产品包装。制品采用三层结构，三层可各自采用不同的配方，可避免被包装物的污染，并减少生产过程中各种塑料添加剂（如色母料）的用量，在内外两层用新料，保证制品外观和包装卫生标准的前提下，中间层可部分或完全采用回收料降低生产成本，为社会提供对环境更友善的包装产品，提高制品循环回收利用率。

该机组采用了先进设计的三层共挤机头、专利技术成型机锁模机构、底吹机构等的设计改变了传统的上吹模式，使设备更适合于高质量产品的生产。

（2）SCJJ50 塑料节能型中空机。SCJJ50 塑料节能型中空机主要用于生产以吹塑级高密度聚乙烯为原料的中空容器，如化工原料容器、涂料桶、食品包装桶、汽车风管等。SCJJ50 塑料中空机生产的中空容器的容积范围为 30~50L。

SCJJ50塑料节能中空机采用节能降耗新技术，最大限度的为用户降低使用能耗，实现最大的经济效益。

SCJJ50 塑料节能中空机采用的主要新技术包括两个方面：

1） 设备的加热系统采用了先进的电磁感应加热系统，替代原传统的铸铝加热圈和陶瓷加热圈加热，较传统加热方式加热时间缩短，加热能耗降低，加热系统可实现节电≥ 40%。

2） 液压系统采用伺服电动机液压节能动力系统技术，较一般传统的液压系统节能 70%。

同时，还继续深化研究多项中空吹塑机的节能技术，并且继续改进中空吹塑机的外观设计与外观质量。

3. 香港雅琪集团广东开平塑料机械厂

2013 年，香港雅琪集团广东开平塑料机械厂继续保持着 2012 年的平稳发展势头，实现销售产值约 1.6 亿元，制造、销售多种型号规格的中空塑料吹塑成型机组、生产线 200 多台 (套)。

公司在 2012 年研发成功 LIN-90-TSI 中空塑料吹塑成型机高速生产线的基础上，2013 年进一步完善这些智能化生产线，加大移模行程，改进外观设计，采用全电动驱动，这些生产线采用双工位生产 20 ～ 30L 塑料桶，可实现单模头、双模头生产。生产线设计合理、制造工艺精良、设备运行稳定可靠、外观美观大方。一些生产线采用伺服电动机液压系统节能明显，各个运行动作平稳、噪声低。生产线为全自动生产线，可以实现全自动智能化生产，可实现无人化或少人化生产，对提高吹塑制品工厂的自动化水平和提高制品质量水平起到很好的保障作用。中空塑料吹塑成型机全自动生产线的技术水平达到了世界领先水平。此外，公司进一步完善全电动生产线的研制，已经成功研制了多种规格的全电动智能化生产线。

公司研发制造的多种规格型号的全自动中空塑料吹塑成型机生产线除满足国内高端制品厂家的需求外，主要出口到海外市场，满足海外吹塑制品生产厂家对高端设备的需求。该公司在中空塑料吹塑成型机方面每年均有多项技术创新。在国际市场上，该公司的中空塑料成型机组、生产线高端机的研发、制造、销售等方面占有重要地位。

2013 年，公司除研发、制造多款先进可靠的中小型中空塑料吹塑成型机组、生产线以外，还制造、销售了多款大型中空塑料吹塑成型机组、生产线，研发与制造水平及设备质量均有较快的提高与进步。

三、中空塑料吹塑机生产线关键配套技术与关键零部件的研发现状

1. 塑料型坯控制系统

塑料型坯控制系统主要有轴向型坯控制系统 (AWDS) 和径向型坯控制系统（PWDS），国内中空塑料吹塑成型机已经普遍采用轴向型坯控制系统，径向型坯控制系统采用较少。近几年，国内一些中空塑料吹塑成型机的研发、生产优势企业投入了较大的人力、财力进行了相关技术的研究与试验，已经取得重大技术进展。从近年的试验情况来看，国产径向型坯控制系统的新技术的突破已经获得非常可喜的进步，在未来几年内将加快技术推广的步伐，形成新的市场竞争力。径向型坯控制系统主要有 3 种控制模式：①柔性曲环径向型坯控制系统（又称弹性环径向型坯控制系统）；②口缘修型式径向型坯控制系统；③飘移口模径向型坯控制系统。

过去，柔性曲环径向型坯控制系统主要技术由德国的一些厂家掌握，市场售价很高，例如用于 200L 塑料桶成型机的一套柔性环径向控制系统配套价格在 20 万欧元左右。近几年，苏州同大机械有限公司进行了深入的研究与试验，从构成柔

性环的材料、计算机设计、计算机模拟试验、柔性环热处理、精密加工和装机试验等方面做了大量的工作，已经初步形成了适合中国国情的柔性环型坯控制系统。与德国同类产品比较，具有制造成本较低、操作维护方便、控制精度高、耐用度高、应用机型广泛等特点。2013年，在柔性环的精确控制与调整方面，苏州同大机械有限公司有了新的技术突破与创新，今后在中、高端中空塑料吹塑成型机组上可望获得较多的应用与普及推广。

口缘修型式径向型坯控制系统是陕西秦川机械发展股份公司研发成功的径向型坯控制系统，经过多年的使用，技术已经基本成熟，该技术主要应用于该公司生产的SCJ-230的吹塑机上，主要用于生产200L的双L环塑料桶。

飘移口模径向型坯控制系统目前主要技术为德国相关厂家掌握，主要用于汽车塑料风管生产的吹塑机组上，该技术对型坯壁厚相差较大的风管类吹塑制品有独特的控制优势。2013年，苏州同大机械有限公司开展对这项高难、高新技术的研究工作，并在机械实体制造方面取得了重大技术突破，今后将主要研究飘移口模的精准控制和提高控制性能。该技术如果在近年内获得突破，将实现汽车塑料风管吹塑生产中的径向壁厚的精准控制，使国产中空塑料吹塑成型机的型坯控制技术跨上一个新的高度。

国内已有多家研究所、厂家能够研发与生产用于轴向与径向型坯控制的液压伺服阀。上海衡拓实业发展有限公司（上海704所）研发、制造的射流管式伺服阀具有抗污染能力强、反应速度快、耐用度高、规格、型号较多、维护方便等特点，已经完全可以取代进口伺服阀的使用。

用于多点型坯控制使用的伺服阀控制器，国内已有厂家研制成功30点的塑料型坯控制器，其他更多点数的控制器技术研发工作还没有获得更多的突破。目前，多数中空塑料吹塑成型机制造厂家普遍采用MOOG控制器与相关配套产品。苏州同大机械有限公司电气部研究人员采用以太网技术，将型坯壁厚控制技术与触摸屏技术完美结合在一起，实现了触摸屏技术与PLC控制器的高速控制，提高了运算速度，大大提高了控制精度与速度，实现了型坯壁厚控制技术的简化并且大幅度提高了其控制精度。

2.PLC程序控制器

目前，中空塑料吹塑成型机普遍采用日本、德国产PLC程序控制器，因国产相关控制器研发工作严重滞后，到目前为止，还没有合适的国产PLC程序控制器可供采用，值得引起相关控制器研发厂家的重视。2013年，这些关键控制器的国产化仍然没有突破性的进展。在设备的智能化控制器方面，建议国家相关部门给予足够的重视与关注，这是确保国家重大技术安全的重大事项。

3. 伺服电动机液压控制系统

目前，已有多家中空塑料吹塑成型机研发、制造厂家在中小型吹塑机上推广使用伺服电动机液压系统，节能效果明显，单项节能可达40%左右，设备的技术档次明显提升，从机型和制品成型周期的情况来看，制品容积≤50L，成型周期≤90s以内时，采用伺服电动机液压系统有明显的节能优势和较高的性价比。制品成型周期较长的产品和大型、超大型中空塑料吹塑成型机组、生产线可采用其他的节能技术，如液压储能节能技术等。

4. 伺服电动机直驱挤出机节能系统

伺服电动机直驱挤出机控制系统已经在塑料挤出机生产线上获得应用，节能效果比较明显，单项节能可达30%～40%。由于中空塑料吹塑成型机挤出机的工况与挤出机生产线有较大差别，简单的采用移植该技术的方法难以满足吹塑机的工艺要求。苏州同大机械有限公司与国内某知名工业大学合作继续进行相关技术的研究，已经获得重大技术进展，并且已经取得了阶段性的技术成果，但大功率永磁伺服电动机的应用还在进一步的试验中，预计近几年内可获得关键性的技术突破。

5. 高效、节能挤出机塑化系统

高效、节能挤出机塑化系统一直是中空塑料吹塑成型机的主要零部件，对于提高吹塑机的产能和工作效率起到非常关键的作用，一直是各个吹塑机研发、制造厂家技术研发的重点之一。近年来，随着不同 HMWHDPE 材料的广泛应用，能够顺利加工这些材料的挤出机塑化系统成为吹塑机技术进步的一个重要方向。2013 年，苏州同大机械有限公司加大投入资金与技术力量，研制出多种不同规格的高效、节能挤出机塑化系统，满足了如齐鲁石化生产的 DMDY1158、新疆独山子石化 5420 高分子量粉料聚乙烯的需要，在提高塑化效果与能力的同时，降低能耗、提高设备稳定性、使用寿命等方面取得了较好的效果。

6. 多层吹塑成型机头

多层吹塑成型机头是中空塑料吹塑成型机的重要零部件之一，对于塑料型坯的有效形成与制品壁厚的均匀分布起到非常关键的作用。陕西秦川机械发展股份有限公司研制的汽车六层塑料燃油箱的成型机头、200L 塑料桶的双层成型机头，苏州同大机械有限公司研制的四层带液位线成型机头、多层顺序挤出机头、多层大型和超大型储料机头、超大型扁平储料机头等高效吹塑成型机头的研发代表了近年来中空吹塑机制造行业的技术创新水平。例如，超大型扁平储料机头的技术创新，给许多大型、超大型扁平形状的吹塑制品成型开辟了一条新的技术路线。2013 年，公司加大投入研制了多种大型、超大型多层储料机头，在多层储料机头的研制方面获得多项专利权，并在公司自已精密制造多层储料机头方面加大数控精密加工设备的资金投入，取得了较好的效果。

四、2013 年度重点新产品介绍

（1）苏州同大机械有限公司 2013 年研制的 TDB-50F 生产线，是采用复合流道技术的智能化吹塑机生产线。该生产线经过中国塑料机械工业协会组织的专家组鉴定，具有以下特点：

1）采用 CAE 技术与经验设计相结合的方法，保证了一次试模成功及成形精度，缩短了设计周期，降低了生产成本。

2） 创造性地提出了多层（13 层）复合流道的设计方案，解决了塑料熔接痕的技术难题，有效保证了聚合物在成型过程中的均匀性，扩大了设备对原料的适应范围，提高了塑料制品的综合性能。

3）项目组提出了复合流道的多种拓扑结构形式，找出了塑料原料在复合流道中的流动规律，总结了结构和尺寸参数等对中空成型机性能影响的经验公式，为进一步推广使用该技术奠定了基础。

4）开发了智能化后冷却自动去飞边装置，去飞边效果更好，同时满足了系列内多种规格产品去飞边装置快速更换的要求。

5） 该生产线经张家港市产品质量监督检验所检测，各项技术指标达到要求。已申请国家发明专利 6 件、实用新型专利 10 件。经用户试用，生产线性能稳定可靠、操作方便、节能环保，其中原材料消耗可降低 5% ～ 10%，每公斤原料节能 3% ～ 5%。

鉴定委员会一致认为，“TDB 系列智能化复合流道中空成型机生产线”总体技术水平达到国际先进水平，其中复合流道技术居国际领先水平。

到目前为止，该生产线的多项先进技术已经推广使用到苏州同大机械有限公司制造的 TDB-25A 到 TDB-3000B 的系列产品中，较快地提高了国产吹塑机生产线的整体技术水平。

（2）江苏大道机电科技有限公司 2013 年研制出 DDSJ350X6 多层共挤塑料中空吹塑机生产线，用于生产 6 层汽车燃油箱。该生产线挤出机采用伺服电动机控制驱动，调速快，稳定节能；采用伺服电动机移模系统、多层共挤型坯流道采用螺旋流道、多层型坯具有分布均匀没有熔接痕、主液压系统采用伺服电动机驱动。经过一年多的生产运行，该生产线具有塑料型坯分布均匀、生产效率高、设备稳定性好、节能、技术性能先进可靠等特点，其综合性能达到了国内领先水平。该生产线完全可以替代德国相关企业的汽车燃油箱生产线，体现了中国中空塑料吹塑成型机制造行业研制能力的较高水平。

五、技术研发趋势分析与建议

近几年，国外制造行业虽然受到国际金融危机的较强冲击，经济复苏缓慢。但是，由于各国工业发展的不均衡，对中空塑料吹塑成型机组、生产线的出口需求仍然有一定的增长。同时，随着国内经济发展进入常态化的发展轨道，国内各省（区）间的发展不均衡也会造成市场的不同需求，各种吹塑制品的提档升级，都给中空塑料成型机制造行业提供了机遇和机会，值得国内相关设备制造厂家加以重视，进一步做好市场细分工作，采用不同档次的设备去适应国内外吹塑制品厂家的不同需求与需要。但是，不管哪种类型的吹塑机设备，运行稳定可靠是最基本的条件，吹塑机设备的高可靠性仍然是国内研发、制造中空塑料吹塑成型机的整个行业应该特别重视的环节。采用低质、低价、恶性竞争的方式已经不能适应未来国内外市场的变化了，只会加快制造企业的破产与倒闭。

在欧美等发达国家和地区的中空塑料吹塑成型机的需求市场上，由于20世纪八九十年代投入使用的吹塑机设备已经陆续进入更新换代期，目前这一趋势仍未改变。因此，这些市场对技术先进、设备运行稳定可靠、产量高、节能效率高、自动化程度高，可实现无人化、少人化操作的智能化中空塑料吹塑成型机组、生产线的需求较为迫切。国产吹塑机设备的配套生产线方面建议将改进重点放在高效塑化系统、高性能机头、高度节能的合模系统、具有长期稳定性和高质量的模具、高稳定性的去飞边系统，以及高质量的周边辅助设备等方面。

发展中国家对中空塑料吹塑成型机组、生产线有不同的市场需求，主要看重的是设备具有稳定可靠，换色、换料时间周期短，节能、操作简单，调试、调整简单快捷方便，设备价格相对较低等特点。

国民经济进入发展新常态以后，国内吹塑制品行业已经悄然发生了较大的变化，随着用工成本、水电价格、塑料原料价格的不断攀升，对中空塑料吹塑成型机组、生产线已经产生了许多新的要求。

对大宗塑料桶产品，特别是对计量要求较为准确的吹塑桶产品，其液位线计量准确与控制精准的要求已现端倪，加大对吹塑容器液位线精准控制技术研究的投入力度是未来这类吹塑机生产线的必然方向。

近几年，国内物流业发展迅速，对耐用型吹塑托盘的需求量将有较快的增长，随着各地一些大型冻库的建设使用和冷链物流的发展，对抗低温的吹塑托盘、吹塑型储物箱、冷藏箱的需求将有较快的增长，特别是适用于生产线要求的吹塑托盘将是这类吹塑托盘产品与吹塑成型设备的重要研究领域。

在国内物流市场托盘租赁运输与托盘对流运输发展不完全的情况下，免人工卸货吹塑托盘的市场有较大的发展空间，特别是大宗货物的铁路、公路运输等方面免人工卸货吹塑托盘将是未来几年的发展重点之一。同时，随着标准化托盘的推广与对流运输、托盘租赁等的大力推行，耐用型标准化吹塑托盘的生产线将获得较快发展，应加快其相关技术研究与创新的速度与力度。

传统农业使用的大型和超大型储水罐、抢险救灾需要的小型救生设备、塑料担架、应急物流需要的吹塑型塑料集装箱等旅游、休闲用的许多吹塑制品均对中空塑料吹塑成型机组提出了各种不同的要求，这些市场的不同需求，必然将带动中空塑料吹塑成型机的技术创新与技术进步，值得引起中空塑料吹塑成型机设备研发、制造行业的厂家高度重视。

1. 自动化程度更高的大型和超大型中空塑料吹塑成型机组、生产线

（1）大型和超大型多层塑料储水罐、储水箱生产线。随着现代化设施农业的推进，以及缺水地区改善生产、生活环境的需要，大型和超大型塑料储水罐、储水箱在国内外市场均有一定的需求。从目前的情况看，主要是需要提高这类设备的设计水平和制造质量，不断提高设备运行的稳

定性和可靠性。技术改进上主要应该在挤出机塑化系统、储料机头、合模机和液压系统等方面做进一步的提高和改进，多层大型和超大型储水罐将是发展方向。

（2）各种不同规格的吹塑托盘生产线。吹塑托盘随着国内外物流业、冷链物流、大型冷冻库、高位货架、化工、化肥、粮食加工等各行业的高速发展，特别是工作环境温度较低的状态下，吹塑托盘具有其独特的优势，在未来多年内将有一个稳定发展期，多种不同规格的吹塑托盘专用生产线将会获得长足的发展。随着托盘标准化的推进与托盘周转运输的推进，以及托盘租赁业的发展，标准化通用吹塑托盘将获得更多的市场份额。新型吹塑托盘生产线将主要集中在500型、800型、1200型、1600型设备。随着对环境保护要求的提高和降低吹塑托盘成本的市场迫切需要，多层吹塑托盘将是未来吹塑托盘发展的主流。多层吹塑托盘里、外层采用全新料，内层采用回用料，吹塑成型。因此，研发多层吹塑托盘中空塑料成型机组、生产线是未来几年吹塑托盘成型设备的主要重点之一。此外，由于企业用工成本的不断上升和吹塑托盘生产规模的扩大，采用机器人操作系统自动去飞边智能化的吹塑托盘生产线的研制将受到重视。同时，对报废的吹塑托盘高效节能回收设备也将是研发重点之一，这一发展趋势将可能加速。

（3）特种大型、超大型吹塑制品成型机组与生产线。随着吹塑制品的不断开发，一些特种大型、超大型吹塑制品的生产有了市场需求，与之配套的吹塑成型设备有了研制的市场基础，因此，一些专用吹塑制品的成型设备、生产线将是研发的内容之一。

2. 各种不同规格全自动智能化中空塑料吹塑成型机组、生产线

（1）随着中空塑料吹塑成型机组、生产线的更新换代，市场需要各种不同规格的全自动化吹塑机，高速节能、无人或少人操作智能化的全自动吹塑生产线将受到更多的重视。全自动吹塑成型，全自动去飞边、自动计量、自动检测、自动打包、全自动粉碎边料等吹塑成型全自动智能化生产线将是未来几年的重点发展方向之一。

（2）多维吹塑成型机组、生产线。我国目前已经成为汽车制造大国，随着汽车制造的升级换代，与汽车配套的多种塑料风管及其他塑料管道将采用更多的多维吹塑成型设备，确保风管与管道的吹塑成型质量。未来几年各种不同配置的多维吹塑成型设备的研发也是重点之一。

六、行业发展趋势分析

（1）中空塑料吹塑成型机的制造企业目前虽然较多，随着明星企业技术创新工作和各项管理创新工作的推进，研发能力与创新能力不断提高，近几年来明星企业的销售产值与二线厂家的距离明显拉大，国内外市场认可度进一步提高，这种研发、制造、销售能力的进一步集中将会更加突显，明星企业的品牌效应已经开始显现与形成。随着明星企业不断的管理创新、技术创新、市场细分等工作不断深入，有利于我国中空塑料吹塑成型机制造行业的市场竞争规则正在逐步形成，国内相关明星企业研发、制造的中空塑料吹塑成型机组、生产线已经获得国内外诸多客户的认可，这种趋势2013年已经非常明显并将进一步加快发展。未来几年将是国内一些中空塑料吹塑成型机优势、明星制造企业的重要发展机遇期，将可能获得更加快速、更加稳定的发展。

（2）一些专用中空塑料吹塑成型机型的研发与生产将会更为专业化，设备的技术创新需要有一个较长时间周期，许多创新经验不是短期内可以取得的。专机的研发与制造、销售将向一些厂家汇集，有利于逐步形成中空吹塑机市场的分工。

（3）一些中低档次，设备性能差，服务不周的中空塑料吹塑成型机的市场销售竞争将进一步加剧，这类设备制造厂家的市场状况将可能进一步恶化，有可能推动相关企业的重组或是淘汰直至破产。

（4）随着国家创新战略的调整与新型战略的深化，产学研的合作步伐将明显加快，新型吹塑机的研发周期将进一步缩短，技术创新的水平将进一步提高，一些具有高度技术创新的吹塑机生产线将获得技术上突破，许多新的吹塑制品将可能在更多领域获得应用。

〔撰稿人：苏州同大机械有限公司邱建成〕

塑料挤出发泡成型机械行业概况

一、行业发展概况

泡沫塑料是由大量气体微孔分散于固体塑料中而形成的一类高分子材料，也就是以气体为填料的复合塑料。由于发泡材料中含有大量气体，因此，不仅质量轻、比强度高，而且具有优异的隔热、隔声、缓冲等性能。近 20 年来，国内外泡沫塑料工业发展很快，应用面越来越广，特别在包装、运输、建筑等行业，泡沫塑料已占有不可取代的地位。因此，塑料挤出发泡成型机械在塑料机械领域中的地位也日益提高。

随着科学技术的发展，新的泡沫塑料品种、新的成型方法不断出现并逐渐完善。针对塑料发泡产品市场的巨大需求，国内塑料发泡机械生产企业加大科研投入并不断引进、消化、吸收国外先进技术，大力开发塑料发泡技术和加工装备。我国塑料发泡机械历经了从无到有、从小到大、从弱到强的艰难历程，形成了具有自主知识产权和较强国际核心竞争力的朝阳产业。目前，我国塑料挤出发泡成型机械行业具有规模以上生产企业 100 多家，可生产板、片、膜、网、异型材、管、棒等 9 大系列 200 多个品种的塑料发泡机械，具有年产 5 000 多台 (套) 的生产能力，产品远销到 200 多个国家和地区。随着科学技术的发展，泡沫塑料的用途被逐步认识，并逐步扩大。当前，泡沫塑料的应用已遍及各行各业，特别是在包装、建筑业、生活日用和高科技等领域，泡沫塑料已占有不可取代的地位。进入 21 世纪以来，我国塑料工业，特别是我国塑料挤出发泡机械工业取得了科学发展、跨越发展。

二、 生产发展情况

塑料发泡材料品种繁多，分类方法也多种多样。塑料发泡材料的分类方法如下：根据发泡倍率不同可分为高发泡塑料和低发泡塑料两种；根据泡体质地的软硬程度，可分为硬质泡沫塑料和软质泡沫塑料以及半硬质泡沫塑料；根据泡孔结构可分为开孔泡沫塑料和闭孔泡沫塑料；按照发泡原理不同，可分为物理发泡塑料、化学发泡塑料和机械发泡塑料 3 种，其中机械发泡塑料由于其发泡率低、泡孔分布不均匀、生产耗能较大，应用范围并不广。当前，国内塑料生产企业主要生产物理发泡塑料和化学发泡塑料的挤出成型设备。

(一) 物理发泡塑料挤出机械

1. 市场应用及分布情况

塑料物理发泡是在挤出成型过程中利用发泡剂的物理相态变化，形成大量气体并均匀分布在高分子材料的过程。物理发泡塑料挤出机械主要用于生产发泡倍率在 4 倍以上的产品，由于发泡倍率较高（一般达到 20 ～ 60 倍）、质轻，广泛应用于保温、隔热、包装等领域，其主要代表产品有 XPS 型、PSP 型、EPE 型、EPP 型物理发泡塑料挤出机械等。

据不完全统计，我国专业从事物理发泡塑料挤出机械生产的厂家共计 50 余家，但规模以上企业不到 10 家，已形成一定规模并在国内外市场具有一定影响力的企业有山东通佳机械有限公司、上海金纬机械制造有限公司、河北广兴泡塑机械有限公司、青岛德意利塑料机械有限公司和南京法宁格机械有限公司等。随着高倍率发泡材料在减震包装和建筑节能保温等领域的广泛应用，我国塑料挤出物理发泡机械行业进步较快，产业规模迅速扩大，目前已经形成山东地区和长三角地区两大产业基地，每年产值 10 亿元以上，产品种类齐全、市场竞争力强，可有效替代进口，年生产能力达到 3 000 多台（套），每年为下游用户创造社会产值 500 多亿元，新增就业岗位 30 多万个。

目前，XPS 型、PSP 型、EPE 型、EPP 型等塑料挤出物理发泡机械，除在国内市场占有绝对优势外，国际市场竞争力也不断增强，已出口到近 200 个国家和地区，销售市场从原来的发展中国家为主的市场，发展到现阶段的工业发达国家和发展中国家市场协调发展，市场份额稳步上升。近几年，我国物理发泡塑料挤出机械的出口量呈快速上升趋势，由 2005 年的不足 1 000 万美元，上升至 2010 年的近 1.2 亿美元，2011 年达到 1.5 亿美元，2012 年达到 1.46 亿美元，2013 年达到 1.57 亿美元，2014 年达到 1.63 亿美元。2006—2014 年物理发泡塑料挤出机械出口创汇情况见表 1。

表 1　2006—2014 年物理发泡塑料挤出机械出口创汇情况

（单位：万美元）

年份	产品型号				合计
	XPS	EPE	PSP	其他	
2006 年	1 300	650	400	450	2 800
2007 年	2 900	820	500	680	4 900
2008 年	3 700	1 200	980	1 520	7 400
2009 年	4 600	1 800	1 200	1 600	9 200
2010 年	5 800	2 000	1 600	2 000	11 400
2011 年	7 000	3 600	2 200	2 200	15 000
2012 年	6 000	3 500	2 500	2 600	14 600
2013 年	7 000	3 600	2 500	2 600	15 700
2014 年	7 100	3 800	2 600	2 800	16 300

2. 产品技术创新与国际市场竞争能力

（1）大型 CO_2 发泡全自动 XPS 生产线。目前，国内塑料物理发泡生产企业大都采用氟利昂 -22（HCFC-22）或氟利昂 142B（HCFC142B）做发泡剂，其含有氟氯分子，对大气环境和臭氧层具有一定的破坏作用。根据“蒙特利尔”约定，发展中国家在 2020 年以前要逐步减少和冻结氟利昂的产量。氟利昂在工业发达国家已经被禁止使用，我国也在 2013 年开始冻结氟利昂的产量，将在 2030 年完全禁止氟利昂的生产和应用。还有些物理发泡塑料生产企业用丁烷、二甲醚做发泡剂，这些材料不仅在生产过程中易燃，而且在使用过程中，由于产品中含有大量的可燃气体容易着火。CO_2 来源于空气，经空气分离产生 CO_2 的气体并进行有效利用，可以大大提高其产品的环保水平，每年可为挤出物理发泡塑料挤出机械产业减少氟利昂排放近千万吨，即有效保护了环境，又以其低廉的成本推动了新型节能产品的推广和应用，因此，CO_2 将成为氟利昂的理想替代产品。但是，由于 CO_2 活性较强，随着压力和温度的变化，其密度也会变化，容易在挤出机内部产生气相和气液相分离，不利于发泡过程的稳定控制。

由山东省物理发泡塑料机械工程技术研究中心立项开发的“环保多元共混物理发泡板材技术及装备”通过了省级鉴定，产品采用超临界 CO_2 和共沸体系的水溶性多组分发泡剂替代传统的氟利昂发泡剂，新型发泡剂成本低廉、来源广泛，是氟利昂发泡剂的理想替代品。2014 年，山东通佳机械有限公司大力推出 75 平行双螺杆挤出塑化、200 单螺杆混合冷却的全自动 CO_2 发泡 XPS 板材生产线和 139/170CO_2 发泡 XPS 板材生产线。这两种生产线从失重式喂料、精密注入、高效挤出到翻转式冷却、四边边缘成形、堆垛、打包，全部实现集中自动控制，产量大、高效、节能、环保。每条生产线每年可以减少氟利昂的排放量为 600t，对环境保护起到积极的作用。

（2）可降解生物高分子材料发泡技术及装备制造技术。聚乳酸 (PLA) 是利用有机酸 —— 乳酸为原料生产的新型聚酯材料，聚乳酸有良好的生物可降解性，使用后能被自然界中微生物完全降解，用它制成的各种制品埋在土壤或水中 6 ～ 12 个月即可完成自动降解，在微生物分解下生成碳酸气和水，它们在阳光下通过光合作用又会生成起始原料 —— 淀粉。

生物质高分子材料 —— 聚乳酸（PLA）、聚羟基脂肪酸脂（PHA）是被世界视为继金属材料、无机材料、高分子材料之后的“第四类最具广泛应用价值和环保应用价值的新型高分子材料”，是国家列入“九五”“十五”“十一五”“863”和《国家中长期科技发展计划》重点科研攻关项目之一。针对 PLA、PHA 生物质高分子材料的流变特性和物理发泡材料的加工性能要求，华南理工大学、北京化工大学、山东物理发泡塑料机械工程技术研究中心等单位，围绕相关加工技术展开研究开发，现已具备工业化生产条件，新型生物质高分子发泡材料加工技术和装备制造技术的成功开发，为我国发展可循环经济和提高环境保护水平提供了良好的技术支撑。

山东通佳机械有限公司承担研发的“PLA 聚乳酸全降解发泡片材生产技术及装备”被列为国家“火炬计划”项目和山东省技术创新项目，并获得山东省科技进步奖。该项目已通过山东省科技厅和经信委的科技成果和新产品鉴定，目前已形成年产 40 台（套）的生产能力，按照每台年生产能力 1 000t 的保守产量计算，可年生产新型生物质发泡高分子材料 40 000t，减少白色污染效果显著。

2014 年，山东通佳机械有限公司又改进了 PLA 聚乳酸全降解发泡片材生产线，使该生产线更适合 PLA 聚乳酸全降解发泡，发泡倍率更为可控，可以生产 6 ～ 50 倍 PLA 聚乳酸全降解发泡制品。该生产线的升级换代为我国 PLA 聚乳酸全降解高、低发泡技术提供了有力的装备支持。

（3）EVA 挤出物理低发泡高弹性型材生产技术及设备。EVA（乙烯 - 乙酸乙烯酯共聚物）低发泡型材，是以 EVA 为主要原料加上其他辅助材料，通过高精密计量、高压注入发泡剂，然后挤出成型而制造的弹性发泡体。EVA 低发泡体有优越的高抗压性能、极低的吸水率和透湿系数，以及可靠的尺寸稳定性、柔软的质地、良好的减振性、优良的弹性等优异的物理性能，应用于各种电器、电子、精密仪器、汽车、包装和室内家具等领域。

目前，国内外 EVA 低发泡型材企业大都采用 AC（偶氮二甲酰胺）为发泡剂，进行化学填充与发泡，这种 EVA 低发泡体中的发泡剂不可能完全分解，还是有一定的毒性且成本高。山东通佳机械有限公司开发出了高压注入物理发泡剂（丁烷、CO_2 等）来生产 EVA 低发泡型材新技术，这种型材质地柔软、弹性优异、高抗压，性能完全超过国外化学发泡生产的 EVA 低发泡体，并且成本低、环保，手感及外观也非常好。

（4）大幅宽 EPE（聚乙烯）发泡膜、片生产线。大幅宽 EPE 发泡膜具有幅宽宽度大、防潮、防震、隔热、隔声、抗撞、抗静电、耐候性优良及使用寿命长等优点，广泛适用于农业、水产的隔热、防震防潮方面，建造工程用材方面，日用产品和体育器材方面及其它防震、防损方面。

2013 年，EPE 发泡膜幅宽增加趋势非常显著，从 1 000mm 幅宽普通包装发泡膜到 1 800mm、2 200mm 幅宽的爬爬垫再到 3 000mm 以上幅宽的隔热、防震、防潮用膜，随着幅宽不断增加，生产难度也不断提高。山东通佳机械有限公司在 EPE 发泡膜方面有多年积累的经验，成立专业课题组对该类设备进行设计开发，开发出了螺杆直径 200mm、幅宽 3m 以上的 EPE 发泡膜生产线。2014 年，山东通佳机械有限公司继续改进宽幅 EPE 发泡膜生产线，升级该生产线为牵引自动引膜、收卷自动划片、自动卷轴、自动翻转的全自动生产线。可为国内外客户提供高效的设备与技术支持。

（5）PET 发泡工艺技术。聚对苯二甲酸乙二醇酯（PET）是乙二醇和对苯二甲酸的缩聚反应产物，是高结晶度、高熔点的线性大分子材料。作为一种热塑性工程材料，PET 具有良好的力学性能、电绝缘性、耐化学药品性及耐蠕变、耐疲劳及耐摩擦等特性，目前除用于生产纤维外，还进一步拓展到生产各类容器、包装材料、薄膜、胶片、工程塑料等。

发泡 PET 因性能优良已应用于生产生活中的多个领域。PET 为高结晶度材料，加工温度较高，大多数低分子量和分子量分布较窄的工业 PET 树脂在达到结晶熔融温度后熔体强度很低。在发泡过程中，尤其是在挤出工艺的高剪切速率下，随着气泡的长大，PET 表面张力和熔体强度不足，气泡壁不断变薄，容易导致泡孔的破裂。因此，提高熔体强度以防止泡孔破裂是 PET 发泡成型的前提。经过扩链的 PET 具有低熔体流动速率、高挤出胀大比、高黏度、高剪切敏感性以及显著的非牛顿行为和高储存模量，其性能更有利于发泡。为了获得较高的熔体强度，国内外已经研究出了几种 PET 扩链的方法，包括固相缩聚法、增黏改性法等。目前，挤出发泡法能实现连续化生产，可成型各类制品，是发泡 PET 工业化生产的主要方法。欧美一些发达国家已经掌握了 PET 挤出发泡的生产技术并实现了工业化生产，而我国在这一领域还处在起步阶段。因此，需要从配方、工艺、设备等各方面开展研究工作，使我国尽快实现 PET 发泡成型的工业化生产。

（6）PVC 连续挤出微孔发泡技术。微孔发泡塑料是指泡孔直径 1 ～ 10μm、泡孔密度在 10^9 ～ 10^{12} 个/cm^3 的一种新型泡沫材料。微孔发泡塑料具有比强度高、冲击韧性高、吸能抗震性强、隔声隔热性能好等优点，被广泛应用于工业、农业、交通运输、军事、航天等领域。近年来，人们对聚合物共混制备微孔发泡材料表现出极大的兴趣。

PVC 具有耐候性好、弹性模量高、化学稳定性好、不易吸潮、成本低等优势，自 1930 年首次面世以来，已经发展为主要的热塑性塑料之一。PVC 经过微孔发泡后，不仅能降低密度、节约成本，而且还有许多优异的物理和力学性能，如质轻、冲击强度高、韧性高、隔热隔声性能好、电导率和导热系数低等。PVC 微孔塑料是一种新型的材料，具有卓越的仿木性能，可以用于替代木材，节省森林资源，保护生态环境，具有很大的开发潜力。PVC 微孔塑料的配方对最终产品有很重要的影响。PVC 微孔塑料的发泡成型方法也由最初的间歇成型法，发展到现在的连续挤出成型法，取得了较大进步。但是，我国对 PVC 微孔塑料的研究起步很晚，到目前为止，也只有少数几个单位从事 PVC 微孔塑料试验和理论方面的研究。连续挤出成型法为 PVC 微孔塑料的工业化生产提供了可能性，将振动力场引入到微孔发泡过程为 PVC 微孔塑料连续挤出成型提供了新的思路和研究方向。

（7）PS 高发泡、高尺寸精度装饰异型材的生产技术。PS 高发泡、高尺寸精度装饰异型材，具有质轻、造型美观、极低的吸水率、可靠的尺寸稳定性等特点，可广泛应用于各种电器、电子、室内装饰等领域。尤其在室内装饰方面，俄罗斯、哈萨克斯坦、吉尔吉斯斯坦、塔吉克斯坦等国家和地区的应用最为广泛。

PS 高发泡、高尺寸精度装饰异型材由于发泡倍率高（发泡倍率≥ 30 倍），材料强度低，定型极为困难，普通定型模无法定型，一拉就断或被牵引履带压变形，无法保证型材尺寸。2014 年，山东通佳机械有限公司克服了定型模的摩擦问题，开发出了 PS 高发泡、高尺寸精度装饰异型材生产线，该生产线操作方便，成型精确高。它是以 PS 为主要原料加上其他辅助材料，通过高精密计量泵高压注入发泡剂，由 PS 发泡专用螺杆挤出、混合、冷却，再由口模挤出，特殊定型模定型、冷却打印、伺服切割、堆码而成。

（8）微发泡塑料中空挤出成型技术及装备

微发泡塑料中空挤出成型技可以降低材料消耗、缩短成型周期、减小制品翘曲和残余应力，降低机械损耗和生产成本，提高表面品质，增加制品尺寸稳定性和准确性，适用于大多数聚合物，因而成为最有应用前景的微孔塑料成型方法。

该微发泡塑料中空挤出成型技设备采用了新型特殊混合螺杆以及恒温成型模具，利用超临界 CO_2 计量注入装置，发泡工艺精确可控，制备的发泡材料泡孔均匀，密度可控，材料韧性好、比强度高、热稳定性高，综合性能优异。

该设备设计先进，三层复合，采用电脑中央式管理控制，统一的操作系统，既省时又经济。用触摸屏操作，可直接快速的访问所有数据，直观快捷。相比传统中空成型机，成型重复精度大大提高，环保节能、生产稳定、效率高。

该机采用最新的伺服驱动理念，避免待机多余的功耗，节约能耗；同时液压油温不易升高，节水节能。使用高效率、低噪声的内啮合齿轮泵，各项性能满足了节能环保的目的。

该设备及技术适用于制备心层微孔发泡材料。用途广泛。主要用于汽车及飞机内饰和结构件，绝缘隔热材料、低介电常数建筑材料等领域。是一种具有极大应用价值和开发潜力的新型微发泡塑料中空挤出成型装备。

（9）聚烯烃水发泡技术。水作为一种新型发泡剂与AC、烷烃、HFC或SCF等常见泡沫塑料发泡剂相比，兼具无毒、易得、价格低廉、无副产物等优点，是一种较理想的绿色发泡剂。水发泡技术是今后泡沫塑料研究的一个重要方向，目前水作为物理发泡剂制备泡沫塑料具有一定的难度，还处于探索阶段，以水为物理发泡剂挤出发泡聚烯烃更是很少报道。

2014年，山东通佳机械有限公司与科研机构联合，共同开发研究以水为物理发泡剂挤出发泡聚烯烃，目前取得阶段性的成功，水发泡聚烯烃可以达到50倍的发泡倍率，但开孔率比较大，弹性不足，有待进一步改进生产工艺，提高发泡质量，为我国挤出发泡领域提供有力技术支持。

（二）化学发泡塑料挤出机械

1. 市场应用及分布情况

塑料化学发泡是指将发泡剂均匀地分散在树脂中，其化学发泡剂在一定的温度下迅速分解产生气体，从而使塑料形成以气体为填充物的复合材料。由于化学发泡剂产生气体一般为N_2和CO_2，而N_2和CO_2在塑料熔体中的溶解度远没有物理发泡剂大，所以化学发泡剂添加剂量一般较少，而发泡率则只有0.5～5倍。化学发泡材料的密度较大，具有优良的力学性能，产品一般应用于装饰、家装等领域。如PVC发泡材料、PVC木塑发泡材料、PE低发泡材料、PS低发泡装饰材料等。

目前，生产化学发泡塑料挤出机械的厂家较多，主要以生产PVC化学发泡板材和PVC木塑发泡装饰型材与建筑模板为主，PS发泡镜框和PE/EVA低发泡密封片材生产设备市场需求量也呈逐年上升趋势。化学发泡塑料产品种类繁多，生产设备也多种多样，机械装备与模具生产企业分布较广，主要集中在山东省、长江三角洲和珠江三角洲地区，具有代表性的企业有山东通佳机械有限公司、上海金纬塑料机械有限公司等。

2. 产品技术创新情况

（1）PE/PP聚烯烃木塑芯层发泡技术。木塑复合材料虽具有很多优点，但是树脂和木粉的复合，会使其延展性和耐冲击性下降，材料脆，密度也比传统的木制品大3～4倍，其机械强度（拉伸强度和弯曲强度）比未填充的塑料要小，限制了它的广泛应用。为了克服上述缺点，扩大木塑复合材料的使用范围，将发泡技术引用到木塑复合材料的加工过程中，取得了良好的效果。经发泡的木塑复合材料由于具有良好的泡孔结构，可钝化裂纹尖端并有效地阻止裂纹的扩张，从而显著提高了材料的抗冲击性和延展性，且大大降低了制品的密度，不仅节约原料，而且隔声、隔热性能也较好。因此，其在建筑结构材料、汽车内饰、航天、物流、园林、室内装潢等方面得到极为广泛的应用。

（2）PVC系列化学发泡板材生产技术及设备。随着化学发泡工艺技术的进步，应用也日益广泛，特别是在家装和以塑代木等领域，已经得到了市场认可，并呈逐年上升的态势。采用结皮发泡技术和共挤复合芯层发泡技术制备的PVC发泡板和PVC木塑发泡板材，由于具有优越的物理性能，在替代木材方面优势突出，具有广阔的市场空间。

（三）其他塑料发泡机械

PE、PP 交联发泡材料具有耐热性高、弹性好、手感细腻、耐撕裂性高等特点，按照其交联方式可分为化学交联、辐射交联和硅烷交联等。

化学和辐射交联设备方面。随着加工技术和制造技术的进一步完善和进步，我国已具备 XPP、XPE、IXPE、EVA 交联发泡材料生产装备的生产能力，目前山东通佳机械有限公司、上海金纬塑料机械有限公司已成功生产制造 XPE、IXPE 交联发泡片材生产线近 15 套，并成功交付客户使用，填补了国内空白，有效替代了进口设备，还实现了出口创汇。

通过技术攻关，硅烷交联物理发泡 PE 片材生产工艺技术及装备目前也形成产业化生产。硅烷交联聚乙烯物理发泡片材设备是利用大长径比特殊螺杆推进原料，先后注入硅烷交联剂、发泡剂、泡孔稳定剂、催化剂，经过螺纹元件的压缩与强力混合，逐渐塑化熔融接枝成为均质的塑料熔体。同时再加入低沸点丁烷物理发泡剂，在螺杆中进行混合和冷却，在口模的作用下，挤出发泡成为优质的塑料泡沫片材。在挤出过程中，材料在过氧化物的催化下，引发自由基，并进行硅烷接枝反应，制成遇水分子进行水解交联反应，形成三维立体空间网状结构。这种片材不仅可以适用在较高温度场所，耐温可达 120℃，还因材料的无毒、无味及耐药性可用于食品的包装，也可以使用于对环境条件比较苛刻的场所，如油、酸、碱、温度和潮湿等环境。

由于良好的市场需求，塑料挤出发泡机械产业在形成不到 20 年的时间内，得到了较快的发展。由于我国塑料机械产业，特别是塑料挤出发泡机械行业起步比较晚，在很多方面还存在不足，主要表现在两个方面：①自主研发能力不足，基础装备不够精良；②缺乏国家标准，厂家规模良莠不齐，在价格等方面竞争激烈，不少小型或作坊性质的小企业以低价冲击国内、国际市场，严重扰乱市场秩序，对市场的健康发展极为不利。

塑料发泡机械这个新兴的朝阳产业要保持快速健康茁壮的成长，势必要加大基础装备的投入和加大自主创新能力建设。另外，要加快行业标准的制定，形成良性竞争、有序发展的局面，进一步促进产业的稳定、持续、健康发展。

三、塑料挤出发泡成型机械市场的发展和现状

由于我国发泡塑料巨大的市场需求和发泡塑料技术水平的不断提高，发泡塑料产业朝着高发泡、高填充的方向发展。为此，塑料挤出发泡成型机械的生产厂家应该加强设备的研发，在市场的导向下，对重点产品加大投资力度，使之尽快向产业化推广。具体体现在以下 3 个方面：

（1）研发方面，应加强自动化水平研究，体现设备的人性化设计，减少人力资源的成本。

（2）高新领域方面，应不断地涉足高科技领域，高性能化已成为泡沫塑料研究的新方向和热点。国外已经把高性能泡沫塑料作为承载的结构材料在航空、航天、交通运输等领域。

（3）新兴发泡技术方面，开发微孔发泡材料加工技术和塑料加工节能技术，在氟氯烃发泡剂替代技术方面，开发水发泡或空气发泡剂，以增加产品的社会效益。

随着塑料工业的高速发展，各种新型复合材料不断被开发和应用，塑料发泡材料的种类越发多样化，应用范围越来越广，对于塑料挤出发泡成型机械的要求越来越高。塑料挤出发泡成型机械行业要适应经济发展新常态，用高新技术产品去适应市场的需求，为我国塑料工业赶超世界先进水平，为把我国全面建成小康社会做出积极贡献。

〔撰稿人：山东通佳机械有限公司李勇〕

塑料片挤出设备行业概况

塑料片材是指将塑料原料（粒子）在塑料挤出机或塑料压延机中加热、熔化后，挤压或压延出厚度在 0.1 ～ 2.0mm 的塑料卷材。根据成型方式的不同，一般可分为挤出片材和压延片材。塑料片材大量用在吸塑、塑料印刷、装修、广告和建筑等多种行业用途广泛。

一、片材设备技术现状

传统的片材设备，按其生产制品的功能应用来分，可以大体分为软包装类、防水卷材及地板革类、透明制品类及胶膜类。

软包装类片材设备是最广泛使用的片材设备，其生产的制品广泛用于食品、医药、化工、电子、服装、家纺等行业，其涉及的原材料主要包括 PP、PS、PE、PET、PVC、ABS 等，该类制品普遍的特点是投资门槛低、发展时间长，是一个充分竞争的片材领域，主要包括以下几种：

1. PP、PS 片材设备

PP、PS 的片材主要用在食品包装、电子产品包装等领域。目前，国内生产此类制品主要采用单螺杆挤出机，以常规单机 120 挤出机匹配的生产线为例，其制品的宽度一般为 600 ～ 1 500mm，厚度一般为 0.2 ～ 2mm，产量为 300 ～ 450kg/h。单螺杆 PP、PS、PTE 生产线见图 1。

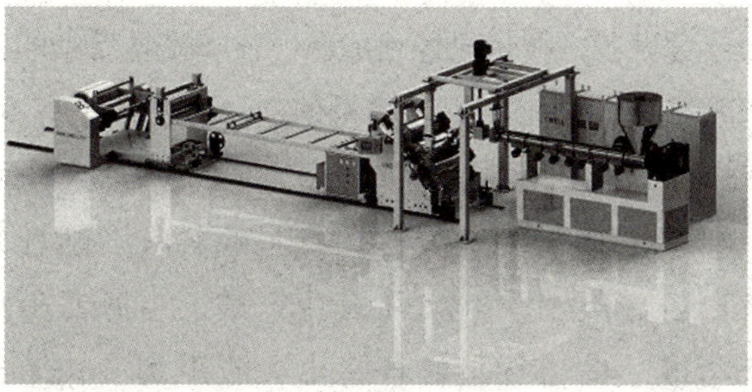

图 1　单螺杆 PP、PS、PET 生产线

和国外先进的设备相比，国内的产品总体来讲有以下特点：

（1）设备投资成本低，单位能耗高、产量低。国产的此类设备，单条设备投资成本（指单台挤出机的系统）一般低于 150 万元，是国外先进设备的 1/5 甚至更低。但不容忽视的一点是，国产的同类型设备普遍产量较低，单位能耗高。现阶段，国内该类设备（以 120 单螺杆挤出生产线为例）的产量一般在 300 ～ 450 kg/h，而国外的高产设备，已经能做到 1 000 ～ 1 200 kg/h，产量是国产设备的 3 ～ 4 倍，单位能耗及单位成本大幅下降，综合竞争优势明显。现阶段我国主流的设备还停留在国外同类设备 15 年前的水平，设备提升的空间很大。

（2）原料种类繁多，回料、填料大量使用。PP、PS 片材用途广泛，加之行业竞争激烈，在保证片材使用安全的前提下，国内的 PP、PS 片材生产商会大量使用回料和填料，且原料来源的途径和种类繁多，这给设备制造商带来了极大的困扰。全新料、回料、填料，其堆积密度和熔融物料的流动指数差异都非常大，凭借某一根螺杆要全面适应所有的物料显然是不合理也是不可能的。单螺杆设备一旦生产定型完成，往往只能通过改变物料的工艺来适应机器，一旦机器的适应范围偏窄，轻则产量达不到设计要求，重则无法生产出合格制品。基于国内现实原料的使用现状，开发适应性更广的设备，是市场对设备生产厂商的要求。

针对 PP、PS 上述的特点，该类设备的发展趋势已经很清晰。对于生产全新料的设备，高效、节能是其主要的发展方向，其主要的任务是开发新型高效高速螺杆并匹配相应的成型、冷却及自动收卷系统。特别要指出的是三辊的冷却系统，国内设备商往往忽略这个方面，造成系统不匹配，从而很难达到所期望的高产量。对于生产回料和填料为主的设备，提高原料适应性和增加产量（尤其是薄片制品）是其主要的发展方向，其主要方法是采用同向双螺杆挤出机替代原先的单螺杆挤出机。双螺杆挤出机之前广泛应用于原料造粒行业，近年来逐渐进入片材领域，对比单螺杆，其最大的特点是单位产出能耗低、物料适应性广、螺杆调节方便及排气效果优良，克服了单螺杆的诸多缺点。苏州金韦尔机械有限公司在上述两个方向都有涉及，并取得了可喜的成绩，其中高效高速单螺杆方向，单台生产线的产量超过 850 kg/h，大大提高了生产效率。另外，成功引入同向双螺杆挤出机生产 PP、PS 片材，65 双螺杆挤出机生产的 0.3mm PP 薄片的单机产量（采用全回料，片料厚度＜ 0.3mm）超过 350 kg/h，同产量下能耗下降 20%，且完全克服了单螺杆吃薄片料不稳定、生产薄片产量低的缺点。

另外，在该类设备中，一体化生产线的概念在近几年也得到了长足的发展，其主要特点是将热成型设备和片材成型设备集成到一起，实现热成型产品的一次性成型。广东达诚公司在这个领域走在行业前列，做了很多有益的尝试。

2.PET 类设备

传统 PET 类片材设备和已介绍的 PP、PS 设备类似，一般采用单螺杆挤出机挤出成型，由于普通 PET 原料具有在空气中含水率高的特性，生产制品时一般需要配套结晶除湿系统。常规 PET 制品宽度一般为 600 ～ 1 500mm，厚度为 0.2 ～ 1.2mm。同 PP、PS 片材类似，传统的 PET 片材也主要用于食品包装、电子产品包装等领域，行业竞争激烈，且部分地区已经出现产能过剩现象，急需设备更新换代，以使产品升级。

新型 PET 设备是这几年行业内的一个热门话题，其发展方向大体有以下几个方面：

（1）单螺杆大产量。和 PP、PS 生产线不同，PET 片材的单螺杆大产量生产线主要是通过加大螺杆直径来实现而非通过增加螺杆转速，主流的大产量螺杆直径为 130 ～ 250mm，配合大的除湿干燥系统，单机产量为 700 ～ 2 000 kg/h。该方法虽然提高了单机产量，但由于大型挤出机和干燥系统采购成本高昂，且不能有效地降低单位能耗，已淡出了该类设备的主流发展方向。

（2）单螺杆免结晶。该类设备是传统 PET 设备的改良型设备，通过单螺杆排气挤出机来实现 PET 原料的排气脱水，从而获得满足使用条件的 PET 片材。该方法可以部分或全部去除结晶除湿系统，能有效降低单位能耗，但由于单螺杆的固有特性，很难兼顾全新料和回料不同比例、不同原料的生产条件，在实际生产过程中，还存在排气口冒料的风险，使用难度较大。上海金纬片板公司和张家港维达机械有限公司都开发了该类设备，在特定的原料条件下，单机产量和片材品质都取得了令人满意的效果。

（3）双螺杆免结晶。如上节所述，由于单螺杆自身无法克服的缺点，采用双螺杆挤出机替代单螺杆挤出机后，在原料适应性、喂料稳定性、物料排气脱水上都可以获得非常优异的性能，尤其在喂料稳定性上，几乎可以涵盖所有厚度的 PET 瓶片料和回收料，使设备的适应性大幅提升。另外，由于双螺杆的排气脱水性能远比单螺杆优异，在塑化过程中可以很好地控制 PET 的粘度，从而获得较高品质的片材产品。目前业界普遍认为，双螺杆免结晶设备生产的部分规格的 PET 产品 (0.2 ～ 0.8mm)，已经达到或超过传统单螺杆挤出生产线（带结晶干燥系统）生产的片材品质，加之其单位能耗低和原料适用范围广，该类设备获得了广泛的应用。上海金纬片板膜设备制造有限公司、苏州金韦尔机械有限公司、广东达诚机械有限公司、上海淳迪塑胶机械有限公司等公司已生产出多台该类设备，技术已经很成熟。该类设备后续的技术发展方向是不断提升整机的产量和自动化程度，双螺杆免结晶设备是 PET 设备发展的主流方向。

（4）多螺杆免结晶。行星螺杆（多螺杆）挤出机一般用于 PVC 压延生产线，上海龙山凤公司成功的将行星螺杆挤出机应用到了 PET 生产中，其单位能耗比双螺杆更低，单机产量可到

450～600kg/h，测试的数据令人满意。但由于此类设备样本太少，并没有普及，优缺点暂无法对比，但作为一种尝试，还是值得肯定的。

3.PVC 类设备

PVC 材料用途极广，具有加工性能良好、制造成本低、耐腐蚀、绝缘等良好特点。近年来 PVC 片材制品应用领域不断拓展，涵盖了医药、包装、家装、建筑、防水等多个领域。下面是 PVC 片材制品几个典型的应用方向：

（1）防水用 PVC 片材。得益于国内基础建设的快速发展，防水用 PVC 片材近年来使用越来越广泛。传统的防水卷材主要采用沥青和丙纶，但随着用户对防水要求和保障时间越来越高，一些新型的防水材料，如 PVC、TPO 等，发展速度很快。根据国家最新颁布的高分子类防水卷材的国际标准，新上设备单机年生产能力要达到 1 000 万 m^2，这对设备产能大幅提升提出了更高要求。目前，国内市场上的 PVC 设备，比较主流的是 2 台 80/156 锥双挤出机共挤成型配合五辊或六辊成型机，可以生产均质卷材（代号 H，不采用内增强材料或背衬材料的防水卷材）、带纤维背衬卷材（代号 L，用织物如聚酯无纺布等复合在卷材下表面的防水卷材）、内增强卷材（代号 P，用聚酯网格布在卷材中间增强的防水卷材）和内增强卷材（代号 G，用玻纤网格布在卷材中间增强的防水卷材）等主流产品，产量约 600～800kg/h。根据新国标标准，单条新设备的产量必须要达到 1 500 kg/h, 因而传统的生产线都面临着产能升级的压力。以大产量异向平双挤出机替代传统锥双挤出机，是 PVC 防水卷材的必然发展趋势。20 世纪末，欧洲的主要 PVC 防水卷材企业，已经大量使用大产量平双挤出机，其产能就已经达到 1 200～1 500 kg/h。在国内，由于大型平双减速箱技术不成熟、故障率高、价格也比锥双减速机贵很多，大产量异向平双生产线一直没有普及，但后续随着国内劳动力成本不断提升，平双齿轮箱技术也日趋成熟，综合成本优势越来越明显，这也是该行业未来发展的一个主要方向。上海金纬片板膜设备制造有限公司生产的多套大产量 PVC 卷材设备，已经广泛应用到该行业的多家大型企业，取得了很好的市场反响。高产量 PVC 防水卷材设备见图 2。

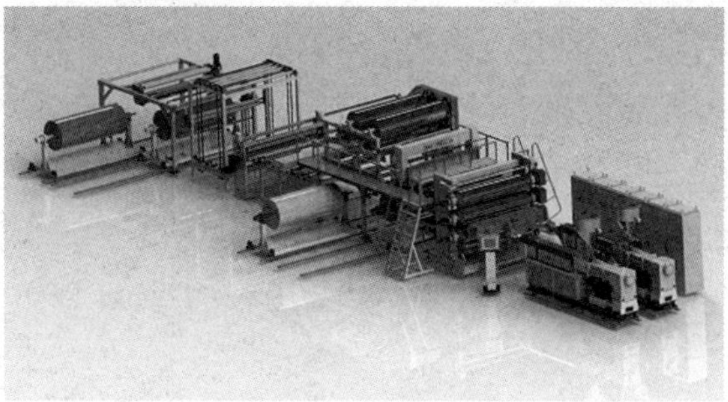

图 2　高产量 PVC 防水卷材设备

（2）家装用 PVC 片材（板材）。PVC 片材（板材）由于其优异的价格和性能优势，被广泛应用在家装领域，如近年来非常热门的 PVC 地板革、PVC 地板、仿大理石板、橱柜板等，都得到了大量的应用。以挤出法生产的 PVC 地板为例，欧洲已经非常普及，但国内还是集中在压延贴合的传统工艺上，能耗大，设备投资成本高。PVC 地板结构按每层的功能来分，可分为抗辐射层、耐磨层、印刷纹路层、稳定层和平衡层，一般来讲，平衡层采用 PVC 压延贴合片或挤出片（都是含高填充 $CaCO_3$ 的 PVC 片）。在传统的 PVC 地板成型过程中，一般是单独生产地板的各个功能层，然后通过热压或粘合的方式形成一体式结构，工序复杂。苏州金韦尔机械有限公司开发了地板成型的一步法片材设备，可以直接将上述结构在挤出过程中一次成型，减少了多道中间环节，节省了大量的人工和能耗。PVC 地板的典型结构见图 3。

除地板外，地板革也是家装用 PVC 片材的一个主要应用方向，尤其是高端的同质透心地板革，广泛用于机场、高铁站等公共场所，制品的利润也较高。其生产工艺较为复杂，前期设备都是依靠进口，近年来，苏州金纬片材公司投入了大量的技术力量开发此类设备，已经获得突破，并在国内企业获得应用，可以部分替代进口设备，取得了良好的经济效益。

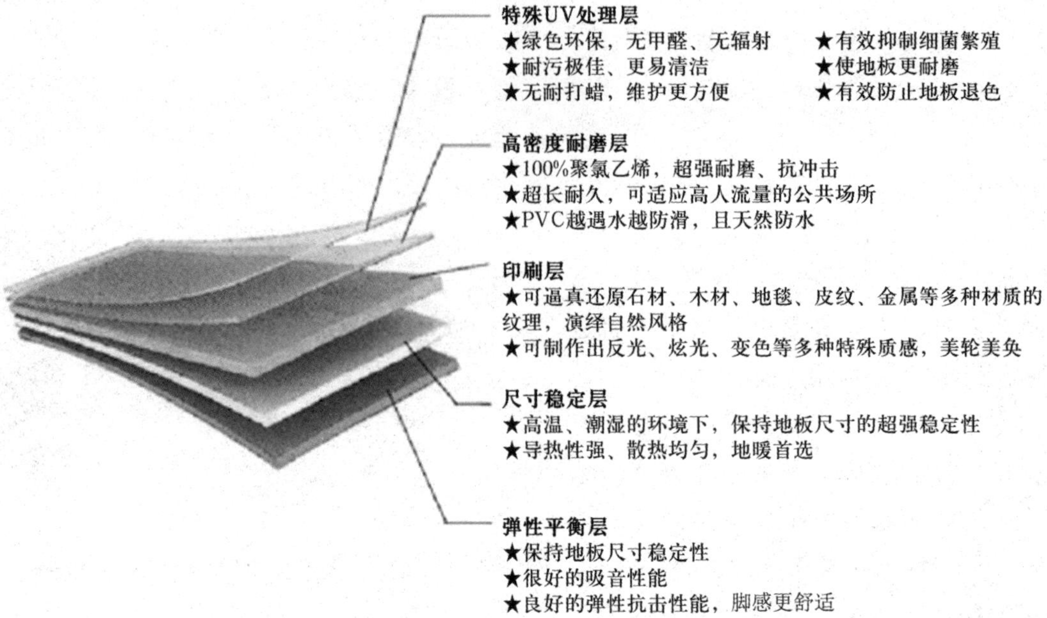

图 3　PVC 地板的典型结构

（3）透明 PVC 片材。透明 PVC 片可分成软片和硬片，主流的成型方法有压延法和挤出法。挤出法生产的硬质 PVC 透明片由于在生产成本和效率上都不占优势，其相应的片材生产线技术发展相对缓慢。而透明软 PVC 片材，尤其是透明度高的挤出法软 PVC 片材，由于设备投资小、生产成本和压延法接近、制品品质高等诸多优点，近年来发展迅速。早期该类设备都是采用锥双配合 PVC 粉体来加工，但制品透明度较差，与压延贴合做出的制品在品相上差异巨大，不被市场认可。近年来，以苏州金韦尔机械公司为代表的设备厂家，开发了单螺杆超透软 PVC 设备，大量应用到水晶板生产，彻底解决了制品的透明度问题。另外，部分国内主要的透明软 PVC 生产商，通过自身的技术改进，试验了多种适用于 PVC 的排气螺杆，在透明度的提升方面也取得了不错的效果，但由于 PVC 自身易分解的特性，该类机器一个突出的问题是无法长期连续生产，一般一周左右就要拆机清理，从稳定性来说还有待改进。超透明 SPVC 生产线见图 4。

图 4　超透明 SPVC 生产线

4. 透明制品类设备

传统的透明类片材制品，其原材料主要包括 PVC、PET、GPPS、PMMA、PC 等五大类，PVC 和 PET 已在前面提及，而 GPPS、PMMA 和 PC 的片材，广泛用于家电、室内外装修、广告等诸多行业，是片材产品中对质量要求较高的产品。PMMA、PC、GPPS 生产线见图 5。该类生产线国产化已有近 20 年时间，从大的结构和功能来看，变化不大，但近年来在生产中提出了一些新的要求和改进的方向，对设备生产厂家提出了新的要求。

（1）螺杆长径比不断加大，增强排气系统。同其他传统片材一样，该类片材也有相当大的客户群使用回收料做的制品，由于回料来源广泛，物料稳定性差，为了获得较好的片材制品，目前一些主流的设备生产商在设计螺杆时不断加大长径比，用于增强塑化效果，减少因物料自身差异而产生的晶点或组织缺陷，同时加强真空排气，提升抽气效果。

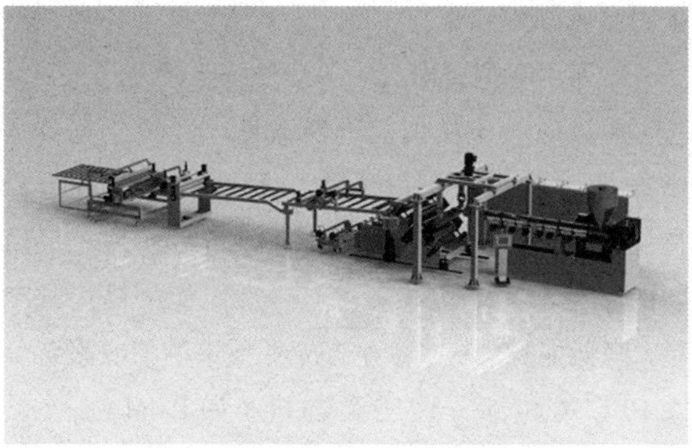

图 5 PMMA、PC、GPPS 生产线

（2）一机多用成为标准要求。客户在购买设备时，总是希望同一台设备可以做多种产品，以满足不同的制品需求。但从技术的角度上看，由于不同物料流动参数的差异，使用同一台（套）机器不可能满足多种物料都达到理想挤出效果和产量，往往只能是有侧重的兼顾。比如，GPPS、PMMA 和 PC 确实可以使用一台设备生产，但采用不同的螺杆产量侧重就会不同，挤出效果也有差异。另外，在更换原料的过程中，清理机器很麻烦，原料的浪费也较大，不适合于较大规模的生产。

（3）一机多功能要求越来越高。区别于一机多用，一机多功能的设备实用性较高。所谓一机多功能，是指某个设备，在使用同一种原料的前提下，通过设备自身的组合，以生产出完全不同的多种产品。比如 PC 的耐力板和 PC 的波浪瓦生产线，从挤出机到模具，基本上是一致的，通过一定的组合和改进设计，可以将两个生产线合二为一，新生产线可以兼顾生产 PC 耐力板和波浪瓦，减少了设备的重复投入。

（4）PC 薄片类设备异军突起。随着电子通信行业的快速发展，PC 基材的薄片（薄膜）用途越来越广，也促进了 PC 薄片挤出设备的快速发展。目前，国际上主流的透明 PC 薄片生产有两种方式，一种类似于传统的片材成型方式，采用硬质超镜面辊对压成型；另一种则采用柔性镜面辊和硬质镜面辊对压成型。前者对辊筒的镜面等级和辊面强度要求都非常高，而后者柔性辊加工技术复杂，目前仅掌握在少数几个日本公司手上且不对外出售，技术壁垒很高。上海金纬片板膜设备制造有限公司、宁波天佳塑料机械有限公司、常州鑫泉塑料机械有限公司都已生产了多台 PC 薄片设备，部分替代了国外进口线，但制品品质和自动化程度上与国外线还是有一定的差距，还需不断提高。

5. 胶膜类片材设备

胶膜类片材是最近几年才快速发展起来的一个新兴片材行业，其代表产品有 PVB 胶膜和 EVA 胶膜。这两者广泛应用于建筑夹层玻璃、汽车夹层玻璃、太阳能光伏玻璃、防弹玻璃、隔音玻璃等，具有很好的安全性，可以防止玻璃由于在外力作用下破碎而碎片溅起伤人。这两种材料有一定的共性，熔融后的熔体都具有很高的黏结力，冷却后表面黏结力快速下降，可以正常收卷，故称为热熔胶。这个特性使得生产该类片材的设备有一定的类似性，但并不完全相同。

（1）PVB 胶膜类设备。PVB 片材设备，从成型的方式上说，可以分成干法和入水法。熔融的 PVB 在出模口时，粘度非常大，为了让其不粘成型辊，成型辊内流道需要用冰水来冷却，然后用温度很低的成型辊来冷却 PVB 片材，这个是干法工艺；如果把成型辊浸泡在一个恒温水槽里，熔融的 PVB 膜通过水槽里的水和浸泡在水槽里的辊筒的双重冷却定型，这就是入水法工艺。入水法工艺复杂，设备投入大，但产量较干法可以提高约 50%，综合成本低。

PVB 的花纹成型方法也是影响产量大幅提升的一个重要因素。目前国产的 PVB 设备，无论是干法还是入水法，其主流的花纹成型方法都是通过模唇爆花，这种方法生产时模腔的压力很大，对挤出量有很大的影响。另外，这种花纹是一种随机花纹，均匀度也较差。日本积水公司采用

PVB 入水后压花工艺，最高生产线速度可以达到25m/min，对比国内入水法生产速度 8m/min，基本上提高了 2 倍的产能，产能提升巨大，也是国产 PVB 设备后续发展的一个主要方向。

（2）EVA 胶膜类设备。随着国内太阳能硅晶电池组件市场的高速发展，国内生产的 EVA 胶膜已占全球总额的 60% ～ 70%，EVA 胶膜设备近年来发展非常迅速，并逐步拉近了此类设备与国际先进水平之间的差距，甚至在某些领域还取得了局部技术领先。EVA 胶膜主要应用于太阳能光伏硅晶电池和夹胶玻璃，对配方和收缩率要求很高。其设备，从成型方法上来分，可分压延法和流延法，前者主要以普利司通为典型代表，生产线速度可达 20m/min，生产效率高，但单线设备投入是流延法的 30 倍以上，投资成本回收期长；流延法生产线的最高速度可达 8m/min，但单线投资成本低，可大量复制，利于大规模生产。从控制收缩率的方式来分，可分为离型纸法和非离型纸法，前期国外主流设备都采用离型纸，除可把制品收缩率控制在 1% 以内，还可以获得较高的生产速度，但随着国内非离型纸生产线的普及，采用离型纸的胶膜生产成本居高不下（注：仅离型纸一项，每平方米约高 1.5 元），丧失了竞争优势，近年来逐步被非离型纸的生产线给替代。

二、片材设备行业发展趋势

片材设备由于品种繁多，很难逐一具体描述每一类产品的发展趋势，但一些共性的趋势还是可以归纳的，大致有以下几类：

1. 在保持高性价比的基础上，提高设备的产能和自动化程度，降低单位能耗

国内劳动力成本的不断提升成为各个行业都必须面对的难题，而在塑料片材行业尤其重要。行业内众所周知的是，要生产出合格塑料片材，不仅需要稳定可靠的机器设备，还需要成熟的工艺及熟练的开机师傅，三者缺一不可，对生产者的要求过高，也制约了企业的发展。欧洲开发的最新型片材设备，自动化程度非常高，其片材的厚度及模具调整都可以通过电脑设定，普通的工人经过简单的培训就可以操作，大大降低了对员工技能的要求。另外，片材机械 95% 以上的加热及驱动都要靠电力，在行业里也有“买得起设备用不起电”的说法，片材机械是典型的耗电大户。因此，提高产量、降低单位能耗，对提高产品竞争力具有积极意义。

2. 采用新型挤出机，改变传统工艺

通过对某一机型的不断改良，固然能有效提高产量，但往往幅度不大，周期较长。对于片材生产而言，并非只有一种工艺可以实现，采用新的工艺，变革传统理念有时反而能大幅提升产量，降低能耗。从多家生产企业反馈的情况来看，除 PVC 类和部分透明类物料（如 PMMA、PC、GPPS）以外，采用双螺杆或多螺杆挤出机，可有效降低单位能耗，提高产量，并改善回收料的吃料稳定性，是一个较好的工艺选择。

3. 一步法替代多步法，降低中间环节

某些片材，用传统工艺需要多个步骤才能加工完成。比如，在挤片前需要多配方造粒、原料处理（例如：干燥、除湿），在片材挤出后还需要有多层复合、涂胶、印刷等多道工艺，工艺成本高。如能简化工艺步骤，局部采用一步法成型，可以大幅降低生产成本，增加产品竞争力。在片材领域，采用双螺杆生产 PET 片材、PET 片材成型和吸塑一体化、PVC 桌边条成型、涂胶一体化等都是典型的一步法案例，取得了不错的经济效益。

4. 积极开拓新的片材领域，避开竞争红海

目前，国内传统片材市场已经趋于饱和，利润率逐年降低，经营风险越来越大。与此同时，我国要进口大量的特种片材制品及相关设备，让国外企业赚取高额的利润。这两者非常矛盾，但究其原因无非是特种片材自身及相关设备技术壁垒和资金壁垒高，阻碍了其在国内的发展。随着市场化程度越来越成熟，靠低风险获取高收益的时代一去不复返，公司根据自身的情况，适度转型已经成为普遍现象。从近两年片材行业的运行情况来看，一些研发工作得力、盯住行业发展方

向的企业，其订单和利润都能保证。例如杭州临安的杭州福斯特光伏材料股份有限公司多年来一直致力于EVA胶膜的研发和推广，不断创新，10年间从一个民营小公司发展到市值超百亿的上市公司，引领了EVA胶膜行业的发展方向。总之，适度开拓新的领域，才可以避开竞争红海，使企业焕发新的生机。

〔撰稿人：苏州金韦尔机械有限公司孙锋林〕

塑料混合机行业概况

塑料混合机是塑料机械的一种。GRH系列混合机主要是用于聚氯乙烯树脂的混合、着色，聚氯乙烯、聚丙烯颗粒的着色、干燥，ABS、聚碳树脂等吸湿性树脂成型加工前的干燥，酚醛树脂的混合等工序。它是塑料加工厂必备的设备之一，在橡胶、制药、染料等行业中也有广泛的用途。

塑料混合机由锅体、锅盖、传动部件、底座、出料口等部件组成。锅体由不锈钢焊接而成，内表面极为光滑坚硬，具有耐磨、耐腐蚀、不易沾点等特点。锅体外表面有加热夹套和电阻加热圈，温度是通过加热夹套中的高燃点机械油直接传递给锅体的，使锅体受热均匀，调节加热温度就可以控制锅中物料的温度。夹套外面包有石棉保温层。

锅盖是由铝合金铸造的，内表面经过精车和抛光，可沿垂直方向回转轴水平顺时针旋转70°，但旋转切勿用力过大，以防碰伤锅壁。盖上开有加树脂、增塑剂、稳定剂的孔，用户可根据自己的需要自行安排，中央为透气孔。为防止锅盖未盖好时，搅拌桨转动造成人身事故，锅体上装有一个保险限位开关，锅盖未盖严时，开关不接通，电动机不能启动。

导流板是用于加强混合效果用的，它的导流角度可以自由调节。板内装有一个测温热电偶，物料温度可反映在指示仪上读出，同时用于自动控制出料口的自动出料。

混合机的搅拌桨，由电动机经V带来驱动，电动机是交流双速电动机，只要按下启动按钮，即可实现运转。主轴由312、314轴承支承运转。主轴上部有三个搅拌桨，它们顺时针方向运转，使物料一方面沿锅壁运动，又同时上下循环翻动。加上有导流板的作用，使混合效果更好。由于物料是高速运动的，所以颗粒之间，料与桨之间摩擦热很大，会使料温迅速上升，不仅相应地减少了锅壁的加热量，而且有利于树脂对增塑剂的吸收效果。搅拌桨是不锈钢制造的，又经仔细的机械加工，耐磨、耐腐蚀。

底座由铸铁铸造，上面有4个吊环，座内是传动的V带和两个V带轮，打开两侧的板可以更换V带。座下部有4个地脚螺栓孔。

出料口由优质铁板铸造而成，装有一个手动卸料门，压紧可靠，密封性好，开闭灵活。可用手动方式来控制卸料门的开启、关闭。

高速混合机是PVC制品加工行业应用最广泛的辅助设备之一，主要用于原料混合及改性等领域，在混合过程中将塑料原料与热稳定剂、润滑剂、增塑剂、着色剂等各种助剂放在混合锅里经高速混合搅拌至一定温度，使各添加组分与树脂之间充分混合、渗透与吸收。实际上，混合过程不仅是物理过程同时也是复杂的化学过程，在高速混合机工作时，高速旋转的叶轮借助表面与物料的摩擦力和侧面对物料的推力，使物料沿叶轮切向运动。同时，由于离心力的作用物料又被抛向混合锅内壁，并且沿壁面上升，当升到一定高度时由于重力作用又落回到叶轮中心，接着又被抛起。这种上升运动与切向运动的结合，使物料处于连续的螺旋状上下运动状态。由于叶轮转速很高，物料运动速度也很快，物料在高速翻腾过程中，快速运动着的物料粒子间相互碰撞摩擦，并进行交叉混合，物料与锅壁及物料与叶轮之间的高速摩擦也使物料温度上升，从而使 PVC 树脂与助剂间充分混合、渗透与吸收。

由于高速混合机主要应用于原料处理与准备阶段，所以往往不被人们所重视，实际上混合质量的好坏直接影响到最终制品的质量。目前国内混合机制造企业已超过 100 多家，但大多生产规模很小，且还停留在测绘、仿制的水平上，产品质量参差不齐，与世界先进水平相比差距较大。由于国产混合机价格较低，因此在国内仍有非常大的销售空间。

随着经济全球化进程加快，我国已加入 WTO，塑料制品及塑机行业都将面临更加激烈的市场竞争，面临企业重组、优存劣汰的局面。不断提高混合机品质、全面壮大企业实力是混合机制造企业的必然选择。

与国外先进企业相比，国产混合机在理论设计、制造技术、材料技术、能耗指标、配套器材等方面都存在较大的差距，国内混合机制造企业要不断壮大，必须研究混合机的技术现状和技术差距，采取有效措施，不断缩小差距，追赶世界先进水平。

塑料混合机是利用机械力和重力等，将两种和两种以上物料均匀混合起来的机械。塑料混合机广泛用于各类工业和日常生活中。如在制药行业，把不同成分的原料均匀混合在一起组成复方；还可以增加物料接触表面积，以促进化学反应；还能够加速物理变化，例如粒状溶质加入溶剂，通过塑料混合机械的作用可加速溶解混匀。

专家称，许多用户在粉料、粉体混合设备方面很多选择国内原有的立式锥形混合设备，但专家建议，由于立式锥形塑料混合机存在许多缺点、维修率很高，因此，在粉料/粉体或颗粒状物料混合时，应选择卧式塑料混合机，该设备混合效率高，混合质量好，卸料时间短，残留量也少。

作为一个朝阳产业，塑料混合机行业的发展空间无疑是巨大的。在国家政策支持下，我国的塑料混合机机械行业有很大的发展空间，塑料混合机机械行业应抓住这一历史机遇，做好消化、吸收基础上的再创新，加快大型关键设备国产化步伐。

塑料混合机市场前景的发展，要加快塑料混合机产业升级，就要积极推进以企业为主体的技术创新体系的建立和完善，加强企业在消化、吸收基础上的集成创新 能力，加大开发力量和资金投入，以创新为驱动，不断向先进技术靠拢，推动整个塑料混合机械行业发展，以促进行业的良性循环。

〔供稿单位：中国塑料机械工业年鉴编辑部〕

塑料模具行业概况

塑料模具是塑料零部件及其制品行业的重要支撑装备。根据中国塑料加工工业协会统计数据，我国塑料制品行业塑料用量从 2006 年的 2 802 万 t 快速增长到 2012 年的 5 782 万 t。2013 年 1—12 月，我国塑料制品行业累计完成产量 6 188 万 t。绝大部分塑料制品的成型都依赖于塑料模具，因此，塑料制品行业的快速发展对塑料模具行业形成了旺盛的市场需求。尤其是近年来，我国汽车、家电等主机行业快速发展，产能持续增加，同时随着技术进步，塑料零部件使用比例持续上升，直接推动了我国塑料模具行业的快速发展。

塑料模具是一种用于压塑、挤塑、注塑、吹塑和低发泡成型的组合式模具，主要包括由凹模组合基板、凹模组件和凹模组合卡板组成的具有可变型腔的凹模，由凸模组合基板、凸模组件、凸模组合卡板、型腔截断组件和侧截组合板组成的具有可变型芯的凸模。模具凸、凹模及辅助成型系统的协调变化，可加工不同形状、不同尺寸的系列塑件。塑料模具在塑料加工工业中和塑料成型机配套，赋予塑料制品以完整构型和精确尺寸的工具。由于塑料品种和加工方法繁多，塑料成型机和塑料制品的结构又繁简不一，所以，塑料模具的种类和结构也是多种多样的。

随着塑料工业的飞速发展和通用与工程塑料在强度等方面的不断提高，塑料制品的应用范围也在不断扩大，塑料产品的用量也正在上升。

注塑时，模具装在注射机上，熔融塑料被注入成型模腔内，并在腔内冷却定型，然后上下模分开，经由顶出系统将制品从模腔顶出离开模具，最后模具再闭合进行下一次注射，整个注射过程是循环进行的。

一般塑料模具由动模和定模两部分组成，动模安装在注射成型机的移动模板上，定模安装在注射成型机的固定模板上。在注射成型时动模与定模闭合构成浇注系统和型腔，开模时动模和定模分离以便取出塑料制品。

模具的结构虽然由于塑料品种和性能、塑料制品的形状和结构以及注射机的类型等不同而千变万化，但是基本结构是一致的。模具主要由浇注系统、调温系统、成型零件和结构零件组成。其中浇注系统和成型零件是与塑料直接接触部分，并随塑料和制品的形态变化而变化，是塑模中最复杂、变化最大、要求加工表面粗糙度和精度最高的部分。

浇注系统是指塑料从喷嘴进入型腔前的流道部分，包括主流道、冷料穴、分流道和浇口等。成型零件是指构成制品形状的各种零件，包括动模、定模和型腔、型芯、成型杆以及排气槽等。

我国塑料模具在高技术驱动和支柱产业应用需求的推动下，形成了一个巨大的产业链条，从上游的原辅材料工业和加工、检测设备到下游的机械、汽车、摩托车、家电、电子通信和建筑建材等几大应用产业，塑料模具发展一片生机。

一、塑料模具主要分类

按照成型方法的不同，可以划分出对应不同工艺要求的塑料加工模具类型，主要有注射成型模具、挤出成型模具、吸塑成型模具和高发泡聚苯乙烯成型模具等。

1.塑料注射（塑）模具

塑料注射（塑）模具是热塑性塑料件产品生产中应用最为普遍的一种成型模具，塑料注射模具对应的加工设备是塑料注射成型机。塑料首先在注射机的加热料筒内受热熔融，然后在注射机的螺杆或柱塞推动下，经注射机喷嘴和模具的浇注系统进入模具型腔，塑料冷却硬化成型，脱模得到制品。其结构通常由成型部件、浇注系统、导向部件、推出机构、调温系统、排气系统和支撑部件等部分组成。模具制造材料通常采用塑料模具钢模块，常用的材质主要为碳素结构钢、碳素工具钢、合金工具钢和高速工具钢等。注射成型加工方式通常只适用于热塑性塑料制品的生产。用注射成型工艺生产的塑料制品十分广泛，从生活日用品到各类复杂的机械、电器、交通工具零件等都是用注射模具成型的，它是塑料制品生产中应用最广的一种加工方法。

2.塑料压塑模具

塑料压塑模具包括压缩成型和压注成型两种结构模具，主要是用来成型热固性塑料，其所对应的设备是压力成型机。压缩成型方法是根据塑料原材料特性，将模具加热至成型温度（一般在103～108℃），然后将计量好的压塑粉放入模具型腔和加料室，闭合模具，塑料在高热、高压作用下呈软化黏流态，经一定时间后固化定型，成为所需制品形状。压注成型与压缩成型不同的是，压注成型有单独的加料室，成型前模具先闭合，塑料原料在加料室内完成预热呈黏流态，在压力作用下调整挤入模具型腔，硬化成型。压缩模具也用来成型某些特殊的热塑性塑料，如难以熔融的热塑性塑料（如聚加氟乙烯）毛坯（冷压成型），光学性能很高的树脂镜片，轻微发泡的硝酸纤维素汽车转向盘等。压塑模具主要由型腔、加料腔、导向机构、推出部件和加热系统等部件组成。压注模具广泛用于封装电器元件方面。压塑模具制造所用材质与注射模具基本相同。

3. 塑料挤出模具

塑料挤出模具是用来成型生产连续形状的塑料产品的一类模具，又叫挤出成型机头，广泛用于管材、棒材、单丝、板材、薄膜、电线电缆包覆层和异型材等的加工。与塑料挤出模具对应的生产设备是塑料挤出机，其原理是固态塑料在加热和挤出机的螺杆旋转加压条件下熔融、塑化，通过特定形状的口模而制成截面与口模形状相同的连续塑料制品。其制造材料主要有碳素结构钢、合金工具钢等，有些挤出模具在需要耐磨的部件上还会镶嵌金刚石等耐磨材料。塑料挤出工艺通常只适用热塑性塑料品制品的生产，其结构与注射模具和压塑模具有明显区别。

4. 塑料吹塑模具

塑料吹塑模具是用来成型塑料容器类中空制品（如饮料瓶、日化用品等各种包装容器）的一种模具。吹塑成型的方式按工艺原理主要有挤出吹塑中空成型、注射吹塑中空成型、注射延伸吹塑中空成型（俗称“注拉吹”）、多层吹塑中空成型和片材吹塑中空成型等。中空制品吹塑成型所对应的设备通常称为塑料吹塑成型机，吹塑成型只适用于热塑料品种制品的生产。吹塑模具结构较为简单，所用材料多以碳素钢来制造。

5. 塑料吸塑模具

塑料吸塑模具是以塑料板、片材为原料成型某些较简单塑料制品的一种模具。其原理是利用抽真空成型方法或压缩空气成型方法使固定在凹模或凸模上的塑料板、片，在加热软化的情况下变形而贴在模具的型腔上得到所需成型产品，主要用于一些日用品、食品、玩具类包装制品生产方面。吸塑模具因成型时压力较低，所以模具材料多选用铸铝或非金属材料制造，结构较为简单。

6. 高发泡聚苯乙烯成型模具

高发泡聚苯乙烯成型模具是应用可发性聚苯乙烯（由聚苯乙烯和发泡剂组成的珠状料）原料来成型各种所需形状的泡沫塑料包装材料的一种模具。其原理是可发聚苯乙烯在模具内通入的蒸汽作用下成型，该种模具包括简易手工操作模具和液压机直通式泡沫塑料模具两种类型，主要用来生产工业品方面的包装产品。制造此种模具的材料有铸铝、不锈钢、青铜等。

二、设计要素

模具设计和制造与塑料加工工艺有密切关系。塑料制品加工的成败，很大程度上取决于模具设计效果和模具制造质量，而塑料模具设计又以正确的塑料制品设计为基础。

塑料模具设计要考虑的结构要素：

（1）分型面。即模具闭合时凹模与凸模相互配合的接触表面。分型面的位置和形式的选定，受制品形状及外观、壁厚、成型方法、后加工工艺、模具类型与结构、脱模方法及成型机结构等因素的影响。

（2）结构件。即复杂模具的滑块、斜顶、直顶块等。结构件的设计非常关键，关系到模具的寿命、加工周期、成本、产品质量等。因此，设计复杂模具核心结构对设计者的综合能力要求较高，应尽可能追求更简便、更耐用、更经济的设计方案。

（3）模具精度。即精定位、导柱、定位销等。定位系统精度的高低，关系到制品外观质量、模具质量与寿命，应该根据模具结构不同，选择不同的定位方式。定位精度控制主要依靠模具的加工，内模定位是设计者应充分去考虑的，由此设计出更加合理易调整的定位方式。

（4）浇注系统。即由注射机喷嘴至型腔之间的进料通道，包括主流道、分流道、浇口和冷料穴。

特别是浇口位置的选定应有利于熔融塑料在良好流动状态下充满型腔，附在制品上的固态流道和浇口冷料在开模时易于从模具内顶出并予以清除（热流道模除外）。

（5）塑料收缩率以及影响制品尺寸精度的各项因素，如模具制造和装配误差、模具磨损等。此外，设计压塑模和注射模时，还应考虑成型机的工艺和结构参数的匹配。目前，在塑料模具设计中已广泛应用计算机辅助设计技术。

三、塑料模具配件

塑料模具配件包括冲针、冲头、导柱、导套、顶杆、顶针、套筒、钢珠套、独立导柱、滑块、日期章、斜顶滑块、定位块、导位固定块、导柱辅助器（定位柱子）和导柱组件等。

四、结构零件

1. 塑料模具结构零件的组成

吹塑模、铸塑模和热成型模的结构较为简单。压塑模、注射模和传塑模结构较为复杂，构成这类模具的零件也较多。

塑料模具基本零件包括：

（1）成型零件。包括凹模、凸模、各种型芯，都是成型制品内、外表面或上、下端面、侧孔、侧凹和螺纹的零件。

（2）支承固定零件。包括模座板、固定板、支承板、垫块等，用以固定模具或支承压力。

（3）导向零件。包括导柱和导套，用以确定模具或推出机构运动的相对位置。

（4）抽芯零件。包括斜销、滑块等，在模具开启时用以抽出活动型芯，使制品脱模。

(5)推出零件。包括推杆、推管、推块、推件板、推件环、推杆固定板、推板等，用以使制品脱模。注射模多推广采用标准模架，这种模架是由结构、形式和尺寸都已标准化和系列化的基本零件成套组合而成，其模腔可根据制品形状自行加工，采用标准模架有利于缩短制模周期。

2. 常用模座零件作用

定模座板（面板）：将前模固定在注射机上。

流道板（水口板）：开模时去除废料柄，使其自动脱落(三板模)。

定模固定板（A板）：成型产品前模部分。

动模固定板（B板）：成型产品后模部分。

垫块：即模脚，它的作用是让顶板有足够的活动空间。

推板：开模时通过顶杆、顶块、斜顶等推出零件将产品从模具中推出。

动模座板（底板）：将后模固定在注射机上。

导柱和导套：起导向定位作用，辅助前后模开模、合模与基本定位。

支撑柱（撑头）：提高B板的强度，有效避免长期生产导致B板变形。

顶板导柱（中托司）：导向定位推板，保证顶出顺畅。

五、塑料模具的材料要求

塑料模具的工作条件与冷冲模不同，一般须在150～200℃范围内工作，除了受到一定压力作用外，还受温度影响。现根据塑料成型模具使用条件、加工方法的不同将塑料模具用钢的基本性能要求大致归纳如下：

1. 足够的表面硬度和耐磨性

塑料模的硬度通常≤50～60HRC，经过热处理的模具应有足够的表面硬度，以保证模具有足够的刚度。模具在工作中由于塑料的填充和流动要承受较大的压应力和摩擦力，要求模具保持形状精度和尺寸精度的稳定性，保证模具有足够的使用寿命。模具的耐磨性取决于钢材的化学成分和热处理硬度，提高模具的硬度有利于提高其耐磨性。

2. 优良的可加工性

大多数塑料成型模具，除EMD加工外还需进行一定的切削加工和钳工修配。为延长切削刀具的使用寿命，提高可加工性，减小表面粗糙度值，塑料模具用钢的硬度必须适当。

3. 良好的抛光性能

高品质的塑料制品，要求型腔的表面粗糙度值小。例如，注射模型腔表面粗糙度值要求小于Ra0.10～0.25μm，光学面则要求小于Ra0.01μm，为此型腔须进行抛光，减小表面粗糙度值。选用钢材要求材料杂质少、组织微细均一、无纤维方向性、抛光时不应出现麻点或桔皮状缺陷。

4. 良好的热稳定性

塑料注射模的零件形状比较复杂，淬火后难以加工，应尽量选用具有良好热稳定性的材料，以保证当模具成型加工经热处理后因线胀系数小、热处理变形小、温度差异引起的尺寸变化率小，金相组织和模具尺寸稳定，可减少或不再进行加工，即可保证模具尺寸精度和表面粗糙度要求。

45、50 碳素钢具有一定的强度与耐磨性，经调质处理后多用于模架材料。高碳工具钢、低合金工具钢经过热处理后具有较高的强度和耐磨性，多用于成型零件。但高碳工具钢因其热处理变形大，仅适用于制造尺寸小、形状简单的成型零件。

随着塑料工业的发展，塑料制品的复杂性、精度等要求愈来愈高，对模具材料也提出更高要求。对于制造复杂、精密和耐蚀性的塑料模，可采用预硬钢（如 PMS）、耐蚀钢（如 PCR）和马氏体时效钢（如 18Ni-250），均具有较好的可加工性、热处理和抛光性能及较高强度。

此外，在选择材料时还须考虑防止擦伤与胶合，如两表面存在相对运动的情况，则尽量避免选择组织结构相同的材料，特殊状况下可将一面施镀或渗氮，使两面具有不同的表面结构。

六、材料选择

1. 塑料模具的工作条件

由于塑料及塑料成型工业的发展，对塑料模具的质量要求也越来越高，因而塑料模具的失效问题及其影响因素已成为重要的研究课题。塑料模具的主要工作零件是成型零件，如凸模、凹模等，它们构成塑料模的型腔，以及成型塑料制件的各种表面并直接与塑料接触，经受压力、温度、摩擦和腐蚀等作用。

2. 塑料模材料失效原因分析

一般模具制造中包括模具设计、选用材料、热处理、机械加工、调试与安装等过程。根据调查表明：模具失效的因素中，模具所使用的材料与热处理是影响使用寿命的主要因素。从全面质量管理的角度出发，不能把影响模具使用寿命的诸因素作为多项式之和来衡量，而应该是多因素的乘积，这样，模具材料与热处理的优劣在整个模具制造过程中就显得特别重要。

从模具失效的普遍现象分析，塑料模具在服役过程中，可产生磨损失效、局部性变形失效和断裂失效。塑料模具的主要失效形式可分为磨损失效、局部塑性变形失效和断裂失效。

3. 塑料模具钢性能要求

随着制造业的快速发展，塑料模具已成为塑料成型加工中不可缺少的工具，在总的模具产量中所占的比例逐年增加。随着高性能塑料的发展和不断生产，塑料制品的种类日益增多，用途不断扩大，制品向精密化、大型化、复杂化发展。成型生产向高速化发展，模具的工作条件也越趋复杂。

（1）型腔表面的磨损和腐蚀。塑料熔体以一定的压力在模腔内流动，凝固的塑件从模具中脱出，都对模具成型表面造成摩擦，引起磨损。造成塑料模具磨损失效的根本原因就是模具与物料间的摩擦。但磨损的具体形式和磨损过程则与许多因素有关，如模具在工作过程中的压力、温度、物料变形速度和润滑状况等。当塑料模具使用的材料与热处理工艺不合理时，塑料模具的型腔表面硬度低、耐磨性差，表现为：型腔面因磨损及变形引起的尺寸超差；表面粗糙度值因拉毛而变高，表面质量恶化。尤其是使用固态物料进入塑模型腔时，会加剧型腔面的磨损，加之塑料加工时含有氯、氟等成分，受热会分解出腐蚀性气体 HCl、HF，使塑料模具型腔面产生腐蚀磨损，导致失效。如果在腐蚀的同时又有磨损损伤，使型腔表面的镀层或其他防护层遭到破坏，则将促进腐蚀过程。两种损伤交叉作用，加速了腐蚀—磨损失效。

（2）塑性变形失效。塑料模型腔表面受压、受热可引起塑性变形失效，尤其是当小模具用在大吨位设备上时，更容易产生超负荷塑性变形。

若塑料模具所采用的材料强度与韧性不足，则变形抗力低；塑性变形失效的另一原因，主要是模具型腔表面的硬化层过薄，变形抗力不足或工作温度高于回火温度而发生相变软化，而使模具早期失效。

（3）断裂。断裂的主要原因是由于结构、温差而产生的结构应力、热应力或因回火不足，在使用温度下，使残留奥氏体转变成马氏体，引起局部体积膨胀，在模具内部产生的组织应力所致。

塑料模具的工作条件与冷冲模不同，一般须在150～200℃进行工作，除了受到一定压力作用外，还要承受温度影响。同一种模具会有多种失效形式，即使在同一个模具上也可能出现多种损伤。从塑料模具的失效形式可知，合理地选用塑料模具材料和热处理方法是十分重要的，因为它们直接关系到模具的使用寿命。塑料模具用钢应满足以下要求：

1）耐热性能。随着高速成型机械的出现，塑料制品成型速度加快。由于成型温度在200～350℃，如果塑料流动性不好，成型速度又快，会使模具部分成型表面温度在极短时间内超过400℃。为保证模具在使用时的精度及变形微小，模具钢应有较高的耐热性能。

2）足够耐磨性。随着塑料制品用途的扩大，在塑料中往往需添加玻璃纤维之类的无机材料以增强塑性，由于添加物的加入，使塑料的流动性大大降低，导致模具的磨损，故要求模具有良好的耐磨性。

3）优良的可加工性。大多数塑料成型模具，除电火花加工还需进行一定的切削加工和钳工修配。为延长切削刀具的使用寿命，在切削过程中应加工硬化小。为避免模具变形而影响精度，希望加工残余应力能控制在最小限度。

4）良好的热稳定性。塑料注射模的零件形状往往比较复杂，淬火后难以加工，因此，应尽量选用具有良好的热稳定性的材料。

5）镜面加工性能。型腔表面光滑，成型面要求抛光成镜面，表面粗糙度≤Ra0.4μm，以保证塑料压制件的外观并便于脱模。

6）热处理性能。在模具失效事故中，因热处理造成的事故占到52.3%，以致热处理在整个模具制造过程中占有重要的地位，热处理工艺的好坏对模具质量有较大的影响。一般要求热处理变形小，淬火温度范围宽，过热敏感性小，特别是要有较大的淬硬性和淬透性等。

7）耐蚀性。在塑料制品成形过程中可能受热分解出具有腐蚀性的气体，如HC1、HF对在空气流道口处聚集使模具锈蚀而损坏，故要求模具钢有良好的耐蚀性。

4.新型塑料模具钢

一般塑料模具常采用正火态的45钢或40Cr钢经调质制造。硬度要求较高的塑料模具采用CrWMn或Crl2MoV等钢制造。对工作温度较高的塑料模具，可以选用韧性高的热作模具钢。为了满足塑料型腔对尺寸精度和表面质量的更高要求，新近又研制一系列新型模具钢。

（1）渗碳型塑料模具钢。渗碳型塑料模具钢主要用于冷挤压成形型腔复杂的塑料模具，这类钢的含碳量较塑料模具低，常加元素Cr，同时加入适量Ni、Mo和V，作用是提高淬透性和渗碳能力，为了便于冷挤压成形，这类钢在退火状态须有高的塑性和低的变形抗力，退火硬度≤100HBW。在冷挤压成形后进行渗碳和淬火回火处理，表面硬度可达58～62HRC。此类钢国外有专用钢种，如瑞典的8416、美国的P2和P4等。国内常采用12CrNi3A、12Cr2Ni4A和20Cr2Ni4A钢，这些钢种耐磨性好，无塌陷及表面剥落现象等特点，能使模具寿命提高。钢中添加的元素Cr，Ni、Mo、V，能增加渗碳层的硬度和耐磨性及心部的强韧性。

（2）预硬型塑料模具钢。这类钢的含碳量为0.3%～0.55%，常用合金元素有Cr、Ni、Mn、V等。为了改善其可加工性，还加入S、Cr等元素。近些年，国内通过研制、引进又发展了几种典型塑料模具钢，Y55CrNiMn-MoVS(SMI）是国内研制的含S系列易切削塑料模具钢，其特点是预硬态交货硬度为 35 ～ 40 HRC，有较好的可加工性，加工后不再热处理，可直接使用。加入 Ni 固溶强化并增加韧性；加入 Mn 与 S 形成易切削相 MnS；加入 Cr、Mo、V，增加钢的淬透性，8Cr2S 钢就属于易切削精密模具用钢。

（3）时效硬化型塑料模具钢。近年来开发了低钴、无钴、低镍的马氏体时效钢。MASI 是一种典型的马氏时效钢。经 815℃固溶处理后，硬度为 28 ～ 32HRC，再进行机械加工，再经 480℃时效，时效时析出 Ni_3Mo、Ni_3Ti 等金属间化合物，使硬度达到 48 ～ 52HRC。这种钢的强韧性高、时效时尺寸变化小、补焊性能好，但该种钢的价格昂贵，在国内不太受欢迎。

（4）耐蚀塑料模具钢。以聚氯乙烯（PVC）及 ABS 加抗燃树脂为原料的塑料制品，在成形过程中分解产生腐蚀性气体，会腐蚀模具。因此，要求塑料模具钢具有很好的耐蚀性。国外常用耐蚀塑模具钢有马氏体不锈钢和析出硬化型不锈钢两类。国外的有瑞典 ASSAB 公司的 STVAX（4Crl3）和 A SSAB—8407 等。

正因为塑料模具有自己的特殊要求，所以塑料模具行业既是诱人的“蛋糕”，又有一定的进入门槛。

塑料模具的发展趋势将既随着塑料产品的要求而发展，也受到模具产品发展趋势的限制而发展，而模具的发展将向以下方面发展：

1）模具产品将向着更大型、更精密、更复杂及更经济快速方向发展；模具生产将朝着信息化、无图化、精细化、自动化方向发展；模具企业将向着技术集成化、设备精良化、产品品牌化、管理信息化、经营国际化方向发展。

2）模具 CAD/CAE/CAM/PDM 正向集成化、三维化、智能化、网络化和信息化方向发展，快捷高速的信息化时代将带领模具行业进入新时代。

3）模具的质量、周期、价格、服务四要素中，已有越来越多的用户将周期放在首位，要求模具尽快交货，因此模具生产周期将继续不断缩短。

4）大力提高开发能力，将开发工作尽量往前推，直至介入到模具用户的产品开发中去，甚至在尚无明确的用户对象之前进行开发(这需要在有较大把握和敢冒一定风险的情况下进行)，变被动为主动。以及“你给我一个概念，我还你一个产品”的一站式服务模式都已成为发展趋势。

5）随着模具企业设计和加工水平的提高，过去以钳工为核心，大量依靠技艺的现象已有了很大变化。在某种意义上说：“模具是一种工艺品”的概念正在被“模具是一种高新技术工业产品”所替代，模具“上下模单配成套”的概念正在被“只装不配”的概念所替代。模具正从长期以来主要依靠技艺而变为今后主要依靠技术，这不但是一种生产手段的改变，也是一种生产方式的改变，更是一种观念的改变。这一趋向使得模具标准化程度不断提高，模具精度越来越高，生产周期越来越短，钳工比例越来越低，最终促使整个模具工业水平不断提高。

6）高速加工、复合加工、精益生产、敏捷制造及新材料、新工艺、新技术将不断得到发展。

根据中国模具工业协会数据，目前塑料模具已占据国内模具总产值的 45%，成为最主要的一种模具产品。2005—2012 年，我国塑料模具销售额由 275 亿元增长至 610 亿元，年复合增长率约 12%。2005—2012 年中国塑料模具行业销售额增长情况见下图。

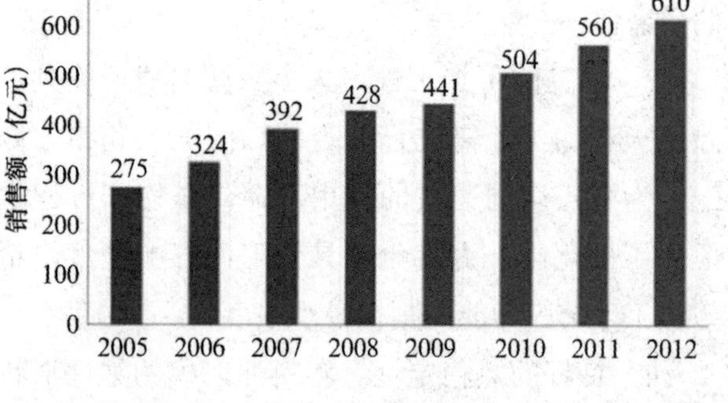

2005—2012 年中国塑料模具行业销售额增长情况

数据来源：《中国模具工业年鉴 2012》、广东省塑料工业协会。

近年来，我国塑料模具在高技术驱动和支柱产业应用需求的推动下，塑料模具已形成一个巨大的产业链，从上游的原辅材料工业和加工、检测设备到下游的机械、汽车、摩托车、家电、电子通信、建筑建材等几大应用产业，塑料模具发展一片生机。目前，塑料制品的应用日渐广泛，为塑料模具提供了一个广阔的市场，同时，对模具也提出了更高的要求。大型化、高精密度、多功能复合型的模具将受到青睐。与此同时，建筑、家电、汽车等行业对塑料的需求量都很大。

我国模具工业地域特点明显，主要表现为：东南沿海地区发展快于中西部地区，南方的发展快于北方。模具生产最集中的地区在珠三角和长三角地区，超过全国模具产值的2/3。

目前，塑料模具在整个模具行业中所占比重约为30%。随着我国汽车、家电、电子通信、各种建材迅速发展，在未来模具市场中，塑料模具占模具总量的比例仍将逐步提高，且发展速度将快于其他模具。以汽车工业为例，随着汽车产销量高速增长，汽车模具潜在市场十分巨大。

在生产汽车时，各种功能性零部件都要靠模具成型，仅制造一款普通轿车约需200多件内饰件模具，而制造保险杠、仪表盘、燃油箱、转向盘等所需的大中型塑料模具，从模具行业生产能力看，目前满足率仅50%左右。在建筑领域，塑料建材大量替代传统材料也是大势所趋，塑料排水管市场占有率超过50%，这些都会大大增加对模具的需求量。应该说，塑料模具的应用潜力是不可低估的。专家预测，大型、精密、设计合理的注射模具将受到市场普遍欢迎。

近年来，我国塑料模具发展迅速。目前，塑料模具在整个模具行业中所占比重约为30%，在模具进出口中的比重高达50%～70%。随着我国机械、汽车、家电、电子信息和建筑建材等国民经济支柱产业的快速发展，这一比例还将持续提高。

模具市场的总体趋势是平稳向上的，在未来的模具市场中，塑料模具的发展速度将高于其他模具，在模具行业中的比例将逐步提高。与全国塑料加工业区域分布相类似，珠三角、长三角的塑料制品加工业位居前列，浙江、江苏和广东塑料模具产值在全国模具总产值中的比例也占到70%。现在，这3个省份的不少企业已意识到塑模业的无限商机，正积极组织模具产品的开发制造。

然而，塑料模具尽管成为时下最为诱人的“奶酪”，但由于塑料零配件形状复杂、设计灵活，对模具材料、设计水平及加工设备均有较高要求，并不是人人都可以轻易涉足的。专家认为，目前我国与国外水平相比还存在较大差距，眼前需尽快突破制约模具产业发展的三大瓶颈：一是加大塑料材料与注射工艺的研发力度；二是塑模企业应向园区发展，加快资源整合；三是模具试模结果检验等工装水平必须尽快跟上，否则塑料模具发展将受到制约。

七、塑料模具行业目前存在的主要问题

我国塑料模具行业与其发展需要和国外先进水平相比，主要存在6个方面的问题。

（1）发展不平衡，产品总体水平较低。虽然个别企业的产品已达到相当高的水平，个别企业的部分产品已达到或接近国际水平，但总体来看，模具的精度、型腔表面粗糙度、生产周期、寿命等指标与国外先进水平相比尚有较大差距。包括生产方式和企业管理在内的总体水平与国外工业发达国家相比尚有10年以上的差距。

（2）工艺装备落后，组织协调能力差。虽然部分企业经过近几年的技术改造，工艺装备水平已比较先进，但大部分企业工艺装备仍比较落后。更主要的是国内企业的组织协调能力差，难以很好整合或调动社会资源为我所用，从而就难以承接比较大的项目。

（3）大多数企业开发能力弱。一方面是技术人员比例低、水平不够高．另一方面是科研开发投入少，更重要的是观念落后，对开发不够重视。

（4）管理落后更甚于技术落后。技术落后往往容易看到，管理落后有时却难以意识到。国内外模具企业管理上的差距十分明显，管理的差距所带来的问题往往比技术上的差距更为严重。

（5）市场需求旺盛，生产发展一时还难以跟上，供需矛盾一时还难以解决，供不应求的局面还将持续一段时间，特别是在中高档产品方面矛盾更为突出。

（6）体制和人才问题的解决尚待时日。在社会主义市场经济中，在经济全球化的过程中，竞争性行业，特别是像模具这样依赖于特殊用户，需单件生产的行业，许多企业目前的体制和经营机制仍旧很难适应多变的市场。人才的数量和素质水平也跟不上行业的快速发展。虽然各地都在努力解决这两个问题，但要得到较好解决尚待时日。

展望未来，由于国际、国内宏观环境总体良好，国内塑料模具各主要用户行业仍将持续以较快速度发展，塑料模具也必将持续高速发展。目前存在的主要问题需要全行业的共同努力及各方面的共同支持。相信通过国内外交流与合作，这些问题定会逐渐得到较好的解决。

〔供稿单位：《中国塑料机械工业年鉴》编辑部〕

塑料薄膜设备行业概况

塑料薄膜是塑料机械加工领域最重要的下游行业之一，也是与人类现代生活最密切相关的制品之一，涉及领域包括农业种植、工业生产、食品医疗、建筑施工以及其他特殊应用领域。当前塑料薄膜的成型主要分为三种：薄膜吹塑成型、薄膜流延成型和薄膜拉伸成型，其中吹塑成型的应用最广泛，产量最大。

目前，中国（含中国大陆、中国港澳、中国台湾）薄膜装备生产企业数量接近100家（含吹膜机、流延机和拉伸机），但年产值在1亿元以上的薄膜装备企业不足10家。

一、行业发展趋势

1. 节能、高效是未来塑料挤出设备新技术发展热点

（1）节能将成为技术竞争力的基本要求。随着人们对节能认识的不断提高，节能已成为全球制造业最为关注的发展方向。而在薄膜挤出生产过程中，能源消耗占总成本的3%~5%，是除原材料成本之外最大的成本支出项目，因此，节能不仅是国家和产业可持续发展的宏观要求，更可为用户带来实实在在的利益，成为企业产品竞争力的重要体现。

近年来，我国吹膜设备生产企业在该领域开展研发活动，从低速大转矩交流伺服电动机直接驱动技术到低温塑化螺杆设计，从新型模头的开发到各种新型加热技术的应用等，在我国市场逐步推广并被用户接受。

（2）高效率。对挤出技术而言，高效与节能不可或缺，以相同的设备条件实现更高的产量，已经成为吹膜设备行业的发展趋势。开槽式挤出机技术、新的风环冷却系统、优化设计的模头流道，都为吹膜机产能的提升奠定了基础。高产能吹膜机的产量已经达到过去流延机的标准。

2. 三层结构已经成为市场主流，五层PE薄膜开始进入市场

终端市场对薄膜性能要求的提高促进了多功能薄膜材料的发展。由于对终端消费市场的众多要求已经无法靠单一品种的材料满足，通过不同薄膜材料的多层复合搭配满足需求已成为未来薄膜生产技术发展的必然趋势。

3. 专业化和精细化促进行业进步

随着产品专业分工的细化，吹膜机整机厂商

将整机分为不同部件，由部件厂商供货。一些专业细分工厂通过专注于某一类部件的技术研发，开展专业化生产取得技术优势和成本优势，包括各种辅机在内的专业厂家发展迅速。机筒螺杆和减速器是发展比较早、也是当前发展比较成熟的产业；称重系统、测厚系统、风环、过滤器也成为独立的细分行业。整机厂家更多地专注于核心模具的研发和系统集成，转型成为为薄膜制造厂家提供模块化定制服务和整体服务方案的供应商。

专业化和精细化促进整体吹膜设备行业的发展。螺杆材质从过去传统的38CrMoAl发展到42CrMo，甚至双金属；称重系统也分别演变为批次称重混料和失重称重加料两种模式；风环从较先进的水冷却IBC、双极风环冷却技术向高效逆流风环发展；从而极大地优化了设备采购成本、运行成本，提高了薄膜生产的效率和制品质量。

4.产业链合作不断深化

多年来，行业内塑机制造企业通过与埃克森美孚、陶氏化学、巴斯夫等世界知名原料供应商进行战略合作，根据原料商研发的新型材料特性研制相关生产设备，或者根据设备的特性开发相应的材料配方，通过合作举办新材料展会等方式引导下游市场需求的发展，在向下游厂商推广新材料的同时激发设备使用者对新设备的关注和购买。另一方面，塑料机械制造企业也加强与薄膜制品生产厂家的合作，针对薄膜厂家一些特殊产品和特定生产工艺进行设备的改造和深度定制，不仅提高了薄膜生产厂家的市场竞争优势，也提升了吹膜设备厂家的技术实力。

5.同行业整合加剧

经过20多年的高速增长，薄膜吹塑机械行业也面临市场重组、解决规模生产、扩大市场份额的问题。

6.资金流和融资环境对企业影响进一步加剧

目前中小型塑料吹膜设备生产企业的重复建设现象十分严重，这些设备制造厂家竞相仿制，进而经常出现结构型过剩，市场竞争方式处于恶性价格战等低水平状态。这些企业在吹膜设备的技术研发和经费投入方面远远不足，加上自身资本不够雄厚，综合竞争力提不上去，必然在未来愈加激烈的市场竞争中逐渐被淘汰。

随着2012年金融体系对信贷的收紧，国内一些吹膜设备企业不仅面临设备创新不足、产品同质化严重的问题，也同时面临流动资金紧缺和订单量不足的双重压力。

三、行业发展影响因素分析

1.有利因素

（1）下游塑料制品行业增长迅速，仍然是带动塑料机械需求的强劲动力。塑料薄膜产业是塑料加工工业中最大的门类，总体产量依然保持两位数增长的良好发展趋势。高端功能薄膜逐步实现国产化，电容膜、锂离子电池隔膜、光学膜等领域近几年产能扩充很快，为国产设备及其技术升级提供了广阔的市场空间。

（2）我国制造业整体实力提升。一方面，我国基础工业包括金属材料、金属表面处理、机电控制等产业进步飞速，为塑料机械的技术提升奠定了基础。同时，我国塑机行业本身在技术开发、经验积累方面，对于加工对象和塑料制成品市场的理解和判断更加成熟，从而提升了塑机设计制造的技术水平。

（3）国家产业政策对于装备制造业的支持力度加大。塑料行业是关系国计民生的重要行业，2012年，四部委联合颁发的《重大技术装备自主创新指导目录》中，塑料机械作为成型加工装备单列行业。

2.不利因素

（1）人民币汇率上升仍然是最大的经济制约因素，贸易保护主义思潮抬头。我国的塑料机械在国际市场具有越来越明显的性价比优势，出口额不断增长。但人民币汇率的变化以及国际贸易保护主义思潮抬头的趋势，都削弱了我国塑料机械出口的价格优势，进而影响产品出口。

（2）高端外协产业发展较慢。由于塑料机械产品结构专业且复杂，各大型厂商一般对部分非标准机械加工件采用外协加工的生产模式，而将主要的生产能力集中在附加值较高的环节。但由于我国从事塑料机械外协加工的企业数量不多，在高端塑料机械领域的精密外协企业就更少，且没能与各塑料机械行业形成良好的产业链，在外协机械加工件的加工质量、加工精度、交货时间等方面给塑料机械行业带来一定的影响。

（3）国内经济大环境影响塑料机械产业良性发展。塑料机械是一个需要持续投入时间和精力经营，长期进行技术积累、经验积累、品牌积淀的资金技术密集型产业，但由于各种经济环境因素的影响，行业的良性发展还是受到一定的影响。

〔供稿单位：广东金明精机股份有限公司〕

统计资料

分析塑料机械行业主要经济指标及进出口情况

综述
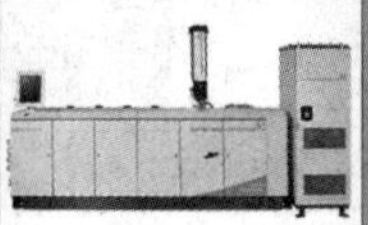
专家视点

行业概况

统计资料

产业集群

企业概况

产品与项目

标准

大事记

附录

统计资料

1990—2014 年塑料机械行业主要经济指标汇总

年份	企业数（家）	工业总产值（当年价）（亿元）	工业销售产值（亿元）	出口交货值（亿元）	工业增加值（亿元）	主营业务收入（亿元）	利润总额（亿元）	利税总额（亿元）	资产合计（亿元）	负债合计（亿元）	从业人员年平均人数（万人）	全员劳动生产率（元／人）
1990	259	11.16			3.21	10.05	0.47	0.98			5.19	6 185
1991	258	15.37			4.39	15.10	0.91	1.65			5.39	8 145
1992	252	23.41	22.27		7.07	30.94	0.09	1.22			5.79	12 214
1993	326	35.52	27.35		10.59	31.36	2.48	3.83	35.63	23.97	5.81	18 242
1994	316	38.20	33.97		10.85	27.17	1.56	3.01	42.76	27.28	4.71	18 962
1995	349	35.64			10.58	32.63	1.17	2.81	49.66	32.50	5.46	19 383
1996	379	47.29	43.86		11.60	39.92	1.82	3.57	55.31	34.86	6.04	19 205
1997	344	55.27	50.91		16.02	44.78	2.36	4.93	62.73	38.62	6.26	25 574
1998	166	53.69	48.81		13.79	47.23	2.63	4.74	69.51	45.47	3.87	35 608
1999	158	58.75	56.39		15.66	53.54	3.99	6.47	72.69	45.45	3.49	44 890
2000	170	73.25	69.24	5.30	19.29	66.44	5.74	8.78	94.02	57.53	3.99	48 312
2001	185	81.60	77.68	6.80	21.39	74.71	5.89	9.24	106.69	65.71	4.15	51 605
2002	215	116.40	111.27	10.00	30.66	105.79	10.43	14.70	130.69	79.77	4.14	74 092
2003	253	130.70	125.49	11.70	34.19	124.79	10.03	14.69	139.65	87.71	4.21	81 291
2004	410	184.98	187.02	28.04	45.71	180.84	16.40	22.35	197.55	111.78	5.46	83 718
2005	379	193.07	181.88	30.15	50.01	183.25	14.60	21.16	192.62	115.34	4.79	104 437
2006	413	221.33	216.08	42.82	57.68	215.66	18.18	25.58	212.12	128.15	5.05	114 102
2007	454	267.73	260.61	53.04	74.25	256.51	22.34	31.14	255.77	147.23	5.39	137 705
2008	473	280.43	262.98	54.83		247.78	16.25	23.74	286.78	165.49	6.07	
2009	521	258.48	250.85	36.46		259.70	18.20	27.15	315.39	170.79	5.60	
2010	564	421.06	400.65	59.57		415.81	39.50	51.99	390.75	202.98	6.49	
2011	330	464.51	444.46	80.59		441.04	42.23		441.68	207.64	6.11	
2012	365	462.06	444.73	75.66		451.79	41.58		469.38	231.82		
2013	376	526.00	490.00	73.61		498.93	44.79		524.04	250.93		
2014	397	571.00	528.00	90.49		531.99	48.04		565.18	267.25		

注：1.1998 年以前全国机械工业企业单位的统计口径分为两种，即产值产量部分为全国乡及乡以上工业企业，财务指标部分为全部独立核算工业企业资料；1998 年年报国家统计局将上述两种口径统一调整为全部国有和年产品销售收入 500 万元以上的非国有工业企业；2007 年调整为辖区内全部主营业务收入 500 万元及以上的工业法人企业；2011 年调整为辖区内全部年主营业务收入 2 000 万元及以上的工业法人企业。

2. 工业增加值指标在 1993 年以前为工业净产值。

3. 数据来源于中国机械工业联合会。

2009—2014 年塑料机械行业概况图表汇总

表 1 2009—2012 年塑料机械行业工业总产值及销售产值

年份	工业总产值（亿元）	工业销售产值（亿元）
2009	258.48	250.85
2010	421.06	400.65
2011	464.51	444.46
2012	462.06	444.73
2013	526.00	490.00
2014	571.00	528.00

注：数据来源于国家统计局及行业协会。

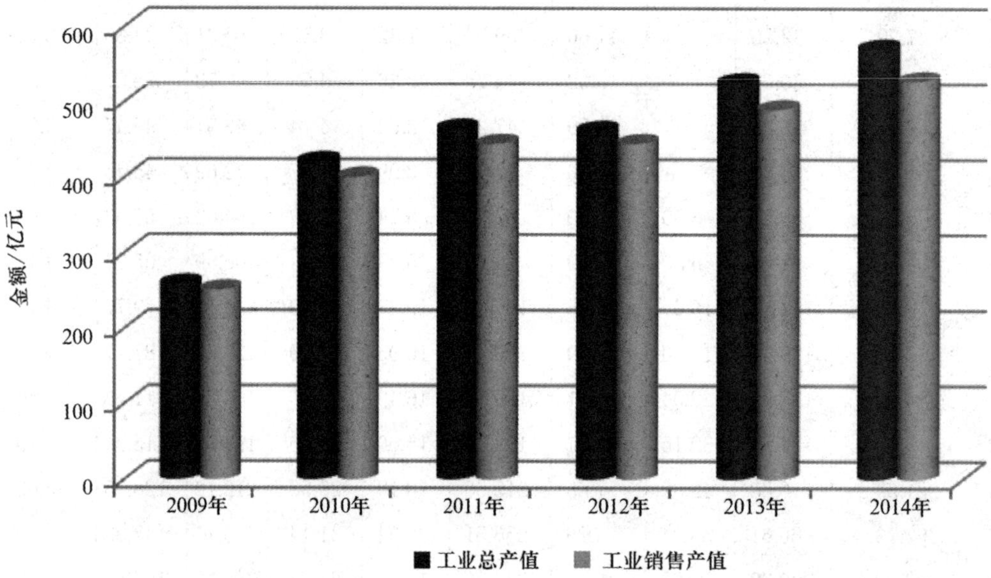

图 1 2009—2014 年塑料机械行业工业总产值及销售产值走势

注：数据来源于国家统计局。

表 2 2006—2014 年塑料机械市场容量

年份	国内塑料机械市场容量（亿元）	其中：进口设备（亿元）	国产设备（亿元）	进口占比（%）	国产占比（%）
2006	327.73	172.80	154.93	53	47
2007	355.13	177.08	178.05	50	50
2008	348.67	179.51	169.16	51	49
2009	292.33	86.18	206.15	29	71
2010	479.22	134.54	344.68	28	72
2011	511.88	144.03	367.85	28	72

（续）

年份	国内塑料机械市场容量（亿元）	其中：进口设备（亿元）	国产设备（亿元）	进口占比（%）	国产占比（%）
2012	493.85	133.96	359.89	27	73
2013	532.20	112.84	419.36	21	79
2014	578.98	120.96	458.02	21	79

注：数据来源于国家统计局、中国海关和行业协会。

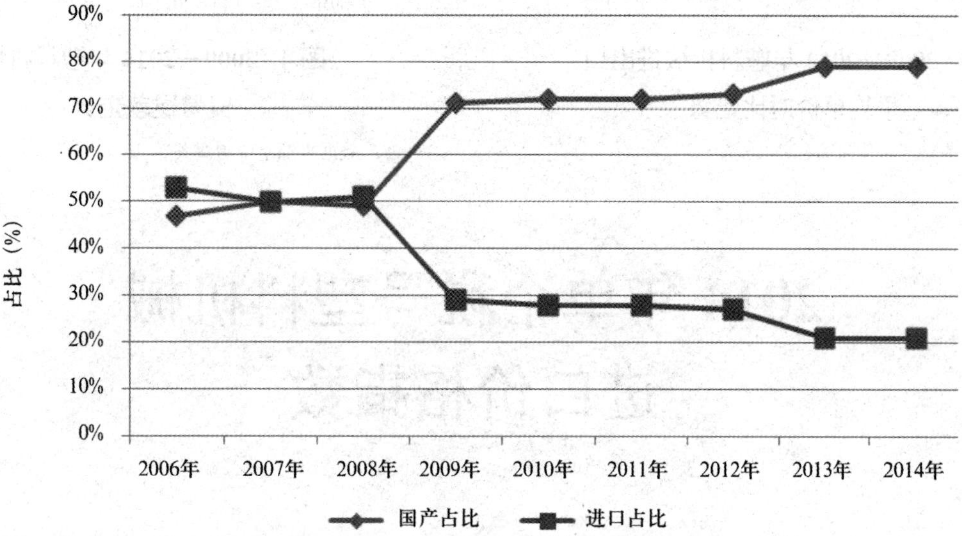

图 2　2006—2014 年塑料机械市场容量走势

注：数据来源于国家统计局和、中国海关和行业协会。

表 3　2010—2014 年塑料机械行业效益指标情况

年份	规模企业数（家）	主营业务收入（亿元）	利润（亿元）	主营业务收入利润率（%）	亏损企业数（家）	亏损面（%）
2010	330	383.94	38.63	10.06	24	7.27
2011	330	454.26	40.87	9.00	38	11.52
2012	365	443.94	39.19	8.83	56	15.34
2013	376	498.93	44.79	8.98	62	16.49
2014	397	531.99	48.04	9.03	70	17.63

注：数据来源于国家统计局。

表 4　2009—2014 年塑料机械行业进出口对比

年份	进　口			出　口		
	数量（台）	金额（万美元）	平均单价（万美元 / 台）	数量（台）	金额（万美元）	平均单价（万美元 / 台）
2009	8 400	126 186	15.0	31 875	75 863	2.4
2010	14 961	200 658	13.4	44 493	114 004	2.6
2011	13 704	218 223	15.9	51 665	146 460	2.8
2012	10 482	212 635	20.3	69 693	161 886	2.3
2013	10 052	181 586	18.1	135 213	172 490	1.3
2014	21 734	197 435	9.1	230 584	184 258	0.8

注：数据来源于中国海关。

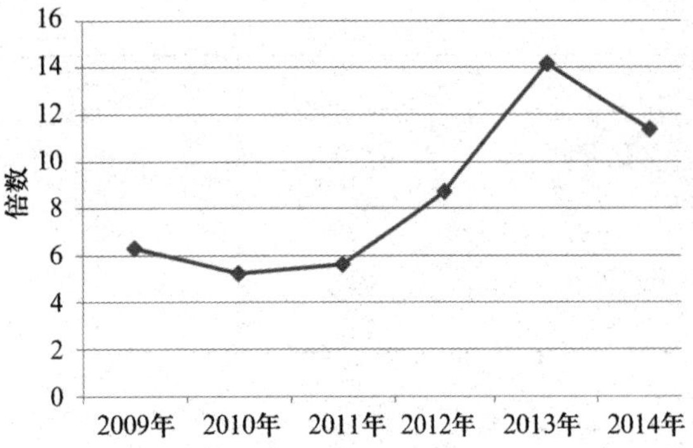

图 3　2009—2014 年塑料机械进出口平均单价对比走势

注：数据来源于中国海关。

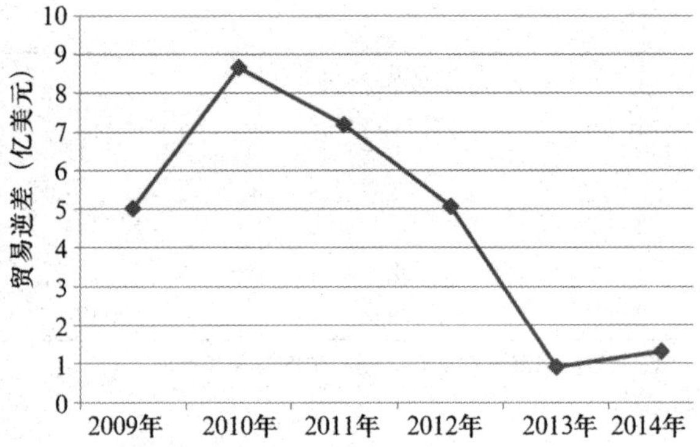

图 4　2009—2014 年塑料机械贸易逆差走势

注：数据来源于中国海关。

2014 年单个税号塑料机械进口价格指数

（平均进口单价单位：万美元）

月份	项目名称	注射机	其他注射机	塑料造粒机	其他挤出机	挤出吹塑机	注射吹塑机	其他吹塑机	塑料中空成型机	塑料压延成型机	其他真空模塑机器及其他热成型机器	3D打印机	其他模塑或成型机器
1	平均进口单价	15	33	218	73	109	46	74	25	30	15	1.2	25
	定基价格指数	100	100	100	100	100	100	100	100	100	100	100	100
	环比价格指数												
2	平均进口单价	3	31	100	42	67	27	96	68	14	14	0.5	15
	定基价格指数	20	94	46	58	61	59	130	272	47	93	42	60
	环比价格指数	20	94	46	58	61	59	130	272	47	93	42	60
3	平均进口单价	11	11	108	38	91	38	156	44	32	16	0.2	19
	定基价格指数	73	33	50	52	83	83	211	176	107	107	17	76
	环比价格指数	367	35	108	90	136	141	163	65	229	114	40	127
4	平均进口单价	13	23	152	53	101	35	36	14	11	22	0.6	14
	定基价格指数	87	70	70	73	93	76	49	56	37	147	50	56
	环比价格指数	118	209	141	139	111	92	23	32	34	138	300	74
5	平均进口单价	12	10	53	75	64	26	121	6	12	17	0.9	24
	定基价格指数	80	30	24	103	59	57	164	24	40	113	75	96
	环比价格指数	92	43	35	142	63	74	336	43	109	77	150	171
6	平均进口单价	11	13	119	58	99	30	87	26	200	21	1.7	17
	定基价格指数	73	39	55	79	91	65	118	104	667	140	142	68
	环比价格指数	92	130	225	77	155	115	72	433	1 667	124	189	71

（续）

月份	项目名称	注射机	其他注射机	塑料造粒机	其他挤出机	挤出吹塑机	注射吹塑机	其他吹塑机	塑料中空成型机	塑料压延成型机	其他真空模塑机器及其他热成型机器	3D打印机	其他模塑或成型机器
7	平均进口单价	10	16	52	40	17	37	176	11	6	18	1	25
	定基价格指数	67	48	24	55	16	80	238	44	20	120	83	100
	环比价格指数	91	123	44	69	17	123	202	42	3	86	59	147
8	平均进口单价	12	13	206	42	99	23	71	11	32	13	1	19
	定基价格指数	80	39	94	58	91	50	96	44	107	87	83	76
	环比价格指数	120	81	396	105	582	62	40	100	533	72	100	76
9	平均进口单价	11	12	17	35	133	19	114	44	4	17	1	7
	定基价格指数	73	36	8	48	122	41	154	176	13	113	83	28
	环比价格指数	92	92	8	83	134	83	161	400	13	131	100	37
10	平均进口单价	11	7	124	19	58	49	148	0	8	8	1	12
	定基价格指数	73	21	57	26	53	107	200	0	27	53	83	48
	环比价格指数	100	58	729	54	44	258	130	0	200	47	100	171
11	平均进口单价	13	15	12	74	97	15	74	17	54	36	0.4	0.1
	定基价格指数	87	45	6	101	89	33	100	68	180	240	33	0.4
	环比价格指数	118	214	10	389	167	31	50	/	675	450	40	1
12	平均进口单价	11	16	87	28	141	49	99	6	120	20	1	9
	定基价格指数	73	48	40	38	129	107	134	24	400	133	83	36
	环比价格指数	85	107	725	38	145	327	134	35	222	56	250	9 000

注：表中以 2014 年 1 月为基期。

2014 年单个税号塑料机械出口价格指数

（平均出口单价单位：万美元）

月份	项　目	注射机	其他注射机	塑料造粒机	其他挤出机	挤出吹塑机	注射吹塑机	其他吹塑机	塑料中空成型机	塑料压延成型机	其他真空模塑机器及其他热成型机器	3D打印机	其他模塑或成型机器
1	平均出口单价	4	2	3	3	3	3	1	5	0.4	1	0.2	0.1
	定基价格指数	100	100	100	100	100	100	100	100	100	100	100	100
	环比价格指数												

（续）

月份	项目	注射机	其他注射机	塑料造粒机	其他挤出机	挤出吹塑机	注射吹塑机	其他吹塑机	塑料中空成型机	塑料压延成型机	其他真空模塑机器及其他热成型机器	3D打印机	其他模塑或成型机器
2	平均出口单价	5	3	3	4.52	2	2	2	5	2	1	0.1	5
	定基价格指数	125	150	100	151	67	67	200	100	500	100	50	5 000
	环比价格指数	125	150	100	151	67	67	200	100	500	100	50	5 000
3	平均出口单价	5	2	3	2	2	0.3	2	5	3	2	0.1	0.1
	定基价格指数	125	100	100	67	67	10	200	100	750	200	50	100
	环比价格指数	100	67	100	44	100	15	100	100	150	200	100	2
4	平均出口单价	4	5	2	4	3	2	1.61	4	4.4	0.7	0.1	0.1
	定基价格指数	100	250	67	133	100	67	161	80	1 100	70	50	100
	环比价格指数	80	250	67	200	150	667	81	80	147	35	100	100
5	平均出口单价	2	4	3	4	3	2	1	4	1	1.4	0.05	0.1
	定基价格指数	50	200	100	133	100	67	100	80	250	140	25	100
	环比价格指数	50	80	150	100	100	100	62	100	23	200	50	100
6	平均出口单价	4	4	2	3	2	3	2	5	1.6	2	0.1	0.1
	定基价格指数	100	200	67	100	67	100	200	100	400	200	50	100
	环比价格指数	200	100	67	75	67	150	200	125	160	143	200	100
7	平均出口单价	4	1	2	0.1	3	2	1	4	1	2	0.1	0.2
	定基价格指数	100	50	67	3	100	67	100	80	250	200	50	200
	环比价格指数	100	25	100	3	150	67	50	80	63	100	100	200
8	平均出口单价	4	6	2	5	3	3	2	4	9	2	0.04	0.1
	定基价格指数	100	300	67	167	100	100	200	80	2 250	200	20	100
	环比价格指数	100	600	100	5 000	100	150	200	100	900	100	40	50
9	平均出口单价	4	4	3	4	3	3	2	3	2	2	0.05	0.1
	定基价格指数	100	200	100	133	100	100	200	60	500	200	25	100
	环比价格指数	100	67	150	80	100	100	100	75	22	100	125	100
10	平均出口单价	4	4	3	3	5	3	2	1	1	4	0.03	0.04
	定基价格指数	100	200	100	100	167	100	200	20	250	400	15	40
	环比价格指数	100	100	100	75	167	100	100	33	50	200	60	40
11	平均出口单价	4	3	2	4	4	1	3	4	3	1	0.04	0.21
	定基价格指数	100	150	67	133	133	33	300	80	750	100	20	210
	环比价格指数	100	75	67	133	80	33	150	400	300	25	133	525

（续）

月份	项目	注射机	其他注射机	塑料造粒机	其他挤出机	挤出吹塑机	注射吹塑机	其他吹塑机	塑料中空成型机	塑料压延成型机	其他真空模塑机器及其他热成型机器	3D打印机	其他模塑或成型机器
12	平均出口单价	5	4	2	4	5	3	2	5	5	1	0.05	0.14
	定基价格指数	125	200	67	133	167	100	200	100	1 250	100	25	140
	环比价格指数	125	133	100	100	125	300	67	125	167	100	125	67

注：表中以2014年1月为基期。

2014年塑料机械进出口综合价格指数

月份	进口		出口		月份	进口		出口	
	Paasche价格指数	Laspeyres价格指数	Paasche价格指数	Laspeyres价格指数		Paasche价格指数	Laspeyres价格指数	Paasche价格指数	Laspeyres价格指数
1	100	100	100	100	7	61	67	18	91
2	36	52	124	437	8	76	74	106	141
3	64	71	101	120	9	61	60	94	112
4	79	79	97	114	10	58	56	78	116
5	75	81	66	85	11	12	81	102	127
6	78	87	88	103	12	60	69	109	133

注：表中以2014年1月为基期。

2014年塑料机械进出口综合价格指数图

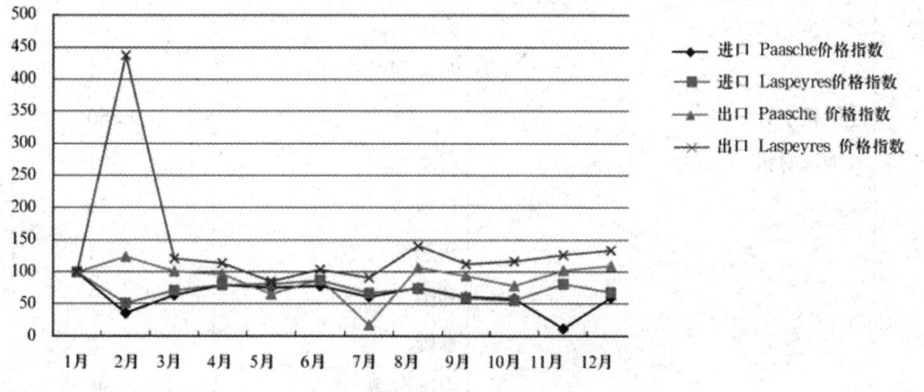

注：图中数据以2014年1月为基期。

2014 年我国塑料机械进口情况

税号	产品名称	进口来源地	进口数量（台）	进口金额（万美元）
84771010	注射机	中国香港	2	25
		印度	1	6
		以色列	8	76
		日本	3 755	40 370
		新加坡	4	24
		韩国	402	4 873
		泰国	20	115
		中国	463	3 405
		中国台湾	1 067	9 143
		丹麦	1	5
		德国	468	10 390
		法国	1	13
		意大利	19	1 295
		荷兰	3	48
		西班牙	14	63
		奥地利	1 066	2 033
		波兰	1	0
		瑞典	2	40
		瑞士	11	928
		斯洛伐克	1	12
		墨西哥	1	3
		加拿大	16	1 384
		美国	53	371
		澳大利亚	1	43
84771010	**注射机小计**		**7 380**	**74 665**
84771090	其他注射机	印度	1	24
		日本	70	879
		新加坡	4	41
		韩国	5	68
		泰国	2	11
		中国台湾	90	814

（续）

税号	产品名称	进口来源地	进口数量（台）	进口金额（万美元）
84771090	其他注射机	英国	1	0
		德国	88	1 956
		法国	17	342
		意大利	70	1 986
		奥地利	2	27
		瑞士	2	214
		加拿大	5	34
		美国	41	76
84771090	**其他注射机小计**		**398**	**6 472**
84772010	塑料造粒机	中国香港	5	39
		印度	1	12
		日本	34	1 859
		新加坡	1	3
		韩国	6	115
		泰国	4	25
		中国	5	3
		中国台湾	51	4 076
		丹麦	2	87
		德国	60	12 948
		意大利	4	43
		奥地利	32	1 902
		瑞士	2	130
		美国	7	217
84772010	**塑料造粒机小计**		**214**	**21 460**
84772090	其他挤出机	印度	7	67
		日本	93	6 885
		马来西亚	1	1
		新加坡	1	0
		韩国	62	516
		泰国	27	148
		土耳其	3	22
		也门	2	3
		中国	1	98
		中国台湾	242	8 024
		英国	35	240
		德国	207	18 928
		法国	6	85

（续）

税号	产品名称	进口来源地	进口数量（台）	进口金额（万美元）
84772090	其他挤出机	意大利	64	1 472
		荷兰	1	49
		西班牙	1	7
		奥地利	18	1 158
		芬兰	14	494
		波兰	1	5
		瑞典	2	11
		瑞士	6	645
		加拿大	21	184
		美国	80	2 476
84772090	**其他挤出机小计**		**895**	**41 518**
84773010	挤出吹塑机	日本	19	1 092
		韩国	1	18
		泰国	8	101
		中国台湾	15	308
		英国	1	0
		德国	33	5 583
		法国	1	21
		意大利	6	370
		瑞士	3	370
		加拿大	1	111
		美国	4	266
84773010	**挤出吹塑机小计**		**92**	**8 240**
84773020	注射吹塑机	印度	3	28
		日本	60	2 401
		韩国	2	28
		中国台湾	13	131
		德国	4	217
		意大利	5	305
		美国	1	3
84773020	**注射吹塑机小计**		**88**	**3 112**
84773090	其他吹塑机	日本	10	344
		马来西亚	1	52
		韩国	2	53
		中国台湾	10	229
		德国	42	6 265
		法国	9	1 228

（续）

税号	产品名称	进口来源地	进口数量（台）	进口金额（万美元）
84773090	其他吹塑机	意大利	6	478
		奥地利	3	268
		美国	11	90
84773090	**其他吹塑机小计**		**94**	**9 007**
84774010	塑料中空成型机	印度	1	15
		日本	9	345
		马来西亚	1	0
		韩国	1	16
		中国	3	1
		中国台湾	34	564
		英国	8	3
		德国	7	187
		法国	6	612
		意大利	1	109
		荷兰	1	0
		美国	6	3
84774010	**塑料中空成型机小计**		**78**	**1 856**
84774020	塑料压延成型机	日本	14	335
		新加坡	1	1
		韩国	11	210
		泰国	16	170
		中国台湾	28	1 236
		德国	15	401
		意大利	2	65
		瑞典	1	5
		加拿大	1	6
		美国	8	426
84774020	**塑料压延成型机小计**		**97**	**2 855**
84774090	其他真空模塑机及其他热成型机器	印度尼西亚	5	18
		日本	90	1 955
		马来西亚	8	44
		新加坡	1	0
		韩国	68	629
		泰国	9	32
		土耳其	1	0
		中国	3	3
		中国台湾	244	1 630

（续）

税号	产品名称	进口来源地	进口数量（台）	进口金额（万美元）
84774090	其他真空模塑机及其他热成型机器	丹麦	16	11
		英国	14	4
		德国	130	5 945
		法国	19	277
		意大利	42	2 716
		奥地利	24	195
		匈牙利	1	96
		挪威	1	4
		瑞士	22	534
		加拿大	1	26
		美国	123	639
		澳大利亚	1	7
		其他	1	1
84774090	**其他真空模塑机及其他热成型机器小计**		**824**	**14 766**
84775910	3D 打印机	中国香港	2	0
		以色列	158	1 059
		日本	64	16
		韩国	28	16
		泰国	2 997	112
		中国	92	2
		中国台湾	34	7
		比利时	1	0
		丹麦	1	1
		英国	46	5
		德国	22	467
		意大利	2	6
		荷兰	10	3
		葡萄牙	1	0
		波兰	6	6
		罗马尼亚	2	1
		瑞士	2	9
		斯洛文尼亚	3	1
		美国	2 718	2 456
		澳大利亚	10	16
84775910	**3D 打印机小计**		**6 199**	**4 183**
84775990	其他模塑或成型机器	日本	116	1 085
		马来西亚	12	301

（续）

税号	产品名称	进口来源地	进口数量（台）	进口金额（万美元）
84775990	其他模塑或成型机器	菲律宾	1	119
		新加坡	9	75
		韩国	72	853
		泰国	4	13
		土耳其	2	0
		中国	4 802	4
		中国台湾	122	2 636
		南非	1	3
		丹麦	1	1
		英国	11	363
		德国	79	845
		法国	6	7
		意大利	33	2 081
		荷兰	1	1
		奥地利	1	7
		克罗地亚	15	322
		加拿大	4	27
		美国	80	556
		澳大利亚	3	3
84775990	**其他模塑或成型机器小计**		**5 375**	**9 303**
总　计			**21 734**	**197 436**

〔供稿单位：中国塑料机械工业协会〕

2014年我国塑料机械出口情况

税号	产品名称	出口目的地	出口数量（台）	出口金额（万美元）
84771010	注射机	阿富汗	1	4
		巴林	13	40
		孟加拉	483	1 921
		文莱	7	56
		缅甸	78	259
		柬埔寨	77	135

（续）

税号	产品名称	出口目的地	出口数量（台）	出口金额（万美元）
84771010	注射机	塞浦路斯	3	27
		朝鲜	35	60
		中国香港	891	4 121
		印度	454	2 204
		印度尼西亚	1 028	4 454
		伊朗	1 673	5 303
		伊拉克	119	174
		以色列	108	586
		日本	573	2 903
		约旦	293	496
		科威特	6	43
		黎巴嫩	68	217
		马来西亚	971	3 694
		马尔代夫	1	32
		蒙古	2	12
		尼泊尔	4	10
		阿曼	9	44
		巴基斯坦	313	1 115
		巴勒斯坦	3	38
		菲律宾	449	2 503
		卡塔尔	12	77
		沙特阿拉伯	306	1 483
		新加坡	91	595
		韩国	1 119	3 916
		斯里兰卡	87	198
		叙利亚	72	192
		泰国	855	5 433
		土耳其	1 579	8 166
		阿联酋	137	510
		也门	31	90
		越南	2 140	6 399
		中国台湾	486	1 606
		哈萨克斯坦	82	387
		吉尔吉斯斯坦	7	68
		塔吉克斯坦	22	42
		土库曼斯坦	8	44
		乌兹别克斯坦	2 032	939

（续）

税号	产品名称	出口目的地	出口数量（台）	出口金额（万美元）
84771010	注射机	阿尔及利亚	407	1 212
		安哥拉	27	173
		贝宁	134	51
		博茨瓦那	5	30
		喀麦隆	323	103
		刚果	5	1
		吉布提	22	55
		埃及	494	1 790
		赤道几内亚	16	0
		埃塞俄比亚	63	386
		加蓬	2	29
		加纳	63	184
		几内亚	2	16
		科特迪瓦	32	82
		肯尼亚	67	139
		利比里亚	1	3
		利比亚	27	124
		马达加斯加	8	33
		马拉维	16	53
		毛里塔尼亚	3	8
		毛里求斯	2	7
		摩洛哥	56	192
		莫桑比克	24	86
		尼日利亚	208	779
		塞内加尔	8	31
		南非	220	1 298
		苏丹	65	169
		坦桑尼亚	128	129
		多哥	13	82
		突尼斯	79	333
		乌干达	39	212
		民主刚果	1	2
		赞比亚	33	127
		津巴布韦	12	51
		厄立特里亚	2	7
		比利时	2	14
		丹麦	10	28

（续）

税号	产品名称	出口目的地	出口数量（台）	出口金额（万美元）
84771010	注射机	英国	68	333
		德国	224	1 255
		法国	43	296
		爱尔兰	1	20
		意大利	134	878
		卢森堡	16	849
		荷兰	61	334
		希腊	12	155
		葡萄牙	27	184
		西班牙	87	448
		阿尔巴尼亚	3	6
		奥地利	2	4
		保加利亚	23	72
		芬兰	13	59
		匈牙利	46	303
		马耳他	1	5
		波兰	213	1 091
		罗马尼亚	20	91
		瑞典	19	86
		瑞士	1	2
		爱沙尼亚	23	59
		拉脱维亚	38	116
		立陶宛	35	92
		格鲁吉亚	13	48
		亚美尼亚	9	26
		阿塞拜疆	8	77
		白俄罗斯	21	57
		摩尔多瓦	1	6
		俄罗斯	629	2 978
		乌克兰	77	210
		斯洛文尼亚	11	63
		克罗地亚	16	74
		捷克	62	342
		斯洛伐克	13	176
		马其顿	3	17
		塞尔维亚	27	138
		阿根廷	355	1 112

（续）

税号	产品名称	出口目的地	出口数量（台）	出口金额（万美元）
84771010	注射机	玻利维亚	16	104
		巴西	1 113	5 285
		智利	42	348
		哥伦比亚	227	841
		多米尼加	1	46
		哥斯达黎加	15	70
		古巴	1	17
		多米尼加	22	103
		厄瓜多尔	66	344
		危地马拉	52	108
		海地	2	2
		洪都拉斯	4	14
		墨西哥	596	3 183
		尼加拉瓜	13	100
		巴拿马	3	8
		巴拉圭	6	22
		秘鲁	83	349
		波多黎各	5	10
		萨尔瓦多	6	29
		苏里南	3	13
		特立尼达和多巴哥	1	1
		乌拉圭	8	102
		委内瑞拉	86	407
		加拿大	33	418
		美国	883	7 377
		澳大利亚	77	704
		斐济	3	12
		新西兰	13	83
84771010	**注射机小计**		**25 082**	**100 779**
84771090	其他注射机	孟加拉	57	54
		文莱	5	8
		缅甸	2	7
		朝鲜	9	26
		中国香港	5	22
		印度	19	48
		印度尼西亚	36	211
		伊朗	70	158

（续）

税号	产品名称	出口目的地	出口数量（台）	出口金额（万美元）
84771090	其他注射机	日本	2	5
		约旦	2	4
		黎巴嫩	1	1
		中国澳门	1	0
		马来西亚	4	20
		巴基斯坦	68	183
		菲律宾	11	88
		沙特阿拉伯	5	4
		新加坡	20	230
		韩国	4	14
		斯里兰卡	1	2
		叙利亚	9	20
		泰国	44	42
		土耳其	27	91
		阿联酋	20	138
		越南	50	224
		中国台湾	3	13
		哈萨克斯坦	238	15
		吉尔吉斯斯坦	3	11
		塔吉克斯坦	1	1
		乌兹别克斯坦	2	15
		阿尔及利亚	11	61
		安哥拉	6	38
		吉布提	7	49
		埃及	23	76
		埃塞俄比亚	8	21
		加纳	1	0
		科特迪瓦	4	8
		马达加斯加	1	2
		马拉维	5	22
		摩洛哥	13	36
		莫桑比克	6	5
		纳米比亚	1	6
		尼日利亚	19	23
		塞内加尔	2	18
		南非	7	30
		苏丹	7	71

（续）

税号	产品名称	出口目的地	出口数量（台）	出口金额（万美元）
84771090	其他注射机	坦桑尼亚	2	4
		赞比亚	2	1
		津巴布韦	3	8
		德国	4	29
		意大利	25	43
		荷兰	2	4
		葡萄牙	12	49
		波兰	12	85
		俄罗斯	17	99
		乌克兰	7	45
		斯洛文尼亚	1	5
		捷克	1	15
		阿根廷	10	46
		巴西	23	30
		智利	3	12
		哥伦比亚	9	60
		厄瓜多尔	8	23
		墨西哥	20	167
		巴拿马	1	6
		秘鲁	21	78
		加拿大	2	8
		美国	11	45
		澳大利亚	1	3
84771090	**其他注射机小计**		**1 037**	**2 985**
84772010	塑料造粒机	巴林	9	16
		孟加拉	20	78
		文莱	9	10
		缅甸	19	28
		柬埔寨	6	15
		朝鲜	16	11
		中国香港	29	172
		印度	141	301
		印度尼西亚	223	546
		伊朗	77	411
		伊拉克	10	20
		以色列	2	11
		日本	51	140

（续）

税号	产品名称	出口目的地	出口数量（台）	出口金额（万美元）
84772010	塑料造粒机	约旦	18	36
		科威特	2	1
		黎巴嫩	6	7
		马来西亚	220	473
		蒙古	3	2
		阿曼	4	10
		巴基斯坦	11	14
		菲律宾	40	97
		卡塔尔	4	20
		沙特阿拉伯	65	247
		新加坡	43	104
		韩国	79	191
		斯里兰卡	78	19
		叙利亚	6	6
		泰国	129	276
		土耳其	42	301
		阿联酋	32	104
		也门	10	12
		越南	464	1 186
		中国台湾	50	208
		哈萨克斯坦	56	72
		吉尔吉斯斯坦	11	8
		塔吉克斯坦	1	1
		土库曼斯坦	1	1
		乌兹别克斯坦	163	163
		阿尔及利亚	194	167
		安哥拉	1	0
		喀麦隆	1	3
		乍得	1	24
		吉布提	23	24
		埃及	93	128
		埃塞俄比亚	51	58
		加纳	98	31
		科特迪瓦	18	39
		肯尼亚	16	34
		利比里亚	1	1
		利比亚	1	3

（续）

税号	产品名称	出口目的地	出口数量（台）	出口金额（万美元）
84772010	塑料造粒机	马拉维	2	3
		毛里塔尼亚	1	3
		毛里求斯	4	4
		摩洛哥	9	10
		莫桑比克	26	24
		尼日利亚	89	91
		塞内加尔	4	2
		塞拉利昂	1	1
		南非	48	99
		苏丹	17	16
		坦桑尼亚	19	15
		多哥	3	1
		突尼斯	27	9
		乌干达	4	4
		赞比亚	7	4
		津巴布韦	5	14
		莱索托	2	1
		比利时	2	1
		丹麦	1	11
		英国	5	19
		德国	50	74
		法国	4	18
		爱尔兰	1	17
		意大利	14	12
		荷兰	34	11
		希腊	3	2
		葡萄牙	5	36
		西班牙	5	23
		阿尔巴尼亚	2	5
		芬兰	1	0
		匈牙利	1	0
		挪威	4	7
		波兰	33	110
		罗马尼亚	14	38
		瑞典	1	0
		爱沙尼亚	2	7
		拉脱维亚	7	27

（续）

税号	产品名称	出口目的地	出口数量（台）	出口金额（万美元）
84772010	塑料造粒机	立陶宛	3	19
		格鲁吉亚	2	1
		阿塞拜疆	1	5
		白俄罗斯	3	4
		摩尔多瓦	4	21
		俄罗斯	190	472
		乌克兰	16	54
		斯洛文尼亚	1	0
		克罗地亚	14	6
		捷克	3	14
		斯洛伐克	2	7
		黑山	2	1
		阿根廷	31	73
		玻利维亚	3	6
		巴西	34	123
		智利	17	39
		哥伦比亚	4	12
		哥斯达黎加	13	14
		多米尼加	2	16
		厄瓜多尔	8	15
		危地马拉	11	25
		圭亚那	1	1
		洪都拉斯	2	13
		墨西哥	85	239
		巴拿马	1	8
		巴拉圭	23	36
		秘鲁	21	55
		圣卢西亚	1	1
		萨尔瓦多	2	4
		苏里南	1	1
		特立尼达和多巴哥	1	0
		乌拉圭	7	12
		委内瑞拉	7	18
		加拿大	5	6
		美国	58	508
		澳大利亚	8	45
		斐济	1	1

（续）

税号	产品名称	出口目的地	出口数量（台）	出口金额（万美元）
84772010	**塑料造粒机小计**		**3 693**	**8 428**
84772090	其他挤出机	阿富汗	1	2
		巴林	2	10
		孟加拉	108	610
		文莱	18	25
		缅甸	58	201
		柬埔寨	26	20
		朝鲜	6	12
		中国香港	42	121
		印度	445	1 418
		印度尼西亚	300	1 509
		伊朗	376	1 853
		伊拉克	19	99
		以色列	27	94
		日本	58	297
		约旦	92	98
		科威特	3	30
		老挝	3	3
		黎巴嫩	20	42
		中国澳门	1	2
		马来西亚	219	856
		蒙古	12	26
		尼泊尔	2	11
		阿曼	9	31
		巴基斯坦	44	383
		巴勒斯坦	2	4
		菲律宾	164	342
		卡塔尔	26	28
		沙特阿拉伯	150	547
		新加坡	71	231
		韩国	142	871
		斯里兰卡	22	56
		叙利亚	22	18
		泰国	334	1 419
		土耳其	148	1 067
		阿联酋	171	377
		也门	16	48

（续）

税号	产品名称	出口目的地	出口数量（台）	出口金额（万美元）
84772090	其他挤出机	越南	539	1 652
		中国台湾	121	421
		哈萨克斯坦	105	320
		吉尔吉斯斯坦	25	27
		塔吉克斯坦	9	89
		土库曼斯坦	5	69
		乌兹别克斯坦	453	548
		阿尔及利亚	108	330
		安哥拉	9	45
		贝宁	3	53
		喀麦隆	17	27
		吉布提	31	68
		埃及	176	686
		赤道几内亚	2	7
		埃塞俄比亚	35	133
		加纳	30	32
		几内亚	1	1
		科特迪瓦	3	7
		肯尼亚	18	79
		利比亚	47	170
		马达加斯加	1	1
		马拉维	1	2
		毛里塔尼亚	4	12
		毛里求斯	1	1
		摩洛哥	12	116
		莫桑比克	9	34
		纳米比亚	3	19
		尼日利亚	149	493
		塞内加尔	1	6
		南非	83	237
		苏丹	38	37
		坦桑尼亚	35	97
		多哥	2	17
		突尼斯	12	55
		乌干达	3	7
		民主刚果	3	14
		赞比亚	5	23

（续）

税号	产 品 名 称	出口目的地	出口数量（台）	出口金额（万美元）
84772090	其他挤出机	津巴布韦	6	13
		斯威士兰	2	13
		南苏丹共和国	2	0
		比利时	6	27
		丹麦	1	10
		英国	33	84
		德国	102	337
		法国	4	20
		爱尔兰	1	3
		意大利	21	143
		荷兰	12	73
		希腊	16	32
		葡萄牙	12	80
		西班牙	11	38
		阿尔巴尼亚	17	57
		奥地利	9	6
		保加利亚	7	50
		芬兰	9	23
		匈牙利	5	17
		挪威	1	4
		波兰	45	157
		罗马尼亚	20	73
		瑞典	6	108
		瑞士	2	3
		爱沙尼亚	9	13
		拉脱维亚	22	101
		立陶宛	16	63
		格鲁吉亚	10	37
		亚美尼亚	2	3
		阿塞拜疆	8	21
		白俄罗斯	8	71
		摩尔多瓦	1	4
		俄罗斯	19 961	1 849
		乌克兰	139	272
		克罗地亚	3	60
		捷克	4	8
		马其顿	2	3

（续）

税号	产品名称	出口目的地	出口数量（台）	出口金额（万美元）
84772090	其他挤出机	塞尔维亚	7	73
		阿根廷	61	285
		玻利维亚	4	38
		巴西	135	809
		智利	28	73
		哥伦比亚	43	210
		哥斯达黎加	3	11
		多米尼加	39	36
		厄瓜多尔	22	275
		危地马拉	14	38
		海地	1	1
		洪都拉斯	1	5
		牙买加	7	0
		墨西哥	58	403
		尼加拉瓜	1	1
		巴拿马	3	20
		巴拉圭	3	25
		秘鲁	35	185
		乌拉圭	6	6
		委内瑞拉	19	61
		加拿大	21	116
		美国	217	622
		澳大利亚	34	114
		斐济	3	15
		新西兰	9	17
84772090	**其他挤出机小计**		**26 567**	**26 016**
84773010	挤出吹塑机	孟加拉	40	89
		文莱	7	8
		缅甸	25	60
		柬埔寨	11	20
		塞浦路斯	1	3
		朝鲜	39	27
		中国香港	44	352
		印度	43	696
		印度尼西亚	82	471
		伊朗	143	389
		伊拉克	31	5

（续）

税号	产品名称	出口目的地	出口数量（台）	出口金额（万美元）
84773010	挤出吹塑机	以色列	7	171
		日本	2	47
		约旦	8	22
		科威特	1	1
		老挝	4	4
		黎巴嫩	9	8
		马来西亚	73	256
		蒙古	2	7
		巴基斯坦	14	71
		菲律宾	43	104
		卡塔尔	6	7
		沙特阿拉伯	154	135
		新加坡	41	35
		韩国	13	76
		斯里兰卡	4	14
		叙利亚	38	29
		泰国	35	216
		土耳其	16	101
		阿联酋	28	176
		也门	8	52
		越南	196	559
		中国台湾	13	39
		哈萨克斯坦	55	99
		吉尔吉斯斯坦	2	3
		塔吉克斯坦	2	0
		乌兹别克斯坦	57	129
		阿尔及利亚	46	24
		安哥拉	7	5
		吉布提	7	8
		埃及	49	146
		埃塞俄比亚	58	98
		加蓬	1	3
		加纳	17	115
		科特迪瓦	1	0
		肯尼亚	24	229
		利比亚	12	10
		马达加斯加	1	1

（续）

税号	产品名称	出口目的地	出口数量（台）	出口金额（万美元）
84773010	挤出吹塑机	毛里塔尼亚	1	3
		摩洛哥	4	5
		莫桑比克	5	3
		尼日利亚	87	140
		塞内加尔	2	3
		塞舌尔	2	2
		索马里	2	6
		南非	22	40
		苏丹	27	35
		坦桑尼亚	14	45
		多哥	6	15
		突尼斯	25	29
		乌干达	7	8
		赞比亚	11	10
		津巴布韦	6	7
		莱索托	3	3
		英国	18	22
		德国	1	6
		法国	1	1
		意大利	1	7
		卢森堡	1	20
		希腊	2	10
		葡萄牙	2	2
		阿尔巴尼亚	3	13
		保加利亚	4	6
		匈牙利	1	1
		波兰	3	4
		罗马尼亚	7	30
		立陶宛	2	9
		格鲁吉亚	1	1
		亚美尼亚	1	1
		阿塞拜疆	3	6
		白俄罗斯	5	4
		俄罗斯	61	281
		乌克兰	10	16
		克罗地亚	2	5
		捷克	2	3

（续）

税号	产品名称	出口目的地	出口数量（台）	出口金额（万美元）
84773010	挤出吹塑机	塞尔维亚	2	2
		阿根廷	18	31
		巴西	7	52
		智利	9	20
		哥伦比亚	19	83
		哥斯达黎加	1	2
		多米尼加	11	23
		厄瓜多尔	6	23
		危地马拉	6	19
		洪都拉斯	1	3
		墨西哥	59	134
		尼加拉瓜	1	4
		巴拉圭	9	13
		秘鲁	19	38
		萨尔瓦多	1	5
		苏里南	1	2
		特立尼达和多巴哥	5	37
		乌拉圭	4	9
		委内瑞拉	22	38
		加拿大	1	9
		美国	16	101
		澳大利亚	9	48
		斐济	1	4
		瓦努阿图	1	3
		新西兰	1	28
84773010	**挤出吹塑机小计**		**2 105**	**6 651**
84773020	注射吹塑机	阿富汗	5	3
		文莱	4	1
		缅甸	1	0
		中国香港	1	0
		印度	35	134
		印度尼西亚	11	43
		伊朗	4	10
		伊拉克	1	0
		以色列	1	1
		日本	2	8
		约旦	1	1

（续）

税号	产品名称	出口目的地	出口数量（台）	出口金额（万美元）
84773020	注射吹塑机	科威特	1	5
		马来西亚	5	10
		马尔代夫	1	4
		尼泊尔	1	1
		阿曼	2	3
		巴基斯坦	13	32
		菲律宾	3	14
		新加坡	1	4
		斯里兰卡	1	2
		泰国	154	33
		土耳其	9	46
		阿联酋	4	79
		越南	13	72
		哈萨克斯坦	8	2
		吉尔吉斯斯坦	1	0
		土库曼斯坦	1	5
		乌兹别克斯坦	12	29
		阿尔及利亚	3	6
		安哥拉	2	5
		布隆迪	1	1
		喀麦隆	1	1
		埃及	6	17
		赤道几内亚	80	4
		埃塞俄比亚	1	1
		加蓬	1	1
		加纳	3	1
		几内亚	1	1
		科特迪瓦	1	9
		肯尼亚	6	20
		利比亚	1	1
		毛里塔尼亚	1	0
		尼日利亚	3	2
		南非	7	38
		苏丹	4	6
		坦桑尼亚	7	16
		乌干达	1	1
		布基纳法索	1	9

（续）

税号	产品名称	出口目的地	出口数量（台）	出口金额（万美元）
84773020	注射吹塑机	民主刚果	2	7
		津巴布韦	1	0
		法国	2	1
		意大利	1	1
		希腊	3	7
		西班牙	2	7
		芬兰	1	3
		马耳他	1	0
		波兰	1	12
		拉脱维亚	9	4
		俄罗斯	14	11
		玻利维亚	1	3
		巴西	18	44
		智利	3	1
		哥伦比亚	1	0
		多米尼加	2	5
		海地	1	3
		墨西哥	19	14
		巴拿马	1	3
		乌拉圭	3	4
		加拿大	4	7
		美国	2	3
		澳大利亚	3	9
84773020	**注射吹塑机小计**		**522**	**833**
84773090	其他吹塑机	阿富汗	1	2
		巴林	10	24
		孟加拉	119	247
		文莱	11	9
		缅甸	134	189
		柬埔寨	168	61
		塞浦路斯	1	1
		朝鲜	25	13
		中国香港	5	4
		印度	167	440
		印度尼西亚	176	669
		伊朗	337	460
		伊拉克	30	94

（续）

税号	产品名称	出口目的地	出口数量（台）	出口金额（万美元）
84773090	其他吹塑机	以色列	39	39
		日本	24	303
		约旦	125	76
		科威特	8	10
		老挝	6	3
		黎巴嫩	35	64
		中国澳门	2	1
		马来西亚	159	442
		马尔代夫	1	1
		蒙古	9	40
		尼泊尔	26	17
		阿曼	57	27
		巴基斯坦	144	119
		巴勒斯坦	3	4
		菲律宾	52	93
		卡塔尔	2	36
		沙特阿拉伯	73	224
		新加坡	59	81
		韩国	28	136
		斯里兰卡	31	41
		叙利亚	40	28
		泰国	177	464
		土耳其	24	86
		阿联酋	54	156
		也门	81	99
		越南	282	1 246
		中国台湾	26	88
		东帝汶	1	3
		哈萨克斯坦	46	90
		吉尔吉斯斯坦	2	23
		塔吉克斯坦	2	3
		土库曼斯坦	6	4
		乌兹别克斯坦	222	131
		阿尔及利亚	234	258
		安哥拉	17	141
		贝宁	12	14
		博茨瓦那	3	4

（续）

税号	产 品 名 称	出口目的地	出口数量（台）	出口金额（万美元）
84773090	其他吹塑机	喀麦隆	12	82
		刚果	2	1
		吉布提	53	40
		埃及	214	169
		赤道几内亚	21	0
		埃塞俄比亚	215	161
		加纳	97	68
		几内亚	3	5
		科特迪瓦	15	9
		肯尼亚	59	84
		利比里亚	4	5
		利比亚	106	104
		马达加斯加	11	29
		马拉维	2	6
		毛里塔尼亚	2	7
		毛里求斯	1	2
		摩洛哥	34	40
		莫桑比克	28	45
		纳米比亚	12	25
		尼日尔	6	2
		尼日利亚	642	695
		卢旺达	1	7
		塞内加尔	9	37
		塞舌尔	1	3
		塞拉利昂	3	4
		索马里	10	20
		南非	68	141
		苏丹	213	160
		坦桑尼亚	35	63
		多哥	31	23
		突尼斯	44	33
		乌干达	11	16
		民主刚果	11	23
		赞比亚	13	18
		津巴布韦	15	17
		莱索托	3	3
		厄立特里亚	4	5

（续）

税号	产品名称	出口目的地	出口数量（台）	出口金额（万美元）
84773090	其他吹塑机	南苏丹共和国	2	3
		比利时	4	5
		英国	5	30
		德国	15	42
		法国	1	1
		爱尔兰	1	4
		意大利	5	9
		荷兰	1	3
		希腊	10	30
		葡萄牙	1	1
		西班牙	28	74
		阿尔巴尼亚	11	17
		奥地利	1	1
		保加利亚	13	16
		芬兰	29	36
		匈牙利	2	4
		波兰	3	4
		罗马尼亚	127	10
		瑞典	1	1
		瑞士	1	1
		爱沙尼亚	1	9
		拉脱维亚	3	2
		立陶宛	6	7
		格鲁吉亚	9	7
		亚美尼亚	3	17
		白俄罗斯	2	4
		俄罗斯	146	215
		乌克兰	11	37
		斯洛文尼亚	4	21
		克罗地亚	9	14
		捷克	1	0
		塞尔维亚	1	1
		阿根廷	14	35
		阿鲁巴岛	2	2
		巴哈马	1	7
		巴巴多斯	1	1
		玻利维亚	3	5

（续）

税号	产品名称	出口目的地	出口数量（台）	出口金额（万美元）
84773090	其他吹塑机	巴西	33	108
		智利	51	132
		哥伦比亚	100	129
		哥斯达黎加	8	26
		古巴	1	37
		多米尼加	9	50
		厄瓜多尔	8	17
		危地马拉	7	9
		圭亚那	3	3
		海地	4	9
		洪都拉斯	6	14
		牙买加	5	25
		墨西哥	65	173
		尼加拉瓜	2	11
		巴拿马	8	48
		巴拉圭	6	30
		秘鲁	38	43
		波多黎各	1	3
		圣文森特和格林纳丁斯	1	1
		萨尔瓦多	2	3
		苏里南	3	4
		特立尼达和多巴哥	8	50
		乌拉圭	17	20
		委内瑞拉	46	148
		荷属安地列斯群岛	1	1
		加拿大	13	15
		美国	65	252
		澳大利亚	14	23
		斐济	2	5
		新西兰	5	30
		所罗门群岛	2	2
		汤加	1	1
84773090	**其他吹塑机小计**		**6 320**	**11 060**
84774010	塑料中空成型机	孟加拉	21	39
		文莱	28	22
		缅甸	13	68
		柬埔寨	3	8

（续）

税号	产品名称	出口目的地	出口数量（台）	出口金额（万美元）
84774010	塑料中空成型机	塞浦路斯	2	14
		朝鲜	1	7
		中国香港	1	0
		印度	95	382
		印度尼西亚	62	396
		伊朗	33	97
		伊拉克	3	15
		以色列	11	33
		日本	2	6
		约旦	8	48
		科威特	4	14
		老挝	1	2
		黎巴嫩	7	20
		马来西亚	30	96
		马尔代夫	2	12
		阿曼	3	3
		巴基斯坦	12	40
		菲律宾	20	76
		卡塔尔	2	0
		沙特阿拉伯	414	237
		新加坡	22	26
		韩国	3	3
		斯里兰卡	1	2
		叙利亚	11	33
		泰国	19	56
		土耳其	23	99
		阿联酋	20	51
		也门	3	10
		越南	80	180
		中国台湾	4	3
		哈萨克斯坦	21	30
		吉尔吉斯斯坦	2	6
		塔吉克斯坦	3	18
		乌兹别克斯坦	19	83
		阿尔及利亚	31	165
		安哥拉	7	4
		喀麦隆	5	10

（续）

税号	产品名称	出口目的地	出口数量（台）	出口金额（万美元）
84774010	塑料中空成型机	乍得	2	13
		刚果	2	0
		埃及	39	142
		埃塞俄比亚	2	18
		加纳	3	6
		几内亚	2	19
		科特迪瓦	3	9
		肯尼亚	5	6
		利比亚	6	5
		马拉维	2	13
		毛里塔尼亚	2	4
		摩洛哥	3	54
		尼日利亚	65	380
		塞内加尔	1	0
		索马里	2	1
		南非	11	71
		苏丹	13	56
		坦桑尼亚	21	66
		多哥	1	2
		突尼斯	11	42
		乌干达	2	6
		民主刚果	4	12
		赞比亚	7	44
		津巴布韦	5	5
		厄立特里亚	3	4
		南苏丹共和国	1	1
		比利时	2	1
		丹麦	1	15
		英国	6	62
		德国	25	180
		法国	4	5
		意大利	6	109
		荷兰	7	15
		西班牙	2	3
		保加利亚	6	16
		匈牙利	1	4
		波兰	5	34

（续）

税号	产品名称	出口目的地	出口数量（台）	出口金额（万美元）
84774010	塑料中空成型机	罗马尼亚	5	26
		立陶宛	1	0
		格鲁吉亚	1	1
		白俄罗斯	3	11
		摩尔多瓦	1	1
		俄罗斯	23	109
		乌克兰	2	8
		克罗地亚	1	1
		塞尔维亚	1	8
		阿根廷	5	19
		巴哈马	1	3
		玻利维亚	7	17
		巴西	19	71
		智利	13	45
		哥伦比亚	6	14
		古巴	1	8
		多米尼加	3	14
		厄瓜多尔	1	2
		危地马拉	2	7
		墨西哥	8	43
		巴拿马	2	11
		巴拉圭	4	3
		秘鲁	4	45
		乌拉圭	1	5
		委内瑞拉	19	87
		加拿大	2	31
		美国	67	273
		澳大利亚	8	54
		斐济	1	3
		新西兰	1	7
		萨摩亚	1	1
84774010	**塑料中空成型机小计**		**1 549**	**4 765**
84774020	塑料压延成型机	孟加拉	13	37
		文莱	4	1
		缅甸	2	21
		柬埔寨	4	23
		朝鲜	6	6

（续）

税号	产品名称	出口目的地	出口数量（台）	出口金额（万美元）
84774020	塑料压延成型机	中国香港	18	58
		印度	504	136
		印度尼西亚	47	173
		伊朗	93	182
		日本	3	5
		约旦	4	0
		科威特	2	81
		马来西亚	10	25
		蒙古	20	3
		尼泊尔	1	0
		阿曼	1	8
		巴基斯坦	7	19
		菲律宾	13	22
		卡塔尔	2	10
		沙特阿拉伯	9	49
		新加坡	10	26
		韩国	6	37
		斯里兰卡	1	0
		叙利亚	3	8
		泰国	36	126
		土耳其	20	237
		阿联酋	3	62
		也门	5	28
		越南	92	190
		中国台湾	12	17
		哈萨克斯坦	12	56
		吉尔吉斯斯坦	1	2
		乌兹别克斯坦	58	19
		阿尔及利亚	11	205
		贝宁	2	3
		埃及	50	15
		加纳	3	1
		肯尼亚	2	8
		利比亚	5	17
		摩洛哥	1	0
		尼日利亚	5	6
		南非	6	24

（续）

税号	产品名称	出口目的地	出口数量（台）	出口金额（万美元）
84774020	塑料压延成型机	坦桑尼亚	4	1
		布基纳法索	1	2
		赞比亚	1	0
		津巴布韦	1	4
		比利时	1	0
		丹麦	3	26
		德国	7	25
		意大利	1	0
		荷兰	5	1
		希腊	1	0
		保加利亚	1	26
		波兰	77	5
		罗马尼亚	2	2
		格鲁吉亚	10	0
		亚美尼亚	2	7
		摩尔多瓦	2	0
		俄罗斯	48	84
		乌克兰	41	0
		克罗地亚	2	7
		捷克	3	3
		斯洛伐克	1	0
		塞尔维亚	1	7
		阿根廷	1	1
		玻利维亚	1	0
		巴西	9	61
		智利	1	4
		哥伦比亚	1	2
		多米尼加	11	0
		厄瓜多尔	3	7
		危地马拉	1	0
		墨西哥	12	8
		巴拉圭	1	5
		秘鲁	1	2
		委内瑞拉	4	18
		加拿大	2	6
		美国	2	33
		澳大利亚	55	14

（续）

税号	产品名称	出口目的地	出口数量（台）	出口金额（万美元）
84774020	塑料压延成型机	斐济	1	3
		新西兰	3	8
84774020	**塑料压延成型机小计**		**1 431**	**2 318**
84774090	其他真空模塑机及其他热成型机器	阿富汗	2	7
		巴林	8	25
		孟加拉	81	73
		缅甸	10	18
		柬埔寨	1	0
		塞浦路斯	1	1
		朝鲜	8	12
		中国香港	116	57
		印度	123	295
		印度尼西亚	197	355
		伊朗	236	529
		伊拉克	26	6
		以色列	29	7
		日本	210	173
		约旦	25	55
		科威特	73	187
		黎巴嫩	18	59
		马来西亚	78	187
		蒙古	48	24
		阿曼	6	5
		巴基斯坦	10	85
		菲律宾	83	231
		卡塔尔	3	21
		沙特阿拉伯	55	185
		新加坡	42	99
		韩国	125	214
		斯里兰卡	31	72
		叙利亚	6	3
		泰国	85	474
		土耳其	17	148
		阿联酋	19	76
		也门	9	40
		越南	347	408
		中国台湾	177	346

（续）

税号	产 品 名 称	出口目的地	出口数量（台）	出口金额（万美元）
84774090	其他真空模塑机及其他热成型机器	哈萨克斯坦	40	97
		塔吉克斯坦	6	12
		乌兹别克斯坦	30	91
		阿尔及利亚	34	158
		安哥拉	3	10
		博茨瓦那	1	5
		喀麦隆	1	1
		吉布提	7	5
		埃及	1 244	141
		埃塞俄比亚	3	4
		加纳	24	16
		几内亚	2	1
		肯尼亚	12	38
		利比亚	10	50
		毛里塔尼亚	1	0
		毛里求斯	1	0
		摩洛哥	4	1
		莫桑比克	3	0
		尼日利亚	23	38
		塞内加尔	1	5
		南非	20	53
		苏丹	12	20
		坦桑尼亚	4	5
		突尼斯	4	8
		乌干达	1	1
		赞比亚	1	1
		津巴布韦	2	4
		比利时	2	20
		丹麦	1	189
		英国	5	1
		德国	47	90
		法国	185	17
		意大利	8	5
		荷兰	149	23
		希腊	4	9
		葡萄牙	20	1
		西班牙	121	15

（续）

税号	产品名称	出口目的地	出口数量（台）	出口金额（万美元）
84774090	其他真空模塑机及其他热成型机器	阿尔巴尼亚	1	0
		奥地利	1	1
		保加利亚	2	1
		芬兰	2	1
		匈牙利	4	588
		挪威	4	5
		波兰	33	6
		罗马尼亚	14	1
		瑞典	1	0
		瑞士	5	0
		爱沙尼亚	1	5
		拉脱维亚	2	0
		立陶宛	3	109
		格鲁吉亚	13	25
		亚美尼亚	4	17
		白俄罗斯	2	2
		俄罗斯	109	211
		乌克兰	15	16
		斯洛文尼亚	6	9
		克罗地亚	1	4
		捷克	2	4
		波黑	1	0
		塞尔维亚	4	9
		阿根廷	40	62
		玻利维亚	4	21
		巴西	82	71
		智利	20	36
		哥伦比亚	7	60
		哥斯达黎加	3	2
		多米尼加	4	12
		厄瓜多尔	9	7
		危地马拉	16	34
		牙买加	1	0
		墨西哥	93	170
		巴拿马	10	15
		巴拉圭	5	20
		秘鲁	8	16

（续）

税号	产品名称	出口目的地	出口数量（台）	出口金额（万美元）
84774090	其他真空模塑机及其他热成型机器	萨尔瓦多	2	3
		乌拉圭	14	2
		委内瑞拉	8	33
		加拿大	3	1
		美国	284	247
		澳大利亚	920	19
		斐济	3	1
		新西兰	80	4
84774090	**其他真空模塑机及其他热成型机器小计**		**6 187**	**7 466**
84775910	3D 打印机	巴林	1	0
		柬埔寨	1	0
		中国香港	5 174	154
		印度	108	12
		印度尼西亚	46	30
		伊朗	71	8
		伊拉克	4	0
		以色列	148	12
		日本	1 177	93
		约旦	5	0
		科威特	18	1
		黎巴嫩	22	2
		中国澳门	2	0
		马来西亚	406	136
		蒙古	1	0
		阿曼	2	0
		巴基斯坦	14	1
		菲律宾	81	7
		卡塔尔	1	0
		沙特阿拉伯	15	1
		新加坡	149	13
		韩国	516	30
		斯里兰卡	3	1
		叙利亚	22	1
		泰国	112	16
		土耳其	248	13
		阿联酋	38	1
		越南	30	16
		中国台湾	1 006	85
		哈萨克斯坦	10	1
		土库曼斯坦	1	0
		乌兹别克斯坦	10	1

（续）

税号	产品名称	出口目的地	出口数量（台）	出口金额（万美元）
84775910	3D打印机	阿尔及利亚	1	6
		喀麦隆	3	0
		埃及	43	2
		加纳	2	3
		肯尼亚	2	0
		摩洛哥	2	0
		尼日利亚	5	0
		南非	492	28
		苏丹	1	1
		坦桑尼亚	1	0
		比利时	939	45
		丹麦	29	2
		英国	2 926	135
		德国	4 846	98
		法国	1 082	73
		意大利	358	8
		荷兰	1 773	80
		希腊	1	0
		葡萄牙	17	1
		西班牙	500	29
		奥地利	1	0
		保加利亚	2	0
		芬兰	876	17
		匈牙利	29	2
		挪威	10	1
		波兰	91	14
		罗马尼亚	51	2
		瑞典	692	40
		瑞士	122	4
		拉脱维亚	2	0
		立陶宛	13	1
		俄罗斯	929	23
		乌克兰	5	0
		斯洛文尼亚	2	0
		克罗地亚	1	0
		捷克	52	3
		斯洛伐克	1	0
		马其顿	1	0
		塞尔维亚	2	0
		阿根廷	106	6
		巴西	198	13

（续）

税号	产品名称	出口目的地	出口数量（台）	出口金额（万美元）
84775910	3D 打印机	智利	78	4
		哥伦比亚	27	2
		厄瓜多尔	9	1
		墨西哥	34	4
		尼加拉瓜	6	1
		巴拉圭	1	0
		秘鲁	26	2
		萨尔瓦多	1	0
		乌拉圭	32	1
		委内瑞拉	1	15
		加拿大	63	14
		美国	23 287	1 004
		澳大利亚	2 876	83
		新西兰	1 764	55
		法属波利尼西亚	46	3
84775910	**3D 打印机小计**		**53 902**	**2 464**
84775990	其他模塑或成型机器	巴林	30	24
		孟加拉	140	149
		文莱	15	25
		缅甸	8	23
		柬埔寨	3	7
		朝鲜	10	6
		中国香港	82 178	93
		印度	253	867
		印度尼西亚	243	452
		伊朗	223	478
		伊拉克	25	15
		以色列	40	5
		日本	55	185
		约旦	28	26
		科威特	11	5
		黎巴嫩	6	35
		马来西亚	191	139
		蒙古	9	12
		尼泊尔	2	2
		阿曼	2	11
		巴基斯坦	38	53
		菲律宾	28	11
		卡塔尔	1	0
		沙特阿拉伯	45	110
		新加坡	66	151

（续）

税号	产 品 名 称	出口目的地	出口数量（台）	出口金额（万美元）
84775990	其他模塑或成型机器	韩国	67	239
		斯里兰卡	12	44
		叙利亚	5	8
		泰国	82	1 166
		土耳其	58	367
		阿联酋	37	154
		也门	103	22
		越南	289	1 950
		中国台湾	36	114
		哈萨克斯坦	8	13
		塔吉克斯坦	3	9
		土库曼斯坦	8	14
		乌兹别克斯坦	54	47
		阿尔及利亚	30	29
		安哥拉	17	19
		博茨瓦那	1	0
		喀麦隆	3	3
		吉布提	5	2
		埃及	56	74
		埃塞俄比亚	13	33
		加纳	5	18
		科特迪瓦	13	1
		肯尼亚	17	16
		利比亚	7	11
		马达加斯加	1	10
		马拉维	1	3
		摩洛哥	1	0
		莫桑比克	17	18
		纳米比亚	2	2
		尼日利亚	78	25
		塞内加尔	6	10
		塞拉利昂	8	0
		南非	108	129
		苏丹	4	15
		坦桑尼亚	11	16
		乌干达	5	5
		厄立特里亚	2	4
		比利时	5	33
		丹麦	3	17
		英国	28	8
		德国	40	104

（续）

税号	产品名称	出口目的地	出口数量（台）	出口金额（万美元）
84775990	其他模塑或成型机器	法国	9	10
		意大利	8	8
		荷兰	22	884
		希腊	1	1
		葡萄牙	1	8
		西班牙	104	21
		保加利亚	7	19
		匈牙利	1	5
		马耳他	24	10
		挪威	65	83
		波兰	5	10
		罗马尼亚	87	2
		拉脱维亚	3	1
		格鲁吉亚	2	1
		阿塞拜疆	1	5
		俄罗斯	55	206
		乌克兰	3	10
		克罗地亚	1	41
		捷克	2	138
		阿根廷	20	197
		巴西	28	290
		智利	37	79
		哥伦比亚	13	120
		多米尼加	1	0
		厄瓜多尔	4	4
		危地马拉	3	26
		墨西哥	25	73
		巴拿马	10	13
		巴拉圭	1	0
		秘鲁	3	0
		苏里南	1	0
		特立尼达和多巴哥	3	31
		乌拉圭	1	12
		委内瑞拉	9	58
		加拿大	1	4
		美国	16 707	459
		澳大利亚	22	28
84775990	**其他模塑或成型机器小计**		**102 189**	**10 493**
总　计			**230 584**	**184 258**

〔供稿单位：中国塑料机械工业协会〕

产业集群

介绍塑料机械行业特色产业集群，展示企业风采，对企业进行深度报道

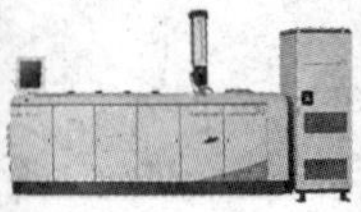

产业集群

张家港市塑料饮料机械行业 2014年发展情况

2014年张家港市塑料饮料机械制造行业经历了国际、国内塑料饮料机械制造行业的激烈竞争和市场需求低迷的严峻考验，总体情况仍较2013年有所好转。虽然受世界经济大环境不景气的严重制约，但生产和销售总额仍较2013年增长3%以上。

一、总体情况

2013年，张家港市塑料饮料机械制造行业经历了市场需求不旺的严峻考验，2014年仍然在市场低迷的环境中运行。由于国际、国内市场总体需求不旺，加上同行业竞争激烈，塑料饮料机械制造业的利润空间被进一步挤压，有的塑机制造企业由于管理问题或者用工成本的进一步增加，整体利润不足销售总额的1%，企业处于亏损的边缘。从总体情况看，企业由于生产的产品不同，管理水平的不同，各企业之间总体效益也完全不同。生产挤出机和注射机的企业其收益远不如生产中空成型机的企业。同样，塑料机械辅机的生产企业情况也各不相同，如普通混合机的生产企业处于不温不火的状态，废塑料破碎机和废旧塑料回收造粒机的生产企业，总体形势比较好，这同国家的环保扶持政策有关，国际上的情况也一样。但从2014年8月份开始，随着国际石油价格的进一步下跌，废旧塑料回收造粒机的市场销售形势也急转直下，特别从10月份开始，国际油价持续下跌，市场需求处于冰冻期，就连原先已付定金的用户也迟迟不来提货，使制造生产废旧塑料回收造粒机的企业叫苦不迭。从市场分析看，挤出机制造行业近几年的形势不会好转：一是国家大规模压缩基本建设和城市基础设施改造；二是房地产行业增幅大大低于前几年，这就使得市场对塑料挤出机的总体需求不会有大的增幅。中空成型机仍将有较大的增长空间，这是由市场对塑料制品的需求所决定的。近几年，中空成型机的塑料制品成几何级数地发展，使用塑料制品包装的领域进一步扩大，特别是塑料制品从普通的日用品进入到食品包装领域，使产品的覆盖面进一步扩大，由原先的多次反复使用商品变成了一次性消费品，大大加速了其产品的更新换代，使塑料制品的使用范围和使用领域进一步扩大，这就决定了中空成型机的社会需求量进一步增长。张家港市塑料中空成型机生产企业效益2014年有15%的增幅，特别是一些大的技术成熟的企业2014年的增幅达到20%以上，但由于生产场地和熟练技工缺乏，使其增长空间受到限制。

2014年，饮料机械制造行业的发展势头仍然很快。2014年张家港市几家上规模企业的发展势头仍然很健康，增幅普遍超过10%，经济效益稳步增长，但整个行业发展很不平衡，大量的生产饮料机械的小企业在阵痛中煎熬。原因在于：一是国家对产量≤6 000瓶/h的生产线不再发放卫生许可证；二是近几年国内几家大型瓶装水生产企业其市场的覆盖面和市场占有率进一步扩大，使小的瓶装水生产企业在市场上无立足之地，加上大品牌的广告攻势，小的瓶装水生产企业生存空间被一步步挤压，失去了市场，这就促使小的瓶装水生产企业不得不转行或者被迫休业，小型饮料机械制造企业生产的产品因此失去了市场空间，除在一些不发达国家还能找到用户外，这些企业生产的小型灌装机产品将逐步退出市场。在这种市场形势下也有例外，就是小品种多规格的生产各种日用调味品的灌装设备仍有较大的市场需求，产品跟着市场走，思路跟着形势走，有超前眼光，善于开发各种小型灌装设备的企业，同样也取得了很好的社会效益和经济效益。事实证明，饮料机械制造企业只有开发新品，真正做到人无我有、人有我优、人优我特，才能使企业真正立于不败之地。

2014 年，张家港市塑料饮料机械行业在转型升级、科技创新方面取得了新成果，先后有 2 个项目被列入江苏省首台（套）项目。其中江苏星 A 包装机械有限公司的超洁净中温液态食品包装设备的示范应用获得了江苏省财政 120 万元的扶持；张家港市繁昌机械有限公司基于物联网的 PVC 智能配混系统列入江苏省首台（套）而获得江苏省财政 20 万元、张家港市财政 40 万元的资金扶持；江苏新美星包装机械股份有限公司的高效节能型 PET 瓶液态奶无菌包装生产线列入了国家发改委智能制造装备发展的专项扶持项目，获得国家财政 1 600 万元的资金扶持；另外，贝尔机械有限公司的高效节能单螺杆挤出生产装备和苏州同大机械有限公司的 TDB 系列智能化复合流道中空成型机生产线获得了国家创新产品鉴定，被确定为国内首创、国际领先的产品。这些成果的取得充分展示了张家港市塑料饮料机械制造行业的强大创新实力。

2014 年，张家港市塑料饮料机械制造行业被授权的实用专利 268 项，发明专利 73 项，一个商标获得江苏省著名商标称号，授予省级工程中心 2 家、苏州市工程中心 2 家，获得江苏省高新技术企业称号 1 家，参与起草国家标准 1 项、行业标准 1 项，新增研究生工作站 1 家，获得国家火炬计划项目 2 项。

二、取得的主要成绩

自 2008 年张家港市塑料饮料机械制造行业被江苏省商务厅、财政厅批准为江苏省塑料饮料机械产品出口基地以来，张家港市塑料饮料机械协会配合张家港市商务局，积极推进基地的各项基础建设。2014 年完成的推进基地建设的基础性工作有：

1. 积极推进创建江苏省塑料饮料机械制造产业集群品牌培育基地的工作

2013 年，协会就创建苏州市塑料饮料机械制造产业集群品牌培育基地事宜进行了调研，并向苏州市工商局申报了创建产业集群品牌培育基地的材料。2014 年 12 月，苏州市人民政府正式批准张家港市塑料饮料机械制造行业为苏州市塑料饮料机械制造产业集群品牌培育基地。苏州市工商局认为协会所申报的创建集群品牌基地的材料可以申报创建江苏省省级产业集群品牌培育基地。协会秘书处根据苏州市工商局的推荐，又向江苏省工商局报送了创建江苏省塑料饮料机械制造产业集群品牌培育基地的申报材料，并就进一步推进省级产业集群品牌培育基地建设作了很多基础性的工作。目前，张家港市塑料饮料机械制造行业获得国家级驰名商标 1 个，江苏省著名商标 10 个，苏州市知名商标 13 个。

2. 建立了预防网络黑客诈骗的预警机制

张家港市塑料饮料机械制造企业中，120 多家有对外经营业务，他们在对外经济交易中大多数都是通过电子邮件与客户交流，这就为网络黑客制造了套取企业资金的机会。网络黑客通过篡改客户的邮箱密码等手段窃取客户的资料并篡改银行账号，将外商汇给国内客户的资金直接汇到他们指定账户，从而给张家港市塑料饮料机械制造企业造成了重大的经济损失。鉴于这种情况的一再发生，协会秘书处根据客户被骗资金的典型案例，直接发文给会员企业，及时提示企业预防网络黑客的诈骗行为，要求企业在对外电子商务交易活动中一定要反复核实，并通过经常变换电子邮箱来预防网络黑客入侵，以避免在对外贸易交往中受到损失。这一建议受到了大多数会员的好评。

3. 举办了拓展海外热点市场的交流会

为了帮助基地内的塑料饮料机械制造企业进一步开拓海外新型市场，协会秘书处和上海国际广告展览有限公司合作，邀请米奥兰特公司的专家来协会作专场辅导，就企业如何选择国外有影响的展览会，如何在展览会上跟客户交流以及如何进一步跟踪有意向的客户等作了专项辅导。参加专场海外热点市场交流会的60多家企业的外贸人员反映这种交流会开得好，开得及时，对企业外贸出口有很大的帮助作用。

4.学习国内知名企业的先进管理理念和营销经验

为了帮助基地内的塑料饮料机械制造企业进一步做强做大，帮助他们进一步开拓视野，学习先进的管理经验和营销手段，协会秘书处于2014年10月21—22日组织协会的28家企业的负责人到浙江宁波中国最大的塑机制造企业——海天国际控股有限公司学习取经。大家认真观看了海天机械发展史录像，并参观了海天国际控股有限公司22万m^2的大型车间。在参观过程中，大家深切感到海天国际控股有限公司的现场管理理念以及充分调动职工参与管理的积极性和主动性方面都有独特的创举。尤其是通过考核和激励等手段，使员工的期望和海天的发展一致，劲和海天的发展一起使，汗和海天的发展一起流，海天是员工的家，员工是海天的主人，这些独到的管理理念是海天腾飞发展的法宝和助推器，也是海天人引以为傲的精神支柱。特别是海天总裁张剑鸣先生说的：我们的管理靠大家，每一个员工都是海天的主人，这对前往参观考察的各企业领导触动很大，受益匪浅。

5.和沙洲职业工学院签订联合办学协议

为了为塑料饮料机械制造行业的发展注入新的活力，为企业培养更多的熟练技工，协会和沙洲职业工学院机电一体化系签署了联合办学的协议。沙洲职业工学院机电一体化系定点开设塑机饮机制造专业课程，根据企业需求，有针对性地为企业培养人才。协会有两家企业的领导被聘为沙洲职业工学院机电一体化系的特聘教授。2014年9月，协会和沙洲职业工学院定点举办了专项招聘会，协会有13家企业参加了现场招聘会，有130多名学生现场和招聘单位达成了实习意向。这种企业和学校联合办学的新型机制，改变了学生课堂学的东西在实际中用不上，而企业又招不到合适人才的局面，这种双方合作共赢的办学新型模式也是职业教育改革的方向。企业需要的就是这种为企业量身定制的培养学生的方式，这种新型的培养学生方式充分显现了教育改革的活力与动力。协会将积极参与这种职业教育的改革，为学校和企业的共赢发展牵线搭桥。

6.制作了张家港市塑料饮料机械制造行业的大型宣传画册

张家港市塑料饮料机械制造业在国内塑料饮料机械行业占有重要的地位。为了宣传好张家港市塑料饮料机械制造行业科技成果和新产品开发的能力，2014年3月，张家港市塑料饮料机械制造协会秘书处编辑出版了宣传张家港市塑料饮料机械制造行业的大型宣传画册。该画册充分展现了张家港市塑料饮料机械制造行业的强大制造能力以及塑料饮料机械制造行业的最新科技成果，充分展现了张家港市塑料饮料机械制造在国内塑料饮料机械行业占有的重要地位和在该领域的科技创新成果。

7.组织企业听取工业革命4.0与互联网的讲座

协会邀请中国轻工业机械协会副秘书长、中国机械工业联合会专家组专家李坚来协会作工业革命4.0的专题报告，帮助企业更好地了解工业革命4.0的概念以及智能制造和智能化管理所带来的新变化。帮助企业家了解如何利用免费的搜索引擎流量来为企业做免费宣传。

8.协会与苏州张家港市质监局就质检所收费问题召开调解协调会

本次沟通协调会主要解决质监局下属单位质检所在对企业的服务及收费上存在的问题。顾惠聪秘书长代表协会讲了3点意见：第一，企业反映每年质检所来收费像收保护费，企业交了钱，就什么事也没有了，企业未交钱，就经常来企业抽检；第二，质检所收费没有统一标准，怎么收，收多少钱完全由收费人员随意决定，每年都有变动，让企业无法进行正常操作；第三，企业送检收费随意性也较大，究竟按什么标准收企业搞不清。基于以上 3 点，顾秘书长要求质检所在收费问题上要拿出一个统一的标准报协会，并要求先服务后收费，以减少企业对质检收费的误判误解。同时，协会希望质检所对协会会员企业的收费实行一定幅度的优惠，以进一步体现质检所和协会企业的互惠互利合作关系。经过协调双方达成如下共识：一是质检所对协会企业的收费实行 30% 的优惠幅度；二是质检所根据塑料饮料机械制造检测的主要部件提供一个检测收费的标准；三是先服务后收费，进一步提高服务意识，完善服务手段，提升服务水平。通过协调会，协会为行业企业争取到了应得的利益。

9. 协会在推动出口基地建设的过程中自身也得到了发展

协会积极推动出口基地建设的各项工作，既有利于出口基地的成长，也有利于出口基地各企业的发展壮大。同时，协会自身在推动出口基地的建设中也得到了发展壮大。2014 年，经协会部分会员的推荐，协会新发展了 10 名新会员，会员总数从 52 家增加到 62 家；协会各项规章制度进一步得到了修改和健全，特别是协会行规中增添了新的内容，对会员的行为规范有一定的约束和制约作用，更加有利于市场经济条件下整个行业健康有序地快速发展。

10. 充分发挥好协会作为党和政府联系企业的桥梁和纽带作用

协会组织作为企业联系党和政府的桥梁和纽带，一定要当好政府部门的助手，积极完成党委和政府交办的各项工作任务。

（1）受张家港市总商会的委托，接待了全国工商联党组书记中央委员全哲洙来张家港市考察调研的重要任务。协会在人手少、工作忙的情况下，积极筹备并多次召开企业主座谈会，及时向大家传达了全哲洙来张家港市到协会调研考察事宜，并将“四有”教育列入协会理事会的讨论议题，使全哲洙在协会考察期间对协会工作感到满意。

（2）受张家港市民政局委托，协会接待了民政部副部长顾朝曦一行。顾朝曦和协会领导座谈时，充分肯定了协会发挥的作用和所做的工作。顾朝曦说：行业协会能够做那么多工作，能够替政府分担那么多责任，很不容易，要是所有行业协会都发挥了作用，那么政府的工作就好做多了。

（3）受张家港市商务局委托，协会组织企业赴浙江义乌参观装备博览会。张家港市商务局为了帮助企业开拓新的国内销售市场，对国内装备博览会涉及的装备工业展进行了考察筛选，协会作为张家港市商务局选定的考察装博会的协会组织，在张家港市商务局领导的带领下考察了义乌装博会，并对张家港市装备企业是否参加明年的义乌装博会提出了合理意见和建议。

（4）受张家港市经信委委托，协会参与了张家港市关于促进工业经济转型升级专项资金管理使用办法的讨论，并形成了文字材料报市经信委，特别是协会提出的企业扶持政策应该划分行业，按同行业企业占有土地的亩均纳税率、全员劳动生产率、碳排放标准 3 项进行考核，企业不分大小强弱，不分类型，不分科技创新型和普通型，应一视同仁，按标准考核进入该行业前 20 名的企业应该给予专项资金扶持，协会这一建议被行业内大多数企业所认可。

（5）受张家港市总商会委托，协助张家港市总商会做好民营企业风采录的编辑出版工作。在协会和张家港市总商会的共同努力下，协会秘书处完成了张家港市总商会交办的各个协会必须有 2 家企业进入张家港市民营企业风采录的编辑工作。在协会秘书处的工作下，同大机械、星 A 机械两家企业参加了张家港市总商会民营企业风采录的编辑工作。

（6）受张家港市总工会委托，较好地完成了张家港市塑料饮料机械制造行业 2015 年工资工价集体协商工作。行业工资工价集体协商工作开展以来，虽然有一定的难度，但在各企业业主的支持下，特别是在协会工会联合会各委员的共同努力下，这项工作已经开展了 3 次，每次都得到各企业领导的支持，职工的声音也得到了体现和尊重，企业职工参与工资集体协商的话语权也充分得到了重视。工资工价集体协商既有利于充分调动职工的工作积极性，更利于企业的和谐发展，因此，行业工资工价集体协商不但有利于整个行业的健康发展，也是企业和职工双赢的结果。

三、行业存在的主要特点和问题

通过2013年及2014年的市场震荡，张家港市塑料饮料机械制造业在连续两年市场不景气的情况下，企业经营状况差别越来越大，经济效益各不相同。行业目前主要存在以下特点和问题：

1. 无自主知识产权的小企业逐渐淡出市场

激烈的市场竞争，归根到底是企业实力的竞争，是科技创新能力的竞争，是产品价格和质量的竞争。一些塑料饮料机械制造行业的小微企业，由于缺少自主知识产权，以模仿别人产品过日子，虽然原先依靠低廉的价格能够获得自己的一线生存空间，但近几年国家倡导高效、低碳、低能耗、绿色产品，这些靠模仿别人产品过日子的企业很难跟上时代的步伐，他们依然停留在老旧产品的时代，没有与时俱进，这些企业已被市场所淘汰，将逐渐退出塑料饮料机械制造行业。

2. 市场逐渐向有科技创新实力的大型企业汇聚

塑料饮料机械制造行业近几年市场竞争激烈，科技创新层出不穷，一些有自主知识产权的大企业不但得到国家资金的重点扶持，而且其产品按照生产一代、储存一代、开发一代的三步走的方式总在创新，成了典型的人有我优、人优我特的行业领跑者。这些企业的经济效益和社会知名度越来越大，其产品的市场覆盖面也越来越大，发展之路越走越宽，政府、银行对这些企业扶持力度也越来越大，这就造成企业间的心理不平衡现象。由此，一些小微企业认为自己的企业不景气是被这些大企业强势竞争造成的，社会舆论上也有这种倾向，这是一种非常不好的现象，对行业和企业的发展都有影响。归根到底，企业的发展还是要靠自己的创新去适应去占领市场。

3. 出口贸易越来越困难

张家港市塑料饮料机械制造行业有自营出口权的企业100多家，出口额从几万美元到几千万美元不等。每年张家港市出口塑料饮料机械制造在8 000台（套）以上，出口额超过3亿美元。但近几年来，出口贸易越来越难做：一是国际经济复苏缓慢，需求减少；二是少数国家通过贸易壁垒对我国塑料饮料机械产品出口设置高额关税；三是像伊朗等受美国制裁的国家，货款难以到账。再加上网络黑客的诈骗和一些不诚信客户的弃约，使得外贸出口的市场风险越来越大，生意越来越困难。

4. 优势企业受生产场地和熟练技工缺乏的制约严重

经济效益比较好、科技创新能力强的优势企业，其产能和市场销售增长很快，每年均以10%的速度递增。但受企业生产场地的制约，这些企业想继续扩产很困难，虽然手中有大量的订单，但却不能够完全满足市场的需要。因此，生产经营场地和熟练技工的短缺严重制约了优势企业的发展。

5. 向下游产品延伸和扩张的企业困难重重

前几年，国家城市基础设施建设快步推进，对管材的需求量越来越大，有些塑料挤出机生产企业利用自己企业的优势，顺势加入了管材生产的行列。但随着近几年国家城市基础设施改造项目的减少，再加上房地产开发不温不火，社会对塑料管材的需求增速放缓，在这种市场背景下，已加入塑料管材生产行业的塑机制造企业处于骑虎难下的境地，再加上资金回笼困难的实际情况，企业发展困难重重。

四、2015年发展工作设想

张家港市塑料饮料机械制造行业已经形成了较大的产业集群，全国知名度高，发展空间大，发展前景宽广。为了更好地发展，2015年最需要解决以下几个问题：

1. 创造一条宽整的产业链

现在，张家港市塑料饮料机械行业中不管塑

料机械制造还是饮料机械制造，绝大多数部件需要外购，特别像变速器、电动机以及液压器件和伺服系统等都需要外购。协会作为行业发展的协调者，应该在集中招标采购方面发挥更大作用，将一些生产零部件的优势企业通过集体招标采购纳入张家港市塑料饮料机械制造行业的产业链，成为质量可靠，产品供应稳定的合作伙伴，以确保塑料饮料机械制造产业链的正常运行。

2. 将小微塑料饮料机械制造生产企业变为配套企业

随着塑料饮料机械制造向规模化、集约化方向发展，小微塑料饮料机械制造企业的市场生存空间越来越小，日子越来越难过。为了帮助这些小企业渡过难关，通过协调、通过转型升级可以让一些技术和产品都适应市场需求的小企业为大的塑料饮料机械制造企业做配套企业，这样可以解决大的优势塑料饮料机械制造企业生产场地不足、熟练技工短缺的发展瓶颈。

3. 鼓励企业继续参与国家标准行业标准的制定

塑料饮料机械新产品开发层出不穷，产品更新换代越来越快，协会要鼓励塑料饮料机械制造行业中的龙头企业，积极参与国家塑料饮料机械制造国家标准和行业标准的制定工作。2014 年，张家港市有 1 项塑机品种行业标准，一项饮料机械品种国家标准被国家标准化委员会批准认定，使张家港市的塑料饮料机械制造行业的国家标准达到 3 项，行业标准达到 7 项。随着近几年国家倡导高效低碳绿色环保的产业发展方向，一大批符合国家产业政策的塑饮产品被开发出来，随着塑料饮料机械制造行业更新换代步伐的加快，原先塑料饮料机械制造行业已制定的国家标准行业标准均已落后，需要加快重新制定。协会应该抓住这个千载难逢的机会，鼓励有实力的企业积极参与国家新的塑料饮料机械产品国家标准和行业标准的制定工作，以使张家港市塑料饮料机械制造行业国家标准、行业标准的制定工作走在全国的前列。

4. 继续推动在员工中提一份合理化意见和建议的活动

充分调动企业员工的积极性和创造性，将员工的聪明才智全部调动起来，让员工参与企业管理，让员工对本企业的开源节流、节支增效提合理化建议，让员工真正当家做主，是发挥员工生产积极性和主观能动性的最有效措施，也是一个企业永远立于不败之地的根本保证。2015 年，协会将在塑料饮料机械制造行业中全面推动让生产一线员工为本企业提合理化建议活动，凡被采纳而取得明显成效者将在全行业中给予推广奖励，以使塑料饮料机械制造行业中的员工参与企业管理行为真正落到实处。

5. 继续加强对企业管理和市场营销技巧的培训

2015 年，协会将继续组织企业进行培训。协会已和德国西门子公司中国区总裁商定，2015 年 5 月进行一次企业管理和市场营销管理的培训，以帮助企业进一步提高管理水平。协会还将组织企业通过学习考察，借鉴国内优秀企业先进成熟的管理经验，来提高整个塑料饮料机械制造行业的管理水平。另外，协会还将在张家港市范围内组织协会企业到管理水平高的企业进行现场观摩学习，相互取长补短，共同提高管理水平。

6. 协会要积极推动企业管理创新和科技创新

管理出效益，这是企业家都知道的道理，但管理是个非常庞大繁杂的系统工程，它包含企业员工的管理、企业文化的管理、企业生产的管理、企业经营的管理等一系列内容，从细微处到企业的重大事项决策，都离不开管理。每一个企业在整个管理过程中，总有这样那样的漏洞，总有这样那样的缺陷。所以，每个企业要不断梳理自身的管理经验，不断在管理中进行创新尝试，特别是吸收和借鉴著名企业的成熟管理理念，不断创新有企业特色的管理经验，以带来更大的经济效益和社会影响力。同样，科技创新也是企业发展前进的助推器，更是企业立于不败之地的取胜法宝。协会在 2015 年要鼓励有经济实力，有开发能力的企业继续提升企业的创新能力，开发符合国家产业政策，符合当今时代潮流的高效、节能、绿色、环保的塑料饮料机械制造产品，为推动整个塑料机械行业的快速健康发展做出更大的贡献。

〔撰稿人：张家港市塑料饮料机械行业协会 顾惠聪〕

宁波市塑料机械行业 2014 年发展情况

一、总体情况

宁波塑料机械产业是宁波装备制造业中颇具优势的产业之一，在国内同业中有着举足轻重的地位。2014 年，宁波成功通过了“中国塑料机械之都”的复评审议，宁波塑料机械行业按照“稳中求进、进中求好”的主基调，全年实现主营业务收入 148.27 亿元，同比增长 5.56%，占全国的 27.9%；利润总额达 22.89 亿元，同比增长 7.92%，占全国的 47.6%；出口交货值达 37.65 亿元，同比增长 13.48%，占全国的 78.4%；规模以上塑料机械企业 78 家，占全国的 19.6%；行业整体经济效益继续保持增长态势，但增速明显下降。

（一）行业规模持续扩大

2014 年，国内外经济形势严峻，市场环境复杂多变，给宁波市塑料机械行业发展造成了巨大的困难，但是宁波市塑料机械行业经受住了种种考验，主要经济技术指标始终呈稳步上升态势。2014 年，宁波市塑料机械工业总产值为 159.02 亿元，比上年增长 7.85%，销售收入也同步上升，塑料机械工业资产总计为 244.27 亿元，同比增长 12.85%。企业资产的增加，大部分属于固定资产投资，部分项目已建成投产。中高档机型大量投放市场，核心零部件的自给率也逐步增加，企业的技术能力、产品档次和盈利水平不断提升。2013—2014 年宁波市塑料机械行业主要经济指标见表 1。

表 1 2013—2014 年宁波市塑料机械行业主要经济指标

指 标	2014 年	2013 年
工业总产值（亿元）	159.02	147.45
产品销售收入（亿元）	148.27	140.46
利润总额（亿元）	22.89	21.21
资产总计（亿元）	244.27	216.46

（二）企业出口能力稳步提升

近年来，宁波市的塑料机械出口取得快速发展，目前已成为全市的主要出口产品之一。2014 年塑料机械工业出口交货值完成 37.65 亿元，同比增长 13.48%，出口交货值占销售产值的比重为 25.39%，略高于上年同期。宁波市塑料机械协会对出口量较大的企业进行统计，2014 年，海天塑料机械集团有限公司、宁波市海达塑料机械有限公司等 10 家企业出口总金额达 45 234.55 万美元，同比增长 10.75%；出口总台数达 7 808 台，同比增长 10.80%。其中，出口韩国均价最高，达 14.85 万美元，同比下降 40.6%；出口美国均价排名第二，达 12.19 万美元，但仅海天 1 家企业出口；出口均价最低为黎巴嫩，仅 1.3 万美元，同比增长 30%。

2014 年宁波市塑料机械协会重点企业塑料机械自营出口情况见表 2，2008—2014 年宁波市塑料机械行业出口增幅及出口比重变化情况见图 1。

表 2 2014 年宁波市塑料机械协会重点企业塑料机械自营出口情况

企业名称	金额（万美元）	数量（台）	企业名称	金额（万美元）	数量（台）
海天塑料机械集团有限公司	37 002	5 640	富强鑫（宁波）机器制造有限公司	608	116
宁波双马机械有限公司	2 633	530	宁波通用塑料机械制造有限公司	421	159
宁波海星机械制造有限公司	1 400	450	宁波海太工贸有限公司	367	113
宁波市海达塑料机械有限公司	678	302	震雄机械（宁波）有限公司	237	60
宁波新海太塑料机械有限公司	647	155	浙江金鹰塑料机械有限公司	1 241	283

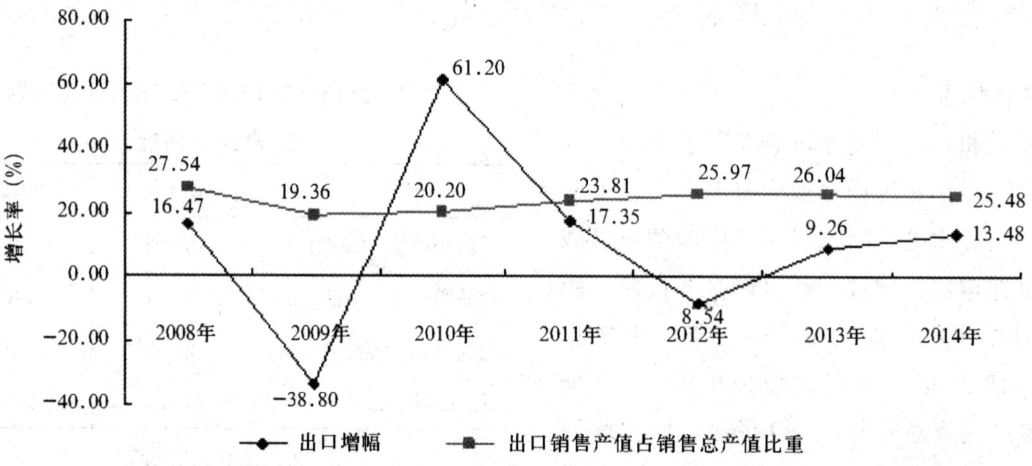

图 1 2008—2014 年宁波市塑料机械行业出口增幅及出口比重变化情况

（三）产品结构逐步调整

宁波塑料机械企业生产的塑料机械门类齐全，品质全国领先，能基本满足国内外不同用户的需求。宁波市塑料机械行业优势骨干企业自主研发的大型二板机、高速精密机、伺服节能塑料机械和全电动塑料机械等机型，在技术性能方面处于国内领先地位，并逐步接近发达工业国家。2014 年市塑料机械行业新产品产值达 68 亿元，产值率为 42.76%，比上年略有减少，说明宁波市塑料机械创新投入和能力提升，进入一个稳定期，产品结构调整仍在积极推进中。2008—2014 年宁波市塑料机械行业新产品产值率变化情况见图 2。

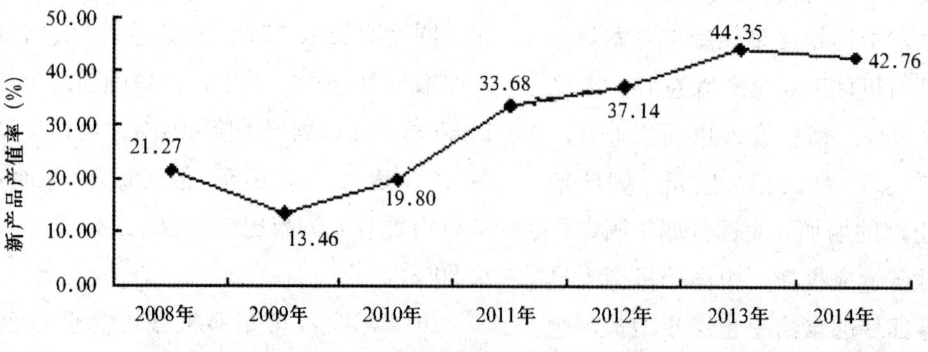

图 2 2008—2014 年宁波市塑料机械行业新产品产值率变化情况

（四）行业地位不断提升

宁波市塑料机械行业产品技术水平、经济效益在全国同行中处于领先地位，是国内公认的塑料机械研发、生产、营销基地。全球生产的塑机中，我国产品约占 1/2，其中宁波产品占全球产量的 1/3。由于明显的比较优势，2014 年国家再次授予宁波市"中国塑料机械之都"荣誉称号。

二、宁波塑料机械行业区域特色

（一）"海"系企业发展迅速，龙头带动作用显著

宁波市塑料机械行业通过多年的发展和孕育，业界涌现了一批新的明星企业，主要有龙头老大海天塑料机械集团有限公司以及宁波新海太塑料机械有限公司、宁波海雄塑料机械有限公司、宁波市海达塑料机械有限公司、宁波海星机械制造有限公司、宁波海波机械制造有限公司和宁波海强塑料机械制造有限公司等"海字系谱"企业。这些民营企业机制灵活，市场适应性强，是宁波塑料机械产业的主力军，先后获得过中国机械名牌产品，中国出口名牌产品，6个省级名牌及10余个市级名牌产品，有19家企业通过了ISO 9001质量保证体系认证，11家企业通过了欧洲CE安全认证。

（二）区域集聚度高，形成产业配套体系

宁波市目前有塑料机械整机生产企业140余家，其中规模以上整机生产企业约75家。在宁波及宁波周边地区，聚集了几百家为塑料机械提供配件和工艺协作的相关企业，这是宁波塑料机械产业迅猛发展的区位优势。宁波东吴镇是我国华东地区最大的铸造中心，著名的大型铸造企业如日月、泰兴均在此，保证了宁波塑料机械产业对铸件的需求；舟山金塘则号称"中国螺杆之乡"，有螺杆机筒生产企业300余家，年产螺杆机筒占全国总量的70%以上；在宁波还有众多液压马达生产企业，既有民营的，也有外国独资企业，为塑料机械产品提供各种档次的液压系统产品；伊士通、珊星、弘星、谛洲等电脑生产商，可充分满足宁波塑料机械产品对控制电脑的需求。这些企业星罗棋布，聚集在距宁波市中心50km半径范围之内，使塑料机械产品就地配套率达90%以上，宁波塑料机械的产业体系进一步完善。

（三）科技创新能力强，品质居全国领先水平

宁波生产的塑料机械门类齐全，有普通机、电脑机、全液压机、液电复合机、电动机等，塑料机械注射量小到15g，大到50kg，能基本满足国内不同用户的需求。多年来，宁波塑料机械产品先后获得中国机械名牌产品、中国出口名牌产品称号，6项产品获省级名牌称号，十余项产品获市级名牌称号。32家企业通过了ISO 9001质量管理体系认证，20家企业通过了欧洲CE安全认证。2014年还成功推广了硬质合金刀具重复利用工作。该项技术是由宁波市劳动模范朱德能师傅创建的一项节能节材技术，能使原来一次性铣刀片重复使用3～4次，经多年实践，效果良好。目前，宁波市主要塑料机械制造骨干企业海天、通用、新海太、金鹰、甬江、海星等10多家企业均已推广该技术。经过对几家公司的综合测算，当行业产值达到30亿元时，每月可节约刀片在1万片以上，年节约用刀经费120万元左右，既提高了企业的经济效益，又降低了能源消耗，节约社会资源。

三、存在的机遇和挑战

塑料机械产业是宁波市的优势传统产业，是宁波市政府今后一个时期重点扶持和优先发展的产业。当前，宁波市正按照科学发展观的要求，紧紧围绕打造长三角南翼重要的先进制造业基地，进一步加大政策扶持力度，大力促进塑料机械产业发展和繁荣，着力提升产业集聚效应和品牌知名度，努力把宁波打造成我国塑料机械生产、科研设计和交易中心。

虽然宁波市塑料机械行业目前有着很好的发展机遇，但是同时，我们必须清楚地看到，与发达国家比较差距仍旧较大。宁波市生产的塑料机械产品仍以中低档、通用型为主，仅有个别企业的个别产品达到了国际先进水平，主要问题表现在以下3个方面：

1. 产业规模结构不甚合理

2014年，宁波市规模以上塑料机械企业80家，其中年销售额超亿元的15家，占全市规模塑料机械企业的18.75%，年销售额0.5亿～1亿元的企业10家，占市塑料机械规模企业的12.5%，年销售额不足5 000万元的企业55家，占市塑料机械规模企业的68.75%。而年销售额

上亿的15家企业中，宁波海天集团以年销售额75.31亿元业绩，一枝独秀。海达塑料机械年销售额4.99亿元，而其余13家企业的年销售额均分布在1亿～3亿元。这表明宁波塑料机械产品集群仍以广大中小企业为主，而真正重量级的企业则很少，特别缺少年销售额10亿元上下的第二层次企业群。此外，宁波市塑料机械企业基本上是清一色的民营企业，随着时间推延，目前企业家正处于创业一代向第二代过渡的关键阶段，而民营企业内部的家族制管理模式，暴露了固有的局限性，职业经理人队伍发育相对滞后。这对宁波塑料机械产业集群的提升和后续发展造成了不利影响。

2.产品同质化困扰产业健康发展

宁波塑料机械产业发端于20世纪70年代的宁波塑料机械总厂，产业集群形成于20世纪90年代以宁波海天为代表的“海字系谱”企业崛起之后。可以说，多数企业都与“总厂”或“海天”有一定的历史渊源，这种“近亲繁殖“的结果给产业的成长打上了深刻的烙印——产品雷同，缺乏个性，普通常规机型产能过剩，市场营销策略上采取低价竞销。行业协会成立后，通过推动行业自律，企业之间不正当竞争现象有所缓和，但行业内产品同质化这一结构性矛盾并没有根本解决。近年来，行业内部大力推动企业自主创新，推动企业实现产品和产业结构转变，宁波海天等几家骨干企业，成功开发了伺服节能塑料机械，并日益成为引领市场潮流的主打产品，但时隔不久，宁波多数塑料机械企业就迅速跟进，也开始涉足生产伺服节能塑料机械。全行业从传统液压注塑料机械到节能伺服机，技术上前进了一大步，但产品同质化的弊端仍然没有破解。

3.产品附加值低，档次不高

众所周知，塑料机械产业价值链基本上由4个环节构成，即原材料及设备供应环节、零部件供应环节、整机研发组装环节、市场营销和售后服务环节。这4个价值环节并不是每个环节都是创造等量价值的环节，只有某些关键环节才能创造更高的附加值。这些高附加值的价值环节就是产业价值链的战略环节，谁抓住了这些战略环节，谁就抓住了整个价值链，谁就控制了该行业的高端市场。就塑料机械产业而言，其战略环节则在该产业的研发及制造领域。目前，我国塑料机械配套的关键部件（如液压马达、控制电脑等）仍由国外生产商占主导。采用国产配件的塑料机械往往附加值就低，也难于打入国际塑料机械高端市场。而国产配套件的水准反映了我国基础工业的现状，从另一个方面来说，我国基础工业的现状，很大程度上制约了我国塑料机械的技术档次。

四、宁波塑料机械产业的下一步发展趋势

宁波已发展成为世界级的塑料机械生产大市，但还不是世界塑料机械的生产强市。宁波塑料机械行业清醒地认识到我们的塑料机械的平均技术水平还很低，平均销售价格只有欧美、日本等国同类产品的1/6～1/4。所以，在今后的塑料机械发展道路上，必须采取各项措施，在扩大生产数量的同时，努力提高产品的档次和质量，将宁波塑料机械推向世界，成为世界的塑料机械之都。为了实现这个目标，应主要采取以下措施：

1.加大力度开发精密塑料机械和精密挤出机

我国出口和进口的塑料机械数量基本持平，但精密塑料机械主要是国外品牌，挤出装备中的PET模机组、精密医用导管挤出机组等也一直是国外公司的领域。开发具有自主知识产权的国产精密注射和挤出装备非常有必要，一方面可以替代进口，还可以使我国在国际塑料机械高端市场上占据一席之地。

2.加大力度开发节能型塑料机械

一是对传统塑料机械进行优化设计，对设备的机械结构、控制模式以及操作工艺条件进行基于最小能耗的优化设计；二是加快新型塑料机械的开发和应用，如无齿轮箱传动的单螺杆挤出机、电磁动态挤出机等；三是积极采用先进的节能技术。

3.加快产学研紧密结合促进技术创新

加快在知识和技术产权方面制度的完善，加大科技创新的投入、吸引专业技术人才、实现规模化和专业化生产、努力缩小国内外塑料机械水平上的差距，已经成为塑料机械领域有识之士的共识。企业应成为技术创新的主体，高等院校和科研机构应与国内大型塑料机械制造企业实行战略性合作，实现强强联合、优势互补，在技术创新和人才培育方面走出新的道路。

〔撰稿人：宁波塑料机械工业协会冯琦华〕

台湾塑料橡胶机械产业现状和发展情况

根据台湾机械工业同业公会（以下简称“机械公会”）最新数据显示，2014年1—5月台湾机械设备出口小幅增长，出口值达到825 270万美元，同比增长7.3%。如依新台币计价，则出口值达到2 494亿元，比2013年同期增长9.9%。从2014上半年机械设备出口表现来看，2014年会温和地增长。

台湾塑料橡胶机械行业为出口导向型，出口地区以中国大陆、东南亚、印度等新兴市场为主。仰赖新兴市场崛起，带动台湾塑料橡胶成型设备稳定增长，如以出口值和生产值来比较，从2006年到2013年，8成以上产品是外销。进口的塑料橡胶机械以日本和德国的设备为主，近年来，来自中国大陆的设备有增长趋势，值得注意的是，其中应有部分是大陆的日商所制造的机器设备出口到台湾地区。

据塑料橡胶机械产销数据显示，由于下游客户都是塑料橡胶五金制品业及塑料代工加工业，皆属劳动力密集企业，早期外移到东南亚，然后是中国大陆，近期已趋稳定不再外移，甚至因大陆用工成本不断提高亦有返乡投资现象。由于3C产业的发展，所需塑料制品朝轻、薄、短、小和精密发展，导致台湾塑料橡胶加工业必须转型，使得本地市场对高科技用精密机械设备及自动化设备需求快速增加，而市场对传统设备之需求，则逐年减少。如以台湾市场对本地与进口塑料橡胶机械的需求来分析，则进口机器仍比本地机器在性能上占有绝对优势，值得台湾塑料橡胶机械业界加以重视。

台湾塑料橡胶机械厂商多属中小型工厂，厂商数量约200家，其中98%是中小企业，资本额均≤8 000万元新台币，平均雇用员工约30余人，90%集中在台南、台中、新竹等地区，是该地区颇具代表性之产业。从企业在用塑料橡胶设备的分类来看，台湾油压机约占90%以上（油压60%，油电复合30%），电动机型低于10%；德国油压机约占80%（油压10%，油电复合70%），电动机型约20%；日本油压机约占20%（油压10%，油电复合10%），电动机型约80%。这种情况是因为产业结构不同所导致，德国仍着重于较大吨位机型油压机（含油电复合）的性能提升；日本则大量依赖其伺服电控能力，全力发展电动机型。台湾因为电动机型关键零部件(主要为控制器、驱动器、永磁电动机)依赖进口，价格成本过高，造成电动机型发展瓶颈，例如：日本Toyo或Toshiba80～90t电动机型市价140万元，台湾厂商同型机成本（含进口零部件成本）即高达110万元，所以，在无利可图并且技术无法和日本产品相竞争的情况下，业界厂商鲜有投入资金去研究制造和销售电动机型的。目前，厂家能够研发电动机型并推到市场的，仅有台中精机、全立发、赐服科技（隶属鸿海集团）。

一、塑橡料胶机械产品出口情况

据海关进出口统计月报，近5年台湾平均出口金额皆增长。2009年出口额约为246亿元，因为国际金融危机，比2008年下降30.94%；2010年出口额369亿元，比2009年增长50%；2011年392.85亿元，比2010年增长6.4%；2012年398.84亿元，比2011年增长1.52%；2013年374亿元，比2012年下降6.23%。现分别说明如下：

1. 塑料橡胶机械产品出口情况

塑料橡胶机械按照2013年出口机种别来分析，注射成型机类排名第一位，出口额约29 690万美元，占总出口额的23.0%，比2012年下降21.67%；挤出机排第二位，约17 709万美元，占总出口额的14.0%，比2012年下降12.34%；吹制成型机排第三位，达11 193万美元，占总出口额的9.0%，比2012年增长14.81%；真空及热定成型机类排第四位，达7 027万美元，占总出口额的6.0%，比2012年下降2.03%，其余为其他模制及成型机械与轮胎制造机等。

2. 台湾塑料橡胶机械出口区域

根据塑料橡胶机械2013年出口资料统计，最大出口市场是中国大陆，出口额37 703万美元，占中国台湾塑料橡胶机械出口额的30.00%，比2012年下降11.54%；第二位是泰国，出口额9 349万美元，占7.39%，比2012年下降26.03%；印度尼西亚排名第三，出口额8 762万美元，占6.90%，比2012年下降16.49%。其他国家依次是越南占6.70%，印度占4.70%，日本占3.92%，马来西亚占3.58%，美国占3.25%，土耳其占2.33%，俄罗斯占1.9%，墨西哥占1.82%，巴西占1.63%。

台湾塑料橡胶机械依外销区域分析，主要还是销往亚洲和美洲，特别是亚洲地区近年增长很快，约占总出口额的7成，其客户则以中小塑橡胶加工厂为主。欧洲地区由于是传统的塑料橡胶机械生产基地，故多使用德国与意大利生产的塑料橡胶机械，对台湾塑料橡胶机械的使用很少。

10年来，台湾塑料橡胶机械外销的最大市场一直是大陆与香港，因经济增长趋缓及当地厂家已提升技术和产能，对台湾塑料橡胶机械的进口需求有下降的趋势；印度为保护自己的注射机制造产业，对中国注射机征收反倾销税230%，已届满5年，近期印度新政府上台，对是否继续征收反倾销税尚未对此做最后裁决；另外，印度尼西亚近年经济快速增长，也是值得台湾塑料橡胶机械行业关注的市场。2013年中国台湾塑料橡胶机械主要出口区域统计见表1。

表1 2013年中国台湾塑料橡胶机械主要出口区域统计 （单位：美元）

序号	国家和地区	2012年	2013年	2013年比2012年增长(%)
	合　计	1 349 271 034	1 265 179 726	-6.23
1	中国大陆	426 223 030	377 027 017	-11.54
2	泰国	126 382 634	93 486 555	-26.03
3	印度尼西亚	104 921 815	87 619 812	-16.49
4	越南	78 053 506	84 697 919	8.51
5	印度	70 563 099	59 394 261	-15.83
6	日本	43 667 015	49 584 703	13.55
7	马来西亚	39 193 144	45 358 919	15.73
8	美国	35 923 228	41 150 240	14.55
9	土耳其	26 950 230	29 428 864	9.20
10	俄罗斯	16 171 853	24 066 111	48.82
11	墨西哥	13 786 409	23 024 737	67.01
12	巴西	22 988 396	20 676 782	-10.06
13	中国香港	27 780 595	20 057 603	-27.80
14	沙特阿拉伯	17 144 026	19 598 451	14.32
15	菲律宾	15 196 759	15 763 808	3.73

二、塑料橡胶机械产品进口情况

近10年来，塑料橡胶机械产品的进口呈现下降趋势，2013年进口额77.85亿元新台币，比

2012年下降16.40%。进口设备主要是用于高科技产业，例如，精密电子和光学产业进口全电式塑料注射成型机及生产半导体器件用的高价位封装机械等。2003年与2004年进口额分别为181亿元新台币与200亿元新台币，是进口的最高峰；2005年进口96亿元新台币，比2004年大幅减少；而2006年进口达到114亿元新台币；2007年和2008年分别是102亿元新台币和101亿元新台币，相差不大；2009年因国际金融风暴的影响，进口额只有54.5亿元新台币，为历年来最低纪录；2010年进口85.62亿元新台币，比2009年大幅增长62.63%；2011年进口121.43亿元新台币，比2010年增长41.81%；2012年进口93.13亿元新台币，比2011年下降23.30%；2013年进口77.85亿元新台币，比2012年下降16.40%。有关进口产品种类及国家和地区，现分别说明如下：

1. 塑料橡胶机械产品进口情况

按照进口机种来分，2013年进口塑料橡胶机械注射机排名第一位，进口额7 328万美元，占总进口额的28.0%；挤出机排第二位，进口额2 459万美元，占总进口额的9.0%；真空及热压成型机械排第三位，进口额1 333万美元，占总进口额的5.0%；吹制成型机排第四位，进口额611万美元，占总进口额的2.0%，其余则为轮胎制造机等产品。

2. 塑料橡胶机械主要进口来源国家和地区

2013年台湾塑料橡胶机械产品从主要进口国家和地区进口额为25 954万美元，最大供应国是日本，进口额为7 878万美元，占总进口额的30.0%，比2012年下降36.90%。其次是中国大陆，进口额6 302万美元，占总进口额的21.9%，比2012年增长8.59%。德国排第三位，进口额为5 949万美元，占23.0%，比2012年增长15.91%。美国占总进口额的5.0%，加拿大占总进口额的3.0%，奥地利占总进口额的2.5%。

多年来，台湾塑料橡胶机械的进口，主要来自日本、德国、中国大陆、美国，合计占总进口额的8成左右。现在，大部分日本机器已采用全伺服驱动的电动机，省电、精密、洁净，深受买家的青睐，而德国机器的优异性能是大家公认的，但由于价格高昂，用户只能根据自己的制品需求和财务能力有选择地购买。2013年台湾塑料橡胶机械主要进口来源统计见表2。

表2 2013年台湾塑料橡胶机械主要进口来源统计

（单位：美元）

序号	国家	2012年	2013年	2013年比2012年增长(%)
	总　计	310 442 181	259 536 639	−16.40
1	日本	124 840 080	78 778 499	−36.90
2	中国大陆	58 033 679	63 017 005	8.59
3	德国	70 743 366	59 485 085	−15.91
4	美国	15 049 602	11 717 689	−22.14
5	加拿大	2 255 507	7 430 266	229.43
6	奥地利	9 825 478	6 585 961	−32.97
7	英国	305 133	4 114 782	1 248.52
8	荷兰	4 729 949	3 949 439	−16.50
9	意大利	8 181 080	3 852 955	−52.90
10	韩国	1 498 383	3 504 319	133.87
11	萨摩亚群岛	744	3 045 397	409 227.55
12	马来西亚	1 949 760	2 578 305	32.24

三、塑橡胶机械产业发展趋势

由于环保和节能的要求，大部分厂家都已为客户提供伺服节能机器，其原理是将机器的动力源由传统的电动机改为伺服电动机驱动，其节电效果因生产制品之不同最高可超过50%，节能效果显著。如果机器全天生产运转，所增加的投资可在2年内收回。另外，因3C产业发展的需求及消费者对产品外观的要求日益严格和挑剔，双色甚至三色的塑料注射机需求明显增多。

近10年来，大陆塑料机械产业发展迅速，已是全球最大塑橡胶机械的生产基地和需求量最大的地区，德国、日本、美国的主要生产厂家都已在大陆设厂，台湾业界也早已在大陆设厂生产或设立销售服务网点。

面对全球化和大陆厂家的竞争，台湾塑料橡胶行业该如何应对，建议如下：

（1）差异化策略。大量生产一般通用机种在台湾已是不可能，唯有根据客户特殊需求，甚至量身订制的客制化才能面对价格竞争胜出，为客户规划自动化生产、专用机生产、整厂服务以及提升控制器功能、增添网络和云端服务，发展优质高阶产品，是企业生存之道。

（2）研究创新。要提供差异化产品必须有优良的设计技术团队，所以，设计能力的提升就很重要，要注重研究发展，善用社会资源。例如，科专、主导性产品开发、研发联盟、SPIR、CITD，产、官、学、研等合作推动研究创新、增加产品的附加价值，提供优质产品和服务。

（3）拓展国际市场。台湾内需较小且市场有限，而将市场太集中在大陆地区则非长远之道，分散市场就是降低营运风险的关键，尤其是新兴国家发展潜力雄厚，对塑橡胶设备的需求日渐高涨，印度、印度尼西亚、巴西、伊朗、土耳其和俄罗斯等国家，都是值得投入拓展的市场，如人力和财务限制，可借助台湾机械工业同业公会和台湾外贸协会予协助，也可申请海外展览补助。

〔撰稿人：台湾机械工业同业公会塑橡胶机械专委会会长吴正炜〕

中国塑料机械工业年鉴

2014-2015

企业概况

介绍行业内有影响力的企业

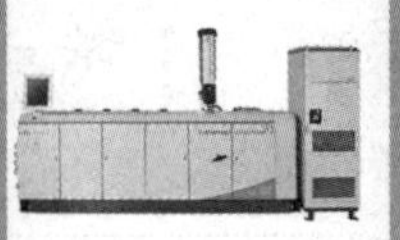

企业概况

2014年中国塑料机械行业优势企业
中国塑料机械行业数控装备应用示范企业
塑料机械企业如何提高盈利能力
2012—2014年6月中国塑料机械行业上市公司主要经济指标
企业风采

2014年中国塑料机械行业优势企业

由中国塑料机械工业协会组织的2014中国塑料机械行业优势企业排序工作(参见中塑机协〔2014〕11号文)本着“公平、公正、自愿”的原则，坚持以加快转型升级为主线，以提高自主创新能力为核心，以“主营业务收入”和“净利润”为主要指标，根据各单位上报的2013年度资料，经相关部门审计、核实和公示，并对公示阶段提出的问题进行核对和解答后，确定出“2014中国塑料机械制造业综合实力25强企业”“2014中国塑料注射成型机行业10强企业”“2014中国塑料挤出成型机行业10强企业”“2014中国塑料中空成型机行业3强企业”和“2014中国塑机辅机及配套件行业5强企业”名单，见表1—5。

表1 2014中国塑料机械制造业综合实力25强企业

排序	企业名称 （按“主营业务收入”排序）	排序	企业名称 （按“净利润”排序）
1	海天塑机集团有限公司	1	海天塑机集团有限公司
2	上海金纬机械制造有限公司	2	上海金纬机械制造有限公司
3	震雄集团有限公司	3	宁波弘讯科技股份有限公司
4	大连橡胶塑料机械股份有限公司	4	广东伊之密精密机械股份有限公司
5	广东伊之密精密机械股份有限公司	5	震雄集团有限公司
6	山东通佳机械有限公司	6	博创机械股份有限公司
7	东华机械有限公司	7	山东通佳机械有限公司
8	富强鑫精密工业股份有限公司	8	广东金明精机股份有限公司
9	博创机械股份有限公司	9	大连三垒机器股份有限公司
10	宁波市海达塑料机械有限公司	10	泰瑞机器股份有限公司
11	潍坊中云机器有限公司	11	潍坊中云机器有限公司
12	宁波弘讯科技股份有限公司	12	青岛顺德塑料机械有限公司
13	信易集团	13	信易集团
14	青岛顺德塑料机械有限公司	14	浙江华业塑料机械有限公司
15	新乐华宝塑料机械有限公司	15	富强鑫精密工业股份有限公司
16	泰瑞机器股份有限公司	16	宁波市海达塑料机械有限公司
17	浙江华业塑料机械有限公司	17	东莞艾尔发自动化机械有限公司
18	浙江申达机器制造股份有限公司	18	新乐华宝塑料机械有限公司
19	东莞艾尔发自动化机械有限公司	19	宁波伊士通技术股份有限公司
20	宁波双马机械工业有限公司	20	宁波创基机械有限公司
21	广东金明精机股份有限公司	21	浙江金鹰塑料机械有限公司
22	宁波海雄塑料机械有限公司	22	大连橡胶塑料机械股份有限公司
23	浙江金鹰塑料机械有限公司	23	宁波海星机械制造有限公司
24	宁波海星机械制造有限公司	24	陕西秦川机械发展股份有限公司
25	张家港市贝尔机械有限公司	25	宁波海雄塑料机械有限公司

表2　2014中国塑料注射成型机行业10强企业

排序	企业名称（按“主营业务收入”排序）	排序	企业名称（按“净利润”排序）
1	海天塑机集团有限公司	1	海天塑机集团有限公司
2	震雄集团有限公司	2	震雄集团有限公司
3	东华机械有限公司	3	博创机械股份有限公司
4	富强鑫精密工业股份有限公司	4	广东伊之密精密机械股份有限公司
5	广东伊之密精密机械股份有限公司	5	泰瑞机器股份有限公司
6	博创机械股份有限公司	6	富强鑫精密工业股份有限公司
7	宁波市海达塑料机械有限公司	7	宁波市海达塑料机械有限公司
8	泰瑞机器股份有限公司	8	宁波创基机械有限公司
9	浙江申达机器制造股份有限公司	9	浙江金鹰塑料机械有限公司
10	宁波双马机械工业有限公司	10	宁波海星机械制造有限公司

表3　2014中国塑料挤出成型机行业10强企业

排序	企业名称（按“主营业务收入”排序）	排序	企业名称（按“净利润”排序）
1	上海金纬机械制造有限公司	1	上海金纬机械制造有限公司
2	山东通佳机械有限公司	2	山东通佳机械有限公司
3	大连橡胶塑料机械股份有限公司	3	广东金明精机股份有限公司
4	潍坊中云机器有限公司	4	大连三垒机器股份有限公司
5	青岛顺德塑料机械有限公司	5	潍坊中云机器有限公司
6	新乐华宝塑料机械有限公司	6	青岛顺德塑料机械有限公司
7	广东金明精机股份有限公司	7	新乐华宝塑料机械有限公司
8	张家港市贝尔机械有限公司	8	宁波康润机械科技有限公司
9	大连三垒机器股份有限公司	9	张家港市贝尔机械有限公司
10	宁波康润机械科技有限公司	10	大连橡胶塑料机械股份有限公司

表4　2014中国塑料中空成型机行业3强企业

排序	企业名称（按“主营业务收入”排序）	排序	企业名称（按“净利润”排序）
1	陕西秦川机械发展股份有限公司	1	陕西秦川机械发展股份有限公司
2	苏州同大机械有限公司	2	苏州同大机械有限公司
3	广东乐善机械有限公司	3	广东乐善机械有限公司

表5　2014中国塑机辅机及配套件行业5强企业

排序	企业名称（按“主营业务收入”排序）	排序	企业名称（按“净利润”排序）
1	宁波弘讯科技股份有限公司	1	宁波弘讯科技股份有限公司
2	信易集团	2	信易集团
3	浙江华业塑料机械有限公司	3	浙江华业塑料机械有限公司
4	东莞艾尔发自动化机械有限公司	4	东莞艾尔发自动化机械有限公司
5	宁波伊士通技术股份有限公司	5	宁波伊士通技术股份有限公司

中国塑料机械行业数控装备应用示范企业

（第一批）

近年来，塑料机械行业按照工信部“数控一代”装备创新工程总体的工作部署，积极落实“数控一代”行动计划，加大科技投入，注重提升技术水平和产品质量，以自主研制的伺服驱动注射机为突破点，广泛采用数控技术，大力研发节能产品，推动伺服驱动及控制装置、专用数控系统等在塑机中的应用，推动全行业智能化改造与升级换代，节能减排效果十分显著。行业中不仅诞生了规模世界第一的龙头企业，而且涌现出一批非常具有活力和发展潜力的骨干企业，加快了塑料机械行业数控节能技术应用与推广的前进步伐。

为鼓励塑料机械企业在以数控智能创新推动行业转型升级方面所做出的积极努力和所取得的成效，中国塑料机械工业协会将分批授予这些企业“中国塑料机械行业数控装备应用示范企业”称号，现将第一批入选“中国塑料机械行业数控装备应用示范企业”名单公告如下：

1. 海天塑机集团有限公司
2. 震雄集团有限公司
3. 东华机械有限公司
4. 富强鑫精密工业股份有限公司
5. 广东伊之密精密机械股份有限公司
6. 博创机械股份有限公司
7. 宁波市海达塑料机械有限公司

入选条件：

（1）中国塑料注射成型机 10 强企业且年度主营业务收入超过 5 亿元；

（2）伺服节能注射机生产占比≥ 60%。

二〇一四年八月二十六日

〔供稿单位：中国塑料机械工业协会〕

塑料机械企业如何提高盈利能力

一、什么是企业盈利能力

2013 年 7 月 7 日，《财富》杂志公布的世界 500 强中，有 50 家企业按照利润总额被评为最赚钱企业，在这 50 家企业中，销售利润率超过 10% 的有 38 家，其中销售利润率超过 20% 的有 20 家。

应该说，这 20 家企业的盈利能力非常强。但是，只有 10 家企业资产收益率在 10% 以上。2013 年世界 500 强中销售利润率超过 20% 的企业盈利能力见表 1。

据分析，在销售利润率和资产收益率之间，更能真实反映企业盈利能力的是后者，原因在于，销售利润率反映的是销售 100 元商品，企业能赚多少利润，而资产收益率反映的则是投入和产出的关系，即企业投入 100 元资产，多长时间能够收回。如在 50 家最赚钱企业中排在第 4 位的中国工商银行，按照销售利润率，每百元可赚 28.7 元，而按照资产收益率每百元只可赚 1.37 元，按此速度需要 73 年才能收回投入的资产，可见资产收益率更能反映企业盈利能力。

为什么会出现销售利润率高，而资产收益率低的现象呢？这是因为，资产收益率＝销售利润率 × 资产周转率，例如：房利美的资产收益率＝66.8%×0.039 ＝ 2.61%，工商银行的资产收益率＝ 28.7%×0.049 ＝ 1.41%，俄罗斯天然气的资产收益率＝ 21.7%×0.403 ＝ 8.75%，思科公司的资产收益率＝ 20.5%×0.48 ＝ 9.84%。由以上数据可以看出，资产收益率的变化，受销售利润率和资产周转速度的影响十分明显，也就是说，销售利润率高、资产周转快，企业盈利能力就强。

表 1　2013 年世界 500 强中销售利润率超过 20% 的企业盈利能力　（单位：%）

企业名称	销售利润率	资产收益率	企业名称	销售利润率	资产收益率
沃达丰	142.3	46.30	高通	27.6	15.08
房利美	66.8	2.57	美国富国银行	24.8	1.40
房地美	59.9	2.47	中国银行	24.2	1.12
辉瑞制药	40.9	12.78	中国农业银行	23.4	1.02
安海斯 - 布希英博	33.3	10.15	瑞士罗氏	23.0	17.26
甲骨文	29.4	13.36	苹果	21.7	17.92
中国工商银行	28.7	1.37	俄罗斯天然气	21.7	8.75
微软	28.1	15.36	谷歌	21.3	11.62
达美航空	27.9	20.17	俄联邦储蓄银行	20.9	2.10
中国建设银行	27.8	1.37	思科公司	2.50	9.85

二、塑料机械行业的盈利能力分析

2006—2014 年塑机行业盈利指标见表 2。

表 2　2006—2014 年塑机行业盈利指标

（单位：%）

年份	销售利润率	资产周转率	资产收益率
2006	8.43	1.017	8.57
2007	8.71	1.003	8.74
2008	6.56	0.864	5.67
2009	7.01	0.823	5.77
2010	9.50	1.064	10.11
2011	9.58	0.999	9.57
2012	9.20	0.963	8.86
2013	8.98	0.952	8.55
2014 年 1—6 月	7.53		

由表 2 可以看出，塑料机械行业的盈利能力呈现以下特点：

（1）塑机行业 2010—2013 年的销售利润率在 9% 左右，在机械行业 140 多个小行业中排第 16 位，应该说，塑料机械行业的盈利能力是比较强的。

（2）2010 年塑料机械行业的资产收益率超过 10%，原因是当年塑料机械行业的销售利润率和资产周转率都达到了较高的水平。

（3）2006—2012 年，塑料机械行业的盈利能力呈波动状态且从 2011 年开始有逐年下降的趋势。

（4）2013 年塑料机械行业的销售利润率降至 8.98%，2014 年 1—6 月又降至 7.53%。

三、塑料机械行业盈利能力下降的主要原因

1. 期间费用上升幅度较大

2006—2012 年塑料机械行业成本及 4 种费用占销售收入的比重见表 3。

表 3　2006—2012 年塑料机械行业成本及 4 种费用占销售收入的比重

（单位：%）

年份	成本占比	销售费用占比	管理费用占比	财务费用占比	期间费用占销售收入比重
2006	81.72	4.43	4.85	0.79	10.07
2007	80.43	4.71	5.03	0.74	10.48
2008	80.93	5.13	7.22	0.87	13.22

（续）

年份	成本占比	销售费用占比	管理费用占比	财务费用占比	期间费用占销售收入比重
2009	81.62	4.27	6.55	0.82	11.64
2010	80.33	4.27	6.00	0.72	10.99
2011	79.31	5.25	6.25	0.84	12.34
2012	78.65	4.82	6.84	0.81	12.47

从表 3 可以看出，塑料机械行业的成本占比呈下降态势，而其他费用占比却在上升，升幅较大的是期间费用占比，其中上升明显的是管理费用和财务费用占比。

2. 资产周转速度减缓

2006—2012 年塑料机械行业资产周转期见表 4。

表 4　2006—2012 年塑料机械行业资产周转期

（单位：d）

年份	流动资产周转期	固定资产周转期	总资产周转期
2006	235	76	354
2007	237	70	359
2008	279	85	417
2009	295	93	437
2010	226	74	338
2011	234	77	360.5
2012	252	75	374

从表 4 可以看出，对塑料机械行业资产周转速度减缓影响较大的是流动资产周转期。

四、塑料机械行业如何提高盈利能力

从前面的分析中可以看到，销售利润率高、资产周转快，企业盈利能力就强。由于销售利润率＝利润/销售收入＝销售收入－成本/销售收入＝单价 × 销量－成本/销售收入，所以，要提高销售利润的方法：一是可以提高销售价格；二是要增加销售量；三是要降低成本。而在这 3 种方式中，如果销售利润率为 10%，销售价格提高 1%，利润提高 10%（1 ∶ 10 的增长）；销量提高 1%，利润提高 1%（1 ∶ 1 的增长）；成本降低 1%，利润提高 9%（1 ∶ 9 的增长）。

目前，塑料机械行业的销售利润是 9%，如果销售价格提高 1%，利润提高 10%（1 ∶ 10 的增长）；销量提高 1%，利润提高 1%（1 ∶ 1 的增长）；成本降低 1%，利润提高 10%（1 ∶ 10 的增长）。由此，可以看出，提高企业盈利能力的办法：

（1）掌握价格决策技术与方法，不断提高价格决策水平。

（2）实施成本领先战略，不断降低成本和费用。塑料机械行业的重点应放在降低管理费用和财务费用上。

（3）加快资金周转，重点是提高流动资产周转速度。在目前竞争激烈市场形势下，提高价格、降低成本和各种费用都比较困难，加快资金周转是提高塑料机械行业盈利能力的可行方法。

2013 年部分 500 强企业盈利能力见表 5。

表 5　2013 年部分 500 强企业盈利能力

（单位：%）

企 业 名 称	销售利润率	资产周转率	资产收益率
美国 TJX 公司	7.8	2.69	20.98
美国西夫韦公司	8.2	2.50	20.50
荷兰皇家阿霍德集团	7.7	2.08	16.02
荷兰利安德巴	8.8	1.61	14.17
耐克公司	9.6	1.47	14.11
家德宝	6.8	1.95	13.26

从表 5 可以看出，销售利润率低于 10% 的企业，由于资产周转率较高，其资产收益率都超过了 13%。塑料机械行业目前资产周转的问题主要出在流动资产和流动负债上。2006—2012 年塑料机械行业营业周期、现金周期见表 6。

表 6　2006—2012 塑料机械行业营业周期、现金周期

（单位：d）

年份	存货周转期	应收账款周转期	营业周期	现金周期
2006	105.5	81	186.5	
2007	108.0	77	185.0	90.0
2008	124.5	68	192.5	100.5
2009	107.0	76	183.0	8800

（续）

年份	存货周转期	应收账款周转期	营业周期	现金周期
2010	90.5	56	146.5	71.5
2011	98.0	55	153.0	85.5
2012	96.0	64	160.0	84.0

从表 2、表 3、表 4、表 6 中可以发现，2010 年塑料机械行业的资产收益率创出历史最好水平的真正原因，主要是资产周转率高。

塑料机械行业的营业周期和现金周期呈下降态势，是由于与机械行业或塑料机械行业所在的专用设备制造行业比，无论是存货周转期、应收账款周转期还是应付账款付款期都存在着明显的差距，如果与汽车等行业比，差距则更大。

2012 年机械工业部分行业 4 项周期指标见表 7。2010 年机械工业部分行业 4 项周期指标见表 8。

表 7　2012 年机械工业部分行业 4 项周期指标

（单位：d）

行业	存货周转期	应收账款周转期	营业周期	现金周期
机械工业	48	53	101	48
专用设备制造行业	67	66	133	74
塑料机械行业	96	64	160	84
汽车行业	37	37.5	74.5	12.5
汽车整车制造行业	32	25	57	-14
铸造行业	24	24	48	29
电气行业	44	71	115	64

表 8　2010 年机械工业部分行业 4 项周期指标

（单位：d）

行业	存货周转期	应收账款周转期	营业周期	现金周期
机械工业	50	50	100	44
专用设备制造行业	69	60.5	129.5	67
塑料机械行业	90.5	56	146.5	71.5
汽车行业	39	35	74	8
汽车整车制造行业	36	18	54	-18
铸造行业	28	31	59	32
电气行业	48	65	113	62

从表 8 可以看出，即使在塑料机械行业的营业周期和现金周期最短的 2010 年，与表 8 所列其他行业相比，仍存在着明显的差距。

从表 7 和表 8 可以看到，塑料机械行业的现金周期是机械行业平均水平的 1.63 ～ 1.75 倍，是汽车行业的 6.72 ～ 8.94 倍，也就是说，汽车行业用现金购买材料到售出产品收回现金只用 8 ～ 12.5d，而塑料机械行业需要 71.5 ～ 84d。正因为汽车行业的资金周转快，所以 2012 年汽车行业的销售利润是 8.43%（塑料机械行业 9.20%），而资产收益率却达到 10.69%（塑料机械行业 8.86%）。

所以，在当前市场竞争激烈，提高售价、降低成本和费用都比较困难的情况下，加快资金周转，特别是加快存货和应收账款周转，是提高塑料机械行业盈利能力的可行方案。

〔撰稿人：中国机电工业价格协会梅振新〕

2012—2014 年 6 月中国塑料机械行业上市公司主要经济指标

自 2014 年起，中国塑料机械工业协会根据上市公司公布的财务指标，对海天国际控股有限公司、震雄集团有限公司、大同机械企业有限公司、力劲科技集团有限公司、大连橡胶塑料机械股份有限公司、广东金明精机股份有限公司、大连三垒机器股份有限公司、陕西秦川机械发展股份有限公司和浙江金鹰股份有限公司等 9 家塑料机械行业上市公司的营业收入、利润总额和净利润等主要经济指标进行跟踪统计，并定期向业界发布。

本期发布的为2012年、2013年及2014年上半年的数据，其中海天国际控股有限公司、震雄集团有限公司、大同机械企业有限公司和力劲科技集团有限公司4家公司在香港上市，特此说明。

2012年，中国塑料机械行业9家上市公司的营业收入总和约155.98亿元，同比下降9.28%；利润总额约15亿元，同比下降26.41%；净利润总和约12.26亿元，同比下降24.99%。2012年中国塑料机械行业上市公司主要经济指标见表1。

2013年，中国塑料机械行业9家上市公司的营业收入总和168.5亿元，同比增长8.02%；利润总和18.49亿元，同比增长23.30%；净利润总和15.19亿元，同比增长22.84%。2013年中国塑料机械行业上市公司主要经济指标见表2。

2014年1～6月，中国塑料机械行业上市的9家公司的营业收入总额为89亿元，同比增长7.38%；利润总额为8.2亿元，同比减少0.20%；净利润总额为6.3亿元，同比减少3.61%。2014年1—6月中国塑料机械行业上市公司主要经济指标见表3。

表1 2012年中国塑料机械行业上市公司主要经济指标 （单位：万元）

序号	单位名称	营业收入		利润总额		净利润	
		金额	同比增长(%)	金额	同比增长(%)	金额	同比增长(%)
1	海天国际控股有限公司	633 564.2	-9.85	119 409.4	-10.77	98 602.6	-10.66
2	震雄集团有限公司	144 291.26	-3.19	9 745.31	-40.41	8 431.96	-34.91
3	大同机械企业有限公司（塑机占40%）	170 682.32	-12.88	-230.17	-105.72	-1 056.95	-137.78
4	力劲科技集团有限公司（塑机占35%）	205 949.51	-15.65	4 133.68	-79.65	2 681.48	-83.47
5	大连橡胶塑料机械股份有限公司	132 696.50	41.79	1 344.11	120.84	1 921	125.97
6	广东金明精机股份有限公司	26 308.28	0.04	6172	3.44	5 283.75	3.37
7	大连三垒机器股份有限公司	18 426.57	-23.06	6 890	-35.00	5 756.36	-34.63
8	陕西秦川机械发展股份有限公司（塑机占30%）	119 114.01	-25.85	1 659	-89.63	1 186.46	-91.08
9	浙江金鹰股份有限公司（塑机占25%）	108 788.66	-11.56	859.37	-72.81	841.41	-68.54
合计		1 559 821.3	-9.28	149 982.7	-26.41	123 648.07	-24.99

注：1. 数据来源于上市公司年报。

2.1港元=0.804 5元（2012年12月31日）。

表2 2013年中国塑料机械行业上市公司主要经济指标 （单位：万元）

序号	单位名称	营业收入		利润总额		净利润	
		金额	同比增长(%)	金额	同比增长(%)	金额	同比增长(%)
1	海天国际控股有限公司	720 065.3	13.65	147 553.8	23.57	120 623.6	22.33
2	震雄集团有限公司	144 315.5	0.02	8 280.6	-15.03	6 378.4	-24.35
3	大同机械企业有限公司（塑机占40%）	192 697.65	12.90	9 311.69	4145.57	9 616.86	1 009.87
4	力劲科技集团有限公司（塑机占35%）	207 419.1	0.71	6 641.8	60.68	5 472.1	104.07
5	大连橡胶塑料机械股份有限公司	121 781.00	-8.23	1 143.02	-14.96	1 106.68	-42.39
6	广东金明精机股份有限公司	27 608.40	4.94	6 588.48	6.75	5 508.01	4.24
7	大连三垒机器股份有限公司	16 290.50	-11.59	5 935.57	-13.85	4 954.64	-13.93
8	陕西秦川机械发展股份有限公司（塑机占30%）	128 538.00	7.91	-3 591.70	-316.50	-2 929.99	-346.95
9	浙江金鹰股份有限公司（塑机占25%）	126 272.00	16.07	3 069.13	257.14	1 153.42	37.08
合计		1 684 987.45	8.02	184 932.39	23.30	151 883.72	22.84

注：1. 数据来源于上市公司年报。

2.1港元=0.781 7元（2013年12月31日）。

表 3　2014 年 1—6 月中国塑料机械行业上市公司主要经济指标　（单位：万元）

序号	单位名称	营业收入		利润总额		净利润	
		金额	同比增长(%)	金额	同比增长(%)	金额	同比增长(%)
1	海天国际控股有限公司	381 060.8	5.25	71 477.5	1.64	57 518.1	1.23
2	震雄集团有限公司	68 436.66	-10.95	2 452.44	-61.14	1 494.56	-71.47
3	大同机械企业有限公司（塑料机械占 40%）	98 579.74	7.58	229.54	200.64	-205.59	65.82
4	力劲科技集团有限公司（塑料机械占 35%）	137 031.11	29.96	9 300.61	406.16	7 457.26	303.25
5	大连橡胶塑料机械股份有限公司	38 560.30	-30.30	-8 566.71	-890.35	-8 840.51	-1 024.28
6	广东金明精机股份有限公司	13 826.30	21.92	2 792.85	12.80	2 516.59	14.49
7	大连三垒机器股份有限公司	10 109.10	-0.17	3 957.91	0.33	3 307.41	-0.08
8	陕西秦川机械发展股份有限公司（塑机占 13%）	89 615.00	44.28	-1 078.30	-392.37	-1 506.06	-313.75
9	浙江金鹰股份有限公司（塑料机械占 25%）	51 351.70	-2.40	1 654.49	-4.27	1 047.97	-16.76
合计		888 570.71	7.38	82 220.33	-0.20	62 789.73	-3.61

注：1. 数据来源于上市公司年报。

2.1 港币 =0.800 9 元（2014 年 6 月 30 日）。

〔供稿单位：中国塑料机械工业协会〕

企 业 风 采

伊之密成功挂牌上市　彰显巨大公司潜力

——广东伊之密精密机械有限公司

2015 年 1 月 23 日 9 时 25 分，伴随着深圳证券交易所（“深交所”）上市宝钟清脆的敲击声，广东伊之密精密机械股份有限公司（“伊之密”，股票代码：300415）成功登陆深交所 A 股市场，成为首家在深交所创业板上市的模压成型装备制造企业。

“让中国装备技术与世界同步”，平实的企业宗旨一语道出了伊之密的发展目标。2002 年，怀着提高国内装备制造业水平的梦想，一群国内模压成型领域精英走到了一起，13 年来初衷不改，稳健经营，如今已经把伊之密打造成模压成型领域的领先品牌，中国最具潜力的模压成型装备制造企业之一，他们一起见证了公司发展的里程碑和新跨越。

一、提高模压成型装备制造业水平，替代进口

模压成型装备制造业是为我国国民经济各行业提供技术装备的战略性新兴产业，是各行业产业升级、结构调整、技术进步和持续发展的重要保障。我国正处于扩大内需、加快基础建设和产业转型升级的关键时期，对中高端模压成型装备有着巨大的市场需求。

如今，伊之密客户已遍及国内主要城市，

辐射50多个国家和地区，无论是国外的NPI company、MDC company、泰科电子、西门子，还是国内的一汽、东风、长城汽车、海信科龙、万和、雷士照明和顺威股份等一线生产厂家，在这些品牌的生产线上都能看到伊之密的产品。

我国高端模压成型装备与世界先进水平还存在一定差距，一些精密产品零部件生产主要依靠进口。伊之密IPO资金拟用于注射机和压铸机的生产基地和企业技术中心升级建设项目。生产基地项目及技术中心升级项目的实施，能够实现公司产品技术的全面升级，提高公司产品的附加值和核心竞争力，替代进口，增加中高端国产模压成型装备的市场占有率。

二、进一步优化产品结构，提高公司盈利能力

伊之密坚持稳健经营，即使在2008年金融危机影响全球，国内制造业整体受挫的情况下，伊之密依然实现逆势上扬，盈利能力不降反升，这在同行业中实属不易。2009年以来，公司收入持续增长，2011—2013年营业收入年复合增长率达16.59%。

本次上市募集资金投资项目生产的注射机和压铸机产品，是我国家用电器、汽车、包装、医疗器械、电子和航空航天等行业迫切需求的高端精密设备，能够替代部分进口产品，可为客户创造更大价值。诸多共性决定了两种产品协同发展，能为客户提供全方位模压成型装备服务。生产基地项目建成后，公司产品销量和收入将快速增长，巩固行业地位，为公司进一步优化产品结构，实现两大产品的协同发展奠定坚实基础。

三、扩大产能，满足市场需求，提高行业地位

本次募集的近3.3亿元资金将用于建设注射机和压铸机生产基地项目，提升产能，满足未来5～10年的发展需求。预计新增注射机产量2 300台/a、压铸机产量540台/a，有效地弥补了目前生产能力不足对市场开拓和销售增长所形成的制约，为进一步提高公司产品在国内外模压成型设备领域的市场占有率奠定产能基础。

除产能扩张外，伊之密将新增购置加工设备和检测设备来满足产品发展的需求，截至目前，伊之密设备累计投入超过1.6亿元，打造属于伊之密自己的精密制造平台。为了把产品做到精致，伊之密投资建设了恒温计量与检测中心对生产零部件的精度检测和加工设备进行校验。另外，公司还建立了恒温的精密加工车间，全面负责全电动机的精密零部件加工。未来，伊之密机器精密度及稳定性，将是公司最重要的竞争力之一。

四、深度技术开发和持续创新

技术创新是伊之密目前和未来最核心的竞争力。公司坚持技术领先，把握行业技术发展趋势，保证公司产品的持续竞争力。一直重视研发和技术创新，使得坚持在中高档产品中耕耘的伊之密迎来了产品消费升级的机遇。

伊之密将投入巨量资金用于主营业务的技术改造和对新产品的研发与培育，通过技术中心升级项目，进一步加强对市场急需的新产品、新工艺、新技术、新材料及新装备的前瞻性研究，为公司产品更新换代和形成新的利润增长点提供有力的技术支持。

公司募集资金拟投入技术中心升级项目，以满足公司发展需要、整合优势资源、增强公司创新能力，确保公司产品技术优势的持续性，保证公司可持续发展。

五、加速全球战略布局

对于全球市场，伊之密已经开始定位战略性市场，通过一系列的活动进行全球化布局，2011年收购原美国HPM公司全部知识产权后，于北美设立北美HPM公司，目前北美公司已有员工近20人，主要负责销售和研发，改变中国以往的出口模式，直接在当地建立自己的公司去了解当地市场，把握市场先机。2013年，伊之密在印度成立了分公司，主要以技术服务为主。2014年，一些新的战略市场的深度开发活动也在有序推进。目前，伊之密双品牌运作顺利，在主要新兴国家建立自己的生产基地和技术服务中心进程也在推进中。

六、多元化发展，吸纳高级人才

2014年初，伊之密耗资9 200多万元成功拍得位于顺德科技工业园A区的土地面积92 257m^2，目前伊之密已有顺德容桂总部、顺德五沙、苏州吴江土地使用权面积达30多万m^2。对新土地的使用，伊之密拟投资开发采用HPM先进技术的重型压铸机产品、精密注射机产品，以及模压成型装备周边配套的工业自动化设备。

随着公司募集资金的到位，公司经营规模将迅速扩大，公司的知名度将有效提升，市场影响力将进一步增强，有利于公司吸纳更多优秀的管理人才和高级技术人才，强化管理和技术队伍的建设，为公司的持续发展巩固基础。

伊之密在经历了IPO暂停审核发行、财务核查、全球金融危机等多重考验后，终于成功上市。伊之密将以本次发行新股及上市为契机，以公司发展战略为导向，通过募集资金投资项目的顺利实施，巩固和提升伊之密在模压成型装备领域的优势地位，促使公司持续、稳健、快速发展，不断提升公司价值，实现投资者利益最大化。

七、伊之密简介

伊之密成立于2002年，是专业从事模压成型专用机械设备设计、研发、生产、销售及服务的国家级高新技术企业。公司主要产品为注射机、压铸机和橡胶注射机，所在行业属于国家鼓励和扶持的先进装备制造业，产品广泛应用于家用电器、汽车、医疗器械、包装和3C产品等重要行业和领域。多年来，伊之密一直秉持“让中国装备技术与世界同步，为全球客户创造更佳的投资回报及客户体验”的宗旨，锐意创新，在具有丰富行业经验的领导团队的带领及全体员工的共同努力下快速成长为国内知名的机械装备制造企业，并随着公司全球化战略的展开逐渐显示出巨大的发展潜力。

〔供稿单位：广东伊之密精密机械股份有限公司〕

创新，塑就泰瑞辉煌

——泰瑞机器股份有限公司

一、公司发展概况

泰瑞机器股份有限公司（以下简称泰瑞机器）是塑料机械制造行业著名的塑料注射成型机制造商之一，拥有行业一流的注射机研发及制造基地，于2006年8月在国家级开发区——杭州经济技术开发区内投资建厂，如今占地面积已达53 000m^2，具有年产10 000台锁模力450～60 000kN注射机的能力。多年来，公司凭借产品品种齐全、个性化机型众多、质量优异和全球无时差服务的特点闻名于业界。在土耳其、巴西、澳大利亚、印度和意大利等国家和地区设立了办事处和代理商，产品远销世界近90个国家和地区。公司投资上亿元建设的浙江泰瑞重型机械有限公司(以下简称泰瑞重工)主要生产精密铸件及超大型注射机，现已逐渐成为德清县最具活力企业。泰瑞重工占地面积达73 000m^2。

泰瑞重工的建立，更是让泰瑞机器可以从产品生产最开始的铸件浇注到成品出厂的每一个环节进行合理的把控，做到质量保证、生产调配等多方面的自主控制。公司可以从泰瑞重工精密铸造开始，把公司的生产和质量管理理念覆盖注射机械主、零部件的整个产业链，再到泰瑞机器的现代化高科技装配调试，使泰瑞机器能够成为生产具有国内先进水平的大型精密铸件和生产智能化全闭环伺服驱动塑料成型设备的现代化综合企业。

随着塑料行业发展水平的不断提高，用户对注射机的自动化、精确度等要求也越来越高，对高端精密注射机零部件的加工要求也越来越高。为此，泰瑞机器从国外引进十多台具有世界先进水平的卧式加工中心、五面体和多工位加工中心、落地数控镗铣加工中心和其他加工设备，这些国外引进的加工设备自动化程度高、可加工零件复杂，使泰瑞机器生产加工能力达到国际领先水平。

以此为基础，泰瑞机器建成了一条现代化的加工运行体系，与浙江泰瑞重型机械有限公司投入的精密铸造设备同步运行，满足了泰瑞机器生产高端精密注射机的自主加工注射机关键精密零部件的需要，从而为泰瑞机器能够完成年产万台高品质注射机的目标提供质量和数量的保证。

泰瑞机器拥有高新技术企业、国家火炬高新技术企业、浙江省技术中心、浙江省出口名牌、浙江省著名商标、杭州市专利试点企业、杭州市技术创新型试点企业和杭州市“百佳”创新型外贸企业及塑料行业十佳注射机企业等多项荣誉。公司加强技术力量的培育，壮大自己的研发中心，强化新产品的研发力量。如今，泰瑞机器所生产的D系列伺服节能注射机已经成为市场热销的节能产品。

泰瑞机器始终以新技术、高精度为起点，以“打造泰瑞精品”为主线，通过引进、吸收国内外先进技术，运用标准化、规范化、精细化管理手段，采用ERP企业信息化管理系统和UG设计软件，形成了产品技术先进、生产制造快速、成本控制有效的优势。

二、节能环保，创造良好口碑

泰瑞机器股份有限公司主要以研发和生产高效节能注射机为主。泰瑞机器自成立以来，便大力倡导追求精密、专业、节能、高速、稳定和智能的宗旨，绿色节能更是公司一再强调和重视的地方。在生产过程中，公司通过有效的环境治理，来提高员工的节能低碳意识。在环境管理方面，公司严格遵照管理制度，以“发展环保产业，力创环保品牌”为公司的环境方针，特别是培训与环境密切相关的生产岗位的所有人员。围绕环境方针，公司开展一系列活动，识别重要环境因素，制定环境指标及方案，进行合理性评价。公司采用国家和浙江省公布的及其他公司提供的有效清洁生产工艺技术与装备改善管理方法，投入较多资金用于环境保护建设。泰瑞机器在研发超大型挤注成型系统关键技术上处于国内领先地位，在实现节能减排，绿色环保方面一直走全国前列。2013年，公司将废塑料复合材料回收处理成套设备及综合利用技术装备作为一项重大科技项目进行研发且成效显著。经过多年的努力，公司已经成为杭州市清洁生产的示范企业。公司研发的D系列伺服注射机已经通过国家节能检测中心的检测，能耗等级达到一级，比传统注射机节能25%～60%。

在内部管理和生产运营方面，公司通过采用节能产品，如多工位加工中心、节能伺服电动机、节能照明和智能供水等进行能耗控制，同时在使用新材料、新工艺上充分考虑节能降本因素。

三、技术创新，促进高效发展

泰瑞机器拥有一支高效敬业的技术研发团队，一批高学历、高职称的高级技术人员进行注射机相关技术研发。公司已经形成6大系列产品：梦想系列DT-I三板双缸注射机及其衍生的DT-PVC、DT-PET塑料管件系列专用机；DT-M三板单缸注射机及衍生的系列DT-M3c，DT-D清双色和DT-C混双色夹层注射机；DT-J三板双阶注射机，细分为J1和J2两种类型；DH-I两板双缸系列注射机；DH-J两板双阶注射机；DE全电动精密节能注射机。泰瑞机器于2013年从生产传统的TRX系列注射机开始生产智能化伺服节能D及DH系列注射机，实现整机上的节能要求。目前，公司除扩大二板注射机的生产规模外，更注重于全电动注射机的重点研发及制造，大力发掘其高效、节能、清洁、精密和快速的特点。多年来，泰瑞引进先进的制造技术和管理技术，并把技术引进重点放在消化吸收与发展创新上，从模仿为主的低层次引进方式逐步上升到掌握关键核心制造技术，形成自主研发创新能力的高层次消化吸收阶段。泰瑞多种机型（D250、D1800、TRX80/300M机）入选《浙江省第七批节能导向目录》，并被推荐进入国家《节能机电设备推荐目录》，TRX2800J管件注射机获中国产学研合作创新成果奖；DJ系列超大型挤注成型机获荣格技术创新奖，这些荣誉的获得，体现了社会各界对泰瑞机器的认可和肯定，也展示出泰瑞机器不断奋发图强、攀登品牌高峰的信心与气魄。

泰瑞机器经过多年的累积与沉淀，自主研发的数控技术已实现注射机的智能化、伺服节能控制等多项现代高科技成果，以最好的形式实现了“以信息化带动工业化，以工业化促进信息化”的时代发展要求。因为在企业信息化方面的出色表现，2013 年泰瑞机器荣获杭州市第十一批信息化应用示范企业。

四、科学管理，铸就坚实基础

为了适应现代化的生产节奏，泰瑞机器在科学管理上采取了以下措施：

（1）公司在企业管理和组织架构上进行合理调整，按照企业经营功能设立了技术中心、制造中心、营销中心、综合管理部、品控部和财务部等诸多部门，明确部门的岗位职责和权限，并拥有系统的绩效考核制度，以保证公司按照正规化、先进性、创新型的管理模式运作。公司新设立的积分奖励制度也初具成效，极大地调动了员工的工作积极性。

（2）在生产组织上，为实现标准化、规范化、精细化管理，公司采用 ERP 管理系统，覆盖技术、财务、营销、制造、配套、计划及仓储物流等多个部门。由电子表格单据转化成系统单据，便于记录保存、统计及查询；由手工做账转变为计算机做账，实现了生产需求分析以保证精确采购生产物料，降低了库存成本；采用管理系统安排生产，合理安排机台及人员作业，大大提高了机台与人员的效率，从而使产量逐年递增；应用管理系统对客户报价单进行统计分析，便于制造部门提前安排生产，缩短交货周期，成为营销利器之一。

（3）公司大力推行 6S 管理，提高产品质量，关注安全生产。通过 6S 管理的推进，员工的有序生产意识明显增强，生产现场环境极大改观，零部件堆放整齐，区域划分明确，消除了安全隐患，在提高管理水平的同时增强了企业的竞争力，为公司的飞速发展夯实了基础。

（4）重点加强人力资源的开发和培养。通过培养计划的实施和技能的应知应会测试，提高人才队伍的稳定性和知识的更新度；加强员工绩效考核，完善员工薪酬结构，提高员工的工作热情和积极性。并且通过长期的校企合作，每年招聘十多名重点大学本科优秀毕业生和研究生进入研发中心实习，车间操作工更是从大专及以上学历的院校中广泛招收，并对公司技术人员进行前期培养和人才储备。建立并逐步健全“师徒一对一”的手把手技能教授制度，对新引进人才和老员工都起到了一定的考核和指导作用。如今，泰瑞机器员工人数已接近 500 人。

（5）泰瑞机器将所运用的“OA 管理系统”衍生至手机客户端，保证了公司内部的行政管理。在 OA 中的工作流管理可以完成各个项目的申请、新闻公告的发布、公司员工的管理等多种工作，做到责任细分，办事有底，杜绝了事故产生后的归咎问题。手机 APP 的使用，更是方便公司可以随时随地的对工作进行合理化的安排，促进了“24 小时工作时效”的保证。

（6）在产品设计、制造中应用计算机辅助设计技术。在公司产品技术发展及公司对“造出好机器”的强烈愿望推动下，公司较早并长期使用 UG 三维设计软件进行设计，力求提高新产品的设计效率和产品的生产品质。2013 年，公司与浙江大学合作，开发运用 PDM 软件，进一步提升了产品设计管理水平。

五、战略创新，加强行业竞争

泰瑞机器秉承“为用户创造最大价值”的核心价值观，在不断的发展中，为社会、用户及供方创造价值，同时也为股东和全体员工创造价值。为适应市场经济发展需要，提升企业管理能力，增强企业市场竞争力，多年来公司一直进行技术储备，争取在后续的发展中走向更加广阔的市场，创造更大的影响力。在产品研发方面，泰瑞机器组织新产品制造技术改造，加快新产品特别是符合低碳经济、循环经济的节能型产品的开发。在销售网络建设方面，继续完善国内、国外销售渠道建设，在注射机需求的重点区域建立销售服务点，缩短与客户沟通、满足客户需求的距离，加快服务回应速度、提高服务质量；加大产品和企业宣传的投入，进一步增强泰瑞机器在市场的美誉度和知名度，通过微官网、微商场等新媒介的推广，让更多的客户认识了解并且认可选择泰瑞机器的产品；加大人才的引进力度，进行内部管理挖潜、新兴人才培养，树立良好的企业形象和品牌影响力。公司时刻做着全新的管理尝试，保持创新的发展思维，以一个崭新且跃进的面孔迎接大众，努力让企业成为塑机行业最一流的企业之一。

创新创造　永葆活力　持续发展

——浙江申达机器制造股份有限公司

浙江申达机器制造股份有限公司(简称申达机器)是国家火炬计划高新技术企业，拥有国家级博士后工作站、省级企业研究院。主要从事高端精密注射机的研发、设计、生产及销售，生产的大型注射机和伺服精密注射机在行业内居领先水平。公司生产锁模力 900 ～ 40 000kN、理论注射容积 100 ～ 215 000cm^3 的注射机，公司的 IT 专用机、汽配专用机、PVC 专用机、深桶专用机及检查井专用机在行业领先，并解决了相关领域的传统技术问题，多项产品项目被列为国家重点新产品项目，国家产业振新计划项目，国家火炬计划项目，多次承担并顺利完成了省级、市级重点科研项目。

2014 年，在国内外大环境不稳定的影响下，申达机器经历了不平凡的一年，也取得了一定的成就，主要从申达机器的管理创新和新产品开发上得到了体现。

(1) 管理创新。2014 年，申达机器的管理创新主要是省级制塑装备企业研究院的建设、国家级博士后工作站的开站以及高新企业的建设等。

自 2013 年申达机器制塑装备研究院被确认为省级企业研究院以来，已培养了 4 名高级工程师，搭建了一个紧密型产学研共同研发平台，促进技术创新，增强企业的技术创新能力。同时，申达机器实施人才强企战略，加快科技成果的转化，提升企业的综合竞争力。2014 年，申达机器的国家级博士后工作站进行了开题，主要研究方向是大型制塑装备精密节能高效液压系统的研发，要求紧盯国际行业发展趋势，利用最新的计算机辅助工程，分析液压系统的真实模型，进行建模及仿真分析；并将系统分解成回路，分析回路特点，建立回路的各个组成液压元件的仿真模型和适合于大型制塑装备液压系统分析的仿真模型；同时，对现有的液压阀块和液压管路进行仿真优化，基于仿真模型，对运动和受力情况进行分析，分析并解决液压系统运行中的抖动，爬行和控制精度等问题，以实现大型制塑装备的精密和超高节能目标。同时，进行关键技术前瞻性研究，致力降低产品资源占用和产品使用能耗，提升大型制塑装备液压系统的高效性、精密性等，促进产业升级。另外，2014 年申达机器还进行了高新技术企业的重新申报工作。

(2) 技术创新。申达机器在软实力和各种创新平台的建设方面取得初步成效。2014 年，公司先后开发制造了 MT 系列高效节能混双色塑料注射成型机、FJN 挤注塑料注射成型机，DSH 精密高速塑料注射成型机、HE 系列二板塑料注射成型机和 EH 系列油电混合动力塑料注射成型机等多个系列的产品。诸多系列均为性能卓越、水平一流的新一代注射机。

MT 系列高效节能混双色塑料注射成型机是浙江省重点科技创新团队项目的一个子项目，主要针对塑料产品绿色化和客户个性化的要求研制的一种高效节能、精密的双组份注塑系统及设备，应用于生产云彩混双色的两种塑件制品成型，并基于混双色注射成型要求，研究出两组注射射出流道的合流结构及复合式喷嘴的结构，这是着重解决双组份混合塑料制品生产过程中的精密计量及节能分析的关键性技术。高效节能混双色注塑系统及设备的研发是双组份注塑制品绿色化生产中的重要一环，借此可以开发面向绿色制造的双组份注射机实体产品，并进行设备节能及绿色制造技术的示范应用。目前已开发的产品有锁模力为 900 ～ 18 000kN 的全系列产品。

挤注塑料注射成型机是申达机器 2000 年开发的，主要生产 PE 管件，为行业首创并一直领先的机种。随着市场竞争的加剧，公司为适应市场需求，重新对挤注塑料注射成型机进行了研究开发，推出了二代挤注塑料注射成型机，定型为 FJN 系列。该系列在应用领域和性能上都有较大的提升，除生产传统的 PE 管件外，还可以用于生产托盘，检查进出口、垃圾桶等，大大拓展了机器的应用范围。而且 FJN 系列挤注机从低压注射提升为高压注射，取消了原来的转换阀芯，改换了设计理念，使产品更可靠，同时配合单缸注射，大大增加了注射的稳定性和注射精度。目前开发的产品是锁模力为 5 000 ～ 40 000kN，理论注射容积 7 300 ～ 215 000cm^3 的全系列产品。

DSH 系列精密高速塑料注射成型机是申达机器转型升级以来的一个全新的系列产品，已开发出锁模力为 1 300kN、1 600kN、2 200kN、2 800kN 和 3 500kN 的产品，主要分 TW、TC 和标配型三大系列，适用于生产 PC 料和其他工程塑料材料的手机外壳，I-PAD 外壳和各类 3C 产品的塑料零部件，也可制作快餐盒等薄壁制品。在设计方面采用了多个特色创新设计，如推力座的移动采用精密线性导轨，使射胶导向更精准、阻力小、射胶瞬间加速快；全系列采用双缸整进，可有效提升射胶稳定性，从而消除对机身强度的依赖；采用数字化模拟设计和有限元分析，全新设计了新一代高刚性锁模机构设计，确保在高速、高压射出成型过程中，模板的变形量最小，从而保证制品尺寸精度，T 型槽和螺孔混合配置，换模方便；为配合高速高压注射，设计了电驱动自动锁紧装置进行调模控制，同时采纳了优化设计的高强度机身。目前，多个规格的产品已远销国内外市场，效益良好。

HE 系列二板塑料注射成型机是公司扩展开发的产品。公司具有 30 多年全液压注射机的开发经验，10 年前即开发锁模力为 900kN、4 800kN 等不同规格的二板式塑料注射成型机，有良好的二板机开发经验，有良好的技术储备。随着二板机市场需求的旺盛，2014 年公司加快了二板机系列的开发，新开发产品主要特点：移动模板稳定的运动和动态特性，能够快速移模，达到缩短循环周期，降低生产成本；由于各锁模油缸相互连通，消除了拉杆的偏载，使拉杆受力均匀，避免了拉杆断裂的问题；而且模板自适应能力强，并可根据模具平面自动调整，由模具不平行或模板不对称引起的成型缺陷可以避免，使制品缺陷减少，提升了制品的稳定性和可靠性。二板塑料注射成型机适用范围广，同时具有较长的锁模行程，适应模具的范围通过调模装置得到进一步扩展，能够很好地满足深腔制品的生产。申达机器的二板塑料成型机与常规注射机相比，由于锁模部件的重量明显减轻，液压系统设计合理，在减少钢材消耗的同时，提高了锁模精度，能量消耗减少，减少了在移模过程中的动力，并且使废品率大大降低，还能有效地降低噪声。简单的液压管路结构和伺服驱动系统具有较低的噪声水平，为操作者提供了友好的工作环境。随着对塑料制品的需求增加和对节能、环保的迫切要求，公司开发的新型全液压二板注射机将成为下一代注射机的典型代表。

申达机器 EH 系列油电混合动力塑料注射成型机的开发，借鉴和发展了欧洲注射机油电混合动力技术。公司推出的电液混合注射机，结合国外注射机的特点，为适应国内行业特点开发而成，主要优点：①注射部件采用全电动机控制方式，控制精密、响应速度快，大功率同步伺服电动机驱动，功率强劲；②采用低惯量注射机构，启动加速快；③高速注射，注射速度≥ 400mm/s；④采用高精度滚珠丝杠和直接背压式压力传感器，传动精度高；⑤移模采用自适应闭环实时控制，精度达到 ±0.2mm；⑥可与连杆、全液压等多种合模机构组合，当与全液压合模机构组合时，合模精度高于全电动机；⑦适用于生产各类3C产品，各类精密医疗、光学仪器，各类薄壁、微结构塑料制品等；可满足薄壁、大流长比制品和高精密产品生产需求；多种注射机构组合搭配，适合不同制品。

申达机器在努力进行技术创新的同时，也注重知识产权的保护，公司已获授权专利110多项，发明专利6项，并实行了落后技术的淘汰机制。

在社会各界的关注和帮助下，公司稳健发展，高端产品将在申达机器持续涌现，公司将为把企业办成一个百年企业而努力。

迈向国际化 技术引领行业进步

——张家港市贝尔机械有限公司

在全球经济一体化的环境下，各行各业的市场竞争呈白热化的趋势，我国的企业尤其是民营企业，都应该清楚地认识到所处的位置和环境，采取应对措施，否则就会停滞不前，或者退步，甚至有的小企业将无法经营下去。

张家港市贝尔机械有限公司是一家具有自主进出口经营权的江苏省省级高新技术企业、省著名商标、省级塑机产品出口基地企业，是中国塑料机械工业协会常务理事单位，成立于1998年，是集研发、生产与销售塑料机械于一体的科技型企业，坐落于交通便利的江苏省张家港市国家级经济技术开发区，是张家港市塑料机械行业的龙头企业，位居中国塑料机械制造业前五强。公司占地面积71 928m^2，拥有现代化科研楼及标准化车间60 000m^2，现有员工300多人，大中专以上学历人员占职工总人数的50%以上。十多年来，公司以创新为主导，坚持“质为本、诚为信、创双赢”的经营理念，紧随世界塑机创新的时代潮流，不断自主创新和技术升级，在行业内率先通过ISO9001国际质量体系认证和多项产品国际CE认证。公司产品以挤出、清洗、回收类生产线为主，技术达到国际先进技术水平，主要性能指标超越国际先进技术水平，生产线销售到世界各地，在全球拥有300多家知名客户，受到海内外客户的广泛认可和高度评价，产品大部分出口亚洲、大洋洲、非洲、欧洲、南美洲、北美洲等地区。据海关部门及商务局统计，自2006年起，公司在张家港市同行业内，连续8年产品出口销售额第一名。

一、坚持科技创新发展企业，跟紧、超越国际塑机行业发展步伐

公司建有江苏省省级废塑料工程技术研究中心、博士后工作站、研究生工作站和企业技术研发中心等研发平台，公司以这些研发平台为载体，不断从海内外引进高科技人才，强化技术创新，建立并有效地运行内部管理体系，从新产品开发、新工艺应用到策划、计划、实施、评估已形成良性循环，把技术创新与管理创新作为公司的发展方针。通过几年的努力，申请国家专利50项，其中发明专利20项，实用新型专利30项，授权专利26项，先后有8种产品获江苏省高新技术产品称号，2006年、2009年、2012年被省科技厅认定为高新技术企业，承担过多项国家级、省级、市级科技计划。

公司尤其注重人才的引进和培养，现有大专以上科技人员100余名，涵盖了塑料加工与成型、机械制造、电气自动化等相关专业，研发团队总监、公司副总裁马建忠同志为中国塑料机械工业协会专家委员会委员，曾在德国企业工作十多年，4年前加盟公司后带领技术研发中心在借鉴德国技术的基础上进行技术创新、升级改造，使产品具有“能耗低、产量高、主要元器件寿命长”等优点，受到海内外客户的一致好评。2014年，公司又从俄罗斯等国家引进行业内资深技术专家，对废塑料清洗回收领域的设备进行研制开发，目前项目进展迅速并取得阶段性成果。在研发经费投入方面，公司每年投入销售净利润的5%作为培训基金，对技术、生产、营销等岗位的工作人员进行科学化培训。集团始终坚持创新为主导，贯彻实行“质为本、诚为信、创双赢”的发展方针，注重科技创新，与国内高校北京化工大学、南京航空航天大学、上海交通大学和江苏科技大学等院校以及国内外权威机构、研究所保持长期的科研合作关系，每年投入不低于销售额的6%作为科研经费，用于新产品的开发和老产品的技术升级，至今已形成集团成熟的产品系列，具备提供一体化成套设备和承接“交钥匙”工程的能力。

二、生产各环节层层把关，为优质产品提供强有力的保障

公司推行6S现代化、科学化管理，从原材料的采购、加工、焊接、装配和调试等工艺流程层层把关，确保“零失误”。公司建有完备的加工、检测、试验中心，产品生产分工明确，具有科学性、合理化的特点。近年来，公司先后从国内外引进了多台先进的加工设备，生产设备和装备水平有了很大的提高，现有数控加工中心12套，数控机床50余台，车、铣、刨、磨、镗、钻、剪板、弯板和焊接等设备一应俱全，可满足塑料机械所有零件的加工生产要求。另外，公司还拥有一系列质量检验设备和检验流程，每台（套）产品在出厂之前都严格按照ISO9001国际质量管理体系的要求和相关行业、企业标准的要求进行试机和各类测试，确保产品“零故障”。

三、产品节能优势明显，性价比突出

近年来，公司研发了多款、多种关于塑料清洗、回收、挤出等类型的设备及生产线。例如，开发的“废塑料清洗回收生产装备”项目获批了国家级“火炬计划项目”，“高效节能单螺杆挤出生产装备”项目通过中国塑料机械工业协会、江苏省经信委及行业内专家的联合鉴定，产品达到国际先进技术水平，不仅在高效、高速上创造了行业记录，还具有节电、节能、延长主要元器件寿命的优点。

四、人性化售后服务，让客户无后顾之忧

公司建有完善的售后服务体系，设有专门的售后服务部门，配置专业的技术售后服务人员20多名，其专业售后服务及管理人员队伍有着超过10年的塑料机械类产品的售后服务与技术经验，所有售后服务人员都经过专业技术培训后才能上岗，实践经验丰富，已经全面采用计算机信息化管理，并通过自主研发的信息管理系统对客户信息、维修信息、市场信息进行全面跟踪、管理，能及时迅速地为客户提供良好的售后服务。

公司一向秉承“想客户之所想、急客户之所急”的精神，同客户进行真诚愉快的合作，服务到位、信誉优良，对于贝尔人来说，在保证售后服务质量的同时，为客户全力缩短售后处理时间，是公司一直非常重视的问题。

五、科学化管理，公司跨上新台阶

多年来，张家港市贝尔机械公司董事长在认真总结实践经验的基础上，运用现代化企业管理理念，创建了拥有自身特色的管理模式。公司坚持以人为本的理念，通过建立和谐的劳动、人文、利益关系，使全体员工的收入和待遇在行业中名列前茅，各类创新型人才不断涌现，创新思想、成果层出不穷。有效的成本控制，使公司在每一次激烈的市场竞争中都能立于不败之地。与时俱进和创业创新强化了公司的战略，加快了塑料机械产品的进一步转型升级，增强了公司参与国际市场竞争的能力。

目前，中国塑料机械行业正面临严峻的挑战和机遇，作为中国塑料机械行业的骨干企业，张家港贝尔机械有限公司正在新的起点上坚持科技创新、坚持引进海内外专业技术及管理人才，为推动企业进一步转型升级，实现又快又好发展打下坚实的基础，同时，为加快振兴我国塑料机械工业贡献一份力量。

〔撰稿人：浙江申达机器制造股份有限公司 傅勇敏、周巨栋〕

绿色伺服驱动技术助推海达塑机发展

——宁波市海达塑料机械有限公司

宁波市海达塑料机械有限公司是专业制造HDX、HDJL、HDJS系列全自动塑料注射成型机的生产厂家，中国塑料机械工业协会副会长单位，宁波塑料机械协会副会长单位，在行业内享有较高的知名度。近年来，宁波市海达塑料机械有限公司陆续获得国家高新技术企业、中国驰名商标、浙江省著名商标、浙江省名牌产品、浙江省知名商号和浙江省安全生产标准化达标企业等国家、省级荣誉。公司于2000年获批自营进出口权，目前已在世界十几个国家和地区办理了商标注册。宁波市海达塑料机械有限公司自2001年以来，已通过ISO 9001质量认证、ISO 14001认证、OHSAS18001认证和CE认证，获得宁波市绿色环保模范工厂、区劳动关系和谐企业、区文明企业和2009年镇海区区长质量奖。

宁波市海达塑料机械有限公司创建于1992年，目前占地面积20余万m^2，总资产5亿元，员工450人，其中具有中高级职称的技术骨干超过30%，常年聘请行业知名专家和教授担任技术顾问和管理顾问，并与国内著名学府联合创办了研究中心。自成立以来，宁波市海达塑料机械有限公司一直本着稳健、创新、务实求发展的企业宗旨，不断为客户提供品质卓越、制造精良的塑机产品，通过与客户长期紧密合作共赢，谋求更高的发展和更好的进步。

自成立以来，宁波市海达塑料机械有限公司在总部已投入资金2亿多元，征用土地99 900 m^2，新建厂房5万多m^2。2011年为应对行业竞争和公司持续发展的需要，公司在江苏泗阳投资建厂，一期投资8 000多万元，已新建厂房46 000 m^2，及时解决资源要素制约，逐步实行产业梯度转移，为宁波市海达塑料机械有限公司后续发展构建了新的发展平台。宁波市海达塑料机械有限公司自行设计开发的50～3 300t（48～40 000g）HDX、HDJL、HDJS三大系列100余种规格型号的注射机投入市场后以稳定的品质深受广大用户的认可和信赖。目前，公司年生产能力达到5 000余台，已在国内外建立了50多家营销网点，销售业绩稳步提升。

公司重点推出全新的绿色伺服驱动技术，主要运用在DY系列油电复合精密注射机和HDL系列高效节能伺服注射机。

一、DY系列油电复合精密注射机

油电复合精密注射机是精密成型注射机的典型机种，特点是注射机的预塑、注射不用传统的液压油作为传动媒介，而是采用伺服电动机带动同步带的传动方式，预塑背压通过安装轴承座后部的压力测量仪实现闭环控制。其主要优点是能使注射机螺杆计量更为精确，注射速度大幅提高，确保稳定的高精密制品成形工艺，使预塑和开合模联动，确保整机节能的同时实现产能高效。

海达油电复合精密注射机秉承海达人追求卓越的企业精神，突出注射成型的精密、高效的核心特质，完美融合国际先进设计制造理念，全球视野的关键部件制造采购，全面提升整机的综合性能，力求为用户提供更加经济可靠的精密注射成形解决方案。

（1）注射单元。模块化设计使同一合模单元可选配更多注射组件，实现注射压力、速度等多种组合满足用户需求。通过对塑化、注射同步旋转机构及主机控制程序优化，满足精密注射成形对注射、保压、背压的严苛要求。

（2）合模单元。高刚性设计大幅提高机器和模具的使用寿命，优化后全面提升合模机构性能，增强模板刚度，降低关节应力，确保合模运动高效稳定。

（3）动力传动单元。注射响应速度大幅提升，成形领域更加广泛，伺服电动机与伺服驱动匹配更趋合理优化，使整机效率明显提升，节能效果突出。

（4）机架、钣金单元。机架加强整体结构、焊接后振动处理、安装面铣削，大幅降低机架变形；钣金外观全新设计制造，外形更加美观。

二、HDL 系列高效节能伺服注射机

海达 HDL 系列高效节能伺服注射机是在海达 HDX 系列注射机基础上，为满足客户的更高要求而推出的新系列机型。该系列机型拥有更加先进的设计理念，更加可靠的硬件配置，更加合理的性能价格比，必将成为中高端液压机用户的理想选择。

海达 HDL 系列注射机根据环境要求并利用现代科技手段，实现注射机在能源技术、动力技术、热力学技术、材料技术、控制技术、成型加工技术、生态环保技术、清洁技术和网络技术等诸方面从较低层次向较高层次的阶跃式发展，减少能源和不可再生自然资源的消耗，构建清洁化、人性化、科学化、合理化和可持续化的新常态下满足“现在需求”和“潜在需求”注塑工程。

海达 HDL 系列注射机能耗优于《塑料注射成型机能耗检测和等级评定的规范》I 级能耗等级规定的标准，符合《橡胶塑料注射成型机安全要求》。

海达 HDL 系列注射机的特点：

（1）提高注射参数。标准螺杆注射压力 180MPa，长径比不低于 22，以适应节约资源薄壁化成型需求。高压螺杆注射压力≥ 220MPa，长径比 25，以适应 PP 薄壁包装容器的加工。

（2）优化塑化螺杆结构参数。改进混炼结构，提高螺杆低温匀质熔融塑化性能；减少塑化对机筒加热量的需求，提高能量利用率；提高螺杆剪切热被原料塑化的吸收率，降低高分子材料塑化过程中 VOC 的排放，实现清洁塑化。提高回料/废料的直接回收塑化、注塑能力，提高塑料资源的利用率。

（3）提高塑化参数。增大标准配备的螺杆直径达到有效提高塑化能力，提高生产率。开发多种形式的低能耗的混炼结构，以适应多极化用户多元化成型的需要。

（4）更新合模能力的传统设计理念，适应新常态的成型理念。总体刚度提高 10%，达到提升机械传动效率 15%，较大幅度降低锁模能耗。

（5）优化肘杆机构参数，提高部件运行的动态响应性能，提升移模行程 10%。

（6）提高拉杆刚度及改进结构，提升成型的弹性变形性能。

（7）提高模板及拉杆的抗变形能力，提升保护模具的性能。

（8）改进调模传动机构及结构，提高模板平行度的稳定性，提高制品成型合格率；减小制品溢出废边，降低能耗。

菲仕产品在全电动注射机行业的应用

——宁波菲仕运动控制技术有限公司

全电动注射机具有加工精度高、性能稳定、效率高、节能、节水、洁净、低噪声 和生产智能化等特点，其相对于传统油压注射机在生产薄壁、高精密的产品方面具有无可取代的优势。随着对高精密塑料产品需求较旺盛的汽车、电子、信息产业的发展，全电动注射机市场正在急剧扩大。由于全电动注射机兴起不久，目前，在国内市场上销售的全电动注射机还以欧洲和日本的品牌为主，国内几乎所有大的注射机生产厂家都觊觎于全电动注射机的巨大的市场潜力，在积极的进军全电动注射机市场。但是，目前仅有少数厂家具备研发和生产全电动注射机的能力，其在技术上和性能上也都以欧洲和日本全电动注射机为参考。

交流伺服电动机具有大转矩、高精度、转矩平稳等特点，是全电动注射机动力执行机构的关键零部件。宁波菲仕运动控制技术有限公司从

2010年开始致力于开发全电动注射机的动力系统，与欧洲知名系统开发商合作，开发的动力系统在2011成功应用在全电动注射机行业。

宁波菲仕运动控制技术有限公司生产的应用于全电动注塑系统的伺服电动机是一种先进的高性能、高精度、高可靠性的交流永磁伺服电动机，功率0.05～200kW，转矩0.3～7 000N·m，可以满足全电动注射机系统的所有动力需求。

宁波菲仕运动控制技术有限公司生产的AxN系列驱动器具有以下功能：内置PLC，编程符合IEC61131-3标准，脱离上位机直接运行，节约成本；可实现电子凸轮、电动机参数自适应等多种功能；灵活便捷的功能添加能力，并有多种运动模式选择；拥有EtherCAT、CANopen和串口R232/R485四种通信模式；丰富的IO接口，可实现对开关信号和模拟量信号的接收、处理和发送；拥有辅助编码器功能，可以将电动机转子的位置信息以增量编码器脉冲模式发送给上位机，也可接收上位机或第三方以增量脉冲形式或以数字量EnDATA协议通信输入的位置信息。这些功能可以满足全电动注射机对驱动器的功能要求。AxN系列按照额定输出电流分为4A、6A、9A、20A、35A、70A、90A、110A等类型。

宁波菲仕运动控制技术有限公司与欧洲知名系统开发商合作，联合推出了全电动注射机控制方案，采用电脑通过4根EtherCAT通信线与4台菲仕驱动器连接，驱动器驱动电动机完成注射、锁模、熔胶和顶针动作。电脑系统向驱动器输出速度指令，驱动器向上位机反馈电动机速度、位置及电动机和驱动器的状态及安全性信息，4个轴的位置控制精度可达±0.001mm，速度控制精度±0.1mm/s，压力控制精度≤0.1MPa。

宁波菲仕运动控制技术有限公司根据市场和客户需求，将推出共直流母线、共散热安装背板、加装储能制动单元和增加掉电电动机锁定功能的驱动系统，使全电动注射机驱动系统更加节能、更加安全、更容易安装，同时也大大降低了驱动系统的成本。

宁波菲仕运动控制技术有限公司将根据客户的需求，采用先进技术研发新的动力系统，进一步提高全电动注射机的精度和注射速度。

〔撰稿人：宁波菲仕运动控制技术有限公司 夏风〕

浅析现代制造与塑料工业的结合与发展

——上海金纬机械制造有限公司

一、名词解析

1. 物联网

物联网是新一代信息技术的重要组成部分，也是“信息化”时代的重要发展阶段，其英文名称：“Internet of things（IoT）”。顾名思义，物联网就是物物相连的互联网，这有两层意思：其一，物联网的核心和基础仍然是互联网，是在互联网基础上的延伸和扩展的网络；其二，其用户端延伸和扩展到了任何物品与物品之间，进行信息交换和通信，也就是物物相息。物联网通过智能感知、识别技术与普适计算等通信感知技术，广泛应用于网络的融合中，也因此被称为继计算机、互联网之后世界信息产业发展的第三次浪潮。物联网是互联网的应用拓展，与其说物联网是网络，不如说物联网是业务和应用。因此，应用创新是物联网发展的核心，以用户体验为核心的创新2.0是物联网发展的灵魂。

2. 工业4.0

“工业4.0”是德国联邦教研部与联邦经济技术部在2013年汉诺威工业博览会上提出的概念。它描绘了制造业的未来愿景，提出继蒸汽机的应用、规模化生产和电子信息技术等三次工业革命后，人类将迎来以信息物理融合系统(CPS)为基础，以生产高度数字化、网络化、机器自组织为标志的第四次工业革命。“工业4.0”概念在欧洲乃至全球工业业务领域都引起了极大的关注和认同。

西门子作为德国最具代表性的工业企业以及全球工业业务领域的创新先驱，也是“工业 4.0”概念的积极推动者和实践者。

3. 中国制造 2025

“中国制造 2025”提出了我国制造强国建设三个十年的“三步走”战略，是第一个十年的行动纲领。“中国制造 2025”应对新一轮科技革命和产业变革，立足我国转变经济发展方式实际需要，围绕创新驱动、智能转型、强化基础、绿色发展、人才为本等关键环节，以及先进制造、高端装备等重点领域，提出了加快制造业转型升级、提升增效的重大战略任务和重大政策举措，力争到 2025 年从制造大国迈入制造强国行列。

4. 互联网 +

“互联网 +”是创新 2.0 下的互联网发展新形态、新业态，是知识社会创新 2.0 推动下的互联网形态演进。“互联网 +”代表一种新的经济形态，即充分发挥互联网在生产要素配置中的优化和集成作用，将互联网的创新成果深度融合于经济社会各领域之中，提升实体经济的创新力和生产力，形成更广泛的以互联网为基础设施和实现工具的经济发展新形态。“互联网 +”行动计划将重点促进以云计算、物联网、大数据为代表的新一代信息技术与现代制造业、生产性服务业等的融合创新，发展壮大新兴业态，打造新的产业增长点，为大众创业、万众创新提供环境，为产业智能化提供支撑，增强新的经济发展动力，促进国民经济提质增效升级。

从以上概念中，我们不难看出，物联网及互联网＋均是以与客户共同创新、共同研发为核心驱动，网络化信息资源整合为手段的产业升级与进化。

而工业 4.0 的目的也是为了满足客户终端的个性化需求，通过人工智能、数字化、网络化、把个性化的订单整合进行生产的过程，同时实现了产品的智能化。

中国制造 2025 的基础也在于融合自动化与网络化，加速制造的转型与升级、提升增效。

二、案例解析

新的产业升级方式多种多样，不一而足，增强客户体验，扩展新的应用是其宗旨，这里我们结合自身的一些升级案例和客户案例做一介绍，希望能够给读者一些有益的启示。

上海金纬机械制造有限公司下属平模头制造商 —— 上海杰伟机械制造有限公司基于物联网和互联网 + 技术，提升产品品质和用户体验，逐步迈向工业化 4.0。

上海杰伟机械制造有限公司，是上海金纬机械制造有限公司旗下专业设计、制造各类板片膜平模头的专业公司。上海杰伟机械制造有限公司制造的平模头见图 1。上海杰伟机械制造有限公司在传统经营模式下遇到的问题：

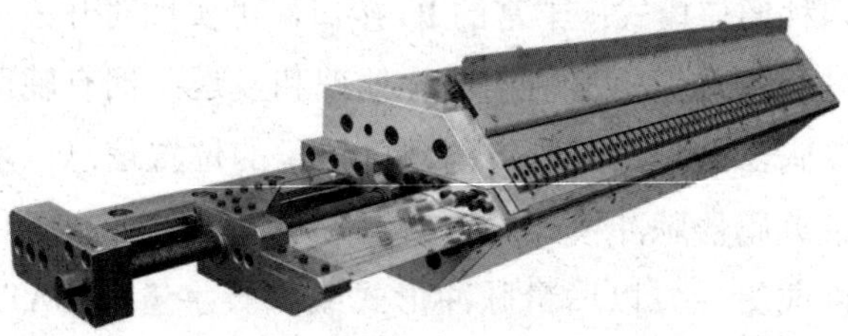

图 1　上海杰伟机械制造的平模头

（1）对于特殊模具的加工与制造，客户对产品的某个细节有着极高的要求，在加工到关键工序时，会亲临现场查验监督，客户的实际采购成本增加。

（2）模具合同金额不大，而客户为了赶制产品，更新设备，对交货期要求较高。机械加工中有时会遇到一些因为材质问题、加工问题的返工，造成延期交货。传统的沟通模式，营销人员可能不能够及时把模具加工中遇到的问题，可能造成的延误及时告知客户，客户在最终得知交货期延误时，有可能已经难以回旋，造成客户的损失。

（3）模具作为订制品，一些新的设计、结构和客户原有的模具不一致，因为没有详尽的说明和培训，客户未能发挥模具的最大效能。

工业 4.0 下的产品集成了信息存储、传感、无线通信功能，有以下特点：

（1）产品是信息载体。产品在整个完整的供应链和生命周期中都一直带有自身信息。

（2）产品是一个 agent。产品会影响其所在环境。

（3）产品具有自监测功能。产品会对其自身状态和环境进行监测。

智能工厂示意图见图 2。

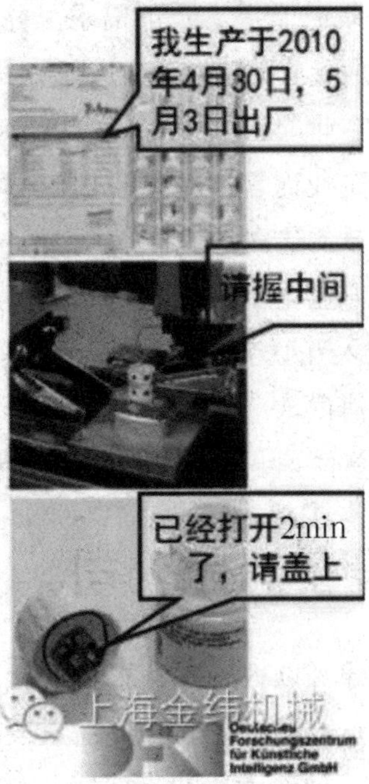

图 2　智能工厂示意图

解决方案：

在基于完整的 ERP（企业资源管理）系统支持下，基于物联网的交互和识别功能，可以解决如上的一些问题：

（1）在零部件加工的关键步骤和工序，提醒工厂以及相关客户，利用远程网络将相关视频资料实时传送给客户，让客户无需到现场，即可了解并指导相关工序的处理情况。

（2）在每个关键的时间节点完成后，如关键步骤加工，零部件配装，将相关步骤实时告知客户，让客户及时了解加工进度，避免不必要的损失。

（3）在设备完成交付后，客户可以通过专用账户，访问自己所定产品完备的说明书，相关技术资料。

利用这样的模式，上海杰伟机械制造有限公司的客户可以更好地了解自己订购产品的加工情况，降低访问成本及相关风险。

客户案例：上海金纬机械制造有限公司基于物联网以及互联网 + 技术，完善挤出设备远程监控系统，自诊断系统，产品品质管控系统和产品信息录入系统。其应用如下：

（1）机械设备的远程监控诊断系统早在多年前已经实现，设备维护工程师可以利用远程监控诊断系统对远在千里之外的设备故障进行监控、分析和处理。远程监控诊断系统见图 3。

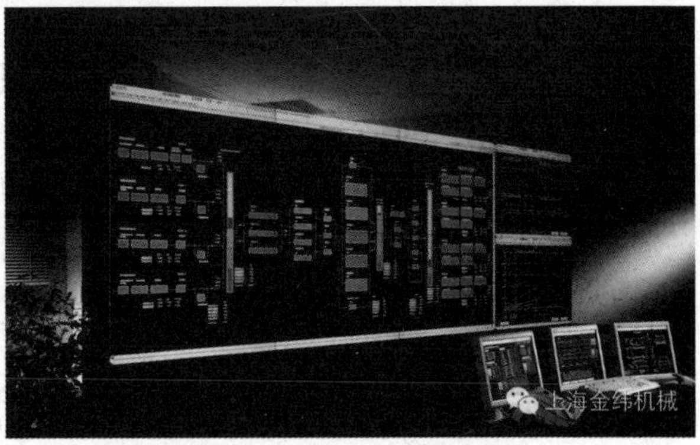

图 3　远程监控诊断系统

（2）对于规模较大、在不同区域有分工厂的塑料加工企业，企业设备部、生产部的高层负责人，也可以利用此系统监控各分厂的实际生产情况。及时发现生产中不合理的设备参数设置，避免生产出可能存在缺陷的产品。塑料加工企业监控分厂生产情况示意图见图 4。

图 4　塑料加工企业监控分厂生产情况示意图

（3）随着原材料价格的波动、企业用工成本的增加，塑料加工企业也陆续使用 ERP 系统，对于企业的人财物进行合理的规划与管理，塑料加工设备的自动化、信息化整合（包括自动配混、自动供料系统、管材自动变径系统、片材自动厚度调整系统），有助于企业更合理的安排生产订单，减少人工，减少单位原料的能耗，提升生产效率，降低成本。

（4）近年来，塑料加工企业的下游客户对于塑料制品的品质要求越来越严格，在部分领域已经建立了产品品质可追溯系统。利用物联网的RFID（射频识别）技术，终端用户可以充分了解产品的相关信息，包括制造日期、使用物料、加工设备型号和检测报告等。在挤出领域，高品质的膜片、高要求的燃气管也陆续有客户提出了相关的要求。利用相关的在线检测设备（在线测厚、在线测径）完成产品品质管控的同时，将收集到的信息直接录入产品品质追溯系统，伴随产品出厂，终生可查询。同时，终端客户也可以根据自身的需要定制自己需要的产品，实现客户对产品个性化的需求。

三、机遇和挑战并存

未来工业的发展，最大的亮点来源于客户自发的创新，传统的以产品供应商推动的产品升级与更新将越来越难适应市场的需求，难以跟得上市场的变化。这就要求企业在最大程度上建立与客户的链接，及时掌握客户的需求，并针对客户的需求及时完成相应的研发和生产任务。在这方面，无论对于大企业，还是中小企业，机会都是均等的。

对于大企业而言，完善的ERP体系，即企业资源管理体系的建立是基石；对于中小企业而言，尤其要做到专业化、把产品的质量作为第一要素，才有可能融入互联互通的时代，而不是昙花一现后，迅速的消亡。

〔供稿单位：上海金纬机械制造有限公司〕

佛山巴顿菲尔辛辛那提塑料设备有限公司

佛山巴顿菲尔辛辛那提塑料设备有限公司是挤出技术的全球领导者巴顿菲尔辛辛那提集团公司的一员。联合巴顿菲尔辛辛那提挤出技术奥地利有限公司、巴顿菲尔辛辛那提挤出技术德国有限公司以及巴顿菲尔辛辛那提挤出技术美国有限公司，共同组成全球最大的管材、型材、薄膜和片材挤出生产设备供应商。

“巴顿菲尔－辛辛那提”品牌荟萃了其来自欧洲的最先进技术、最专业知识和两个品牌来自挤出行业长达120年的经验积累。由于得到用户广泛认同，巴顿菲尔辛辛那提成为业界公认杰出的挤出机械供应商之一。

佛山巴顿菲尔辛辛那提塑料设备有限公司生产基地位于广东顺德，占地面积17 800m^2，雇员约160人。佛山巴顿菲尔辛辛那提塑料设备有限公司传承欧洲的先进技术和生产理念，在中国制造和组装高性价比的挤出设备并提供优质的服务，为国内外客户提供领先的挤出解决方案并带给他们决定性的竞争优势和技术优势。

公司倡导“以人为本、求实创新”的生产管理理念，充分尊重人的价值，注重发挥每个员工的自主精神、创造潜质和责任感；在企业内部形成一种强烈的价值认同感和巨大凝聚力，激发员工的积极性，进而形成企业创新的动力和创新型管理方式。以科学管理为手段，通过使用ERP管理系统，在实施全面质量管理的基础上，采用新技术、新工艺，不断降低成本，提高生产效率，以最快的速度，最佳的质量生产出令客户满意的产品来满足不断增长的市场要求。

佛山巴顿菲尔辛辛那提的主营业务包括：塑料管材挤出生产线，如用于生产燃气管道、饮用水管、排污管、电讯、卫浴以及灌溉用管道；塑料型材挤出生产线，用于生产窗型材、建筑型材、技术型材如密封条、装饰条、线槽等；PVC造粒生产线；模具和下游设备。

〔供稿单位：佛山巴顿菲尔辛辛那提塑料设备有限公司〕

创新引领发展

——宁波海太工贸有限公司

宁波海太工贸有限公司(以下简称海太公司)前身是宁波海太塑料机械有限公司，成立于1995年，历年来先后获得“国家高新技术企业”“中国产品出口先进技术企业”“宁波市百家重点企业”等荣誉。企业总占地面积15万m^2，公司总部位于宁波市百丈东路延伸段海太工业园。海太公司拥有大型精密加工设备和各类高档数控加工设备以及全套精密仪器与理化设施，行业中率先通过ISO9001-2008国际质量管理体系认证和首家通过省级计量认证，早期实现了ERP、PDM、CAM等企业信息化工程。

海太公司创立了宁波首家企业（海太）工程研究院，现拥有（市级）企业工程技术中心、聚合物新型成型装备国家工程研究中心宁波分中心、塑性成型模拟及模具技术国家重点实验室宁波分中心和海太博士后工作站、已与十余家名校所建立长期科研合作，承担了多项国家火炬计划项目、国家级新产品开发项目与重大技术攻关项目，申请了30多项国家专利技术。早在2003年已研制出国内首台通过专家鉴定具有国际先进水平的HTD80型伺服全电动高速精密注射机。海太公司以强大的技术力量与华中科技大学合作研发具有当今世界领先水平的智能化注射机产品。

“海太机械”曾获省知名商号，“海太”商标曾获中国驰名商标和浙江省著名商标，推出HTL系列和HTW系列合模力为68～3 000t注射机，刚性强、性能优、响应快、节能、耐用，产品通过欧盟CE认证。海太产品以优异的服务和品质获得国内外顾客的好评，境外顾客遍布30余个国家和地区。

2011年海太资产重组，现隶属浙江天星集团旗下子公司，自重组以来，公司业绩连续三年翻番增长，以崭新的面貌立足于塑机行业。

海太始终把技术创新作为企业发展的核心，近年来新产品的研发投入不断加大，取得了丰硕的成果。传统注射机是高耗能产品，随着节能降耗意识的增强，用户的注射机节能降耗的要求越来越高。作为变量泵节能的升级换代方案，海太设计开发了伺服节能注射机，该机优良的节能效果带来的生产费用的降低，完全可以抵消伺服节能注射机设备费用的增加，节能效果已经得到市场认可。

海太设计开发的HTL系列伺服节能注射机，采用永磁同步伺服电动机驱动内啮合齿轮泵，根据不同动作的速度要求，自动调节伺服电动机的转速来改变液压油的流量，通过油泵出油口附件的压力传感器检测系统压力，采用PID算法进行压力闭环控制，将液压系统中的溢流能耗降至最低，极大地提高了能量利用效率，降低了单位产

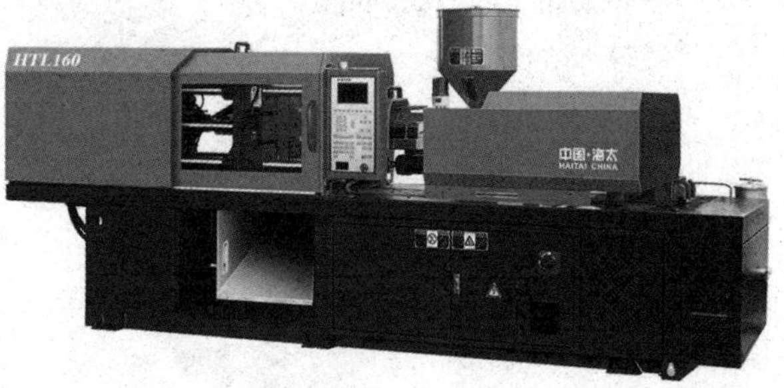

HTL160伺服节能注射机，采用永磁同步伺服电动机驱动内啮合齿轮泵

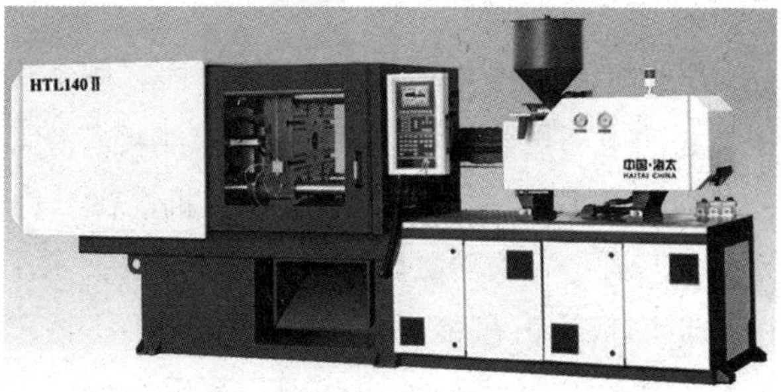

HTL140II伺服节能注射机，采用永磁同步伺服电动机驱动内啮合齿轮泵

海太开发的HTX系列伺服驱动比例溢流稳压注射机，在永磁同步伺服电动机驱动内啮合齿轮泵方案基础上，增加比例溢流阀调节系统压力，提高了液压系统的压力稳定性，解决了伺服节能注

射机“短射”问题，拓展了伺服驱动注射机的产品适用性。该机采用 PID 算法进行伺服电动机调整速度，与比例溢流阀配合进行压力闭环控制，在压力稳定状态下伺服电动机转速控制在 100r/min，消除了液压系统瞬间的压力冲击，减少了伺服电动机不必要的速度调整，提高了液压系统的响应速度，有助于提高生产效率。

HTX250 伺服驱动比例溢流稳压注射机，在永磁同步伺服电动机驱动内啮合齿轮泵方案的基础上，增加比例溢流阀调节系统压力

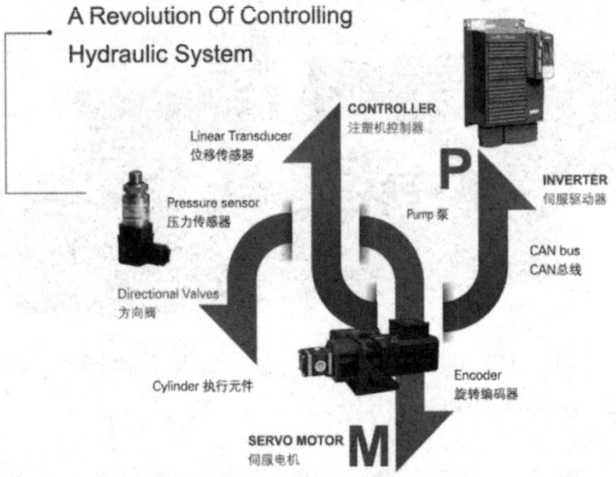

注射机的能耗主要来源有两个方面，驱动液压油泵的电动机能耗和料筒加热保温能耗。海太公司研制的 HTU 系列节能高效注射机，在 HTX 系列的基础上，采用磁熔加热、玻纤保温技术，进一步降低注射机能耗，提高节能效果。该机在料筒表面安装高频感应线圈，利用交变电流通过高频感应线圈时产生交变磁场，交变磁场在金属料筒中心部位直接产生热能，升高塑料原料的温度，以利于塑料融化。通过控制交变电流的频率，使料筒中心部位温度率先达到设定温度，料筒表面温度相对较低，改变了以往电阻丝加热由外向内热传递的加热方式，减小了热能损失。玻璃纤维隔热圈装在料筒与高频感应线圈之间，阻止料筒热量散失，使高频感应线圈工作在常温环境下，延长高频感应线圈使用寿命。

HTD 系列二板直压锁模注射机是海太公司近年来研发的又一个亮点，该系列注射机开模行程接近传统注射机的两倍，容模量和顶出行程均有提高，能适应更广范围的模具，尤其适合深型腔类塑料制品生产。

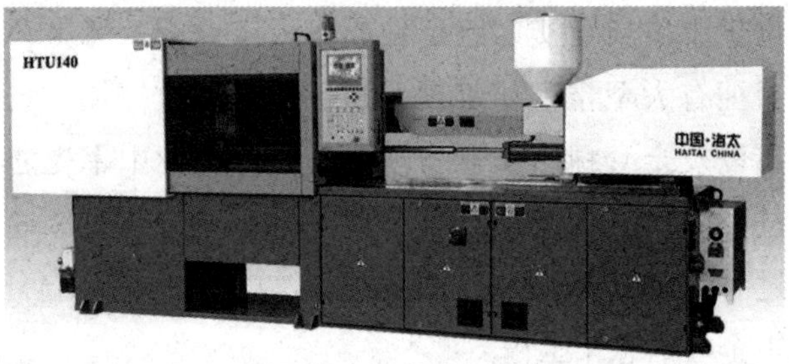

HTU140 节能高效注射机，在 HTX 系列基础上，采用磁熔加热、玻纤保温技术

HTD 系列二板直压式注射机摒弃机绞式机械锁模结构，采用高压油缸液压锁模机构，通过对称移模油缸实现快速开合模及低压模保动作，利用抱闸机构实现动模板与拉杆的固定与分离，固定模板中的四个大面积活塞在高压油的作用下带动拉杆产生恒定的锁模力，四个高压锁模油缸通过管路连接，高压锁模时四个油缸压力相等，拉杆受力大小一致，对固定模板和动模板之间的平行度误差和模具平行度误差有一定程度的自适应能力，可以实现零间隙合模，消除了偏载引起的塑料熔体溢模或胀模产生的尺寸误差，减少试模时间，确保产品注塑成型的稳定性和重复精度。

HTD 系列二板直压式注射机动模板采用滚柱线性导轨支撑，以圆柱滚子与导轨的线接触代替钢珠的点接触，承载能力大幅度提高，保证了动模板移动平稳，导向精准。由伺服阀驱动的移模油缸推动运动阻力极小的动模板，位置控制准确，便于快速完成抱闸动作；移模油缸压力小，利于实现低压模保，延长模具寿命，降低模具维护成本。

和常规三板机相比，HTD系列二板直压式注射机占地面积减小20%，整机重量减少约四分之一，能耗降低60%以上，具有较高的性价比。

海太凭借先进的技术、可靠的产品质量、优质的售后服务赢得越来越多的中外顾客的信赖，年销售量处于国内同行领先地位。以“铭求质量，竭诚服务”的质量方针为指引，海太公司将在大型机、集团化的发展进程中昂首阔步。

〔供稿单位：宁波海太工贸有限公司〕

自主创新、追求卓越、我行我素、稳步发展

——广东佳明机器有限公司

广东佳明机器有限公司(简称佳明公司)成立于1998年1月14日，注册类型为有限责任公司，注册资本1 300万元，是一家集球墨铸造、机械加工、注射机设计研发、装配、调试、销售和售后服务为一体的专业注射机生产厂家，是注射机行业前五强企业。

一、打破常规、跨界发展

广东佳明机器有限公司现有固定资产4亿多元，厂房占地约15万m^2，211 788 m^2的挖掘机生产基地投建完成并生产，目前22t的中型挖掘机已经试产成功，挖掘机生产基地投产后年产值将超40亿。公司现有员工600余人，其技术人员120余人，大中专以上学历人员占员工总数的42.2%；公司建立有多条柔性加工生产线和大、中、小型注射机流水装配生产线，年产大中小型注射机合计3 000多台，年产值超4亿元。

公司具有强大的产品开发能力，建有三水区注射机械研发中心，拥有一支精干的设计开发队伍，全方位应用CAD/CAE/CAM等软件进行开发设计，已成功研制出注射机方面的多项国家专利产品，目前开发的产品有8个系列，29个机型，最小机型锁模力60t，最大机型锁模力达3 888t。

公司已建立形成完善的质保体系、环保体系和管理体系，公司分别通过了ISO9001国际质量管理体系认证、ISO14001环境管理体系认证、ISO12001国际计量标准体系认证、欧盟产品安全体系认证、国家注射机产品质量认证，是广东省民营科技企业、广东省名牌企业、广东省重合同守信用企业、广东装配企业100强企业、国际采标企业、佛山市雄鹰企业、广东省重合同守信用企业、广东省诚信示范企业、国家高新技术企业、注射机标准编制企业、全国注射机优秀节能企业。“佳明牌”注射机分别获得了全国注射机质量过硬放心品牌，最佳节能注射机产品品牌。

二、求新求变、低调发展

佳明公司在发挥本土优势的基础上走改革创新之路，不断地提高产品质量和技术水平，与国际品牌抗衡，获取市场份额，争取生存发展空间。

公司通过独特的人力资源管理网络吸纳了海内外一些著名的设计专家，如日本的油路设计专家、前苏联注射机械设计专家、欧洲的电子注射机电气设计专家，取长补短，通过他们的加入引进先进的设计理念和设计技术，学习中消化，消化中改革，改革中创新，同时注射机的外观设计结合中国人的审美观点，实行人性化美学设计。

佳明公司变频注射机在业内首先普及生产，伺服注射机系统第一个全部普及生产，如今，又

全面迈向了“油电混动注射机”的普及步伐。

三、管理创新、低调发展

佳明公司的管理不同于一般国有企业的程序化，也不同于外资企业的规范化、紧迫化，更不同于同行业部分公司和企业的高压化，经过多年的摸索和完善，佳明已经走出了一条适合佳明企业文化特色的管理之道，它是一种模糊性、自由性、人性兼备的管理模式；架构模糊化、职能模糊化、制度模糊化、监管模糊化，看似什么都模糊，实则一个职能部门，几重监管监督，大家互相牵制，互相责任，互相监督，同时也是互得利益，利责相关是其最大的特色；职能部门的人在模糊的制度下看似非常的自由，自由发挥，自我管理，但自我负责，不管理成为自我的自查管理。因此在佳明这样一个大型集团式企业内部，极尽了“精兵简政”的案例，充分体现了生产、品保、销售等的有机放权之功能。

在管理方面，引入欧美人性化自由模式的同时，渗入了自律的元素，充分展示了管理人员自觉、自愿、尽力、尽心的工作风格，牵一发而动全身，工作反应快，改进周期短，应变市场的速度永远领先一步，这也是佳明能够快速发展的一个重要原因之一。

如今，广东佳明机器有限公司正以自己一种独特的发展模式，在创新中求新求变，在自我改革中，进行品牌建设和升华，通过多元互补的实业经济建设，走脚踏实地之路来打造跨国实业。

〔供稿单位：广东佳明机器有限公司〕

进入工业和信息化部推荐目录的项目、2014年塑料机械行业获“中国机械工业科学技术奖”项目及2013—2014塑料机械领域实用新型专利

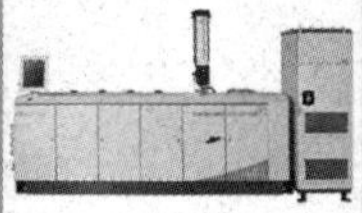

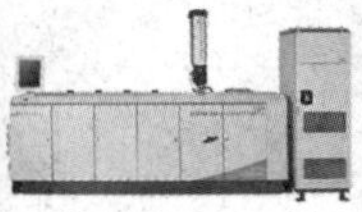

产品与项目

工业和信息化部节能机电设备（产品）推荐目录

（第四批，塑料机械部分）

序号	设备名称	型号	主要技术参数	适用范围	执行标准	推荐理由
4-1	二板式塑料注射成型机	JU 系列	锁模力：12 000 ～ 40 000kN 能耗值：0.35 ～ 0.38(kW · h)/kg	汽车、电子电器、轻工、航空航天、医药等领域	《塑料注射成型机能耗检测和等级评定的规范》标准指标：注射机能耗等级 1 级 ≤ 0.4(kW · h)/kg	效率达到标准 1 级指标，节能效果明显
4-2	全电动注射成型机	55Ge 105Ge 155Ge 205Ge	锁模力：550 ～ 2 050kN 能耗值：0.19 ～ 0.25(kW · h)/kg			
4-3	变量泵塑料注射成型机	F2V 系列	锁模力：900 ～ 3 800kN 能耗值：0.36 ～ 0.50(kW · h)/kg		《塑料注射成型机能耗检测和等级评定的规范》标准指标：注射机能耗等级 1 级 ≤ 0.4(kW · h)/kg 注射机能耗等级 2 级 ≤ 0.55(kW · h)/kg	效率达到标准 2 级指标，节能效果明显
4-4	伺服节能塑料注射成型机	JM1000-SVP/2 ～ JM2200-SVP/2	能耗值：0.31 ～ 0.39(kW · h)/kg 锁模力：10 000 ～ 22 000kN			效率达到标准 1 级指标，节能效果明显
		Se 系列	锁模力：900 ～ 28 000kN 能耗值：0.21 ～ 0.36(kW · h)/kg		《塑料注射成型机能耗检测和等级评定的规范》 标准指标： 注射机能耗等级 1 级 ≤ 0.4(kW · h)/kg	效率达到标准 1 级指标，节能效果明显
		ST-Se 系列	锁模力：18 000 ～ 31 500kN 能耗值：0.35(kW · h)/kg			
		UN60SM-UN2200SM	锁模力：600 ～ 2 200kN 能耗值：0.20 ～ 0.37(kW · h)/kg			
		UN60SM2-UN2200SM2	锁模力：600 ～ 2 200kN 能耗值：0.23 ～ 0.36(kW · h)/kg			
		HN100SV ～ HN850SV 系列	锁模力：100 ～ 850kN 能耗值：0.27 ～ 0.33(kW · h)/kg			
		PT 系列	锁模力：800 ～ 1 300kN 能耗值：0.24 ～ 0.34(kW · h)/kg			
		D 系列	锁模力：1 170 ～ 18 843kN 能耗值：0.24 ～ 0.39(kW · h)/kg			
		HDJS 系列	锁模力：500 ～ 25 000kN 能耗值：0.26 ～ 0.37(kW · h)/kg			
		GEK/S 系列	锁模力：600 ～ 22 000kN 能耗值：0.27 ～ 0.38(kW · h)/kg			
		PLj 系列	锁模力：860 ～ 1 000kN 能耗值：0.19 ～ 0.32(kW · h)/kg			
		HXF88J5	锁模力：880kN 能耗值：0.36(kW · h)/kg			
		HXM 系列	锁模力：650 ～ 8 800kN 能耗值：0.25 ～ 0.37(kW · h)/kg			

序号	设备名称	型号	主要技术参数	适用范围	执行标准	推荐理由
4-4	伺服节能塑料注射成型机	PD60-KX ～ PD2888-KX 系列	锁模力：600 ～ 28 880kN 能耗值：0.25 ～ 0.38(kW · h)/kg	汽车、电子电器、轻工、航空航天、医药等领域	《塑料注射成型机能耗检测和等级评定的规范》 标准指标： 注射机能耗等级 1 级 ≤ 0.4(kW · h)/kg	效率达到标准 1 级指标，节能效果明显
		BLEK 系列	锁模力：1 005 ～ 8 197kN 能耗值：0.30 ～ 0.39(kW · h)/kg			
		M6-S 系列	能耗值：0.29 ～ 0.38(kW · h)/kg 锁模力：880 ～ 10 800kN 理论注射容积：129 ～ 6 132cm^3			
		M8-S 系列	能耗值：0.27 ～ 0.38(kW · h)/kg 锁模力：880 ～ 10 800kN 理论注射容积：129 ～ 6 132cm^3			
		HJ 系列	能耗值：0.27 ～ 0.38(kW · h)/kg 锁模力：1 063 ～ 5 793kN 理论注射容积： 123×10^3 ～ $2\,327\times10^3mm^3$			
		TWX/JS 系列	能耗值：0.28 ～ 0.37(kW · h)/kg 锁模力：807 ～ 5 081kN 理论注射容积： 95×10^3 ～ $2\,213\times10^3mm^3$			

工业和信息化部节能机电设备（产品）推荐目录

（第五批，塑料机械部分）

序号	设备名称	型号	主要技术参数	执行标准	申报单位
8.1 注射机					
1	伺服节能塑料注射成型机	BS80- Ⅲ、BS120- Ⅲ、BS150- Ⅲ、BS200- Ⅲ、BS260- Ⅲ、BS320- Ⅲ、BS400- Ⅲ、BS500- Ⅲ、BS560- Ⅲ、BS650- Ⅲ、BS800- Ⅲ、BS1000- Ⅲ、BS1300- Ⅲ、BS1600- Ⅲ、BS1800- Ⅲ	锁模力：600 ～ 18 000kN 理论注射容积：68 ～ 12 370cm^3 注射压力：118 ～ 235MPa 实测能效值： 额定锁模力 (kN)　实测能效值 ((kW · h)/kg) ≤ 1 000　≤ 0.54 ＞ 1 000 ～ 10 000　≤ 0.34 ～ 0.40 ＞ 10 000　≤ 0.4	标准名称：GB/T30200-2013《橡胶塑料注射成型机能耗检测方法》 标准指标： 额定锁模力 (kN)　实测能效值 ((kW · h)/kg) ≤ 1 000　≤ 0.7 ＞ 1 000 ～ 10 000　≤ 0.55 ＞ 10 000　≤ 0.4	博创机械股份有限公司
2	二板式塑料注塑成型机	BU600、BU800、BU1000、BU1500、BU1800、BU2200、BU2500、BU2800	锁模力：600 ～ 18 000kN 理论注射容积：2 262 ～ 24 864cm^3 注射压力：130 ～ 184MPa 实测能效值： 额定锁模力 (kN)　实测能效值 ((kW · h)/kg) ≤ 1 000　0.40 ＞ 1 000 ～ 10 000　0.40	标准名称：GB/T30200-2013《橡胶塑料注射成型机能耗检测方法》 标准指标： 额定锁模力 (kN)　实测能效值 ((kW · h)/kg) ≤ 1 000　≤ 0.7 ＞ 1 000 ～ 10 000　≤ 0.55	博创机械股份有限公司

（续）

序号	设备名称	型号	主要技术参数	执行标准	申报单位
3	伺服节能注射机	HXF J5 系列	锁模力 580 ～ 10 000kN 理论注射容积：66 ～ 14 476cm^3 注射压力：115 ～ 228MPa 实测能效值： 额定锁模力 (kN) 实测能效值 ((kW・h)/kg) ≤ 1 000 ≤ 0.39 ＞ 1 000 ～ 10 000 ≤ 0.26 ～ 0.36	标准名称：GB/T30200-2013《橡胶塑料注射成型机能耗检测方法》 标准指标： 额定锁模力 (kN) 实测能效值 ((kW・h)/kg) ≤ 1000 ≤ 0.7 ＞ 1000 ～ 10000 ≤ 0.55	宁波海星机械制造有限公司
4	伺服节能高效精密注射机	SE-90、SE-130、SE-160、SE-220、SE-280、SE330、SE380、SE480、SE580、SE680、SE780、SE1000、SE1250、SE1500、SE1800、SE2200、SE2800	锁模力：900 ～ 36 000kN 理论注射容积：160 ～ 50 270cm^3 注射压力：≥ 180MPa 实测能效值： 额定锁模力 (kN) 实测能效值 ((kW・h)/kg) ≤ 1 000 ≤ 0.29 ＞ 1 000 ～ 10 000 ≤ 0.32 ～ 0.36 ＞ 10 000 ≤ 0.34 ～ 0.38	标准名称：GB/T30200-2013《橡胶塑料注射成型机能耗检测方法》 标准指标： 额定锁模力 (kN) 实测能效值 ((kW・h)/kg) ≤ 1 000 ≤ 0.7 ＞ 1 000 ～ 10 000 ≤ 0.55 ＞ 10 000 ≤ 0.4	浙江申达机器制造股份有限公司
8.2 挤出机					
1	单螺杆挤出生产设备	BRD60-38	BRD60-38 产量：400 ～ 450kg/h 挤出速度：25m/min 挤出压力：10 ～ 40MPa 塑化效果：95% 实测能效值： 名义比功率 0.20 (kW・h)/kg	标准名称：JB/T8061-1996《单螺杆塑料挤出机》 标准指标： 名义比功率≤ 0.25(kW・h)/kg	张家港市贝尔机械有限公司

〔供稿单位：中国塑料机械工业协会〕

2014 年塑料机械行业获“中国机械工业科学技术奖”情况

2014 年 9 月 25 日，中国机械工业科学技术奖励工作办公室发布消息，公布了 2014 年度中国机械工业科学技术奖评审结果。据统计，此次共评选出建议奖励项目 373 项，其中，特等奖 4 项、一等奖 30 项、二等奖 146 项、三等奖 193 项。塑料机械行业在 2014 年“中国机械工业科学技术奖”评审中共有 8 个项目获奖，另有一项标准获二等奖。2014 年度中国机械工业科学技术奖获奖情况 (塑料机械行业) 见表 1。

表 1　2014 年度中国机械工业科学技术奖获奖情况（塑料机械行业）

项目编号	项 目 名 称	完 成 单 位	完成人	获奖情况
1406038	BE 全电动系列塑料注射成型机	博创机械股份有限公司	饶启琛、梁观林、叶廷璧、朱燕志	二等奖
1406047	XY-4S2800A/XYD-F4S2800 橡胶输送带压延生产线	大连橡胶塑料机械股份有限公司	张兆清、李元凯、王 永、李红静、吴俊功、陶丽梅、章虹滨、陈玉海、石繁章、李晓宇	二等奖
1406074	高分子材料双轴拉伸取向增强成套技术及装备	山东通佳机械有限公司、北京化工大学	杨卫民、张建群、李 勇、焦志伟、谢鹏程、沙 燕、汤修锋、阎 华、张山华、丁玉梅	二等奖
1413046	《镁合金冷室压铸机（GB/T 25716-2010）》	深圳领威科技有限公司、济南铸造锻压机械研究所有限公司、广东伊之密精密机械股份有限公司、宁波东方压铸机床有限公司	刘相尚、卢军、李业军、陈忠芳	二等奖
1406044	TDB 系列高效低能耗复合流道中空成型机生产线	苏州同大机械有限公司、江苏科技大学	邱建成、张礼华、徐文良、费蓝冰、方海峰	三等奖
1406046	三层共挤超宽幅外涂布型 PO 农用薄膜吹塑成套装备	广东金明精机股份有限公司	李浩、关文强、陈昭楷、何二君、陈新辉	三等奖
1406048	BL2880EK 高节能伺服控制超大型外曲式合模成型设备	宁波双马机械工业有限公司	汉斯•沃泊 (hans wobbe)、刘玉鹏、邓俊钧、胡宝全、王海燕	三等奖
1406082	多层共挤管材挤出成型装备的关键技术研发与应用	德科摩橡塑科技（东莞）有限公司	何秉廉、余志峰、李晨曦	三等奖
1406085	Ge 系列全电动注射机关键技术研发与应用	东华机械有限公司	李向东、蔡国强	三等奖

获奖项目介绍：

一、BE 全电动系列塑料注射成型机

1. 项目介绍

近年来，随着新型合成材料的涌现和高精度注塑件使用范围的扩大，以及绿色环保意识的日益增强，人们对注射机的要求越来越高，各类紧密型、节能型、环保型注射机不断涌现，产业结构正在迅速转变，精密成型渐成为注塑加工市场的主流。在精密注射领域，全电动注射机以其优异的性能受到市场广泛的关注。

在日本和欧美市场，全电动注射机技术已经大规模使用。在国内近几年新推出的项目中，该机型也已经得到认可，成为塑机企业开发的重点。目前国内有少数几家塑机企业推出了自己研制的全电动注射机，但关键的功能部件如高精度滚珠丝杠、高性能的伺服电动机以及驱动和控制系统等均依靠进口。为打破目前国内的全电动注射机市场被日本企业垄断的局面，博创机械股份有限公司投入大量的人力物力财力并与高校合作，成功研发出全电动系列塑料注射成型机。BE 全电动塑料注射成型机见图 1。

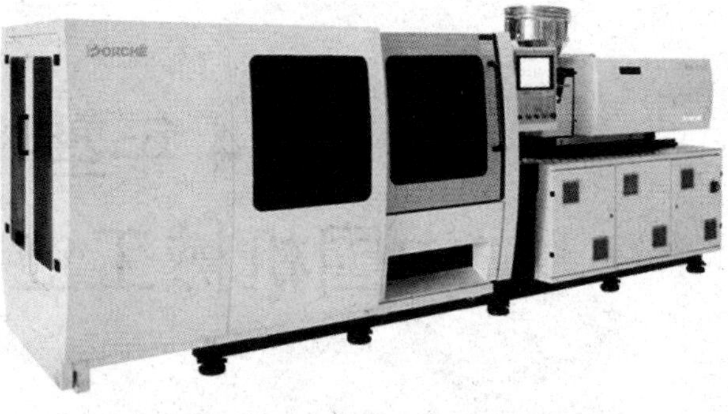

图 1　BE 全电动塑料注射成型机

2. 产品介绍

该项目研发的产品包括 BE30、BE60、BE90、BE120、BE150、BE200、BE260、BE320、BE400 共 9 种机型的全电动塑料注塑成型机。该系列产品规格齐全，注射量（以 PS 原料为标准）从 24g（螺杆 D18mm）到 1 528g（螺杆 D60mm），共 14 种标准螺杆规格可供选型。

该系列的全电动注射机，其机械部分的动力，配置射出、熔胶计量、顶出及合模机构，为4套AC伺服电动机和驱动装置；而用于模厚调整（调模）和喷嘴接触（射移）的动力则是采用了齿轮变速刹车电动机和变频器驱动。射胶部分采用高精度滚珠丝杠进行动力传递，同时结合高精度、高稳定性、高响应的力传感器，实现了对射胶溶胶的高精度控制，获取准确的射胶推力，精确地控制射胶工艺参数，满足薄壁塑件日益增长的对精密控制的精度要求；熔胶和计量则采用伺服电动机配合同步带传动机构完成，同时采用高寿命的精密滚珠丝杠传动机构在注射过程中发挥关键的驱动作用，实现了射胶螺杆的精密位置控制。开合模部分的机械结构采用双曲肘五点内翻式结构，动模板采用精密高精度直线导轨导向，该结构连接紧凑，运动平稳可靠，有效保证锁模力的平衡度；各运动销轴均由润滑轴承连接，并设置自动润滑供油系统，从而提高各零部件的使用寿命。通过高寿命大功率伺服电动机提供动力，经过高精密滚珠丝杠传动机构，实现精密、平稳、高速开合模动作。顶出机构采用伺服电动机驱动，精密滚珠丝杠传动，满足高速高频自动化顶出循环的要求。BE全电动注射机采用了博创机械股份有限公司与当今行业领域中技术领先的注射机高端控制器产品开发商鼎力合作，专门为博创全电动注射机开发的产品，具有自主知识产权的博创专用全电动注射机控制软件系统，可以满足全电动注射机高速、高加速度、高响应速度的技术要求，并且为高端用户实现现代特种注塑工艺提供了更加灵活、环保、节能、精密控制的高端注塑平台。该项目在全电动注射成型机领域取得了显著的成绩，该项目的应用将提高国产塑料机械产品在高端市场的竞争力，发挥行业领军者的推动作用，该设备的各项性能指标达到了国际先进水平。

3. 技术指标

标准制品每千克质量的耗电量≤0.4kW·h/kg，达到国家1级节能标准；

锁模力300～4 000kN；

注射速度350mm/s；

制品重量的重复精度±0.1%；

注射位置重复精度±0.01mm；

注射位置控制精度0～0.1mm；

开合模重复精度±0.01mm；

系统响应时间50ms；

拉杆受力均匀精度±1%；

噪声≤70dB。

BE全电动塑料注射成型机见图2。

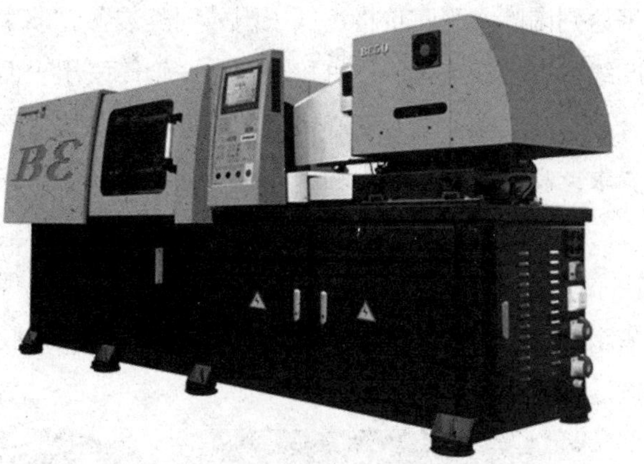

图2 BE全电动塑料注射成型机

4. 项目实施的意义

BE全电动系列塑料注射成型机的成功研制，对行业发展及技术进步带动作用明显：

（1）对注射机械行业的带动作用。该项目的顺利实施，不但有助于打破高精塑机长期依赖进口的格局，而且提高了企业在全电动注射机设计技术上的专业化水平，增强了国内同类产品在国际市场的竞争力。该技术填补了国内技术的空白，各项性能指标达到了国际先进水平。

（2）对数字化机械和装备制造业起的带动作用。该系列机型以良好的使用效果，适中的价格定位，广泛满足了客户的需求，其各种新技术的应用，对推动我国塑料机械行业的创新发展起到了积极的作用。

二、XY—4S2800A/XYD—F4S2800橡胶输送带压延生产线

XY-4S2800A/XYD-F4S2800橡胶输送带压延生产线属于机械装置及运输技术领域。大连橡胶塑料机械股份有限公司研制的XY-4S2800A/XYD-

F4S2800 橡胶输送带压延生产线可生产最大宽 2 400mm 的贴胶帆布与输送带表层覆盖胶，并同时满足带芯覆胶、胶片层合等生产工艺要求，设备的生产能力及制品规格远超国内现有压延设备，并且主要技术指标和经济指标均达到或超过国际先进水平。压延生产线是分层式橡胶输送带生产的关键设备，其性能、精度、稳定性直接影响制品质量。大连橡胶塑料机械股份有限公司研制的压延生产线流程配备更趋合理，制品加工能力更加广泛，制品精度达到国际水平，价格远低于国外同类装备。该生产线主要创新点是：主机核心部件—辊筒采用表面合金与高强芯材复合离心铸造，保证强度及抗变形要求；高精度进口测力轴承实时检测、调节工艺张力；前、后张力保护装置保障设备安全；无张力输送系统保证胶片生产无拉伸变形；设备组成可实现多工艺生产要求。XY-4S2800A/XYD-F4S2800 橡胶输送带压延生产线见图 3。

图 3 XY-4S2800A/XYD-F4S2800 橡胶输送带压延生产线

该生产线在研制过程中大量采用新技术、新工艺、新材料以及国内外先进的控制原理和精密的控制元件，性能先进。如：核心零件压延辊筒采用了当今先进的离心复合铸造技术，工作表面采用合金冷硬铸铁，达到高硬度高耐磨度耐腐蚀的需求，芯材使用高弹性模量的球墨铸铁，改善了零件受力后挠曲变形量。采用三维分析软件建模并依据实际工况进行主要部件的受力变形、温度场分布、强度校核等性能参数验证。选用高精度进口检测元件保证所采集数据的有效性以及电气控制系统的准确性及灵敏度。同时，整条生产线的设计采用了大量的大连橡胶塑料机械股份有限公司所拥有的专利技术，包括高精度的自动调节伺服切边装置、双向过接头液压释放装置、自动检测张力控制系统等，这些专利技术、创新手段、先进原理的运用，切实的提升了生产线的性能，有力的保证了压延制品的精度要求。

该生产线融合了国外先进压延生产线的新结构、新技术，并结合大连橡胶塑料机械股份有限公司在压延机生产方面的优势，在开发研制过程中大量采用新技术、新工艺和新材料，对于国内不过关的控制元件均采用进口配套件。经过近两年时间的用户生产实践检验，该生产线组成合理，性能可靠，整线运行平稳、高效，压延精度高，可同时满足多种生产工艺需要，真正实现一机多用，减少设备投入成本，压延制品质量优良，规格多样，无需拼接即可生产超宽幅输送带，是国内现有最大型输送带压延生产装备。该生产线不论从主要性能参数、结构特点，还是从用户使用情况来看，都已达到现有国际同类产品的先进水平。该生产线的研制成功不仅填补了国内空白，而且为我国输送带工业发展提供了可替代进口的新型优良设备。

XYD-4S2800A/XYD-F4S2800 橡胶输送带压延生产线的开发，有利于促进我国输送带产品打入国际市场。经过多年的努力和发展，我国输送带产业已基本具备了在国际市场上的竞争能力，目前只要再进一步拓宽产品种类和提高产品质量，完全可以在国际市场上占到较大的份额。

三、高分子材料双轴拉伸取向增强成套技术及装备

1. 项目介绍

本项目属于先进材料成型加工装备技术领域，主要涉及高分子材料双轴拉伸取向增强成套技术及装备。高分子双轴拉伸取向增强成套技术及装备生产的高强度土工经纬网、格栅和网膜等产品，是高速公路、高速铁路、水利、采矿和地铁等国家重大工程建设不可替代的关键基础材料，在现代工程建设中产生了划时代的重大作用。例如，

双轴拉伸取向增强的塑料经纬网用于路基建设时，同比钢筋混凝土材料，厚度可减少 30%，成本降低 30% ～ 50%。因而，自 20 世纪末以来塑料经纬网用量迅猛增长，被业界认为是继水泥之后的第四大建筑材料。

高分子材料成型加工从原料到制品要经历复杂的相态和微观结构变化，连续高速挤出并在粘弹态双向拉伸并瞬时冷却定型使分子链呈现特殊取向态构型，成型并获得高性能产品的难度很大，需要集取向成型机理、关键工艺和主辅设备相匹配的成套技术。本项目实施前，其核心技术长期被英国“耐特龙”等公司垄断，国内一些企业测绘仿造的设备不仅存在侵权问题，而且工艺不到位，产品性能差，生产的产品质量很低。因此，国家重大工程急需的高性能双轴取向增强土工材料长期依赖进口。

项目完成单位在前期 10 余年相关技术积累的基础上，通过校企合作协同攻关，创新了 5 大突破性关键技术：

（1）发明了高分子材料 PVT 特性在线测试装置和双轴拉伸应力应变测试装置，为聚合物双拉过程理论模型的求解和取向机理的研究提供了数据基础。

（2）针对现有工艺材料利用率低、性能差等问题，研发了双轴拉伸取向增强网材的非冲切工艺和网膜的无填料工艺及其成套设备，材料利用率接近 100%，生产过程能耗较传统工艺降低 35%。

（3）发明了微纳层叠挤出装置和双层复合塑料网材成型机头，使双轴拉伸取向增强高分子制品高性能化和多样化。

（4）发明了高精度横向同步渐括链式拉伸复合装置，拉伸夹角和拉伸倍率在线可调，满足了产品横向扩幅和拉力强度的要求，并利用光电同步/定位伺服闭环控制技术，有效地解决了精密双轴取向产品的精度控制问题。

（5）发明了产品热处理和精确温控技术，利用单元转子扰流强化换热方法精确控制产品热处理介质的温度，精准地保持了取向制品高分子链的优良取向形态，从而使双轴拉伸取向增强产品综合性能最优。

该成果主要技术创新点经国内外查新表明：国内外均未有相关报道（国际查新报告编号：20141100100266）；经山东省科技厅科技鉴定：“该成果技术先进，设备设计合理、自动化程度高，填补了国内空白，达到国际先进水平”（鉴定证书号：鲁科成鉴字〔2010〕第 1351 号）；项目核心技术共申请国家专利 43 项，国际 PCT 专利 2 项，已获授权 42 项，其中已授权发明专利 30 项。

该成型加工装备的主要技术参数和产品性能指标，经权威机构检测和用户评价优于国际同类产品先进水平。项目已形成年产 100 台套双轴拉伸取向高性能透气膜和双轴拉伸取向高强度经纬网生产线的能力。设备自 2010 年研发成功以来，产品已占领国内市场，并先后出口到希腊、土耳其、俄罗斯、巴西等 10 余个国家和地区，2010—2013 年，累计新增销售收入 23 405 万元，利润 2 341.29 万元，税收 1 404.07 万元，出口创汇 1 768 万美元，经济效益巨大。

本项目打破国外厂家的垄断，通过一系列关键技术的自主创新，实现了高分子双轴拉伸取向增强装备的国产化，推动了我国塑料成型装备制造行业和塑料制品加工行业的科技进步，大幅度提升了我国在该领域的国际竞争力，社会效益显著。土工网生产线见图 4，土工膜生产线见图 5。

双向拉伸部分　　主机部分

图 4　土工网生产线

图5 土工膜生产线

2. 主要技术指标

(1) 土工网生产线主要技术指标

产品幅宽 6 000mm；

网孔直径 1.5 ～ 100mm；

抗拉强度 45kN/m^2；

生产速度 15 ～ 20m/min；

生产能耗降低 35%；

材料利用率接近 100%。

(2) 土工膜生产线主要技术指标

微孔直径≤ 0.002mm；

幅宽 4 000mm；

生产速度 50m/min；

撕裂强度 5 000N/mm^2；

网孔均匀。

四、TDB 系列高效低能耗复合流道中空成型机生产线

苏州同大机械有限公司 2013 年研制成功 TDB 系列高效低能耗复合流道中空成型机生产线，该生产线的主要技术特点有：

（1）挤出塑化系统采用了系列化的高效节能挤出机。塑化能耗 0.28 ～ 0.32（kW·h）/kg，如 120mm 挤出机，长径比 32∶1，直流电动机功率 132kW，塑化挤出量 380 ～ 420kg/h，直流电动机驱动电流 200 ～ 220A。

（2）储料机头采用了具有国际领先水平的复合流道技术。该复合流道技术创造性的将心形流道与螺旋流道的各自优势有机的结合在一起，使塑化的塑料熔体在流道内具有 13 ～ 27 层的流动，彻底消除熔接痕，形成的塑料型坯均匀度得到大幅度的提高，同时加快了换色、换料的速度，缩短了换色、换料的时间周期，较大幅度的降低了换色、换料成本。

（3）在中小型中空成型机生产线的后部设置了后冷却独立去飞边智能化系统。该去飞边系统采用了伺服电动机驱动滚珠丝杠带动塑料桶抓取装置，实现了稳定从冷却输送线抓取塑料桶到去飞边模内，经过冷却的塑料桶能够方便的实现去飞边，提高了全自动生产的效率。塑料桶去飞边后，塑料桶抓取装置可实现 180° 旋转，使塑料桶的桶口朝上，为下一步的测试、旋盖、打包等工作顺序的进一步扩展做好了技术准备，可实现无人化，少人化操作。

（4）后冷却输送线采用了上下冷却风机，方便塑料桶上下飞边的冷却，以确保去飞边时达到较好的去飞边效果。专门设置有塑料桶后冷却定型工位，可实现塑料桶口的冷却定型，可提高塑料桶口的精度，确保桶口的密封效果。

（5）该生产线设置的独立去飞边智能化系统，采用中空吹塑机主机的液压动力驱动，可方便的实现系列内多种规格塑料桶去飞边模具的更换。去飞边智能化系统由于采用独立的结构设计，可方便的实现原有中空吹塑机的全自动去飞边的技术升级与技术改造，降低吹塑制品厂家技术改造的费用，提高吹塑制品厂家的全自动生产水平。

五、三层共挤超宽幅外涂布型 PO 农用薄膜吹塑成套装备

（一）概述

涂布型 PO 膜在日本已经有 20 多年的生产历史了，它具有超透明、超高强度、高保温、长效流滴消雾、长寿命 5 大特点。早期的涂布型 PO 薄膜都是扣棚后再人工喷涂，也有采用机器在现场喷涂的，这些方法生产效率比较低，制造成本很高，因此，10 年前日本就已经开始研发在线涂布工艺。

PO膜的主要品种：

（1）紫外线屏蔽型涂布农用PO膜。该种膜用于抑制病菌和虫害，减少对农药的过度依赖。

（2）抗硫磺熏蒸型涂布农用PO膜。该种膜采用了抗农药的光稳定剂，在使用硫磺熏蒸杀菌时不至于损坏薄膜。

（3）避光降温型涂布农用PO膜。该种膜主要用于车库、养殖和简易仓库，不会有水滴滴落。

（4）高阻隔型涂布农用PO膜用于特殊种植。

除以上几种PO膜以外，还有防尘用膜、换气用膜等系列产品。

我国农用PO膜目前以内添加型流滴消雾膜为主，生产历史大约只有10年时间，还属于成长期的产品，现处于市场的中高端。但因添加的流滴消雾剂只能维持6～7个月，对比日本外涂布型农用PO膜使用寿命≥3年，还是有巨大的差距。目前国内一些有技术实力的大型农膜企业在研发外涂布型PO膜的工艺，现基本处于实验阶段，基本都是采用两步法工艺来生产。所谓两步法工艺就是先按照吹膜工艺生产成卷的薄膜，然后再通过放卷机构二次涂布或者挂棚后再喷涂布液。

这种两步法生产农用PO膜的生产工艺存在以下的缺点：

（1）生产效率低、能耗大、产品质量不稳定。

（2）电晕处理的效果没有标准，缺少在线检测方法，涂覆液的浓度没有检测手段和控制方法。

（3）干燥系统没有自动控制手段和外循环系统，对室内环境干扰比较大，夏季生产时间过长就会对吹膜工艺和涂覆工艺产生干扰。

三层共挤超宽幅外涂布型PO农用薄膜吹塑成套装备见图6。

（二）研制本项目的目的

1. 满足国内市场的需求

中国是农业大国也是农塑制品使用大国，农膜在农用塑料中占主要地位，2010年我国使用农用薄膜157.16万t，同比增长27.7%。

早期生产农用薄膜的企业多采用低档次设备，产品质量参差不齐。2010年正式实施的《农用薄膜行业准入条件》，有效的提高了行业准入门槛，提升了农膜行业的技术水平。国家发展和改革委员会也下文将“长寿命功能性农膜产品”列入国家技改项目。外涂布型农用PO膜由于其性能优越，市场对能生产这种膜的专用设备需求更加迫切。

图6 三层共挤超宽幅外涂布型PO农用薄膜吹塑成套装备

2. 赶超日本农膜先进技术

2011年全球农膜市场规模为360万t，中国占全部份额的59%。中国虽然使用了世界上将近6成的农膜，但并不是农塑制品的强国，世界上农塑制品强国是以色列、日本、希腊等资源比较匮乏的国家。日本在农膜技术上领先我国10～20年，主要表现在原料、设备以及市场经营比较规范等方面。近年来，随着国家对装备制造业的支持，农塑制品设备生产厂家在技术、加工能力、产品档次上都有明显的进步。

广东金明精机股份有限公司是一家集研发、制造于一体的吹膜设备制造商，1998年公司就研制出第一台幅宽达20m的农膜吹塑设备，当时该设备为亚洲最大型农膜设备。近年来公司的设备已出口到日本、以色列、巴西等国家和地区的农膜市场。

3. 今后发展方向

三层共挤超宽幅外涂布型PO农用薄膜吹塑成套装备可以代表今后一段时间农用薄膜吹塑设备

的发展方向。

外涂型 PO 膜对比内添加型流滴消雾耐老化膜(也称内添加型 PO 膜)有很多优势：

(1) 原材料的选择范围宽，可不用或少用昂贵的 EVA 树脂，仍可达到与使用 EVA 膜同样的透明度、柔软度和保温效果。

(2) 涂布液由无机纳米材料制成，以水为溶剂，无毒环保。

(3) 流滴消雾功能持久、与使用寿命同步（2～5年）。

(4) 防尘性能较好、透光率高且衰减慢。

(5) 力学性能高，有利于薄型化。

(6) 合理的配方设计可以实现农作物不仅长势好、而且病害少、达到有机农业的要求。

设备的开发是以市场的需求为导向的。我国现有大大小小几百条农膜设备，设备的产能巨大，由于季节关系，很多农膜设备的开机率全年只有30%。普通的农膜产品的利润只有50元/t，而日本的 PO 膜价格是国产高端农膜价格的 2 倍多，所以很多企业都希望购买外涂布型 PO 农用薄膜吹塑成套装备，以生产高质量农用薄膜。另外，由于我国幅员辽阔，北方地区适合机械化的耕种，所以对农膜的幅宽有很高的要求，6～14m 幅宽的薄膜在市场上占主导地位。广东金明精机股份有限公司研制的 M3N-14000 三层共挤超宽幅外涂布型 PO 农用薄膜吹塑成套装备可以生产幅宽 8～14m 的高端 PO 膜，非常适应市场需求。根据市场调研，设备研制成功后，今后几年每年将会有约 10 台的定单量，将会为企业带来很高的利润。

4. 本项目符合中国塑料制品行业的“十二五”规划原则和发展方向

体现在三个方面：

(1) 设备所能生产的 PO 膜大大延长了功能膜的使用时间，时间从 1 年延长到 3 年甚至 5 年，直接推动了节能减排降耗。

(2) 设备在技术方面应用了电磁加热器、热风循环系统、计算机集中控制等先进技术，促进了工业化与信息化的融合，大力推进了清洁生产；

(3) 设备可生产紫外线屏蔽型涂布农用 PO 膜，用于抑制病菌和虫害，减少对农药的过度依赖，使得农产品更加绿色环保。

（三）主要创新点

项目研究开发的高产量、低剪切螺杆设计以及节能技术，流线型流道弯头、中心进料螺旋模头、自动风温式双风口风环、宽幅人字夹板等技术，创新性强，获得实用新型专利 6 件，申请发明专利 3 件。

（四）项目所拥有的优势

该设备所生产的 PO 农用薄膜防尘性能较好、透光率高且衰减慢；力学性能高，有利于薄型化；合理的配方设计可以实现农作物不仅长势好，且病害少，可以达到有机农业的要求。

原材料的选择范围宽，可以在少用昂贵的 EVA 树脂的情况下，仍可达到同样的透明度、柔软度和保温效果；涂布液由无机纳米材料制成，以水为溶剂，无毒环保；流滴消雾功能持久、与使用寿命同步（2～5年）。

六、BL2880EK 高节能伺服控制超大型外曲式合模成型设备

宁波双马机械工业有限公司研制的 BL2880EK 高节能伺服控制超大型外曲式合模成型设备为国内首创最大型双曲肘外翻合模机构注塑成型机。该项目采用双马公司的双曲肘外翻合模机构技术、等应力模板结构、日字框推力座等多项自有技术，配合智慧油温漂移自动补偿伺服系统，大大提高了设备的成型精度，节能效果明显；多泵组、多回路的伺服系统可同时作复合动作使用，融合新研发的曲肘运动曲线，有效提升生产效率及降低运作成本。这些技术的运用，是对液压注射机更新换代、改变传统曲肘内翻式合模装置注射机的革命性更新，使注射机朝着节能、降耗、环保发展。BL2880EK 高节能伺服控制超大型外曲式合模成型设备见图 7。

图 7 BL2880EK 高节能伺服控制超大型外曲式合模成型设备

项目符合国家政策导向（属于高新技术领域中的第八项、高新技术改造传统产业（三）先进制造技术 5、纺织及轻工行业专用设备技术），具有快速、高效、精密、节能等特征，技术国内领先，市场前景广阔，并可以取代进口，促进注射机行业技术升级和产品质量档次提升，增强中国制造在国际市场的竞争力。

经国家塑料机械产品质量监督检验中心检测，该设备各项技术指标达到要求，节能检测达到国家一级能耗标准。该项目已申请国家发明专利 1 件，实用新型专利 6 件。经用户试用，普遍反映设备性能稳定、可靠，操作方便，节能环保。

七、多层共挤管材挤出成型装备的关键技术研发与应用

近年来，国内橡塑机械行业保持着高速稳定的发展态势，截至 2011 年，中国已占到全球塑机市场份额 30.5%，超过德国的 22%，成为全球最大的橡塑机械生产国。同时中国橡塑机械市场已经成为全球橡塑行业重要的增长引擎。据海关数据显示，2011 年 8 月，中国进口塑料加工设备 981 台，出口 4 185 台，进出口额分别为 1.8 亿美元和 1.2 亿美元，当月进出口逆差 5 377 万美元。进出口数量和价格上的反差体现出我国橡塑机械在国际市场中的竞争力相对薄弱，依然集中在低端市场，没有突破国外技术垄断，加工、设计、制造等方面的能力与发达国家比仍有较大差距。提高橡塑成型装备的科技水平，发展新型塑料机械，我国橡塑机械行业还有很长的路要走。

国产橡塑机械出口主要集中在低端塑机领域，在精密程度、产能大型化、个性化、智能化水平、网络化与虚拟化等先进要求上，与发达国家间存在较大差距，致使我国橡塑机械出口价格一直处在较低的水平，提高国产橡塑机械的科技水平是提升国内橡塑行业参与国际竞争能力的必然选择。德科摩橡塑挤出机精确的超声波测厚和米重技术，在线预混技术可以保证制品的高精密、高质量的要求，伺服控制及总线技术实现了生产智能化实时控制，提高了其市场价值，促进行业科技进步。多层共挤管材挤出成型装备的应用见图 8。

图 8 多层共挤管材挤出成型装备的应用

该项目产品的推广应用将促进橡塑生产企业摆脱高资源消耗，低产品价值，低附加值的生产经营模式，对于行业的核心技术水平与国际化竞争优势的提升有积极的意义。

目前塑料管材生产设备在生产过程中存在的主要问题有：

（1）生产时无法监控实时下料与挤出过程，致使因物料波动产生的质量缺陷难以控制。目前绝大部分国内塑料管道生产厂家尚无精确下料控制方面的解决方案，随着物料物性差异、下料速度及预混情况的波动，管材挤出成品质量也会发生变化。

（2）传统的预混与上料方式，生产效率低，人工成本高，手工操作无法保证预混精度，可能出现成品色差与密度不均的情况，制品质量不稳定。

（3）缺乏合理的在线检测与调试方法。传统的塑料管道生产过程开始过程中，需要操作人员依据以往经验在开机后不断地在线检测管材的品质和壁厚、外径等参数，再根据检测结果调整设备的运行参数来调节产品的品质和精度。

（4）传统的数据传输方式采用模拟量数据传输，容易受到外部信号的干扰，精度不高，有时出现偏差。

该项目是德科摩橡塑科技有限公司为适应市场需求，积极响应国家对装备制造业产业转型升级的政策要求，在现有技术与生产基础上，对多层共挤管材挤出设备进行的节能改造及数控化、智能化研究。

该项目研究的目的主要是提高橡塑挤出机制品精度，降低生产单位能耗，实现多条线组群控制和远程监控，对于下料的控制更精确并能实时调整等预期目标。一方面，伺服技术运用在挤出机的定径牵引与切割环节，替代了以往在间歇动作中动力源连续供给的的作业方式，并配合闭环实时控制系统，按需精确提供动力，有效实现了塑料生产高效节能的目的。另一方面，Canopen 总线技术解决了伺服驱动和远程控制中数据交换与接口等通信问题，该部分的研究可实现设备机群的实时监控并且可自动生成产量报表，设备能耗和产能状况一目了然，达到橡塑机械升级的智能化改造目的。除此之外，重力计量与超声波测厚、米重控制技术的有机结合，使各物料能够合理搭配，同时根据制品的实际长度和层厚，快速调节下料，提高制品精度，增加了产品的价值属性，同时具有节能节材的现实意义。多层共挤管材挤出成型装备的应用见图 9。

项目成果预计可实现企业年新增产值 3 000 万元，提供新就业岗位 100 余个。该项目在橡塑装备精密化改造技术领域取得的成果将做为橡塑机械及相关行业的应用示范，对行业的升级转型有积极的促进作用。

图 9　多层共挤管材挤出成型装备的应用

八、Ge 系列全电动注射机关键技术研发与应用

中国的注射机与欧美、日本等发达国家和地区相比起步较晚，只有短短几十年的时间，从整体技术实力上和上述注射机强国上还有一定的差距。全电动注射机是未来注射机发展的趋势，现在国内的全电动注射机产业已经初具规模，一些有实力的注射机生产厂商都推出了自己品牌的全电动注射机，并且已经有小批量投入市场。虽然相较于进口的全电动注射机，国产全电动注射机的市场份额较小，但是随着国内全电动注射机的发展，相信国产设备的市场份额将会越来越大。

Ge 系列全电动注射机是东华机械有限公司响应国家高新技术改造提升传统产品的号召，自主研发，拥有全部知识产权的一款高精尖注射机。该产品弥补了我国在全电动注射机领域的直压式合模结构的空白，提升了我国在全电动注射机领域的技术优势，提高了全电动注射机的整体性能，带动整个注射机行业的精密注射、精密控制、节能降耗等传统注射机指标向最优方向发展。

Ge 系列全电动注射机采用国内首创的直压式合模抱闸增压合模结构，其在性能上克服了国内肘杆式全电动注射机的一些常见问题及缺点，同时兼具全电动注射机省电、精密的特性与油压机高应答、合模力精确、易控等特点，配合高性能的控制系统和伺服驱动制动能源再生技术，比市场上传统的全电动注射机更加精密节能，Ge 系列机已申请国家专利 5 项。

Ge 系列机采用的主要技术：

（1）采用创新性的合模结构和控制工艺，已申请多项中国发明专利，能实现锁模力的无级调整，极高的低压模具保护功能，更有效的运动惯性控制结构。

（2）采用 Powerlink 的通信技术，将系统控制运行精度提升到一个新水平，保证注射机实现高速、稳定、安全运行。

（3）支持光纤通信，开放源代码具备二次开发应用潜力。

（4）模块化设计理念，易于实现不同方式的注塑工艺组合，为客户提供最佳性价比智能成型设备。

Ge 系列产品主要技术性能指标：

（1）合模力 550 ～ 3 550kN。

（2）注射容量 38 ～ 286L。

（3）能耗≤ 0.18 (kW・h)/kg 制品。

（4）模保压力控制≤ 300Pa。

（5）开合模过程位置精度 ±0.01mm、重复精度 ±0.1%。

（6）高压合模力能闭环精准控制在 ±5N。

（7）控制系统 100Mbps 的通信速度和 100μs 的循环扫描速度。

（8）Ge 系列整机噪音≤ 75dB。

Ge 系列全电动注射机见图 10。

图 10　Ge 系列全电动注射机

Ge 系列全电动注射机凭借其优异性能可广泛应用于各类高精密产品生产，特别适用于高精密电子产品、高品质透镜、光学仪器、医疗器械、CD 光碟等领域，目前，已有小批量 Ge 系列机在客户处试用，客户反映良好。高精密注射机市场需求很大，也是将来国内注射机市场的发展方向。

Ge 系列全电动注射机的研制成功和产业化，是国内高效、精密、节能注射机领域的技术突破，在高效、精密、节能注射机领域形成了新的标准，规范了高效、精密、节能注射机领域的产品设计，对各厂家开发全电动注射机有一定的指导意义。

该产品市场反映情况良好，有广阔的市场前景，其产品性能指标已达到国际同类产品的先进水平，其生产工艺水平在国内居领先地位，通过该项目的实施，企业能够进一步提升自己的技术水平，调整产品结构，提高产品质量，扩大在国内外市场上的占有率，增强企业的国际竞争力。

2013—2014 年塑料机械领域实用新型专利

申请号：CN201420553949

申请日：2014.09.24

公开（公告）号：CN204138034U

公开（公告）日：2015.02.04

专利名称：一种自动停机扁丝卷绕机

IPC 分类号：B65H63/08;B65H63/024

申请（专利权）人：常州市润亿机械制造有限公司

发明人：陈刚

摘要

本实用新型涉及自动控制技术领域，尤其是化纤与塑料机械中涉及卷绕工序中的线发生断裂、换筒管时自动停机控制装置，电动机通过磁盘连接并驱动收卷筒管，包括检测部分和控制部分，当扁丝断落时涨力杆会掉落在拖柱上，这时涨力杆挡住光电开关的信号，光电开关会产生一个讯息，扳动刹车扳手后，磁体会靠近磁感应传感器，相应的磁感应传感器会产生一个讯息；自动控制器会根据光电开关的讯息和磁感应传感器的讯息来控制电动机是否停止。本实用新型扁丝卷绕机的通过检测实现扁丝断裂和卷取完成时自动控制电动机停止运转，从而实现了节约能源的目的、生产制造成本低、反应速度快。

申请号：CN201410461999

申请日：2014.09.11

公开（公告）号：CN104210087A

公开（公告）日：2014.12.17

专利名称：吹膜机的挤塑模头保温节能圈

IPC 分类号：B29C49/04

申请（专利权）人：南京沪江复合材料有限公司

发明人：章育骏、章澄

摘要

本发明公开了一种吹膜机的挤塑模头保温节能圈，属于塑料机械领域。挤塑模头由下至上依次包括模颈、模头一区、模头二区和口模四个部位，在模颈、模头一区、模头二区和口模的外表面分别包裹有保温节能圈，该保温节能圈分为第一保温层和第二保温层，第二保温层包裹在第一保温层外并且二者固连为一体。本发明结构简单，能够有效的保证吹膜机挤塑模头的温度稳定、减少其预热时间、减少热损、节约电能、提高生产效率。

申请号：CN201420522051

申请日：2014.09.11

公开（公告）号：CN204036808U

公开（公告）日：2014.12.24

专利名称：吹膜机的挤塑模头保温节能圈

IPC 分类号：B29C49/04；B29C47/86

申请（专利权）人：南京沪江复合材料有限公司

发明人：章育骏、章澄

摘要

本实用新型公开了一种吹膜机的挤塑模头保温节能圈，属于塑料机械领域。挤塑模头由下至上依次包括模颈、模头一区、模头二区和口模四个部位，在模颈、模头一区、模头二区和口模的外表面分别包裹有保温节能圈，该保温节能圈分为第一保温层和第二保温层，第二保温层包裹在第一保温层外并且二者固连为一体。本实用新型结构简单，能够有效的保证吹膜机挤塑模头的温度稳定、减少其预热时间、减少热损、节约电能、提高生产效率。

申请号：CN201420487518

申请日：2014.08.22

公开（公告）号：CN204023013U

公开（公告）日：2014.12.17

专利名称：一体式扁丝纤化装置

IPC 分类号：D01D5/16

申请（专利权）人：浙江天风塑料机械有限公司

发明人：张文俊、林正清

摘要

本实用新型涉及塑料机械，特别是一体式扁丝纤化装置。整体包括牵引部分与纤化部分成一字形排列，牵引部分由前牵引辊、后牵引辊、牵引压辊装置、牵引电动机组成；纤化部分由纤化辊、纤化压辊装置、纤化马达组成，其特征在于所述的前牵引辊与后牵引辊通过传动装置连接成一体，就是前后级传动链轮同轴安装，采用一只牵引电动机牵引运行；塑料丝先经过后牵引辊上面再从纤化压辊下面绕到前牵引辊上，运行时，先压下牵引压辊装置再放下纤化压辊装置，组合成一体式扁丝纤化装置。优点是将前后牵引辊传动链连成一体，很好地解决了前后扁丝速度同步问题；也解决了测速反馈和电气 PLC 控制；维护费用降低；设备运行稳定，保证了扁丝的质量。

申请号：CN201420352928

申请日：2014.06.23

公开（公告）号：CN204025317U

公开（公告）日：2014.12.17

专利名称：纺织、造纸、印刷、塑料机械用碳纤维复合材料的轴辊

IPC 分类号：F16C13/00

申请（专利权）人：冯春岗

发明人：冯春岗

摘要

本实用新型提供了一种纺织、造纸、印刷、塑料机械用碳纤维复合材料的轴辊，属于机械部件检索领域，旨在解决现有的纺织、造纸、印刷、塑料机械专用轴辊断裂韧性差，机械性能弱的问题。它采用的辊轴体是由碳纤维复合材料层层包裹交接制成的碳纤维复合材料辊轴体，碳纤维复合材料辊轴体装在辊芯轴的辊芯上，辊芯轴是由辊芯、端盘、联轴连接为一体所组成，辊芯的两端制有与辊芯连接为一体的端盘，两端端盘上又分别制有与端盘连接为一体的联轴。其结构简单实用，机械性能优，适用于纺织、造纸、印刷、塑料机械、制箔、制膜、非织布织造等机械设备。

申请号：CN201420274305

申请日：2014.05.27

公开（公告）号：CN203937162U

公开（公告）日：2014.11.12

专利名称：一种工业挤出机

IPC 分类号：B29C47/42

申请（专利权）人：浙江海洋学院

发明人：张连仲

摘要

一种工业挤出机，属于塑料机械领域，包括底座、电动机、齿轮箱、法兰、料斗、进料口、机筒、支撑架、模头、小螺杆和大螺杆，所述电动机和齿轮箱固定安装在底座上，电动机转轴和齿轮箱连接；机筒内部安装有六根小螺杆和一根大螺杆，每根小螺杆分别都与大螺杆啮合，小螺杆和大螺杆的柄部连接到齿轮箱上；机筒头部通过法兰固定安装在齿轮箱体上，机筒尾部通过支撑架固定在底座上，机筒上面有一个进料口，料斗安装在进料口处，机筒尾部安装有模头，原料从料斗进入，经过机筒螺杆的作用从模头处出来；机筒外壁安装有电加热装置。本装置无需单螺杆或双螺杆的大直径、大长径比，便可获得同等质量、产量的生产条件。

申请号：CN201420274260

申请日：2014.05.27

公开（公告）号：CN203937161U

公开（公告）日：2014.11.12

专利名称：一种挤出设备

IPC 分类号：B29C47/40;B29C47/60;B29C47/82

申请（专利权）人：浙江海洋学院

发明人：张连仲

摘要

一种挤出设备，属于塑料机械领域，包括底座、电动机、齿轮箱、进料口、料斗、机筒 a、副螺杆、机筒 b、主螺杆、模头和支撑架，所述电动机和齿轮箱安装在底座上，电动机转轴和齿轮箱连接，机筒 a 通过法兰连接安装在齿轮箱机体上，机筒 b 通过支撑架固定在底座上，机筒 b 和机筒 a 通过螺栓连接；主螺杆有一根，主螺杆安装在机筒 a 和机筒 b 内，主螺杆柄部与齿轮箱连接，副螺杆有两根，两根副螺杆安装在机筒 a 内分别与主螺杆啮合，副螺杆柄部与齿轮箱连接，电动机通过齿轮箱的传导作用同时带动两根副螺杆和一根主螺杆转动；机筒 a 上设有一个进料口，进料口上安装有料斗，模头安装在机筒 b 尾部。

申请号：CN201420265649
申请日：2014.05.23
公开（公告）号：CN203888326U
公开（公告）日：2014.10.22
专利名称：干式自动覆膜装置
IPC 分类号：B32B37/00
申请（专利权）人：杭州康发塑料机械有限公司
发明人：孙坑法、陈小明、董德林、王仲文、伍洽盼、童小祥、陶湘柳、沈国东、孙燊、李晓波
摘要
本实用新型涉及一种覆膜装置，尤其涉及一种干式自动覆膜装置，用于塑料机械。包括底座，底座的上部设有与底座相固定的操作支架，底座的上部设有下滚筒支架，操作支架的上部设有上滚筒支架，下滚筒支架中设有下滚筒，上滚筒支架中设有上滚筒，下滚筒与上滚筒间的操作支架上设有胶辊和左铝托辊，左铝托辊位于胶辊的外侧，操作支架的右侧端设有与左铝托辊相对称分布的右铝托辊，上滚筒与下滚筒呈上下错位分布，右铝托辊、上滚筒、胶辊、左铝托辊和下滚筒呈匹配分布。干式自动覆膜装置结构紧凑，提高使用效果，提高安全系数，进一步提升产品质量。

申请号：CN201420265635
申请日：2014.05.23
公开（公告）号：CN203887904U
公开（公告）日：2014.10.22
专利名称：片材切边装置
IPC 分类号：B26D7/26;B26D1/24
申请（专利权）人：杭州康发塑料机械有限公司
发明人：孙坑法、陈小明、董德林、王仲文、伍洽盼、童小祥、陶湘柳、沈国东、孙燊、李晓波
摘要
本实用新型涉及一种切边装置，尤其涉及一种片材切边装置，用于塑料机械。包括切片架，切片架中设有一对相间隔分布的切边机构，一对切边机构间形成切边间隔，切片架的两端分别设有与切边机构相匹配分布的铝托辊，切边架机构包括上移动刀架、下移动刀架和调整丝杠，上移动刀架和下移动刀架分别与调整丝杠相螺接，上移动刀架的内侧壁设有上圆盘切刀，下移动刀架上设有与上圆盘切刀相匹配分布的下圆盘切刀，下移动刀架通过气缸沿调整丝杠位移。片材切边装置结构紧凑，提高操作精度，操作简便，适配性高。

申请号：CN201420265648
申请日：2014.05.23
公开（公告）号：CN203889658U
公开（公告）日：2014.10.22
专利名称：真空上料机
IPC 分类号：B65G53/52;B65G53/24
申请（专利权）人：杭州康发塑料机械有限公司
发明人：孙坑法、陈小明、董德林、王仲文、伍洽盼、童小祥、陶湘柳、沈国东、孙燊、李晓波
摘要
本实用新型涉及一种上料机，尤其涉及一种真空上料机，用于塑料机械。上料机包括机架，机架中设有漩涡风机、过滤器和分离器，漩涡风机与进料管相连通，漩涡风机与过滤器间、过滤器与分离器间分别通过连通管相连通，分离器的底部设有粉尘罐，分离器的侧端设有出料器。真空上料机结构紧凑，操作简便，提高原料质量，提高下游产品质量。

申请号：CN201420265636
申请日：2014.05.23
公开（公告）号：CN203889747U
公开（公告）日：2014.10.22
专利名称：螺旋式冷却辊

IPC 分类号：B65H27/00

申请（专利权）人：杭州康发塑料机械有限公司

发明人：孙坑法、陈小明、董德林、王仲文、伍洽盼、童小祥、陶湘柳、沈国东、孙燊、李晓波

摘要

本实用新型涉及一种冷却辊，尤其涉及一种螺旋式冷却辊，用于塑料机械。三辊外管的左侧壁设有三辊电动机墙外法兰，三辊外管的右侧壁设有三辊分外法兰，三辊外管中设有螺纹水筒，螺纹水筒与三辊电动机墙外法兰相定位，螺纹水筒与三辊分外法兰相定位，螺纹水筒中的左端设有三辊电动机墙内法兰，螺纹水筒中的右端设有三辊分内法兰，三辊电动机墙外法兰和三辊电动机墙内法兰中设有向外延伸的三辊电动机轴头，三辊分外法兰和三辊分内法兰中设有向外延伸的三辊进出水轴头，三辊进出水轴头中设有的三辊分水轴头，三辊分外法兰与三辊分内法兰间设有与三辊分水轴头相套接的三辊分水法兰。螺旋式冷却辊结构紧凑，提高使用效果。

申请号：CN201420265640

申请日：2014.05.23

公开（公告）号：CN203889679U

公开（公告）日：2014.10.22

专利名称：螺旋上料机

IPC 分类号：B65G33/00;B65G65/32

申请（专利权）人：杭州康发塑料机械有限公司

发明人：孙坑法、陈小明、董德林、王仲文、伍洽盼、童小祥、陶湘柳、沈国东、孙燊、李晓波

摘要

本实用新型涉及一种上料机，尤其涉及一种螺旋上料机，用于塑料机械。包括进料斗、送料螺杆和电动机，送料螺杆位于进料斗的底部，送料螺杆的底部设有大带轮，电动机上设有与大带轮相传动的小带轮，送料螺杆外设有套筒。螺旋上料机结构紧凑，提高使用效果，提高安全系数，进一步提升产品质量。

申请号：CN201420265639

申请日：2014.05.23

公开（公告）号：CN204021961U

公开（公告）日：2014.12.17

专利名称：弹簧上料机

IPC 分类号：B65G65/32

申请（专利权）人：杭州康发塑料机械有限公司

发明人：孙坑法、陈小明、董德林、王仲文、伍洽盼、童小祥、陶湘柳、沈国东、孙燊、李晓波

摘要

本实用新型涉及一种上料机，尤其涉及一种弹簧上料机，用于塑料机械。包括料斗和输料管，料斗的底部设有与料斗相连通的汇集腔，输料管与汇集腔相连通，输料管中设有输料弹簧，输料弹簧通过驱动块相转动。弹簧上料机结构紧凑，提高使用效果，提高安全系数，进一步提升产品质量。

申请号：CN201420290632

申请日：2014.05.16

公开（公告）号：CN203834109U

公开（公告）日：2014.09.17

专利名称：牵引系统智能控制结构的新型圆织机

IPC 分类号：G05B19/18;D03D37/00

申请（专利权）人：浙江三龙通用机械有限公司

发明人：叶帮镐、刘化勇、上官福强

摘要

本实用新型涉及塑料机械，特别是一种牵引系统智能控制结构的新型圆织机。包括主电动机、牵引辊和主机，其特征在于牵引辊的转

轴一端上有传动装置连接的减速机，减速机上安装有步进电动机；步进电动机的转速由安装在主机一边的智能控制器和编码器控制，三者电连接；编码器安装在与主机主轴传动连接的链轮转轴装置上，构成牵引系统智能控制结构；编码器直接安装在主机的主轴末端上；减速机与牵引辊之间是齿轮传动连接或联轴器传动连接。优点是易损件减少，工人操作更加简便，安全系数提高，智能化程度提高，解决了以往换梭时造成产品开缝的缺陷。

申请号：CN201420273330

申请日：2014.05.15

公开（公告）号：CN203844202U

公开（公告）日：2014.09.24

专利名称：带水气分离箱的滴灌管挤出机

IPC 分类号：B29C47/88

申请（专利权）人：新疆通利塑业有限公司

发明人：刘斌、周勇、刘金山、张金锁、李泽元、马学会

摘要

本实用新型公开了一种带水气分离箱的滴灌管挤出机，属于塑料机械领域。在挤出机上和真空室连接的真空泵的排气管沿筒形水气分离器的筒壁的切线方向与水气分离器内腔下半部连通。筒形水气分离器内腔上半部有上下两个带有通气开口的水平隔板，两个隔板的通气开口位置相错180°。水气分离器顶部有出气口，底部有排水口。水气分离器的结构使真空泵从真空室抽出的水汽混合物迅速彻底分离，顺利排出。保证真空室内负压力值稳定，因此保证了滴灌管直径尺寸稳定，消除废品。

申请号：CN201410184662

申请日：2014.05.04

公开（公告）号：CN103978584A

公开（公告）日：2014.08.13

专利名称：新型三段式镍基螺杆研磨废塑改性再生节能设备

IPC 分类号：B29B17/00;B29C47/00;B29C47/08;B29C47/76;B29C47/60;B29C47/66;B29C47/38

申请（专利权）人：界首市双马机械有限公司

发明人：郭戈

摘要

一种新型三段式镍基螺杆研磨废塑改性再生节能设备，涉及塑料机械技术领域，主要有工作部分和底座支架两大部分构成，工作部分主体为加热熔管，加热熔管内部设有三段研磨机构，加热熔管右端连接有出丝机构，出丝机构下端设置冷却装置，底座支架部分主要包括底座和设置在底座上的发动机与变速齿轮箱，发动机通过传动轴与变速齿轮箱连接，变速齿轮箱和加热熔管相接，三段研磨机构包括料筒及设于料筒内的螺杆，螺杆的螺纹上开有一个宽12mm、深度1.5mm的槽子，槽子内喷涂有镍基陶瓷合金粉末。采用三段双排气研磨技术，充分地对废塑原料进行加热研磨，废塑研磨细度达到40～60nm或分子状态，实现98%一次成品率，节约能耗≥46%。

申请号：CN201420195100

申请日：2014.04.22

公开（公告）号：CN203831769U

公开（公告）日：2014.09.17

专利名称：一种锥形双螺杆挤出机中的螺杆

IPC 分类号：B29C47/40;B29C47/62

申请（专利权）人：浙江海洋学院

发明人：王云峰、王旭明

摘要

一种锥形双螺杆挤出机中的螺杆，属于塑料机械领域，包括柄部、进料段、熔融段、塑化段、挤出段、螺杆本体、螺棱、斜槽、冷却孔和螺杆头，所述柄部为花键结构，进料段设在柄部之后，进料段为双头螺棱结构，进料段螺距比较大，并且螺距逐渐变小；熔融段设在进料段之后，熔融

段设有三段独立的螺棱，中间螺棱开有五条斜槽；塑化段设在熔融段之后，塑化段为三头螺棱结构，螺距恒定不变；挤出段设在塑化段之后，挤出段为三头螺棱结构，螺距逐渐增大；进料段、熔融段、塑化段、挤出段的螺棱彼此断开；螺杆本体为锥形，进料段到挤出段外径逐渐减小，螺杆本体中心设有冷却孔，冷却孔贯穿整个螺杆本体。

申请号：CN201420190935

申请日：2014.04.21

公开（公告）号：CN204123640U

公开（公告）日：2015.01.28

专利名称：一种高效下料座

IPC 分类号：B29C47/10

申请（专利权）人：浙江海洋学院东海科学技术学院

发明人：何郑希

摘要

一种高效下料座，属于塑料机械领域，包括前法兰、进料口、强制进料槽、后法兰、进水孔、冷却环、筒体、螺丝孔和出水孔，所述前法兰通过螺纹连接安装在筒体前端，后法兰通过螺纹连接安装在筒体后端，筒体上方开有一个进料口，进料口旁边设有四个螺丝孔，通过螺丝孔可以将料斗安装在进料口之上；筒体内部设有八条强制进料槽，强制进料槽从筒体后端到前端深度逐渐减小；筒体下面焊接有一个半圆环的冷却环，进水孔和出水孔设在冷却环的两侧，冷却环焊接之后经过水压试验保证焊缝处无泄漏。

申请号：CN201420188608

申请日：2014.04.18

公开（公告）号：CN203844162U

公开（公告）日：2014.09.24

专利名称：新型 PP 全硬螺杆

IPC 分类号：B29C45/60

申请（专利权）人：浙江嘉丞机械有限公司

发明人：姚海峰

摘要

新型 PP 全硬螺杆，属于塑料机械领域，包括柄部、进料段、压缩段、出料段、副棱、主棱、螺槽、密封环、单键、拉环、混炼头和螺纹孔，所述柄部上设有单键，柄部尾端设有拉环，柄部上设有螺旋形的密封环；进料段设在柄部之后，进料段螺槽深度相同；压缩段设在进料段之后，压缩段螺槽深度递减，压缩段主棱旁边设有一小段副棱；出料段设在压缩段之后，出料段螺槽深度相同，出料段末端设有混炼头，混炼头为斜槽结构；进料段、压缩段、出料段主棱为连续结构，并且螺距相同，螺杆头部设有螺纹孔，螺纹孔用于安装分胶头。

申请号：CN201420188613

申请日：2014.04.18

公开（公告）号：CN203844197U

公开（公告）日：2014.09.24

专利名称：双波 +Z 形高混炼螺杆

IPC 分类号：B29C47/60

申请（专利权）人：浙江嘉丞机械有限公司

发明人：姚海峰

摘要

双波 +Z 形高混炼螺杆，属于塑料机械领域，包括柄部、进料段、双波段、Z 形混炼头、单键、螺棱、后波浪、前波浪、台阶、进料槽、中间槽、出料槽和 Z 形屏障，螺杆柄部设有单键，柄部之后为进料段，进料段底径较深；双波段设在进料段之后，双波段设有前波浪和后波浪，前波浪设在螺棱之前，后波浪设在螺棱之后；Z 形混炼头设在螺杆头部，Z 形混炼头上设有斜的台阶、进料槽、中间槽、出料槽和 Z 形屏障，台阶处外径小于 Z 形屏障处的外径，中间槽在进料槽和出料槽之间。

申请号：CN201420187010

申请日：2014.04.17

公开（公告）号：CN203844195U

公开（公告）日：2014.09.24

专利名称：一种三螺杆高压挤出机

IPC 分类号：B29C47/42

申请（专利权）人：浙江嘉丞机械有限公司

发明人：姚海峰

摘要

一种三螺杆高压挤出机，属于塑料机械领域，包括底座、电动机、齿轮箱、进料口、料斗、机筒 a、副螺杆、机筒 b、主螺杆、模头和支撑架，所述电动机和齿轮箱安装在底座上，电动机转轴和齿轮箱连接，机筒 a 通过法兰连接安装在齿轮箱机体上，机筒 b 通过支撑架固定在底座上，机筒 b 和机筒 a 通过螺栓连接；主螺杆有 1 根，主螺杆安装在机筒 a 和机筒 b 内，主螺杆柄部与齿轮箱连接，副螺杆有 2 根，两根副螺杆安装在机筒 a 内分别与主螺杆啮合，副螺杆柄部与齿轮箱连接，电动机通过齿轮箱的传导作用同时带动两根副螺杆和一根主螺杆转动；机筒 a 上设有 1 个进料口，进料口上安装有料斗，模头安装在机筒 b 尾部。

申请号：CN201420187011

申请日：2014.04.17

公开（公告）号：CN203844194U

公开（公告）日：2014.09.24

专利名称：七螺杆挤出机

IPC 分类号：B29C47/40

申请（专利权）人：浙江嘉丞机械有限公司

发明人：姚海峰

摘要

七螺杆挤出机，属于塑料机械领域，包括底座、电动机、齿轮箱、法兰、料斗、进料口、机筒、支撑架、模头、小螺杆和大螺杆，电动机和齿轮箱固定安装在底座上，电动机转轴和齿轮箱连接；机筒内部安装有 6 根小螺杆和 1 根大螺杆，每根小螺杆分别都与大螺杆啮合，小螺杆和大螺杆的柄部连接到齿轮箱上；机筒头部通过法兰固定安装在齿轮箱体上，机筒尾部通过支撑架固定在底座上，机筒上面有 1 个进料口，料斗安装在进料口处，机筒尾部安装有模头，原料从料斗进入，经过机筒螺杆的作用从模头处出来；机筒外壁安装有电加热装置。本装置无需单螺杆或双螺杆的大直径、大长径比，便可获得同等质量、产量的生产条件。

申请号：CN201420139908

申请日：2014.03.26

公开（公告）号：CN203739196U

公开（公告）日：2014.07.30

专利名称：一种三螺杆机筒挤出机

IPC 分类号：B29C47/38

申请（专利权）人：浙江金星螺杆制造有限公司

发明人：施飞跃、钱松岳

摘要

一种三螺杆机筒挤出机，属于塑料机械领域，包括底座、电动机 a、减速器、机筒 b、电动机 b、机筒 c、料斗、电动机 c、支撑杆、机筒 a、模头和支撑架。所述机筒 a 通过支撑架安装在底座上，机筒 a 内部配套安装有螺杆，电动机 a 和减速器安装在底座上，电动机 a 转轴与减速器连接，减速器与机筒 a 内的螺杆连接；机筒 a 前端上设有一个进料口，机筒 b 安装在机筒 a 的进料口上，机筒 b 内部安装有螺杆，电动机 b 安装在机筒 b 上，电动机 b 转轴与机筒 b 内的螺杆连接；机筒 b 前端设有一个进料口，机筒 c 安装在机筒 b 的进料口上，电动机 c 安装在机筒 c 上，电动机 c 转轴与机筒 c 内的螺杆连接，机筒 c 上设有一个进料口，料斗安装在机筒 c 的进料口上。

申请号：CN201420139909

申请日：2014.03.26

公开（公告）号：CN203919629U

公开（公告）日：2014.11.05

专利名称：一种十螺杆行星挤出机

IPC 分类号：B29C47/00;B29C47/62;B29C47/42

申请（专利权）人：浙江金星螺杆制造有限

公司

发明人：施飞跃、钱松岳

摘要

一种十螺杆行星挤出机，属于塑料机械领域，包括底座、电动机、减速器、进料口、料斗、主螺杆、机筒a、机筒b、模头、行星螺杆和支撑架。所述电动机和减速器安装在底座上，电动机转轴与减速器连接；机筒a通过法兰安装在减速器机体上，机筒a上开有一个进料口，料斗安装在进料口上，机筒b和机筒a通过螺纹连接安装在一起，机筒b内壁设有螺旋槽，模头安装在机筒b的尾部；主螺杆安装在机筒a和机筒b内，主螺杆柄部与减速器连接，后半部主螺杆的螺纹截面为渐开线齿形，螺旋为多头螺纹；行星螺杆有9根，行星螺杆的螺纹截面为渐开线齿形，螺旋为多头螺纹，行星螺杆均匀分布在主螺杆和机筒b之间，行星螺杆同时与机筒b和主螺杆啮合。

申请号：CN201410107334

申请日：2014.03.21

公开（公告）号：CN103909534A

公开（公告）日：2014.07.09

专利名称：一种仿木高精度切割设备

IPC分类号：B26D1/08;B26D7/28;B26D5/12

申请（专利权）人：浙江海洋学院

发明人：王春涛

摘要

一种仿木高精度切割设备，属于塑料机械领域，包括机箱、感应器、平台、切割刀、液压缸、基座、面板、液压泵、油箱和PLC控制器。所述感应器安装在机箱上方，感应器内部装有激光测长仪，平台安装在机箱上部，平台为不锈钢材料并且表面做抛光处理，基座安装在平台上方，基座上设有一个液压缸，切割刀安装在基座上，切割刀由液压缸带动；机箱上面设有面板，在面板上设有各种操作按钮；机箱内部安装有液压泵和油箱，液压泵、油箱、液压缸等元件构成液压机构；PLC控制器安装在机箱内部，感应器、液压泵、面板上的按钮通过信号线与PLC控制器连接。

申请号：CN201410107285

申请日：2014.03.21

公开（公告）号：CN103909643A

公开（公告）日：2014.07.09

专利名称：一种仿木牵引装置

IPC分类号：B29C47/34

申请（专利权）人：浙江海洋学院

发明人：王春涛

摘要

一种仿木牵引装置，属于塑料机械领域，包括机箱、电动机、齿轮箱、减速器a、联轴器、皮带、升降机构、操作面板、辊轮、定位杆、上皮带轮组、下皮带轮组和减速器b。所述上皮带轮组主要由皮带和5个辊轮组成，下皮带轮组主要由皮带和5个辊轮组成，皮带为橡胶材料；下皮带轮组固定安装在机箱上；上带轮组和下皮带轮组之间安装有定位杆，两侧各2个；机箱后面设有1个电动机，减速器b固定在电动机上面，减速器a固定在减速器b上面，电动机、减速器a和减速器b通过齿轮箱内的齿轮连接在一起；一根联轴器连接上皮带轮组的一个辊轮和减速箱a，另外一根联轴器连接下皮带轮组的一个辊轮和减速器b。

申请号：CN201420128203

申请日：2014.03.21

公开（公告）号：CN203712103U

公开（公告）日：2014.07.16

专利名称：螺杆喷焊合金装置

IPC分类号：B23K31/02

申请（专利权）人：浙江金星螺杆制造有限公司

发明人：施飞跃、钱松岳

摘要

螺杆喷焊合金装置，属于塑料机械领域，包括机箱、夹持器、移动座、焊管、气管、容器、摇臂、尾锥、转把、尾座、导轨、底座、丝杆、升降杆、气泵、等离子机、操作面板、喷嘴和光杆。所述夹持器安装在机箱侧面，夹持器与机箱内部的电动机输出轴连接，夹持器由 3 个半圆组成；2 条导轨平行焊接在底座上，尾座放置在导轨上，尾锥安装在尾座上，尾锥轴心线与夹持器轴心线相同，尾座后面安装有转把；丝杆安装在导轨外侧，光杆安装在另一导轨外侧，丝杆一端与机箱内的齿轮箱连接；移动座安装在导轨上，丝杆和光杆穿过移动座，气泵和等离子机安装在移动座底部，移动座上设有升降杆，摇臂安装在升降杆上，喷嘴安装在摇臂上，喷嘴上设有 1 个容器。

申请号：CN201420129532

申请日：2014.03.21

公开（公告）号：CN203726794U

公开（公告）日：2014.07.23

专利名称：一种大容量快速螺杆挤出机

IPC 分类号：B29C47/54;B29C47/36

申请（专利权）人：浙江金星螺杆制造有限公司

发明人：施飞跃、钱松岳

摘要

一种大容量快速螺杆挤出机，属于塑料机械技术领域，包括支架、液压缸、压盘、插槽、挤出孔、搅拌片、筒体和液压马达。所述支架上安装有液压缸，液压缸上安装有压盘，压盘下设有筒体，筒体两侧安装有插槽，筒体中部安装有液压马达，液压马达上安装有搅拌片，筒体底部开有挤出孔。所述支架呈 U 形结构。所述液压马达上安装有 3 片搅拌片，搅拌片呈菱形结构。本挤出机可瞬时实现大容量挤出，可提高大容器的制造质量。

申请号：CN201420129552

申请日：2014.03.21

公开（公告）号：CN203728887U

公开（公告）日：2014.07.23

专利名称：一种螺杆热处理设备

IPC 分类号：C21D1/63;C21D9/00

申请（专利权）人：浙江金星螺杆制造有限公司

发明人：施飞跃、钱松岳

摘要

一种螺杆热处理设备，属于塑料机械技术领域，包括风机、槽体、减速电动机、挡板、液压缸、支板和框体。所述槽体左端安装有风机，右端安装有 2 个液压缸，液压缸上为支板，支板与框体相连接，槽体两侧通过减速电动机安装有挡板。所述挡板为长方体结构。所述框体由方管焊接而成，其上设有间隙。本设备可对大批螺杆进行同时处理，而且设有保护装置，可保护工人安全和提高生产效率。

申请号：CN201420130115

申请日：2014.03.21

公开（公告）号：CN203818182U

公开（公告）日：2014.09.10

专利名称：PS 仿木板塑料挤出成型切割机

IPC 分类号：B26D7/28;B26D1/08

申请（专利权）人：浙江海洋学院

发明人：王春涛

摘要

PS 仿木板塑料挤出成型切割机，属于塑料机械领域，包括机箱、感应器、平台、切割刀、液压缸、基座、面板、液压泵、油箱和 PLC 控制器。所述感应器安装在机箱上方，感应器内部装有激光测长仪，平台安装在机箱上部，平台为不锈钢材料并且表面做抛光处理，基座安装在平台上方，基座上设有 1 个液压缸，切割刀安装在基座上，切割刀由液压缸带动；机箱上部设有面板，在面板上设有各种操作按钮；机箱内部安装有液压泵和油箱，液压泵、油箱、液压缸等元件构成液压机构；PLC 控制器安装在机箱内部，感应器、液压泵、面板上的按钮通过信号线与 PLC 控制器连接。

申请号：CN201420130127
申请日：2014.03.21
公开（公告）号：CN203833019U
公开（公告）日：2014.09.17
专利名称：PS 仿木板塑料挤出成型干燥料斗
IPC 分类号：B29B13/06;B65D88/74
申请（专利权）人：浙江海洋学院
发明人：胡晓珍
摘要

PS 仿木板塑料挤出成型干燥料斗，属于塑料机械领域，包括出料口、桶体、盖子、电动机、排气口、拉环、鼓风机、控制柜、气管、挡片、联轴器、支撑架、电阻丝和搅拌器。所述桶体下部设有 1 个出料口，出料口处设有 1 个挡片，挡片可以控制出料的多少；桶体上部安装有 1 个盖子，盖子上设有 1 个拉环，通过拉环可以将盖子掀开，盖子上部设有排气口，电动机转轴穿过盖子安装在盖子中心；支撑架固定安装在桶体内壁，搅拌器安装在支撑架上，电动机转轴和搅拌器转轴通过连轴器连接在一起，该连轴器可以快速连接和分离；桶体侧面设有气管，控制柜安装在气管上，鼓风机出气口与气管进气口连接，气管内部安装有电阻丝。本装置具有干燥速度快干燥彻底的特点。

申请号：CN201420130126
申请日：2014.03.21
公开（公告）号：CN203831762U
公开（公告）日：2014.09.17
专利名称：PS 仿木板塑料挤出成型牵引机
IPC 分类号：B29C47/34
申请（专利权）人：浙江海洋学院
发明人：王春涛
摘要

PS 仿木板塑料挤出成型牵引机，属于塑料机械领域，包括机箱、电动机、齿轮箱、减速器 a、连轴器、皮带、升降机构、操作面板、辊轮、定位杆、上皮带轮组、下皮带轮组和减速器。所述上皮带轮组主要由皮带和 5 个辊轮组成，下皮带轮组主要由皮带和 5 个辊轮组成，皮带为橡胶材料；下皮带轮组固定安装在机箱上；上皮带轮组和下皮带轮组之间安装有定位杆，两侧各 2 个；机箱后面设有 1 个电动机，减速箱 b 固定在电动机上面，减速器 a 固定在减速器 b 上面，电动机、减速器 a 和减速器 b 通过齿轮箱内的齿轮连接在一起；1 根联轴器连接上皮带轮组的 1 个辊轮和减速器 a，另外一根联轴器连接下皮带轮组的 1 个辊轮和减速器 b。

申请号：CN201420089418
申请日：2014.02.28
公开（公告）号：CN203739206U
公开（公告）日：2014.07.30
专利名称：塑料挤出机模头
IPC 分类号：B29C47/86;B29C47/68;B29C47/08
申请（专利权）人：柳州市海达新型材料科技有限公司
发明人：李海航
摘要

本实用新型公开了一种塑料挤出机模头，属于塑料机械制造技术领域，该模头包括有与塑料挤出机加热单元尾端固接的其内部开设有塑料通道的模头主体，塑料通道出口端安装有成型模板；在模头主体内相对于塑料通道横向设置有可通过气缸移出模头主体内的滤网更换板，滤网更换板上安装有滤网，在滤网更换板与加热单元之间的模头主体内设置有多根与塑料通道朝向相同的加热管；在滤网更换板与加热单元之间的塑料通道内设置有压力传感器，压力传感器与控制器相连接，控制器通过电磁阀与气缸相连接。本实用新型可以解决现有塑料挤出机模头在生产过程中温度不均匀影响改性塑料成品性能及滤网堵塞后得不到及时更换的问题。

申请号：CN201420089298
申请日：2014.02.28

公开（公告）号：CN203739050U

公开（公告）日：2014.07.30

专利名称：改性塑料颗粒生产线

IPC 分类号：B29B9/06

申请（专利权）人：柳州市海达新型材料科技有限公司

发明人：黄观、李海航

摘要

本实用新型公开了一种改性塑料颗粒生产线，属于塑料机械制造技术领域，该生产线包括按顺序相连的搅拌进料机、挤出机、冷却水槽、干燥风机、牵引切粒机和包装机以及与各设备相连的电气控制柜，在搅拌进料机的进料口上设有防尘罩；在挤出机的加热单元外有围合防烟罩，防烟罩排烟口通过抽风机连接一热交换器，热交换器通过受热端出口与干燥风机相连；加热单元尾端接有包含内部滤网更换板的模头主体，在模头主体内设有与电气控制柜连接的通过气缸将滤网更换板移出模头主体内的传感器；在冷却水槽相对的两侧壁上分别设有多个进水口和出水口。可以解决环境污染、挤出机模头的滤网堵塞后影响生产，以及冷却水槽内的水温度不均匀影响塑料成品性能的问题。

申请号：CN201420089230

申请日：2014.02.28

公开（公告）号：CN203739211U

公开（公告）日：2014.07.30

专利名称：挤出塑料的冷却槽

IPC 分类号：B29C47/88

申请（专利权）人：柳州市海达新型材料科技有限公司

发明人：黄观、李海航

摘要

本实用新型公开了一种挤出塑料的冷却槽，属于塑料机械制造技术领域，该槽包括有槽体。所述槽体上设置有进水口和出水口，所述进水口和出水口之间的循环管道上设置有泵和冷却水箱，所述槽体相对的两侧壁上分别开设有多个进水口和出水口，这些进水口与出水口分别通过相应的电磁阀和总管相连；所述电磁阀分隔为对应的第一组电磁阀和第二组电磁阀，所述第一组电磁阀的控制端与电源相连接，所述第二组电磁的控制端与控制器相连接。本实用新型可以解决槽内的水温度不均匀造成冷却效果差，影响塑料的性能和质感的问题。

申请号：CN201420089411

申请日：2014.02.28

公开（公告）号：CN203739217U

公开（公告）日：2014.07.30

专利名称：塑料挤出机防护装置

IPC 分类号：B29C47/96

申请（专利权）人：柳州市海达新型材料科技有限公司

发明人：李海航

摘要

本实用新型公开了一种塑料挤出机防护装置，属于塑料机械制造技术领域，该塑料挤出机防护装置，包括有围合在塑料挤出机加热单元外部的防烟罩，所述防烟罩排烟口通过抽风机与热交换器的热源进口端相连通，所述热源出口端与废气处理室相连通；所述热交换器受热端出口通过干燥风机与风干喷口相连通。本实用新型可以解决条状改性塑料干燥效果差和塑料挤出机的加热单元所产生的烟气对环境破坏、对人体产生伤害的问题。

申请号：CN201420089229

申请日：2014.02.28

公开（公告）号：CN203739210U

公开（公告）日：2014.07.30

专利名称：挤出塑料的冷却槽

IPC 分类号：B29C47/92;B29C47/88

申请（专利权）人：柳州市海达新型材料科技有限公司

发明人：李海航

摘要

本实用新型公开了一种挤出塑料的冷却槽，属于塑料机械制造技术领域，该槽包括有设置在挤出机模头与吹风干燥机之间的槽体，槽体上开设有进水口和出水口，进水口和出水口之间的循环管道上设置有泵和冷却水箱，槽体相对的两侧壁上分别开设有多个进水口和出水口，进水口的口径尺寸从靠近挤出机模头的槽体前端至槽体末端依次减小，出水口的口径尺寸从槽体的前端至槽体末端依次增大；在泵与进水口之间设置有通过控制器与温度传感器连接的电磁阀，温度传感器的感应端设置在槽体内，控制器通过温度传感器输出的温度信号控制电磁阀的开闭。本实用新型可以解决槽内的水温度不均匀造成冷却效果差，影响塑料的性能和质感的问题。

申请号：CN201420065992

申请日：2014.02.14

公开（公告）号：CN203704585U

公开（公告）日：2014.07.09

专利名称：新型干燥塔

IPC 分类号：F26B11/16;F26B25/06;F26B25/04;F26B21/00

申请（专利权）人：中浪环保股份有限公司

发明人：刘伟

摘要

新型干燥塔，属于塑料机械设备领域，包括支架、筒体、叶片、转轴、网板、风机、减速电动机和气缸。所述筒体上部通过支架安装有气缸，气缸下部安装有减速电动机，减速电动机下部安装有转轴，转轴上安装有叶片，筒体下部安装有网板，网板下部安装有风机。本装置干燥效果好，可以缩短干燥时间，使用简单方便，促进了瓶片回收技术的改进。

申请号：CN201420065994

申请日：2014.02.14

公开（公告）号：CN203697284U

公开（公告）日：2014.07.09

专利名称：一种拉真空除湿设备

IPC 分类号：B29B13/06

申请（专利权）人：中浪环保股份有限公司

发明人：刘伟

摘要

一种拉真空除湿设备，属于塑料机械设备领域，包括上料筒、上阀、真空罐、液压缸、转板、下阀、下料筒和抽真空器。所述真空罐上部安装有上阀，上阀上部安装有上料筒，真空罐下部安装有下阀，下阀下部安装有下料筒，真空罐内壁安装有转板，转板和真空罐之间安装有液压缸，真空罐外侧安装有抽真空器。本装置除湿效果好，而且可以缩短除湿时间，使用简单方便，促进了瓶片回收技术的改进，提高生产效率。

申请号：CN201420065996

申请日：2014.02.14

公开（公告）号：CN203695516U

公开（公告）日：2014.07.09

专利名称：一种 PET 瓶片的超声波清洗设备

IPC 分类号：B08B3/12

申请（专利权）人：中浪环保股份有限公司

发明人：刘伟

摘要

一种 PET 瓶片的超声波清洗设备，属于塑料机械设备领域。包括水槽、减速电动机、固定板、超声波振动杆、吊机、货物架和吊钩。所述水槽下部放有货物架，货物架两旁设有吊钩，水槽上部通过减速电动机安装有固定板，固定板上安装有多根超声波振动杆，水槽旁通过铰链安装有吊机。所述固定板上开有多条凹槽，超声波振动杆竖直安装在凹槽内。所述固定板通过两侧对称安装的减速电动机固定在水槽上。本 PET 瓶片清洗设备采用超声波清洗，清洗效果好，而且瓶片的取放也方便，提高了清洗效率。

申请号：CN201420065993
申请日：2014.02.14
公开（公告）号：CN203704580U
公开（公告）日：2014.07.09
专利名称：瓶片去湿装置
IPC 分类号：F26B21/00;F26B11/04
申请（专利权）人：中浪环保股份有限公司
发明人：刘伟
摘要

瓶片去湿装置，属于塑料机械设备领域，包括伺服电动机、大转轴、筒体、远红外灯、斜板、干燥腔、风管和风机。所述伺服电动机上安装有大转轴，大转轴外安装有筒体，筒体上下端安装有多个远红外灯，远红外灯之间安装有斜板，筒体两侧通过风管安装有风机，风管上安装有干燥腔。本装置去湿和干燥效果好，而且使用简单方便，促进了瓶片回收技术的改进。

申请号：CN201420065940
申请日：2014.02.14
公开（公告）号：CN203694719U
公开（公告）日：2014.07.09
专利名称：一种 PET 熔体过滤装置
IPC 分类号：B01D29/35
申请（专利权）人：中浪环保股份有限公司
发明人：刘伟
摘要

一种 PET 熔体过滤装置，属于塑料机械设备领域。包括浮体环、浮体块、外缆绳、内筒体、外筒体、外电动机、内电动机和内缆绳。所述外筒体中安装有内筒体，内筒体上部设有浮体块，内筒体和外筒体之间上部安装有浮体环，外电动机安装在外筒体下部，内电动机安装在内筒体下部，浮体环通过外缆绳与外电动机相连接，浮体块通过内缆绳与内电动机相连接所述内筒体和外筒体均为正八边形。所述浮体环、浮体块均为空心不锈钢体。所述内筒体上开有滤孔。本装置内筒体、外筒体结构紧凑，而且带自排熔体机构，在进行停机或检修时可直接将剩余熔体排出，节约了材料，提高了材料的利用率。

申请号：CN201420065995
申请日：2014.02.14
公开（公告）号：CN203704557U
公开（公告）日：2014.07.09
专利名称：一种利用余热烘烤纸管的装置
IPC 分类号：F26B9/00
申请（专利权）人：中浪环保股份有限公司
发明人：刘伟
摘要

一种利用余热烘烤纸管的装置，属于塑料机械设备领域，包括箱体、支杆、风机、电动伸缩杆、固定杆、柔性风道和出风管。所述箱体一侧安装有两根固定杆，另一侧安装有出风管，固定杆上安装有电动伸缩杆，一根电动伸缩杆上安装有风机，另一根电动伸缩杆上安装有柔性风道，柔性风道连接进入箱体下方，箱体内部设有支杆。本装置借助生产中使用的空气压缩机热量对纸管进行干燥，实现了能量的回收利用，同时干燥效果好。

申请号：CN201420065997
申请日：2014.02.14
公开（公告）号：CN203974015U
公开（公告）日：2014.12.03
专利名称：一种新型 PET 挤出机
IPC 分类号：B29C47/38;B29C47/10
申请（专利权）人：中浪环保股份有限公司
发明人：刘伟
摘要

一种新型 PET 挤出机，属于塑料机械设备领域。包括原料螺杆、大步进电动机、大料斗、小步进电动机、小料斗、色母螺杆、搅拌片和挤出成型机。所述原料螺杆右端安装大步进电动机，原料螺杆左端连接色母螺杆，原料螺杆上部为大料斗，色母螺杆上端安装小步进电动机，小步进电动机旁设有小料斗，色母螺杆接入到挤出成型机。所述色母螺杆上端为螺杆结构，下端为搅拌结构，设有搅拌片。所述原料螺杆与色母螺杆相互垂直。本PET挤出机能根据生产的实时需要快速调整颜色的混合比例，从而达到良好的混色效果。

申请号：CN201410009103

申请日：2014.01.08

公开（公告）号：CN103753224A

公开（公告）日：2014.04.30

专利名称：塑料机械用无缝钢管加工工艺

IPC分类号：B23P23/04、B05C7/00、F16L58/08、F16L9/02

申请（专利权）人：金寨县原元康塑料机械制造有限公司

发明人：孙邓飞、周美其、卢建

摘要

一种塑料机械用无缝钢管加工工艺，涉及机械配件加工技术领域，方法步骤包括，①根据实际加工型号，选择对应尺寸的钢管；②将钢管一端用焊接设备封闭，然后装入合金材料，再将另一端焊接封闭，使合金材料密封在钢管内；③将焊接好的钢管送入加热炉进行加热，在加热过程中使钢管在加热炉内匀速转动，使合金材料熔化；④控制加热炉内的温度在1 200～1 400℃，加热20～60min，拉出钢管，放入离心设备上进行离心旋转，使熔化后的合金材料镀覆在钢管内壁上，形成一层合金层；⑤冷却后将钢管两端焊接部位切开，然后去应力，再将钢管内外壁抛光打磨。本发明工艺简单，易于实际操作，制备的钢管具有非常好的耐磨、耐腐蚀性能。

申请号：CN201320704035

申请日：2013.11.08

公开（公告）号：CN203686132U

公开（公告）日：2014.07.02

专利名称：塑料机械油封

IPC分类号：F16J15/16

申请（专利权）人：常州市锦涛塑业有限公司

发明人：秦青云

摘要

本实用新型属于塑料机械配件领域，具体是一种塑料机械油封。包括铜质的套筒，该套筒周面上设有若干环形的T形凹槽，T形凹槽内嵌入T形密封圈，套筒内设有1个安装台阶，安装台阶上固定有内密封圈，内密封圈的端面上设有环形的矩形槽，矩形槽内径向固定有若干弹性部件，矩形槽的槽口通过密封垫密封。本实用新型的优点是结构简单实用，能通过T形密封圈和内密封圈的凸脊起到内外可靠地密封作用。

申请号：CN201320703995

申请日：2013.11.08

公开（公告）号：CN203730757U

公开（公告）日：2014.07.23

专利名称：塑料粒子挤出机的机械油封

IPC分类号：F16J15/16

申请（专利权）人：常州市锦涛塑业有限公司

发明人：秦青云

摘要

本实用新型属于塑料机械配件领域，具体是一种塑料粒子挤出机的机械油封。包括铜质的套筒，该套筒周面上设有若干环形的T形凹槽，T形凹槽内嵌入T形密封圈，T形密封圈顶端设为凸圆弧形，套筒内设有1个安装台阶，安装台阶上固定有内密封圈，内密封圈的端面上设有环形的矩形槽，矩形槽内设有一个弹性块，该弹性块内设有1个内腔，内腔里固定有圆柱弹簧。本实用新型的优点是结构简单实用，能通过T形密封圈的凸圆弧顶端进行有效密封同时凸圆弧的顶端有利于安装和拆卸，内密封圈的弹性块对内密封圈进行弹性支撑，起到内外可靠的密封作用。

申请号：CN201320696456

申请日：2013.11.05

公开（公告）号：CN203665930U

公开（公告）日：2014.06.25

专利名称：一种用于可降解塑料发泡片材挤出的整平装置

IPC 分类号：B29C69/02;B29C53/18

申请（专利权）人：南京拓思挤出机械有限公司

发明人：刘运武、罗江、周军

摘要

本实用新型提供了一种用于可降解塑料发泡片材挤出的整平装置，属于塑料机械领域。本装置包括驱动部分、整平部分和传动部分；所述驱动部分采用微型摆线针轮减速机；所述整平部分包括上整平带和下整平带；所述传动部分包括链条或同步带。本实用新型实现了发泡片材的整平。

申请号：CN201320432944

申请日：2013.07.22

公开（公告）号：CN203409993U

公开（公告）日：2014.01.29

专利名称：基于工业电脑控制的专用注射机控制系统

IPC 分类号：B29C45/76

申请（专利权）人：宁波市海达塑料机械有限公司

发明人：王其星、蒋磊

摘要

本实用新型公开了一种基于工业电脑控制的专用注射机控制系统，包括注射机需要控制的输入输出模拟量，采用电脑输入输出控制模块作为输入输出模拟量的控制模块，电脑输入输出控制模块通过普若夫巴斯总线与电脑相连接，电脑通过普若夫巴斯总线连接设有高精度温度控制卡，高精度温度控制卡上设有温度输入模块和加热元件控制模块。达到更好的实现综合控制效果，包括对熔体温度、注射压力、注射速度、保压时间、冷却过程及液压回路中各种参数；更好的满足塑料机械技术的发展，达到更好的控制能力和响应速度要求。

申请号：CN201320389315

申请日：2013.07.02

公开（公告）号：CN203331331U

公开（公告）日：2013.12.11

专利名称：一种塑料机械的保温装置

IPC 分类号：B29C47/08;B29C45/17

申请（专利权）人：成都三环金属制品有限公司

发明人：李正华、蓝元虎、王梦晓

摘要

本实用新型公开了一种塑料机械的保温装置，其特征在于：该装置包括多个由碱性玻璃纤维布和保温石棉组成的片状体，用耐热、耐磨金属线将片状体缝纫成为整体。本实用新型所述的塑料机械的保温装置，实施时该种装置内外层采用碱性玻璃纤维布，中间层为保温石棉，用耐热、耐磨金属线缝纫以达到保温目的；可用简易五金扣连接，可以多片联用尽量避免包覆不了的地方。使用时是在加热装置的外面设置所述保温装置，这种保温装置在非正常情况时使用，如停电、更换模具等。

申请号：CN201310269364

申请日：2013.07.01

公开（公告）号：CN103286914A

公开（公告）日：2013.09.11

专利名称：注射机的复位装置

IPC 分类号：B29C45/17

申请（专利权）人：柳州市嘉诚汽车饰件系统有限公司

发明人：杨开沈、卓李传、吴艺峰

摘要

本发明公开了一种注射机的复位装置，涉及塑料机械制造技术领域，包括有设在固定板与动模板之间的脱模板，装在所述固定板上的驱动缸与所述脱模板连接，所述动模板与动模之间设有推板，所述推板一侧设有穿在所述动模导孔中的顶针，所述推板通过顶出杆与所述脱模板相连接；所述脱模板上设有多个螺纹孔，所述顶出杆的一端设有一段螺纹，所述顶出杆通过螺纹与所述脱模板连接。较之现有技术，本发明顶出杆与脱模板通过螺纹连接，模具合模时，驱动缸的活塞杆拉动脱模板朝固定板方向移动复位，脱模板带动顶出杆和推板一起移动复位，顶针随着推板移动复位，避免出现顶针与定模碰撞的现象；顶针复位平衡、准确，复位速度快，生产效率高。

申请号：CN201320383664

申请日：2013.07.01

公开（公告）号：CN203371722U

公开（公告）日：2014.01.01

专利名称：注射机的复位装置

IPC 分类号：B29C45/17

申请（专利权）人：柳州市嘉诚汽车饰件系统有限公司

发明人：杨开沈、卓李传、吴艺峰

摘要

本实用新型公开了一种注射机的复位装置，涉及塑料机械制造技术领域，包括有设在固定板与动模板之间的脱模板，装在所述固定板上的驱动缸与所述脱模板连接，所述动模板与动模之间设有推板，所述推板一侧设有穿在所述动模导孔中的顶针，所述推板通过顶出杆与所述脱模板相连接；所述脱模板上设有多个螺纹孔，所述顶出杆的一端设有一段螺纹，所述顶出杆通过螺纹与所述脱模板连接。较之现有技术，本实用新型顶出杆与脱模板通过螺纹连接，模具合模时，驱动缸的活塞杆拉动脱模板朝固定板方向移动复位，脱模板带动顶出杆和推板一起移动复位，顶针随着推板移动复位，避免出现顶针与定模碰撞的现象；顶针复位平衡、准确，复位速度快，生产效率高。

申请号：CN201330212412

申请日：2013.05.28

公开（公告）号：CN302589106S

公开（公告）日：2013.09.25

专利名称：塑料机械控制系统

申请（专利权）人：深圳市艾克姆科技发展有限公司

发明人：刘建荣、张新华、李平化

外观设计珞珈诺分类号：15-99

外观设计简要说明

（1）本外观设计产品的名称：塑料机械控制系统。

（2）本外观设计产品的用途：本外观设计产品用于控制塑料机械的工作。

（3）本外观设计产品的设计要点：产品的形状。

（4）本外观设计产品为成套设计并成套销售使用。其中组件 1 为塑料机械控制系统的主机，组件 2 为塑料机械控制系统的面板，组件 1 和组件 2 通过线路连接使用。

申请号：CN201310217091

申请日：2013.05.23

公开（公告）号：CN103264916A

公开（公告）日：2013.08.28

专利名称：塑料管 (带) 卷绕辊

IPC 分类号：B65H19/30

申请（专利权）人：新疆玉悦科技发展有限公司

发明人：王长青、王志强、王亚玲

摘要

本发明公开了一种塑料管 (带) 卷绕辊，属于塑料机械领域。卷绕辊轴的里端有固定挡板，外端有活动挡板；活动挡板有一个套在辊轴上的滑动套。摘取塑料管 (带) 的盘卷时，只要解除滑动套的固定，向外拉动活动挡板条，活动挡板即向辊轴收缩，同时带动辊芯的直径缩小，套在辊芯上的塑料管 (带) 盘卷轻松取下。动作简便、快捷，省时省力。

申请号：CN201310217084
申请日：2013.05.23
公开（公告）号：CN103264498A
公开（公告）日：2013.08.28
专利名称：大口径双层板带塑料管的卷管机构
IPC 分类号：B29C53/58
申请（专利权）人：新疆玉悦科技发展有限公司
发明人：王长青、王志强、王亚玲
摘要
本发明公开了一种大口径双层板带塑料管的卷管机构，属于塑料机械领域。大口径双层板带塑料管卷管机构，是在卷管机上沿圆周均布着n对卷管驱动辊，每对卷管驱动辊中有一个贴紧塑料管管壁外圆的阶梯辊和一个贴紧塑料管壁内圆的圆柱辊，和阶梯辊两段不同直径的阶梯辊身相对齐的塑料管外圆周面上，分别有一组圆周导向辊。大口径双层板带塑料管卷管机构可一次同时输入2条板带，一条板带卷内圈，一条板带卷外圈，一次完成双层板带卷管，其功效与单层板带卷管基本相同，产品强度、刚度成倍增加。

申请号：CN201320308554
申请日：2013.05.23
公开（公告）号：CN203357877U
公开（公告）日：2013.12.25
专利名称：大口径双层板带塑料管的卷管机构
IPC 分类号：B29C53/58
申请（专利权）人：新疆玉悦科技发展有限公司
发明人：王长青、王志强、王亚玲
摘要
本实用新型公开了一种大口径双层板带塑料管的卷管机构，属于塑料机械领域。大口径双层板带塑料管卷管机构，是在卷管机上沿圆周均布着n对卷管驱动辊，每对卷管驱动辊中有一个贴紧塑料管管壁外圆的阶梯辊和一个贴紧塑料管壁内圆的圆柱辊，和阶梯辊两段不同直径的阶梯辊身相对齐的塑料管外圆周面上，分别有一组圆周导向辊。大口径双层板带塑料管卷管机构可一次同时输入2条板带，一条板带卷内圈，一条板带卷外圈，一次完成双层板带卷管，其功效与单层板带卷管基本相同，产品强度、刚度成倍增加。

申请号：CN201320308555
申请日：2013.05.23
公开（公告）号：CN203579945U
公开（公告）日：2014.05.07
专利名称：废塑料破碎净化机
IPC 分类号：B29B17/04;B29B17/02
申请（专利权）人：新疆玉悦科技发展有限公司
发明人：吕正年
摘要
本实用新型专利公开了一种废塑料破碎净化机，属于塑料机械领域。废塑料破碎净化机，包括粉碎机、输送设备及筛分装置。粉碎机的出料口连接气流输送机，气流输送机的出料口连接清理筛，清理筛通过弹簧连接在机架上，清理筛的底板上装有震动电动机，清理筛的筛面上装有强磁铁。清理筛的筛面的前面一段的网眼比后面一段的网眼较大。废塑料破碎净化机可以清除附着在废塑料上的水泥粉尘颗粒，清除混在其中的铁钉螺丝等，消除危害塑料机械的隐患。

申请号：CN201310191619
申请日：2013.05.22
公开（公告）号：CN103231468A
公开（公告）日：2013.08.07
专利名称：一种链式输送装置
IPC 分类号：B29C31/08;B29L22/00;B29C49/42
申请（专利权）人：东莞佳鸿机械制造有限

公司

发明人：李伟宏

摘要

本发明涉及塑料机械技术领域，特指一种链式输送装置，包括回折式输送轨道和传动链轮，所述回折式输送轨道内部设置有输送链条，所述传动链轮驱动输送链条在回折式输送轨道内部循环转动；所述输送链条包括上链板、中链板和下链板，所述中链板设置于上链板和下链板之间，所述上链板、中链板和下链板三者的连接处均纵向插接有第一轴套，所述上链板、中链板和下链板均可围绕第一轴套相互转动，所述第一轴套插接有可转动的夹具体，所述夹具体的上端卡接有夹具头，通过上述结构可实现输送链条的连续多次弯折，不仅便于加热系统的布局，而且使吹瓶设备的整体尺寸更加紧凑，节约厂房的空间。

申请号：CN201320282165

申请日：2013.05.22

公开（公告）号：CN203266998U

公开（公告）日：2013.11.06

专利名称：一种链式输送装置

IPC 分类号：B29C31/08;B29L22/00;B29C49/42

申请（专利权）人：东莞佳鸿机械制造有限公司

发明人：李伟宏

摘要

本实用新型专利涉及塑料机械技术领域，特指一种链式输送装置，包括回折式输送轨道和传动链轮，所述回折式输送轨道内部设置有输送链条，所述传动链轮驱动输送链条在回折式输送轨道内部循环转动；所述输送链条包括上链板、中链板和下链板，所述中链板设置于上链板和下链板之间，所述上链板、中链板和下链板三者的连接处均纵向插接有第一轴套，所述上链板、中链板和下链板均可围绕第一轴套相互转动，所述第一轴套插接有可转动的夹具体，所述夹具体的上端卡接有夹具头，通过上述结构可实现输送链条的连续多次弯折，不仅便于加热系统的布局，而且使吹瓶设备的整体尺寸更加紧凑，节约厂房的空间。

申请号：CN201320263437

申请日：2013.05.15

公开（公告）号：CN203267190U

公开（公告）日：2013.11.06

专利名称：新型挤出机过滤器

IPC 分类号：B29C47/68

申请（专利权）人：常州市第三轻工机械有限公司

发明人：毛国方

摘要

本实用新型专利涉及塑料机械领域，尤其是一种新型挤出机过滤器。其包括器体、过滤球和辅助网，过滤球和辅助网安装在器体内。以过滤球为主要过滤装置，嵌在筒状器体内过滤流过的熔体，过滤球后面还设有辅助网，可对疏漏的杂物进行补充过滤，进一步提高过滤质量，从而大大提高了生产效率，节约了原材料，降低了生产成本。

申请号：CN201320263497

申请日：2013.05.15

公开（公告）号：CN203270111U

公开（公告）日：2013.11.06

专利名称：新型纺丝箱

IPC 分类号：D01D1/06;D01D13/02

申请（专利权）人：常州市第三轻工机械有限公司

发明人：毛国方

摘要

本实用新型专利涉及塑料机械领域，尤其是一种新型纺丝箱。其包括箱体、加热室和保温层，加热室包在箱体外部，保温层包在加热室外部，箱体内设有隔板。在箱体的内部设置隔板，隔板为中空结构，并与加热室联通，既起到支撑作用，提高箱体强度，又可形成贯穿的通道，引导液油进入箱体的内部，快速大面积地将热量传导至箱体内部的原料，直接进行加热，从而大大提高了加热效率，节约了能源，降低了生产成本。

申请号：CN201320263515

申请日：2013.05.15

公开（公告）号：CN203270113U

公开（公告）日：2013.11.06

专利名称：隔热纺丝箱

IPC 分类号：D01D13/02

申请（专利权）人：常州市第三轻工机械有限公司

发明人：毛国方

摘要

本实用新型专利涉及塑料机械领域，尤其是一种隔热纺丝箱。其包括箱体、保温层和防护壳，保温层包在箱体外部，防护壳包在保温层外部，保温层由防火层和隔热层复合而成。保温层采用防火层和隔热层的复合结构，防火层为石棉材质，耐火绝缘性强，可防止高温着火，隔热层的材质为改性聚氨酯泡沫，具有极好的耐候保温性能，两种材料复合成一体，大大提高了纺丝箱的整体隔热保温效果。

申请号：CN201320263513

申请日：2013.05.15

公开（公告）号：CN203270112U

公开（公告）日：2013.11.06

专利名称：高效纺丝箱

IPC 分类号：D01D13/02

申请（专利权）人：常州市第三轻工机械有限公司

发明人：毛国方

摘要

本实用新型专利涉及塑料机械领域，尤其是一种高效纺丝箱。其包括箱体、加热室和保温层，加热室包在箱体外部，保温层包在加热室外部，箱体上设有散热片。在箱体的内壁上设置散热片，快速广泛地将热量传导至箱体内部，与箱体内的原料紧密接触，直接进行加热，深入而全面，曲线形的散热片还可增大散热面积，从而大大提高了加热效率，节约了能源，降低了生产成本。

申请号：CN201320262098

申请日：2013.05.14

公开（公告）号：CN203371367U

公开（公告）日：2014.01.01

专利名称：一种实现在线抛光的压延机

IPC 分类号：B24B21/02

申请（专利权）人：佛山市天进塑胶有限公司

发明人：张刘基、刘湛祥、贺光明

摘要

该实用新型专利涉及塑料机械技术领域，具体的说，涉及一种实现在线抛光的压延机，包括主机轮，主机轮一侧设有用于对主机轮进行在线抛光的抛光机。抛光机包括本体、橡胶轮和砂带，橡胶轮驱动砂带转动，砂带与主机轮触接。砂带的旋转速率可调。该实用新型采用在主机轮的一侧设有用于对主机轮进行在线抛光的抛光机的技术方案，实现了主机轮的在线抛光，即省去了停机、拆卸主机轮和安装主机轮的步骤，实现了全自动化生产，提高了生产效率，节省了人力资源。

申请号：CN201310163590

申请日：2013.05.05

公开（公告）号：CN104129005A

公开（公告）日：2014.11.05

专利名称：一种新型的塑料混合机

IPC 分类号：B29B7/22;B29B7/16

申请（专利权）人：上海盛络建筑工程有限公司

发明人：程齐

摘要

一种新型的塑料混合机，它涉及塑料机械加

工技术领域。桶体的一侧桶壁上设置有感应报警装置，桶体的下端一侧设置有出料口，出料口与桶体下端的连接处设置有出料抽板，出料抽板上设置有锁紧螺栓，机架的下端设置有伸缩杆，伸缩杆的下端设置有脚轮，桶体的下端设置有减速机，减速机的下端设置有电动机，桶体的另一侧桶壁上设置有电器箱。它采用四轮直立式设计，方便移动，体积小，结构简单，使用安全，噪声低，持久耐用，低耗能，高效率，可以根据使用情况调节机架高度，满足了一般生产加工的需求。

申请号：CN201310066799

申请日：2013.03.04

公开（公告）号：CN103112144A

公开（公告）日：2013.05.22

专利名称：用于滴灌带生产的长效双边换网装置

IPC 分类号：B29C47/08;B29L29/00;B29C47/68

申请（专利权）人：舟山市安格机械有限公司

发明人：贺岳年

摘要

一种用于滴灌带生产的长效双边换网装置，属于塑料机械领域，包括模体、压紧螺母、拉环、轴承、出料口、滤芯、定位孔、进料口和锥形导流体，模体为中空的圆柱体结构，模体的下方中间部位设有进料口，模体的下方两侧设有定位孔，模体的上方设有两个出料口；压紧螺母装在拉环上，在压紧螺母上设有一个轴承，拉环焊接在滤芯上；滤芯有两个，为圆柱体结构，外表面设有小孔，内部焊接有锥形导流体，滤芯的一端与出料口相连通；滤芯通过压紧螺母安装在模体内，将定位螺丝安装在定位孔上来确定滤芯的准确位置。在一个模体内设有两个滤芯，解决了双轮一出四成型设备的技术需要。滤芯顶锥面与模体内锥面为微密封配合，解决了压力流窜和压力不稳的问题。

申请号：CN201320096033

申请日：2013.03.04

公开（公告）号：CN203063096U

公开（公告）日：2013.07.17

专利名称：滴灌带成型的定量挤出装置

IPC 分类号：B29L29/00;B29C47/70

申请（专利权）人：舟山市安格机械有限公司

发明人：贺岳年

摘要

一种滴灌带成型的定量挤出装置，属于塑料机械领域，包括电动机、减速箱、连轴、下齿轮、上齿轮、模具、定量泵和进料腔，电动机连接减速箱，减速箱输出轴通过连轴连接到定量泵内的下齿轮，定量泵内部为双齿轮啮合结构，其中下齿轮为主动轮，上齿轮为从动轮，下齿轮逆时针旋转，上齿轮顺时针旋转，上齿轮和下齿轮啮合形成一个啮合腔；进料腔出口连接定量泵的进口，定量泵的出口连接到模具处。

申请号：CN201320096047

申请日：2013.03.04

公开（公告）号：CN203062987U

公开（公告）日：2013.07.17

专利名称：浮动牵引组件

IPC 分类号：B29C31/00

申请（专利权）人：舟山市安格机械有限公司

发明人：贺岳年

摘要

浮动牵引组件，属于塑料机械领域，包括转轮、上胶轮、带轮、右侧板、底板、下胶轮、左侧板、减速箱、电动机、盖板、槽、螺杆、弹簧、移动块和带，下胶轮有两个并排安装在右侧板和左侧板之间；右侧板和左侧板固定在底板上，在左侧板一侧设有电动机和减速器；右侧板一侧的下胶轮轴上装有皮带轮，两个皮带轮通过带相连接；右侧板和左侧板相对应的位置分别开有两个槽，移动块中间开有轴孔，上胶轮有两个分别安装在移动块上，移动块上部与弹簧相连，弹簧上部与螺杆连接，螺杆另一端装有转轮；盖板通过螺母固定在右侧板和左侧板槽的上方，盖板中间开有螺纹孔，螺杆装在盖板的螺纹孔处。

申请号：CN201320096035
申请日：2013.03.04
公开（公告）号：CN203079383U
公开（公告）日：2013.07.24
专利名称：收卷防翻带装置
IPC 分类号：B65H23/032
申请（专利权）人：舟山市安格机械有限公司
发明人：贺岳年
摘要

一种收卷防翻带装置属于塑料机械领域，包括导向轮、导轮 a、导轮 b、导轮 c、固定孔、支撑板和螺母，导向轮有两个，通过螺母并排竖直安装在支撑板的前部；导轮 a、导轮 b 和导轮 c 通过螺母依次安装在支撑板上，并且它们的轴线与导向轮的轴线垂直；在支撑板的底部设有两个固定孔。滴灌带首先从两个导向轮的中间穿过，然后滴灌带旋转 90 度从导轮 a 上方穿过，再从导轮 b 的下发穿过，最后从导轮 c 的上方穿过。由于在支撑板的前部设了两个导向轮，在整个装置来回移动的情况下，滴灌带的边沿不触碰到导轮的边沿，有效地解决了翻带的问题，使整卷滴灌带质量得到提升。

申请号：CN201320096048
申请日：2013.03.04
公开（公告）号：CN203079370U
公开（公告）日：2013.07.24
专利名称：六工位收卷装置
IPC 分类号：B65H18/10;B65H23/032;B65H19/22
申请（专利权）人：舟山市安格机械有限公司
发明人：贺岳年
摘要

一种六工位收卷装置属于塑料机械领域，包括机架、防翻带装置、传动轴、收卷盘、收卷盘转动轴、皮带、电动机和控制面板，电动机安装在机架的底部，电动机有 6 个；机架的左右两侧各设有 6 个收卷盘，收卷盘安装在收卷盘转动轴上，收卷盘转动轴通过皮带与电动机相连，每个收卷盘都有 1 个电动机单独提供动力；每个收卷盘上方都设有 1 个防翻带装置，防翻带装置安装在传动轴上，带连接传动轴和收卷盘转动轴，随着传动轴转动防翻带装置在传动轴上左右来回移动；每个收卷盘上方的机架上都设有 1 个控制面板。

申请号：CN201320072215
申请日：2013.02.09
公开（公告）号：CN203046212U
公开（公告）日：2013.07.10
专利名称：一种新型单螺杆挤出机
IPC 分类号：B29C47/38;B29C47/92;B29C47/60
申请（专利权）人：舟山市定海区巨洋技术开发有限公司
发明人：薛莉莉、吴璐璐
摘要

该实用新型公开了一种新型单螺杆挤出机，属于塑料机械设备技术领域，包括机架，设置在机架上方的料筒，设置在料筒顶部的料斗，环绕设置在料筒上的冷却装置，设置在料筒内部的螺杆，设置在螺杆两侧的第一螺旋叶和第二螺旋叶，设置在料筒两端底部的第一出口和第二出口。所述机架一端设有变速箱和电动机，变速器和电动机设有皮带相连。螺杆两侧设置反向的第一螺旋叶和第二螺旋叶，通过同一螺杆作轴向推进，使物料向两个出口同时挤出，通过冷却装置内设置的温控检测仪器，控制和检测料筒的工作温度。其结构简单，减少成本，提高效率，延长使用寿命。

申请号：CN201320066784
申请日：2013.02.06
公开（公告）号：CN203110241U
公开（公告）日：2013.08.07
专利名称：预发机底部激光切割气室板
IPC 分类号：B23K26/38;B29C44/34

申请（专利权）人：杭州方圆塑机股份有限公司

发明人：袁健华、邓有为、袁国清、卢鑫垚

摘要

一种预发机底部激光切割气室板，涉及泡沫塑料机械领域，尤其是指一种预发机的改进结构。其主要技术特征是所述激光切割气室板，由四块圆心角为90°的扇形板组合而成，每块板中间的切割槽平行于扇形的一条边，并且每相邻两块板的切割槽方向相互错开。该实用新型由于用激光整张板切割，成本低，四块板拼好后，每旋转90°蒸汽透气孔方向改变，提高了蒸汽透过后的均匀度，采用激光切割，调节适度的焦距，使透气槽上下间隙不一，成“楔形”，保证了蒸汽的流量和产品质量。

申请号：CN201420529490

申请日：2014.09.15

公开（公告）号：CN204036937U

公开（公告）日：2014.12.24

专利名称：用于涂塑复合机的边膜修边装置

IPC 分类号：B26D1/02;B31B1/22

申请（专利权）人：常州市恒成塑料机械有限公司

发明人：刘成臣、胡国辉

摘要

该实用新型提供一种用于涂塑复合机的边膜修边装置，包括刀座以及安装在所述刀座上的刀片。所述刀座上还安装有具有水平部的支撑杆，所述支撑杆的水平部靠近刀片设置，该支撑杆的水平部与刀片的尖端部等高或高于尖端部。该实用新型结构简单，安装方便，可以使用最经济的三联刀片作为纵向切割道具，成本低廉。

申请号：CN201420525384

申请日：2014.09.15

公开（公告）号：CN204054860U

公开（公告）日：2014.12.31

专利名称：一种新型复合机

IPC 分类号：B32B37/06;B32B38/06;B32B37/12;B32B37/10

申请（专利权）人：石狮市新华塑料机械有限公司

发明人：蔡金挺

摘要

该实用新型公开了一种新型复合机，所述进料导向辊和下进料导向辊设置在导轨上部，热辊下方设有复合胶辊和钢辊，复合胶辊和钢辊通过离合气缸驱动，上进料导向辊和下进料导向辊的左侧都设有预热装置，降温辊上的压料的输出端穿过位于压印机主机上的压印机压头，能够压印各种压纹，穿过压印机压头的压料卷在卷料筒上，所述压印机压头和卷料筒之间设有一个切料设备。该复合机避免了压料被烫伤的情况发生，压料在进入上进料导向辊和下进料导向辊前经过预热装置进行预热处理，避免了压料过硬造成对压料的损伤。经过降温辊的压料，温度正好适宜压纹，通过压印机压头压制成需要的花纹，用卷料筒进行卷料，且通过切料设备进行切断。

申请号：CN201420529609

申请日：2014.09.15

公开（公告）号：CN204054203U

公开（公告）日：2014.12.31

专利名称：塑编袋微孔针刺装置

IPC 分类号：B26F1/24;B26D5/08;B26D7/26

申请（专利权）人：常州市恒成塑料机械有限公司

发明人：胡国辉、刘成臣

摘要

该实用新型提供一种塑编袋微孔针刺装置，包括机架，所述机架上安装有针刺压辊机构，所述针刺压辊机构包括针刺辊和轴装在所述机架上的橡胶辊；所述机架上安装有一对摆动支架，所述摆动支架可绕安装点摆动；所述针刺辊的两端分别轴装在两个摆动支架上；所述机架上还安装有一对气缸，该对气缸各驱动一个摆动支架，使轴装在摆动支架上的针刺辊具有向所述橡胶辊方向的压力。该实用新型可以根据塑编袋的层厚，精密调整针刺辊的针刺深度，实现单层刺孔，而不影响另一面，从而使塑编袋拉力强度损失≤5%，最大限度地维持塑编袋的质量。

申请号：CN201410463493

申请日：2014.09.12

公开（公告）号：CN104227899A

公开（公告）日：2014.12.24

专利名称：钢丝绳芯输送带冷压成型方法及冷压机成型车

IPC 分类号：B29C43/22;B29D29/06;B29C43/50;B29C43/32

申请（专利权）人：益阳橡胶塑料机械集团有限公司

发明人：蔡徐军、徐铁、姚伟、孙庆伟、蔡超

摘要

该发明公开了一种地坑浅设的钢丝绳芯输送带冷压成型方法。它包括安装在车架上的冷压板、冷压动板，其特征在于冷压板安装在车架中下部，冷压板上方对应设有由若干升降油缸带动的冷压动板；当带坯输送至冷压板时，均匀布置的升降油缸带动冷压动板向下运动，通过从上往下压的方式使带坯冷压成型，冷压动板受力均匀，从而使生产的胶带厚度均匀；冷压机成型车包括安装在车架上的冷压机、行走装置、上移动导布小车、下移动导布小车、脱模托辊装置、切边胶装置、分梳装置，所述的车架包括上支架、下托架，上支架、下托架之间的距离为 1.9～2.2m。该发明在离地面 200mm 深的导轨上行驶，安装、检修操作方便，安全可靠，提高了工作效率；设备重量较现有设备减少 20% 左右。

申请号：CN201410439288

申请日：2014.09.01

公开（公告）号：CN104162964A

公开（公告）日：2014.11.26

专利名称：一种注射机的顶出机构

IPC 分类号：B29C45/40

申请（专利权）人：浙江金鹰塑料机械有限公司

发明人：何育才、李波涛、张攀峰

摘要

一种注射机的顶出机构，属于注射机技术领域，包括机壳、长轴承、油孔、法兰轴承、密封盖、同步轮、键块、第一螺母、J 型油封、静压轴承、阀套、螺母副、顶出导板、副杆、螺杆、主杆、伺服电动机、电动机座、主动轮、脱模同步带、第一开孔、第二开孔、凹槽和限位块。所述伺服电动机安装在电动机座上，电动机座上设有螺钉，螺钉将电动机座固定在机壳左侧，主动轮安装在伺服电动机的输出轴上，法兰轴承安装在机壳背面，同步轮安装在法兰轴承上，螺母副安装在机壳内，螺母副左端安装在同步轮内。该发明的优点是：顶出力均匀且螺母副不容易折断。

申请号：CN201420498322

申请日：2014.09.01

公开（公告）号：CN203994574U

公开（公告）日：2014.12.10

专利名称：一种注射机的顶出机构

IPC 分类号：B29C45/40

申请（专利权）人：浙江金鹰塑料机械有限公司

发明人：何育才、李波涛、张攀峰

摘要

一种注射机的顶出机构，属于注射机技术领域，包括机壳、长轴承、油孔、法兰轴承、密封盖、同步轮、键块、第一螺母、J 型油封、静压轴承、阀套、螺母副、顶出导板、副杆、螺杆、主杆、伺服电动机、电动机座、主动轮、脱模同步带、第一开孔、第二开孔、凹槽和限位块。所述伺服电动机安装在电动机座上，电动机座

上设有螺钉，螺钉将电动机座固定在机壳左侧，主动轮安装在伺服电动机的输出轴上，法兰轴承安装在机壳背面，同步轮安装在法兰轴承上，螺母副安装在机壳内，螺母副左端安装在同步轮内。该实用新型的优点是：顶出力均匀且螺母副不容易折断。

申请号：CN201410433406

申请日：2014.08.29

公开（公告）号：CN104227867A

公开（公告）日：2014.12.24

专利名称：阻尼调节开车阀装置

IPC 分类号：B29B9/06;B29C47/70;B29C47/92

申请（专利权）人：大连橡胶塑料机械股份有限公司

发明人：王艳群、刘福桥、张福国、吴丹

摘要

该发明专利公开了一种阻尼调节开车阀装置，包括壳体、阀板、转轴、滑柱、油缸、减速机、第一限位开关和第二限位开关。阀板安装在转轴上，转轴与减速机的输出轴连接，滑柱与油缸的活塞杆连接，油缸安装在支撑板上，支撑板通过支柱与壳体连接，减速机安装在壳体上，第一限位开关和第二限位开关分别安装在支柱的上下两端。结构先进，减少阻尼调节及开车时的劳动强度，安全可靠、操作性强，节能环保。

申请号：CN201420485127

申请日：2014.08.27

公开（公告）号：CN204027054U

公开（公告）日：2014.12.17

专利名称：一种冷水机组

IPC 分类号：F25B41/04;F25B1/00

申请（专利权）人：安徽省凯峰塑料机械有限公司

发明人：张文德

摘要

该实用新型专利公开了一种冷水机组，它包括水箱以及压缩机、冷凝器、蒸发器。蒸发器设置在水箱内，水箱连接于保温箱，保温箱内部设置有管路浮球阀，水箱上端通过连接管与压缩机相连接，压缩机另一端连接于冷凝器，冷凝器另一端通过连接管连接于水箱上端，冷凝器与水箱之间的连接管上设置有截止阀和膨胀阀，水箱内设置有回水口，回水口接驳有回水管，回水管开口向下的通孔延伸至水箱内底部。该实用新型结构简单合理，加快了回流的水与水箱内的蒸发器热交换，同时在水箱内形成水循环，制冷降温的速度快，能耗少，延长其使用寿命。

申请号：CN201420485082

申请日：2014.08.27

公开（公告）号：CN204017991U

公开（公告）日：2014.12.17

专利名称：一种新型静音破碎机

IPC 分类号：B02C23/18;B02C23/02

申请（专利权）人：安徽省凯峰塑料机械有限公司

发明人：张文德

摘要

该实用新型专利公开了一种新型静音破碎机，包括投料斗、破碎机箱、进料门、电磁铁、进料门合页、密封胶条、出料口、升降液压柱、减震底座、移动车轮、冷却室、进水口、出水口，所述投料斗设置在破碎机箱上方，所述进料门通过进料门合页设置在投料斗一侧，所述电磁铁设置在进料门底部，所述密封胶条设置在电磁铁下部，所述出料口设置在破碎机箱底部中间，所述升降液压柱设置在破碎机机箱底部四个角附近，所述减振底座设置在液压升降柱底部，所述移动车轮设置在液压升降柱内，所述冷却室设置在破碎机箱和机箱外壳之间，所述进水口设置在冷却室一侧下端，所述出水口设置在冷却室一侧上端。该实用新型结构合理，防尘，低噪声，散热效果好，使用寿命长。

申请号：CN201420484950

申请日：2014.08.27

公开（公告）号：CN204019930U

公开（公告）日：2014.12.17

专利名称：一种油式模具控温机

IPC 分类号：B29C45/73;B29C45/78

申请（专利权）人：安徽省凯峰塑料机械有限公司

发明人：张文德

摘要

该实用新型专利公开了一种油式模具控温机，它主要包括机体、控制面板、油箱、泵浦、发热管以及空调箱。所述控制面板设置于机体的一个侧面上，所述空调箱为两个，每个空调箱上还设置有一个喷淋头，所述油箱安装于机体内的上部，所述泵浦位于机体内的下部，所述发热管位于机体内的一侧。该实用新型应用于模具的加热和恒温，采用模具回油经冷却器间接冷却的方式，再由泵浦加压经过发热管高温加热后送到模具，来达到加热与恒温的要求。

申请号：CN201420484966

申请日：2014.08.27

公开（公告）号：CN204021940U

公开（公告）日：2014.12.17

专利名称：一种分离式真空吸料机

IPC 分类号：B65G53/34;B65G53/24

申请（专利权）人：安徽省凯峰塑料机械有限公司

发明人：张文德

摘要

该实用新型专利公开了一种分离式真空吸料机，它主要包括吸料机、电眼料斗、注射机、干燥机、高压风机以及料筒。所述电眼料斗安装于注射机上方，所述电眼料斗与吸料机通过管道连接，所述电眼料斗通过另一条管道与干燥机的底部连接，所述干燥机的一侧上安装有高压风机，所述干燥机的一侧通过管道与料筒连接。该实用新型是在原始吸料机的基础上，开放设计的小型中央供料的机器，具有吸力大，操作简单，安全方便，节约成本与空间。

申请号：CN201420484969

申请日：2014.08.27

公开（公告）号：CN204019793U

公开（公告）日：2014.12.17

专利名称：一种新型塑料干燥机

IPC 分类号：B29B13/06

申请（专利权）人：安徽省凯峰塑料机械有限公司

发明人：张文德

摘要

该实用新型专利公开了一种新型塑料干燥机，包括机箱、机箱上盖、出料装置、电动机、搅拌叶片、吹风机、空气滤清器、电控箱、空气加热器、进水管、出水管、出风管、水箱、加热装置。所述机箱上盖设置在机箱顶部，所述出料装置设置在机箱底部，所述电动机设置在机箱外一侧，所述搅拌叶片设置在机箱内与电动机连接，所述吹风机设置在机箱外通过风管和机箱联通，所述空气滤清器设置在与吹风机连接的风管和出风管内，所述空气加热器设置在与吹风机连接的风管内空气滤清器后，所述进水管设置在机箱下端，所述出水管设置在机箱上端，所述出风管设置在机箱上盖上，所述水箱和进水口连接，所述出风管和出水管和加热装置连接。该实用新型经济节能，使用寿命长。

申请号：CN201410417708

申请日：2014.08.22

公开（公告）号：CN104175528A

公开（公告）日：2014.12.03

专利名称：一种两节式双合金层螺杆机筒及其加工方法

IPC 分类号：B29C47/66;C22C38/56;B23P15/00

申请（专利权）人：舟山市伟业塑料机械制

造有限公司

发明人：贺松国

摘要

该发明专利公开了一种两节式双合金层螺杆机筒及其加工方法。所述的机筒包括本体和合金层，所述的本体上设有进料口，所述的进料口设在本体的前端，所述的本体包括拆卸式连接的第一机筒和第二机筒，所述的第二筒体设置在第一筒体的前端，且所述的第一筒体的外径大于第二筒体的外径；所述的本体具有内孔，所述的内孔表面包裹有所述的合金层；所述的内孔为两个相交的圆孔，横截面为呈八字形环的锥形柱状体，所述的合金层的厚度为 2 ～ 6mm。该发明筒体使用寿命长，特别适用于磨损比较严重的 PVC 木塑、高钙类等产品的螺杆挤出工艺，耐磨优势明显。

申请号：CN201410414064

申请日：2014.08.21

公开（公告）号：CN104191349A

公开（公告）日：2014.12.10

专利名称：密炼机转子密封装置中动、静环的研磨方法及研磨辅助装置

IPC 分类号：B24B37/34;B24B37/02

申请（专利权）人：益阳橡胶塑料机械集团有限公司

发明人：郭鹏涛、卜亚平、彭志勇

摘要

该发明专利公开了一种快速方便研磨动、静环合金结合面的密炼机转子密封装置中动、静环的研磨方法。是它包括以下步骤：装夹、研磨准备、粗加工、精加工、研磨完成。研磨辅助装置包括静环固定座，静环固定座一面设有与静环的内孔间隙配合的凸台，静环固定座另一面中心设有固定方杆，静环固定座圆周方向上设有与静环螺孔对应的阶梯孔，阶梯孔内设有两端伸出阶梯孔外的连接轴，连接轴两端均设有可固定静环的螺母，两螺母之间的连接轴上设有安装在阶梯孔内的弹簧。该发明方法可行，工作过程中可以自动调节动静环结合面的受力力度，能快速装夹及研磨，提高了工作效率，保证了加工精度，使动、静环合金面的粗糙度达到图样设计要求。

申请号：CN201420462032

申请日：2014.08.16

公开（公告）号：CN204003982U

公开（公告）日：2014.12.10

专利名称：油槽钢套结构

IPC 分类号：F16C33/10

申请（专利权）人：佛山市顺德区震德塑料机械有限公司

发明人：蒋志坚、张贤宝、梁健民、康晓军、梅小勇、陈创鑫

摘要

该实用新型涉及一种注射机机铰销轴的油槽钢套结构，包括钢套，钢套内表面设有至少两条开环形过油槽，开环形过油槽之间通过横向过油槽连通，钢套表面设有进油孔，进油孔通向缸套内表面，并直接与开环形过油槽或横向过油槽连通。此款油槽钢套结构的钢套使用时与销轴套接，开环形过油槽将润滑油分配至横向过油槽内，横向过油槽提供润滑油在销轴和钢套间的储存空间，能确保在外部间歇式供油的情况下在销轴与钢套间不间断地形成油膜。

申请号：CN201420462031

申请日：2014.08.16

公开（公告）号：CN203994582U

公开（公告）日：2014.12.10

专利名称：一种混炼头

IPC 分类号：B29C45/58

申请（专利权）人：佛山市顺德区震德塑料机械有限公司

发明人：蒋志坚、张贤宝、苏嘉朗、黄汉东

摘要

该实用新型专利涉及注射机上用于增强熔融

塑料混炼效果的混炼头，包括混炼头本体。所述混炼头本体外周交错设有进料道和出料道，进料道和出料道之间设有梳形栅格，其中，进料道前端封闭、后端敞开，出料道前端敞开、后端封闭。在于进料道和出料道之间设置梳形栅格能使未充分塑化均匀的塑料团在梳形栅格的剪切作用下，能够分离成多个细小的塑料团，分离出来的塑料团在出料道继续与周围的材料发生热量和物质的交换，使其得到进一步的均化。

申请号：CN201420462026

申请日：2014.08.16

公开（公告）号：CN203994569U

公开（公告）日：2014.12.10

专利名称：一种用于注射机顶出部分的连接装置

IPC 分类号：B29C45/40

申请（专利权）人：佛山市顺德区震德塑料机械有限公司

发明人：蒋志坚、张贤宝、梁健民、康晓军、欧阳辛雨、陈创鑫

摘要

该实用新型专利涉及一种用于注射机顶出部分的连接装置，包括安装座，所述安装座两端分别设有凹孔和凸出的连接头，凹孔一侧设有切开凹孔侧壁的轴向切口和径向切口，轴向切口一端延伸至安装座设有凹孔的端面上，轴向切口另一端与径向切口的一端连通，轴向切口两侧设有连接孔，轴向切口与径向切口围着的凹孔侧壁形成弹性夹块。此款用于注射机顶出部分的连接装置为安装座，其结合螺钉可以将注射机顶出部分的顶出油缸活塞杆和主顶针杆连接在一起，从而简化了主顶针杆的拆装步骤。

申请号：CN201420462020

申请日：2014.08.16

公开（公告）号：CN204036787U

公开（公告）日：2014.12.24

专利名称：二板式注射机模厚调整系统

IPC 分类号：B29C45/64;B29C45/76

申请（专利权）人：佛山市顺德区震德塑料机械有限公司

发明人：蒋志坚、张贤宝、陈桂烽

摘要

该实用新型专利涉及一种二板式注射机模厚调整系统，包括定模板和动模板，定模板和动模板之间分别设有拉杆和快速移模系统，动模板上设有入闸螺母，入闸螺母套设在拉杆外，拉杆表面和入闸螺母分别设有可相互扣紧的齿，动模板上对应拉杆的齿旁侧设有用于检测入闸螺母齿顶与拉杆齿根位置关系的传感器，所述定模板和动模板之间还设有位移传感器。此款二板式注射机模厚调整系统通过位移传感器计算动模板与定模板之间的距离，模板间的距离与设定模具厚度差值小于一个齿距时，传感器感应到入闸螺母与拉杆的齿顶与齿根位置对齐，发出信号使入闸螺母与拉杆锁紧，模板与螺母定位，进而拉紧拉杆，使模具两边贴合。

申请号：CN201420462893

申请日：2014.08.16

公开（公告）号：CN204043709U

公开（公告）日：2014.12.24

专利名称：一种智能注射机性能测试平台

IPC 分类号：G01D21/02

申请（专利权）人：佛山市顺德区震德塑料机械有限公司

发明人：蒋志坚、张贤宝、黄志锋、陈光杰、郭泽晖、张兆峰

摘要

本实用新型专利涉及一种应用于注射机的智能注射机性能测试平台，包括结构系统、电气系统和液压系统，结构系统为由铝型材连接而成的平台框架，平台框架底部设有滑轮，平台框架设有上层、中层和下层，电气系统设置在上层，中层内部形成储物空间，液压系统设置在下层

内。此款智能注射机性能测试平台是由简便的铝型材铆接而成的，分为上层空间、中层空间、下层空间，很好的解决了布局问题，且结构合理，拆卸方便；同时，底部通过滑轮支承，方便移动。

申请号：CN201420462891

申请日：2014.08.16

公开（公告）号：CN204054561U

公开（公告）日：2014.12.31

专利名称：油泵测试系统

IPC 分类号：B29C45/76

申请（专利权）人：佛山市顺德区震德塑料机械有限公司

发明人：蒋志坚、张贤宝、胡军、廖伟阳、陈伟

摘要

该实用新型专利涉及一种油泵测试系统，包括主控制器、用于驱动被测油泵的伺服电动机、用于控制伺服电动机的伺服控制组件、比例溢流阀、第二溢流阀以及与被测油泵的输出口连接的主油路；还包括用于模拟油泵在注射机中工作的主测试油路，主测试油路由插装阀 A、插装阀 B、插装阀 C、方向阀、进油管道和回油管道构成。所述比例溢流阀用于控制回油的压力。插装阀 C 和第二溢流阀共同构成主油路的主安全压力控制器。第二溢流阀的出油端通过回油管道连接着油箱。测试的油泵所供的油需经过插装阀回油箱完成测试，比例溢流阀控制回油的压力，从而实现对油泵的压力脉动测试、高速高压性能测试、保压性能测试、噪声测试、疲劳测试、内泄漏测试。

申请号：CN201410403620

申请日：2014.08.15

公开（公告）号：CN104210078A

公开（公告）日：2014.12.17

专利名称：一种合模机构

IPC 分类号：B29C45/68

申请（专利权）人：宁波通用塑料机械制造有限公司

发明人：张允升、项福保、杜严庆、徐定俊

摘要

本发明提供了一种合模机构，属于塑料成型技术领域。它解决了现有的合模机构结构复杂、加工难度高、成本高的问题。本合模机构包括定模板、后模板和拉杆，拉杆上还滑设有动模板，动模板与定模板之间安装有模具，在后模板的一侧安装有动力机构，后模板上开设有贯穿孔，贯穿孔上穿设有顶杆且顶杆连接至动力机构，在顶杆的外周面上开设有若干列卡齿，在后模板的另一侧安装有锁紧机构，顶杆穿过锁紧机构并抵靠在动模板上，锁紧机构能锁紧卡齿，顶杆上套设有油囊，油囊安装在锁紧机构与后模板之间，当油囊注入液压油后，油囊能推动锁紧机构使顶杆抵紧动模板。本发明具有结构简单、成本低，反应速度快的优点。

申请号：CN201420463033

申请日：2014.08.15

公开（公告）号：CN204019926U

公开（公告）日：2014.12.17

专利名称：一种合模机构

IPC 分类号：B29C45/68

申请（专利权）人：宁波通用塑料机械制造有限公司

发明人：张允升、项福保、杜严庆、徐定俊

摘要

本实用新型专利提供了一种合模机构，属于塑料成型技术领域。它解决了现有的合模机构结构复杂、加工难度高、成本高的问题。本合模机构包括定模板、后模板和拉杆，拉杆上还滑设有动模板，动模板与定模板之间安装有模具，在后模板的一侧安装有动力机构，后模板上开设有贯穿孔，贯穿孔上穿设有顶杆且顶杆连接至动力机构，在顶杆的外周面上开设有若干列卡齿，在后模板的另一侧安装有锁紧机构，顶杆穿过锁紧机

构并抵靠在动模板上，锁紧机构能锁紧卡齿，顶杆上套设有油囊，油囊安装在锁紧机构与后模板之间，当油囊注入液压油后，油囊能推动锁紧机构使顶杆抵紧动模板。本实用新型具有结构简单、成本低，反应速度快的优点。

申请号：CN201410382437

申请日：2014.08.06

公开（公告）号：CN104192627A

公开（公告）日：2014.12.10

专利名称：层合分层带的双工位中心卷取导开装置

IPC 分类号：B65H39/16;B65H18/00;B65H16/00

申请（专利权）人：大连橡胶塑料机械股份有限公司

发明人：陶丽梅、迟文强、马志欣、刘世祥

摘要

本发明专利公开了一种层合分层带的双工位中心卷取导开装置，包括第一卷取导开装置、第一衬布导开卷取装置、第一贴合装置、第一移动底座、第一胶布定中纠偏装置、第一固定底座、第二贴合装置、第二卷取导开装置、第二胶布定中纠偏装置、第二衬布导开卷取装置、第二移动底座、第二固定底座和立柱。本发明是一种层合分层带的双工位中心卷取导开装置，实现了在线生产分层带芯，提高了生产效率，减小了劳动强度，使胶带生产线自动化水平越来越高。

申请号：CN201420439796

申请日：2014.08.06

公开（公告）号：CN204036832U

公开（公告）日：2014.12.24

专利名称：用于制造聚乙烯缠绕方形容器的方管模具

IPC 分类号：B29C53/82

申请（专利权）人：浙江双林塑料机械有限公司

发明人：张崇、张雪岩

摘要

本实用新型专利涉及一种用于制造聚乙烯缠绕方形容器的方管模具，包括与方形容器内孔尺寸相等的钢筒、内置于钢筒中的伸缩架，其特征在于所述的伸缩架包括位于伸缩架长度方向中间部位的驱动装置，由驱动装置带动若干排沿伸缩架长度方向平行排列的丝杆升降机构，丝杆升降机构连接若干件活动板；所述的钢筒分割成与活动板数量相同的若干件，并与所配合的活动板连接成一体。快速在产品内孔中定位和脱模；而具有光滑外表面的钢筒保证了容器产品的内防腐层与产品钢体充分粘着，又避免产生内表面瑕疵。操作简单，实用性强。

申请号：CN201410365257

申请日：2014.07.29

公开（公告）号：CN104128034A

公开（公告）日：2014.11.05

专利名称：一种新型滤网清洗结构

IPC 分类号：B01D33/48

申请（专利权）人：广东仕诚塑料机械有限公司

发明人：张春华、秦志红、陈勇、白汝佳

摘要

本发明专利公开了一种新型滤网清洗结构，适用于圆盘式过滤器，包括外壳，外壳一侧设置有动力机构，外壳内部设置有逆洗活塞，逆洗活塞连接动力机构；外壳还设置有熔体入口和熔体出口，外壳内部设置有打开或关闭熔体出口的出料活塞，出料活塞通过连接轴连接逆洗活塞，出料活塞和逆洗活塞之间形成盛装熔体的熔体腔体；外壳内部还设置有配合逆洗活塞动作控制熔体入口开闭的逆洗进料阀门。本发明熔体腔体内部压力波动小，熔体温度易于控制，清洗效果好，既不影响实际的生产，又可以保证产品的质量。

申请号：CN201410365149

申请日：2014.07.29

公开（公告）号：CN104132459A

公开（公告）日：2014.11.05

专利名称：一种真空加热辊结构

IPC 分类号：F16C3/02;F24H7/00

申请（专利权）人：广东仕诚塑料机械有限公司

发明人：张春华、秦志红、龚晓艳、白汝佳

摘要

本发明专利公开了一种真空加热辊结构，包括外管和设置在外管两端的第一轴头和第二轴头，外管内部套接有中间管，中间管内部套接有内管，内管与中间管组合形成热油循环结构；外管设置有多个通孔，中间管外壁设置有排气槽，第二轴头中设置有与排气槽连接的排气管，排气管连接真空泵；真空泵工作抽气，将外管和中间管之间的空气抽离，使外管表面产生稳定的吸附力。本发明可以使塑料薄膜稳定的、均匀的、紧密的附着在加热辊上，采用这种真空加热辊结构生产塑料薄膜，其生产工艺的温度控制简单，生产得到的成品塑料薄膜质量好。

申请号：CN201420409227

申请日：2014.07.23

公开（公告）号：CN204019925U

公开（公告）日：2014.12.17

专利名称：一种注射机液压锁模装置

IPC 分类号：B29C45/67

申请（专利权）人：德马格塑料机械（宁波）有限公司

发明人：韩盈龙、马库斯、金敬明

摘要

本实用新型专利涉及一种注射机液压锁模装置，包括定模板和动模板，定模板通过四个角上的拉杆与动模板连接，拉杆穿过动模板并与尾板固定，尾板背面上中间位置左右各有一个锁模液压缸，尾板背面下部有一个充液液压缸，充液液压缸通过油管连通锁模液压缸，锁模液压缸的锁模柱塞与动模板背面固定连接，与充液液压缸相对的尾板另一侧上有小液压缸体，小油液压缸的小活塞与充液液压缸的充液活塞相连接固定。本实用新型利用小油缸体的有效体积远小于充液液压缸体积，对有限的泵输出流量进行放大，使得系统实现快速合模；同时利用增压缸的活塞两面的有效面积差实现增压锁模，从而降低了系统锁模时的压力，进而也降低了锁模能耗。

申请号：CN201410348521

申请日：2014.07.21

公开（公告）号：CN104097348A

公开（公告）日：2014.10.15

专利名称：一种插入内衬薄膜袋的复合袋制袋机

IPC 分类号：B31B1/74;B31B1/00

申请（专利权）人：常州市恒成塑料机械有限公司

发明人：阚顺源、胡国辉

摘要

本发明专利提供一种可实现高效率、机械化生产将内衬薄膜袋套入外袋内的复合袋的制袋机，其包括一个至少具有内衬袋套入工位、编织袋套入工位和卸袋整理工位三个工位的转台，转台上对应于各工位相应固定了可插入袋子内部的套袋模芯，所述转台配合围绕其周向布置的上述三个工位作间隙旋转运动；内衬袋套入工位设置内衬袋套入机构，将内衬袋套入对应于本工位的固定在转台上的套袋芯模上；外袋套入工位设置外袋套入机构，将外袋套入对应于本工位的套袋芯模上；卸袋整理工位设置卸袋机构，卸袋机构将完成套袋的复合袋从套袋模芯上取下。

申请号：CN201420404205

申请日：2014.07.21

公开（公告）号：CN203957406U

公开（公告）日：2014.11.26

专利名称：一种插入内衬薄膜袋的复合袋制袋机

IPC 分类号：B31B1/74;B31B1/00

申请（专利权）人：常州市恒成塑料机械有限公司

发明人：阚顺源、胡国辉

摘要

本实用新型专利提供一种可实现高效率、机械化生产将内衬薄膜袋套入外袋内的复合袋的制袋机，其包括一个至少具有内衬袋套入工位、编织袋套入工位和卸袋整理工位三个工位的转台，转台上对应于各工位相应固定了可插入袋子内部的套袋模芯，所述转台配合围绕其周向布置的上述三个工位作间隙旋转运动；内衬袋套入工位设置内衬袋套入机构，将内衬袋套入对应于本工位的固定在转台上的套袋芯模上；外袋套入工位设置外袋套入机构，将外袋套入对应于本工位的套袋芯模上；卸袋整理工位设置卸袋机构，卸袋机构将完成套袋的复合袋从套袋模芯上取下。

申请号：CN201420390317

申请日：2014.07.15

公开（公告）号：CN203945580U

公开（公告）日：2014.11.19

专利名称：一种注射机动模装置

IPC 分类号：B29C45/83;B29C45/26

申请（专利权）人：宁波通用塑料机械制造有限公司

发明人：张允升、杜严庆、徐晓东、史佩良

摘要

本实用新型专利提供了一种注射机动模装置，属于机械技术领域。它解决了现有注射机动模装置设计不合理的问题。本注射机动模装置包括动模板及转动连接在动模板上的两连杆，动模板上设有两行凸耳且每行凸耳间隔平行设置，连杆包括杆体，杆体两端向外延伸形成有若干第一片杆和第二片杆，各第一片杆插接在同一行中两相邻凸耳之间，杆体上穿设有两销轴，其中一个销轴贯穿各第一片杆且固连于对应的凸耳上，另一销轴贯穿各第二片杆并固连于最外侧的两第二片杆上，各销轴两端均设有防转板，穿过第一片杆的销轴上开设有若干油槽，动模板呈中空设置并插设有若干导杆，动模板底部设有两滑块，两滑块之间设有接油盘。本实用新型具有设计合理的优点。

申请号：CN201420390202

申请日：2014.07.15

公开（公告）号：CN203945621U

公开（公告）日：2014.11.19

专利名称：一种注射机调模装置

IPC 分类号：B29C45/76

申请（专利权）人：宁波通用塑料机械制造有限公司

发明人：张允升、徐定俊、徐晓东、葛配新

摘要

本实用新型专利提供了一种注射机调模装置，属于注射机技术领域，它解决了现有注射机调模装置结构较复杂、传动过程中平稳性较差的技术问题。本实用新型的技术方案为：注射机调模装置，设置于注射机调模板上，调模板安装于四根拉杆上并能在拉杆上移动，包括与驱动电动机相连的第一齿轮、设置于调模板中部且与第一齿轮啮合的齿圈、设置于每根拉杆上且与齿圈啮合连接的第二齿轮，调模板上均匀设置有四个辊轮且四个辊轮均与齿圈内侧壁滚动连接，调模板上还设置有与齿圈的外齿轮相对并能与外齿轮感应的传感器开关。本实用新型的有益效果为：结构上更加简单，制作和使用成本更小，传动更迅速、更平稳且容易实现，而且在传动过程中的故障率更低。

申请号：CN201420390079

申请日：2014.07.15

公开（公告）号：CN203945608U

公开（公告）日：2014.11.19

专利名称：一种注射座装置

IPC 分类号：B29C45/58;B29C45/53

申请（专利权）人：宁波通用塑料机械制造有限公司

发明人：张允升、项福保、徐晓东、葛配新

摘要

本实用新型专利提供了一种注射座装置，属于塑料的成型技术领域。它解决了现有的注射液压缸结构设计不够合理的问题。本注射座装置包括注射座、液压缸、活塞组件、前盖和后盖，活塞组件包括活塞杆和活塞体，活塞体上开设有螺纹孔和沉孔，在活塞杆设有螺纹轴，活塞杆上开设有凹槽，凹槽内安装有密封圈，螺纹轴拧紧在螺纹孔上且密封圈密封在沉孔内，在活塞体上开设有环槽和导向槽，环槽内安装有双向活塞封，导向槽内安装有外导向带，前盖上开设有活塞孔，在活塞孔的内侧壁上开设有安装槽，安装槽内安装有内导向带，内导向带贴紧并密封在活塞杆上，前盖上安装有轴盖，轴盖套设在活塞杆上。本实用新型具有密封性能好、结构设计合理的优点。

申请号：CN201420390037

申请日：2014.07.15

公开（公告）号：CN203948376U

公开（公告）日：2014.11.19

专利名称：一种进退液压缸结构

IPC 分类号：F15B15/20；F15B15/14

申请（专利权）人：宁波通用塑料机械制造有限公司

发明人：张允升、徐定俊、徐晓东、杜严庆

摘要

本实用新型专利提供了一种进退液压缸结构，属于注射机技术领域。本进退液压缸结构包括油缸、压板、活塞杆以及接头，液压缸包括缸体、前盖、后盖且三者密封连接并形成内腔，在内腔内设有活塞，活塞的外侧壁上设有第一凹槽以及两个第二凹槽，在第一凹槽内安装有第一导向带，每个第二凹槽内均安装有第一“U”形圈，前盖上安装有轴承盖，活塞杆一端穿过轴承盖、前盖并与活塞固连，另一端与接头螺纹连接，前盖中部开设有缺口和两个盖凹槽，在缺口底部设有第二“U”形圈，每个盖凹槽内均安装有第二导向带，轴承盖具有抵靠凸台，抵靠凸台伸入缺口内并与第二“U”形圈接触。本进退液压缸结构具有设计合理、密封性能佳、工作平稳的优点。

申请号：CN201420390507

申请日：2014.07.15

公开（公告）号：CN203945609U

公开（公告）日：2014.11.19

专利名称：一种注射液压缸组件

IPC 分类号：B29C45/53

申请（专利权）人：宁波通用塑料机械制造有限公司

发明人：张允升、项福保、徐定俊、徐晓东

摘要

本实用新型专利提供了一种注射液压缸组件，属于注塑成型技术领域。本注射液压缸组件包括导杆座、注射座、注射件、气缸、滑尺以及防护装置，导杆座上安装有两根导杆，注射座安装在两根导杆上，注射件滑动地安装在两根导杆上，气缸包括开关、固定安装在导杆座上的缸体以及在缸体内呈轴向设置的活塞杆，活塞杆与注射件连接，导杆座上安装有滑尺板，滑尺滑动安装在滑尺板上且滑尺上的刻度起始端固定安装在注射件上，防护装置包括滑动杆、滑动套圈以及设置在滑动套圈上的连接块，滑动杆安装在导杆座上，滑动套圈套设在滑动杆上且能在滑动杆上滑动，连接块与注射件连接且能抵靠在开关上。本注射液压缸组件具有可调注射距离、安全性能高的优点。

申请号：CN201420379353

申请日：2014.07.10

公开（公告）号：CN204041592U

公开（公告）日：2014.12.24

专利名称：一种可与外界直接互控的电液换向阀

IPC 分类号：F15B13/02

申请（专利权）人：宁波新海太塑料机械有限公司

发明人：翁贞琼、顾建定

摘要

本实用新型专利公开了一种可与外界直接互控的电液换向阀，包括电磁换向阀和液控换向阀，液控换向阀两端具有左端盖和右端盖，其中一个端盖内设置有第一外控流道和第二外控流道，第一外控流道和第二外控流道贯穿于端盖，第一外控流道一端口 Q3 与电磁换向阀油口 A2 连通，第一外控流道另一端口 Q1 可与外界液压回路或液压阀连通，第二外控流道一端口 Q4 与液控换向阀 K1 连通，第二外控流道另一端口 Q2 可与外界液压回路或液压阀连通。本实用新型的优点在于省略了过渡铁块，结构简单；无需额外加工过渡铁块，降低成本；且该电液换向阀可直接安装，实用方便。

申请号：CN201420379648

申请日：2014.07.10

公开（公告）号：CN204036784U

公开（公告）日：2014.12.24

专利名称：一种两板锁模装置

IPC 分类号：B29C45/67

申请（专利权）人：宁波新海太塑料机械有限公司

发明人：翁贞琼、张志刚

摘要

本实用新型专利公开了一种两板锁模装置，包括锁紧机构、设置在定模板上的锁模液压缸和穿设于动模板的拉杆，锁模液压缸内设置有锁模活塞，拉杆的前端固定在锁模活塞上，动模板上设置有锁紧机构，锁紧机构可将拉杆固定在动模板上，其优点是拉杆的前端固定在定模板内，且拉杆穿设于动模板上，拉杆始终保持平稳，可以省略传统的平衡保持架，从而使该两板锁模装置结构简单且平稳性能好，降低了制造成本；用于锁紧拉杆的锁紧机构直接安装在动模板上，避开定模板上的锁模液压缸独立工作，可减少锁模液压缸因其内部锁模活塞转动出现漏油现象。

申请号：CN201420379391

申请日：2014.07.10

公开（公告）号：CN204054563U

公开（公告）日：2014.12.31

专利名称：一种用两个插装阀控制液压缸差动及缓冲的液压回路

IPC 分类号：B29C45/82

申请（专利权）人：宁波新海太塑料机械有限公司

发明人：翁贞琼、顾建定

摘要

本实用新型专利公开了一种用两个插装阀控制液压缸差动及缓冲的液压回路，阀块上方安装有插装式压力阀和插装式方向阀，插装式压力阀包括一体设置的第一插装阀芯和第一插装阀盖，第一插装阀芯位于阀块内，第一插装阀盖位于阀块上，溢流阀固定安装在第一插装阀盖内，插装式方向阀包括一体设置的第二插装阀芯和第二插装阀盖，第二插装阀芯位于阀块内，第二插装阀盖位于阀块上，第一电磁换向阀固定安装在第一插装阀盖上，第二电磁换向阀固定安装在第二插装阀盖上。由于插装式压力阀和插装式方向阀相较于电磁溢流阀和电液换向阀体积小，因而使安装这些液压阀的阀块体积大大减小；插装阀本身成本较低，阀块体积又大大减小，降低了生产成本。

申请号：CN201420379334

申请日：2014.07.10

公开（公告）号：CN204054546U

公开（公告）日：2014.12.31

专利名称：一种双阶注射装置

IPC 分类号：B29C45/54

申请（专利权）人：宁波新海太塑料机械有

限公司

发明人：翁贞琼、张志刚

摘要

本实用新型专利公开了一种双阶注射装置，包括熔胶装置、注射装置、喷嘴组件和连接组件，熔胶装置内设置有螺杆，连接组件内部具有水平设置的第一流道和呈L型设置的第二流道，第一流道前端口与喷嘴组件连通，第一流道后端口与注射装置连通，第二流道前端口与第一流道连通，第二流道后端口与熔胶装置连通，第二流道的后端口呈第一锥面，螺杆前端呈第二锥面，当螺杆转动到第二流道的后端口时，第二锥面贴紧第一锥面并挡住胶料回流到熔胶装置内，其优点是第二锥面贴紧第一锥面并挡住熔融胶料回流到熔胶装置内，使熔融胶料有且仅能流入注射装置，结构简单且生产成本低；通过第一锥面贴紧第二锥面挡住熔融胶料回流到熔胶装置内，密封性能好且容易控制。

申请号：CN0201420380234

申请日：2014.07.10

公开（公告）号：CN204061387U

公开（公告）日：2014.12.31

专利名称：一种安全门保护装置

IPC分类号：F15B13/02;E05F15/02;F15B13/044

申请（专利权）人：宁波新海太塑料机械有限公司

发明人：翁贞琼、顾建定

摘要

本实用新型专利公开了一种安全门保护装置，包括行程阀和电液换向阀，电液换向阀包括电磁换向阀和液控换向阀，液控换向阀左右两侧具有端盖，其中一个端盖上设置有第一外控流道和第二外控流道，第一外控流道的一端Q3与电磁阀的油口A3连通，第一外控流道的另一端Q1与行程阀的进油口P2连通，第二外控流道的一端Q4与液控换向阀的控油口K1连通，第二外控流道的另一端Q2与行程阀的油口B2连通。其优点在于无需额外加工过渡块，节约了加工过渡铁块所需的工时和费用；省略了连接过渡铁块内外控流道与电液换向阀油口所需密封件和过渡铁块，降低生产成本；省略过渡铁块使保护装置体积大大减小，结构紧凑。

申请号：CN201410322489

申请日：2014.07.08

公开（公告）号：CN104118116A

公开（公告）日：2014.10.29

专利名称：仿石挂壁板成型机

IPC分类号：B29C51/10;B29C51/46;B29C51/36;B29C51/26

申请（专利权）人：昆山市众捷塑料机械有限公司

发明人：周飚荣

摘要

本发明专利公开一种仿石挂壁板成型机，其包括主机架以及安装在主机架上的传动装置、成型模块、压紧装置、压紧气缸、前后移动装置、上下升降机装置、模块导轨、风冷装置、拆卸装置、安装装置与电控装置。成型模块用来成型制品仿石面的模具；安装装置提供成型模块拆装时的一个支撑平台；拆卸装置用于拆卸成型模块，是拆卸时的一个推定装置；风冷装置用于生产过程中成型模块的降温；模块导轨为模具的运动轨道，用于限制模具的运动轨迹及对成型模块的润滑供油；上下升降装置用于调整整个仿石挂壁板成型机的高度，以保证生产线的中心高度一致；前后移动装置用于移动整个成型机的前后位置；压紧气缸控制压紧装置上下运动；压紧装置用来压紧塑料制品。

申请号：CN201420375085

申请日：2014.07.08

公开（公告）号：CN203945426U

公开（公告）日：2014.11.19

专利名称：仿石挂壁板集成冲孔机

IPC 分类号：B26D9/00

申请（专利权）人：昆山市众捷塑料机械有限公司

发明人：周飚荣

摘要

本实用新型专利公开一种仿石挂壁板集成冲孔机，其包括机架及设置在机架上的集成修边部、侧面冲槽部、冲槽部、气缸装置与电控部。冲槽部开设有多个冲孔，集成修边部安装在冲槽部上，侧面冲槽部安装在气缸装置上。侧面冲槽部设置有与多个冲孔配合的冲子，冲槽部配置有与电控部电性连接的电动机，气缸装置与电控部电性连接。冲槽部与气缸装置相互垂直且位于同一平面上，气缸装置在水平横向压紧仿石挂壁板制品的同时，侧面冲槽部的冲子跟随气缸装置透过仿石挂壁板制品水平横向插入相应的冲孔，集成修边部同时对仿石挂壁板制品进行修边。该仿石挂壁板集成冲孔机能对仿石挂壁板既冲孔又同时修边。

申请号：CN201420374685

申请日：2014.07.08

公开（公告）号：CN203945508U

公开（公告）日：2014.11.19

专利名称：仿石挂壁板集成修边机

IPC 分类号：B28D1/24

申请（专利权）人：昆山市众捷塑料机械有限公司

发明人：周飚荣

摘要

本实用新型专利公开一种仿石挂壁板集成修边机，其包括安装架、承载架、一对压紧气缸、修边定模、修边刀、偏心轴、电动机。该对压紧气缸固定在安装架上且以安装架为中心对称设置，电动机固定在安装架的顶部，偏心轴与电动机的输出轴传动连接，偏心轴的轴线平行于重力方向。承载架用于承载待修边的仿石挂壁板，承载架固定在安装架上且位于该对压紧气缸之间。本实用新型通过偏心轴带动修边刀转动修边，实现自动修边，每个仿石挂壁板的修边效果基本保持一致，达到仿石挂壁板的安装、配合要求，解决仿石挂壁板的安装、配合及排水的问题。

申请号：CN201420376302

申请日：2014.07.08

公开（公告）号：CN203945670U

公开（公告）日：2014.11.19

专利名称：仿石挂壁板成型机

IPC 分类号：B29C51/10;B29C51/46;B29C51/36;B29C51/26

申请（专利权）人：昆山市众捷塑料机械有限公司

发明人：周飚荣

摘要

本实用新型专利公开一种仿石挂壁板成型机，其包括主机架以及安装在主机架上的传动装置、成型模块、压紧装置、压紧气缸、前后移动装置、上下升降机装置、模块导轨、风冷装置、拆卸装置、安装装置与电控装置。成型模块用来成型制品仿石面的模具；安装装置提供成型模块拆装时的一个支撑平台；拆卸装置用于拆卸成型模块，是卸时的一个推定装置；风冷装置用于生产过程中成型模块的降温作用；模块导轨为模具的运动轨道用于限制模具的运动轨迹及对成型模块的润滑供油；上下升降装置用于调整仿石挂壁板成型机的高度，以达到生产线的中心高度一致；前后移动装置用于移动成型机的前后位置；压紧气缸控制压紧装置上下运动；压紧装置用来压紧塑料制品。

塑料机械行业标准化工作状况以及现行的标准目录

综述
专家视点
行业概况
统计资料
产业集群
企业概况
产品与项目
标准
大事记
附录

标准

塑料机械行业标准化工作概述

在国家标准化管理委员会、中国机械工业联合会和全国橡胶塑料机械标准化技术委员会的领导下，通过塑料机械分技术委员会全体委员的共同努力，塑料机械行业标准化工作在组织构架、专业领域的划分、标准的覆盖与配套以及标准水平和结构等方面都进一步走向了健全、合理和完善。在标准体系建设、重要标准制修订、标准化技术机构和专家队伍建设、关键技术标准研究、国际标准化工作等方面成效显著，为行业的科学发展、稳步发展、转型发展提供了基础保障和技术支撑。

塑料机械行业标准化工作是推动塑料机械行业可持续发展的基础，是塑料机械行业职能的重要组成部分，标准水平的高低是衡量一个国家塑料机械行业技术水平的主要标志之一。在塑料机械产品结构调整、提升竞争力等方面，标准化工作具有不可替代的技术基础作用。加大标准体系结构调整力度，不断提高标准水平，增强标准化工作的有效性，对于塑料机械行业的发展具有重要的意义。

一、推进塑料机械行业标准化工作可持续发展

1. 组织建设及业务建设

全国橡胶塑料机械标准化技术委员会塑料机械分技术委员会（以下简称分委会）负责全国塑料机械行业的标准化归口工作（包括塑料机械行业标准的规划制定，标准体系确立，标准制修订计划的编制与申报，各项标准的起草、修订、复审、报批、贯彻及实施等），业务归中国机械工业联合会管理。第一届分委会始于 1987 年；第二届分委会始于 1992 年；第三届分委会始于 1999 年，并按国家标准化管理委员会要求于 2003 年进行了清理整顿；第四届分委会于 2011 年 12 月成立，由 31 家单位的 31 名委员组成，另聘请顾问 2 名，秘书处仍设在大连塑料机械研究所。

第三届分委会工作期间，根据国家标准化管理委员会的统一部署以及专业需要，组建成立了分委会下设的“泡沫塑料机械”“塑料薄膜机械”和“聚合物拉条切粒设备”工作组。工作组的组建，得到了各地方政府和企业的支持，极大地调动了企业的积极性，为加快标准制修订速度起到了积极的推动作用。换届后，第四届分委会的组成结构更加合理，集中了生产和使用单位以及大专院校和科研院所等方面的专家、学者及专业技术人员，覆盖了绝大多数产品的企业代表，有着广泛的代表性和业内权威性，是一个技术知识密集、具有人才优势的权威性组织。委员的整体素质较高，全部具有中级以上职称，都是掌握较高理论知识和专业实践经验的行业骨干。新一届分委会对上届分委会的工作进行了认真总结并制定了新一届分委会的工作计划、章程和秘书处工作细则。

为促进分委会委员及标准制修订人员业务素质的提高，以适应各项工作的需要，分委会积极组织相关人员参加了中国机械工业联合会举办的国家标准 GB/T 1.1—2009《标准化工作导则 第 1 部分：标准的结构和编写》培训。每年度标准计划下达后，通过标准计划及起草工作会议对标准编写人员进行培训，有些委员及标准制修订人员参加过多次培训，他们既有丰富的技术专业理论和实践经验，又掌握着标准化知识。通过组织建设和业务建设，分委会建立了一支有较高专业理论知识和较丰富实践经验的标准化工作队伍。

2. 积极开展标准前期研究，提高标准质量水平

塑料机械行业标准化工作以往以标准制修订为主要工作，解决了量大面广产品无标生产的问

题。近年来，建立健全我国塑料机械标准体系，进一步推动安全、环保和节能标准化工作开拓了标准化工作的新思路，业务工作由单一的标准制修订，向标准课题研究、企业产品开发和推广、信息服务及院企合作制定标准及开展课题研究等方面延伸，进一步扩大了业务范围。为了加快安全标准的制定速度，2007 年，全国橡胶塑料机械标准化技术委员会全面启动了安全标准的研究和制定工作，确立并申报的《橡胶塑料通用机械安全标准研究》标准化公益研究科研课题，得到了上级主管部门的大力支持并立项。分委会积极参与了《橡胶塑料通用机械安全标准研究》标准化公益科研课题的研究。通过两年的项目研究，转化并制定了 12 项强制性国家标准，覆盖了橡胶塑料通用加工设备中极为重要的产品。标准化公益研究科研课题《橡胶塑料通用机械安全标准研究》被评为 2011 年中国石油和化学工业联合会科技进步奖二等奖。分委会还参与申报了《大型混炼挤压造粒机组技术与安全标准的研究》标准化公益研究科研课题。

3. 加强行业标准制修订工作，满足行业发展的需要

在国家标准化管理委员会、中国机械工业联合会和全国橡胶塑料机械标准化技术委员会的领导下，在全行业的大力支持下，全体委员以强烈的责任感，关心、参与、合作，积极履行分委会章程中所赋予的职责和义务，使其组织的整体功能得以充分发挥。在经费少、任务重、难度大的情况下开展了踏实而有效的工作，较好地完成了塑料机械标准化的各项任务，基本上改变了标准数量少、水平低的落后状。分委会的工作成果为推动行业技术进步、提高产品竞争力起到了积极的作用，取得了显著的成效。

多年来，经过塑料机械标准化工作者的共同奋斗和努力，已形成的塑料机械标准 91 项，一些标准已经过多次修订。对于每一项标准的制修订，分委会都首先征求委员们的意见，组织行业的骨干企业成立标准起草工作组，将愿意承担该项工作的行业骨干企业作为标准负责起草单位，组织召开标准起草会，通过组织起草工作组多渠道收集国内外先进标准和数据（例如与外商谈判资料、引进设备的实测数据，对国内重点厂进行调研、走访用户等收集的数据），对国内外情况进行逐项综合分析对比，严格按照编制、初审、送审、报批等程序，制修订出具有先进水平的适应国情并能引领技术发展的塑料机械行业标准。

从专业标准体系上看，塑料机械行业基本形成了以产品标准为主体，以安全标准、基础标准、通用标准、方法标准以及分等标准为辅的，更为合理、更具可操作性的行业标准体系。制修订的塑料机械标准既考虑了国内企业的现状，又以产品技术的发展和企业的发展为主要目标，积极采用国际标准和国外先进标准，改进产品质量，提高经济效益，对发展塑料机械工业，促进塑料机械技术进步起到了积极的作用。塑料机械产品质量分等标准为企业上等级及产品创名牌提供了依据。

已完成报批《异向双螺杆塑料挤出机》等 7 项修订标准，既解决了标龄老化的问题，也为今后产业结构调整与优化升级打下坚实的基础。技术标准贯穿于产品研发、生产和贸易的全过程，对经济发展具有重要的技术支撑和保障作用。这 7 项标准的修订将提高进入塑料机械行业的门槛，淘汰一些技术落后的低端产品，对促进产业结构调整与优化升级将发挥重要作用。

（1）突出解决标龄老化问题及体现新技术。这 7 项标准均为修订，均为 2009—2010 年复审需要修订的行业标准。一方面解决了标准老化的问题，另一方面满足了当前技术水平发展的需要，保证了标准的先进性和实用性，对于淘汰落后技术和产品具有重要作用。

如：通过对异向双螺杆塑料挤出机进行出厂检验和现场试验，以及用户的现场使用，证明该标准修改并增加了不同规格系列的挤出机的挤出量、比能耗、比功率、中心高的要求、增加了“采用组合式机筒的结构形式”的技术要求等，是既先进合理，又切实可行的。

再如：通过对热固性塑料注射成型机进行出厂检验和现场试验，以及用户的现场使用，证明该标准增加了对锁模力重复精度和拉杆偏载率的要求、对渗漏油提出了更高的要求等，是既先进合理，又切实可行的。

修订后的标准可以更好地符合当前科技水平以满足市场和用户的要求，并能更好地指导产品生产，为制造厂和用户提供更加科学、合理的验收依据，进一步推动产品技术水平和质量的提高。

（2）积极采用国际、国外标准。这7项标准在制修订过程中，充分注重对相应国际标准及国外先进标准的采用，报批的7项标准虽尚无与国际、国外先进标准可直接采用的，但却不同程度引用并执行了国际标准和国外先进标准。如电气系统安全性能上执行GB/T 5226.1—2008《机械安全 机械电气设备 第1部分：通用技术条件》的规定，而GB/T 5226.1—2008等同采用了IEC 60204—1—2005《机械安全 机器电气设备 第1部分：一般要求》国际标准。

（3）体现了新能源、新材料、新技术、节能及环保等产业发展方向。新材料是重要战略性新兴产业，是原材料工业发展的先导。本次报批的标准中，对各行业出现的新产品、新材料进行了充分考虑。针对新材料产业的发展重点，有针对性地研究提出并修订。

如：《热固性塑料注射成型机》标准中，考虑到热固性产品生产中往往要排气，所排气体不利工人健康，因此增加了应提供排气用电气接口的要求，便于购买设备厂家根据情况安装排气设备。由于环境污染问题的日益重视，又考虑到中国工业水平的现状，所以对渗漏油提出了更高的要求，提出不允许漏油，对渗油则提出了更严苛的试车条件，符合国家新时期的节能环保产业政策。

再如：《异向双螺杆塑料挤出机》标准中增加和调整了基本参数，是为了进一步满足市场需求，适应生产的实际状况，规范产品系列，力求达到产品标准化制作，减少产品系列不规范的状况，提高同一型号主要零部件的互换性，降低企业成本和社会资源成本。

4.标准信息和咨询服务工作

根据行业和企业的需要，分委会在机械工业塑料机械科技信息网上发布了《塑料机械标准目录》，并及时对《塑料机械标准目录》进行动态修改更新。同时，分委会在《塑料机械》杂志上发布了《塑料机械标准目录》，还为各相关标准化、认证、检测、计量等管理机构、标准归口单位提供并解释标准，为相关企业提供标准及信息服务，扩大了分委会的影响，推动了标准的贯彻实施。

5.标准化工作推动和引领了行业发展

多年来，标准化工作在上级主管部门和分委会全体委员的共同努力下，在企业的大力支持下，在行业中发挥了重要的推动和引领作用。主要体现是：

（1）作为市场经济体制的技术支撑，维护了市场经济秩序。塑料机械标准是产品是否合格的依据，是产品能否获得市场准入权的准绳。这些标准服务于市场，并为市场规则体系提供技术依据，成为了市场规则体系的组成部分，有力地加大了市场管理、监督和处罚的力度和提高了效能，维持了市场秩序，营造了公平竞争的市场环境，保障了我国塑料加工装备制造业健康、稳定发展。

（2）作为经济结构调整的技术手段，促进了塑料加工装备制造业不断适应塑料加工产业结构调整的需要。塑料机械标准以其对先进技术的适应性与技术的导向作用，引导塑料加工装备制造企业的资金流向和市场取向，引导企业开展技术创新和研制高技术产品，以期优化我国塑料机械的产业结构和产品结构。与此同时，通过推行先进标准和提高标准的技术指标以提高市场准入门槛，既鼓励和支持企业开发高技术含量产品，也使落后产品无法进入市场，终遭淘汰。

（3）作为科技创新成果转化的途径，推动了新技术、新工艺和新装备的推广应用。多年来，塑料机械制造业不断地通过对引进技术的消化吸收和自主创新，新产品、新工艺层出不穷。很多科技创新成果通过标准的作用转化为优势产品并被迅速地推广应用，取得了良好的经济效益和社会效益。

（4）提升了塑料机械制造企业在市场上的竞争力。塑料加工装备制造业标准化工作的有效开展，企业标准化程度的提高，降低了企业生产成本，提高了企业生产效率，使企业具有产品的比较优势，提升了企业的竞争力。

（5）通过制定安全标准，保障了操作人员的身体健康和生命安全。

（6）通过对橡塑机械产品型号编制方法和术语标准的制定，极大地推动了行业间的技术交流，有力地促进了国内外贸易的发展。

6. 积极组织申报石化行业优秀标准项目

根据中石化联质标发（2013）33 号《关于推荐评选全国石油和化工行业优秀标准的通知》的文件要求，积极配合总会组织进行了优秀标准的组织申报。在 2013 年全国石油和化学工业质量标准化工作会议上的表彰中，大连橡胶塑料机械股份有限公司负责起草的强制性国家标准 GB 25434—2010《橡胶塑料压延机安全要求》荣获“2013 年度全国石油和化工行业优秀标准项目”称号，是橡胶塑料机械行业唯一一项受表彰的优秀标准项目。经中国石油和化学工业联合会组织专家评审评选出的 30 项优秀标准项目，是在 7 900 余项石油和化学工业标准中产生的，包括 20 项国家标准和 10 项行业标准。这是中国石油和化学工业联合会首次评选表彰优秀标准项目。

7. 充分发挥分委会及秘书处的职能作用

分委会是塑料机械标准制修订的权威机构，有一套健全和完善的管理制度，工作有章可循，有据可依。由于标准化工作法规性强，涉及面广，所以协调各方面意见，满足各方面要求是极为困难的。委员们充分履行分委会章程中所赋予的职责，热爱标准化事业，积极参与塑料机械标准的制修订工作，为塑料机械行业的发展发挥了积极的作用。

秘书处承担着大量的组织、协调、标准的初审、报批以及筹备各种会议等工作。为了做好这些工作，大连塑料机械研究所在人力、物力、财力上给予了无偿的支持。秘书处在实践中也在不断地摸索标准化工作的新思路和新方法，从而有效地发挥了常设机构的职能作用。为了适应标准化工作改革的需要，开拓标准化工作的新领域，为行业服务好，秘书处人员积极参加上级主管部门举办的基础标准宣贯培训及标准复核员等培训，为提高日常工作质量打下了良好的基础。

二、2014 年塑料机械行业标准化工作取得的主要成绩

面对国家政策的新变化、新要求、新任务，以及塑料机械行业市场经济的新形势、新挑战，分委会在国家标准化管理委员会、中国机械工业联合会和全国橡胶塑料机械标准化技术委员会的领导下，通过分委会全体委员的共同努力并在企业的大力支持下，各项工作有条不紊地开展，在行业中发挥了重要的推动和引领作用。

1. 标准计划项目完成情况

分委会按照中国机械工业联合会下达的计划，组织标准起草工作组起草了《塑料成型模具温度控制机》《塑料成型辅助用冷水机》《转轮式塑料干燥机》3 项机械行业标准，现已完成标准报批稿。

2. 及时完成行业标准复审工作

为了适应社会主义市场经济发展和对外贸易的需要，进一步贯彻《中华人民共和国标准化法》，跟踪现行标准的执行情况，及时了解标准在贯彻中的反馈信息，分委会不断加强与企业间的联系，按照上级主管部门的要求及时完成行业标准复审工作。分委会对 2008 年批准发布的现行行业标准 JB/T 5290—2008《塑料圆织机》等 6 项的主要起草单位及主要生产单位征求了意见，根据他们的意见和建议，又征求了分委会委员的意见，确定该 6 项标准的技术内容符合当前科学技术发展，能够满足经济建设需要和使用需要，继续有效。复审结论已上报中国机械工业联合会。

3. 标准计划项目的申报工作

经 2014 年分委会第四届四次工作会议审议通过，申报《塑料挤出吹塑土工膜辅机》《螺杆柱塞式塑料注射成型机》及《塑料注射成型机用智能取件机》3 项标准计划项目。

申报的 3 项机械行业标准项目是塑料机械专业领域中急需起草的项目。起草这些技术标准将贯穿于产品研发、生产和贸易的全过程，将有力地推动科技创新成果的产业化、规模化，奠定产品的设计、工艺、制造技术基础，保障产品质量的控制、提高和实施产品监督检验，对促进塑料机械行业科技进步、转型升级和节能减排均具有十分重要的现实意义，为促进新兴产业（新材料、节能、综合利用）发展和为行业“淘汰落后产能”“转型升级”等工作发挥引领、支撑作用。

塑料挤出吹塑土工膜生产线在国外的生产厂家主要分布于加拿大、德国、美国等国家，我国每年都花费大量的资金进口土工膜。以广东金明精机股份有限公司为代表的塑机制造企业，成功地研发了大型的塑料挤出吹塑土工膜生产设备，技术先进，性能稳定，能耗低，产品质量良好，完全可以替代进口。该项目将填补行业标准的空白。将大大推动我国塑料挤出吹塑土工膜辅机技术的发展及优化设计，为产业结构调整及优化升级打下良好的基础，对我国节能减排具有重大的现实意义。

螺杆柱塞式塑料注射成型机无论国内还是国外都有不少生产厂家，并且产量都较大。传统的单螺杆往复式塑料注射成型机的最大理论注射容量不超过 7 万 cm^3，实际注射量（PP）在 50kg 左右，不能满足厚壁、重、大注射件的生产需求。螺杆柱塞式塑料注射成型机目前可以做到一次性注射量（PP）达 200kg，这种新型的注塑机的市场需求量很大，而且由于东气西送大型工程、物流业的发展及大型、重型塑料制品的生产需求，对螺杆柱塞式塑料注射成型机的需求十分大，目前全国排名靠前的注塑机生产厂都有此类产品，并出口到意大利、东南亚、中东等国家和地区。目前这类注射机的需求十分旺盛，但是却没有相应的标准。制定该标准是为了更好地对此类注射机的基本参数、要求、检测方法等进行规范。

塑料注射成型机用智能取件机行业标准的制定，可规范制造商的生产秩序，减少行业目前的一些乱现象，维护行业的根本利益。该项目将填补行业标准的空白。将规范塑料注射成型机用智能取件机的生产、销售，促进技术进步，提高产品质量，规范市场运作。为该装置的设计、制造提供指导，规范该装置的行业发展，从而提高整个行业质量，提升我国塑料注射成型机用智能取件产业在国际上的产品竞争力。将大幅降低生产成本，产业化前景相当广阔，经济、社会和环境效益显著，对我国装备制造业的发展和推进以及塑料机械标准体系建设的完善也有重要意义。

4. 积极参与国际标准化工作

国际标准《橡胶塑料注射成型机安全要求》的起草，标志着橡胶塑料机械行业终于实现了国际标准零的突破，并且，该国际标准的起草单位里出现了我国企业的身影，我国有海天塑机股份有限公司等几个企业参加了该项标准的起草，这将对我国积极应对技术性贸易壁垒，进一步打开国际市场具有重要战略意义。日前，国际标准《橡胶塑料注射成型机安全要求》已经完成了委员会草案初稿的国内意见征集工作。

ISO/TC270/WG1 注射成型机安全工作组第三次工作会议于 2014 年 6 月 4—6 日在德国柏林召开，我国共派 4 名注册专家及代表参加。会议一致通过了工作日程；审议并一致通过了第二次工作会议的纪要；会议主要对《橡胶塑料注射成型机安全要求》国际标准草案及成员国的意见进行了讨论；会议确定术语和定义将在国际标准的起草过程中再次讨论；对模具区的风险评估进行了初步的讨论。

ISO/TC270/WG1 注射成型机安全工作组第四次工作会议于 2014 年 11 月 4—6 日在土耳其伊斯坦布尔召开，我国共派 6 名注册专家及代表参加。会议审议并一致通过了第三次工作会议的纪要；会议完成对成员国意见的讨论并确定了标准草案；会议对各成员国对新草案提出意见的时间进行了要求；会议确定了第五次工作会议和第六次工作会议召开的时间和地点；会议通过了起草/编辑委员会人员的调整。

ISO/TC 270 国际标准化组织塑料和橡胶机械技术委员会于 2012 年 7 月成立，秘书处设在意大利，共有美国、英国、中国、法国、德国、意大利等 14 个 P 成员，还有韩国等 5 个 O 成员。我国的国家成员团体是国家标准化管理委员会 SAC，由全国橡胶塑料机械标委会（SAC/TC71）秘书处负责 ISO/TC 270 国内技术对口单位的工作。目前我国的 ISO/TC270/WG1 注册专家总数为 9 名。

ISO/TC 270 国际标准化组织塑料和橡胶机械技术委员会于 2012 年 12 月在意大利米兰召开成立会议，我国派了 4 名代表出席。在会议上确定了技术委员会最终的名称和工作范围，制定了战略工作计划，确定了技术委员会的组织结构。确定了以工作组 WG 的模式来制定国际标准，首个工作组 WG1 确定为橡胶塑料注射成型机安全工作组，这个工作组由德国承担秘书处的工作。P 成员有法国、美国、奥地利、英国、德国、卢森堡、日本、中国、瑞士、土耳其、意大利。

5. 配合总会完成能耗标准的起草工作

我国橡胶塑料挤出机至今没有能耗检测方法标准，随着能源问题日益受到重视，尤其是我国循环经济理念的提出，节约能源变得越来越重要。在挤出类产品的成本构成中，电费占了相当的比例。设计与制造新一代“节能型”橡胶塑料挤出机，就成为迫切需要关注和解决的问题。要推进“节能型挤出机”的研发、制造和推广，首先应在业内统一橡胶塑料挤出机能耗的检测方法，对橡胶塑料挤出机的能耗进行有依据的检测。推荐性国家标准《橡胶塑料挤出机能耗检测方法》已完成征求意见稿，这项标准的制定是继发布的推荐性国家标准《橡胶塑料挤出机能耗检测方法》后第二项橡胶塑料机械产品节能标准。为了进一步满足橡胶塑料机械行业的实际需求，总会及分委会要求橡胶塑料挤出机的生产企业要加强能耗验证试验，以完善标准 。

6. 按时完成上级主管部门及全国橡胶塑料机械标委会下达的各项工作

（1）按中国机械工业联合会要求，完成 2009—2013 年行业标准项目计划执行情况汇报材料并上报。

（2）按中国机械工业联合会机联秘标［2014］59 号文件《关于开展标准化技术委员会及委员信息登记工作的通知》要求，完成了该项工作并上报。

（3）按中国机械工业联合会要求，填报计划项目梳理表并上报。

（4）按中国机械工业联合会机联秘标［2014］141 号文件《关于加强机械工业标准体系修订工作的通知》要求，已完成修订《塑料机械专业领域技术标准体系建设方案》稿，并上报。

7. 积极参加中国机械工业联合会及总会组织的各项活动

积极参加中国机械工业联合会举办的机械工业标准复核人员研讨工作会议、机械工业标准化工作座谈会、总会计划工作会议、总会组织的《橡胶塑料挤出机能耗检测方法》标准起草会、总会组织的《橡胶塑料注射成型机安全要求》国际标准起草会等。

三、2015 年塑料机械行业标准化重点工作

党的十八大明确提出，要把推动发展的立足点转到提高质量和效益上来，形成以技术、品牌、质量、服务为核心的竞争优势。2015 年我们要重点做好以下工作。

1. 进一步加强标准化工作，做好技术支撑，引领行业发展

塑料机械行业标准化工作要贯彻落实好党的“十八大”精神，有效支撑发展方式转变，满足经济转型升级需要，服务好塑料机械行业“调结构、转方式”战略布局。我们要加强标准制修订工作管理，稳步推进标准体系建设，不断调整优化标准结构，做好标准体系的统筹规划，不断完善标准体系，加强产品标准的覆盖面，加强上下游标准之间协调配合，确保国家标准与行业标准之间衔接统一，要兼顾标准制定的科学性、前瞻性和适用性。

2. 加快重点领域标准研制工作，满足行业转型发展需要

我们将组织开展行业调研和标准需求分析，明确标准支撑产业结构战略性调整的着力点，突出加强战略性新兴产业、节能降耗、安全环保、资源节约与综合利用等重点领域标准制定工作。应重点做好行业标准中的安全标准，涉及环保要求的标准，基础标准，符合国家有关重大工程项目并与主攻课题相配套的标准，市场急需制定的、技术先进并有发展潜力的产品标准；组织开展《塑料挤出吹塑土工膜辅机》等3项标准的研究制订工作。还要加快标准对节能、环保新产品、新技术科研成果的转化，及时制定出实用性强的技术标准。目前，虽已完成了量大面广产品的标准制定工作，但对于很多塑料制品类加工设备标准还有待于加速相应标准的制定，因此，我们还要及时进行标准计划项目的申报工作。

3. 深化国际标准化工作

进一步加强国际标准化战略研究，健全参与国际标准化活动的工作机制，要组织开展重点领域国内外标准分析比对，积极推动我国标准上升为国际标准，或者争取让我国技术融入国际标准，推动我国自主创新技术“走出去”，提升产业国际竞争力。加强对同行业国际标准及国外先进标准的研究，加强对外交流，通过对国外先进标准的转化和技术接轨，促进我国产品整体水平的提高。积极参加ISO/TC 270国际标准化组织塑料橡胶机械技术委员会于2015年4月底及2015年11月初召开的国际标准化工作会议，并将继续积极参与ISO/TC 270塑料橡胶机械技术委员会的工作，选派塑料机械行业龙头企业参加国际标准的起草工作。

4. 着力夯实标准化工作基础

不断优化分委会的委员构成，充实标准化工作专家队伍。确保标准制修订过程信息公开、工作透明，标准利益相关方能够广泛参与。完善标准化与科技紧密结合和相互支撑机制，充分吸收和利用各方科研资源，通过标准加快研究成果产业化、规模化。加大标准化工作宣传，重要标准要及时组织宣传培训，提升全社会的标准化意识。对于已实施5年或5年以上的标准全面复审，提出继续有效、修订和废止的结论。对不适应市场发展需要，标准内容或标准级别需做较大调整的现行标准，应及时进行修订。对于已淘汰产品或技术落后的产品必须进行废止；保证现行标准技术内容的先进性和适应性。继续拓宽业务范围，为企业做好标准化咨询服务工作，为行业营造一个大家庭的友好氛围，使塑料机械行业标准化工作更加充满活力。标准化工作的重要主体之一是产品生产企业，我们要加强企业对标准实施的重视度，为切实提高标准实施的准确性、有效性提供保障。

5. 跟踪国外先进的技术和标准发展动态

密切关注国际标准化组织、欧洲标准化技术委员会等国际与先进国家和地区的标准化技术组织的标准动态。加强采标力度，着重在安全标准、能耗标准等方面与国际和国外先进标准接轨。

6. 评选表彰优秀委员

制定《优秀委员评选办法》，评选并表彰优秀委员，以激励委员更好地发挥作用，为塑料机械行业做出更大的贡献。

7. 编制塑料机械“十三五”标准化发展规划

以提升标准适用性、先进性和有效性为重点，着力优化标准体系，强化标准实施，对塑料机械专业标准化工作进行全面总结，编制塑料机械“十三五”标准化发展规划。

时代在前进，技术在更新，这就要求我们要持续完善和提高适应力、创造力。我们将与时俱进并稳步提高分委会工作水平，努力完成标准化内容向安全质量测试的转变，向适用规范指导的方向转变，向新产品、新技术转变，为我国塑料机械行业的持续发展提供有力的技术保障。

〔供稿单位：全国橡胶塑料机械标准化技术委员会塑料机械分技术委员会〕

塑料机械标准目录

序号	标准编号	标准名称	标准类别
1	GB/T 12783—2000	橡胶塑料机械产品型号编制方法	基础
2	GB 20055—2006	开放式炼胶机炼塑机安全要求	安全
3	GB 22530—2008	橡胶塑料注射成型机安全要求	安全
4	GB 25433—2010	密闭式炼胶机炼塑机安全要求	安全
5	GB 25434—2010	橡胶塑料压延机安全要求	安全
6	GB 25431.1—2010	橡胶塑料机械　挤出机和挤出生产线　第 1 部分：挤出机的安全要求	安全
7	GB 25431.2—2010	橡胶塑料机械　挤出机和挤出生产线　第 2 部分：模面切粒机的安全要求	安全
8	GB 25431.3—2010	橡胶塑料机械　挤出机和挤出生产线　第 3 部分：牵引装置的安全要求	安全
9	GB 25936.1—2012	橡胶塑料粉碎机械　第 1 部分：刀片式破碎机安全要求	安全
10	GB 25936.2—2012	橡胶塑料粉碎机械　第 2 部分：拉条式切粒机安全要求	安全
11	GB 25936.3—2012	橡胶塑料粉碎机械　第 3 部分：切碎机安全要求	安全
12	GB 25936.4—2010	橡胶塑料粉碎机械　第 4 部分：团粒机安全要求	安全
13	GB/T 25156—2010	橡胶塑料注射成型机通用技术条件	产品
14	GB/T 25157—2010	橡胶塑料注射成型机检测方法	方法
15	GB/T 30200—2013	橡胶塑料注射成型机能耗检测方法	方法
16	GB/T 25941—2010	塑料真空成型机	产品
17	GB/T 13577—2006	开放式炼胶机炼塑机	产品
18	GB/T 9707—2010	密闭式炼胶机炼塑机	产品
19	GB/T 13578—2010	橡胶塑料压延机	产品
20	GB/T 12784	橡胶塑料加压式捏炼机（已下计划，正在修订）	产品
21	HG/T 2148—2009	密闭式炼胶机炼塑机检测方法	方法
22	HG/T 2149—2004	开放式炼胶机炼塑机检测方法	方法
23	HG/T 2150—2009	橡胶塑料压延机检测方法	方法
24	HG/T 3120—1998	橡胶塑料机械外观通用技术条件	通用
25	HG/T 3228—2001	橡胶塑料机械涂漆通用技术条件	通用
26	HG/T 3108—2012	冷硬铸铁辊筒	产品
27	JB/T 5293—2013	可发性聚苯乙烯泡沫塑料自动成型机	产品
28	JB/T 5418	聚丙烯不织布机（已完成修订并上报，待批准发布）	产品
29	JB/T 5421—2013	塑料薄膜回收挤出造粒机	产品
30	JB/T 6490	塑料压力成型机（已完成修订并上报，待批准发布）	产品
31	JB/T 6493	塑料薄膜制袋机（已完成修订并上报，待批准发布）	产品
32	JB/T 6928—2014	塑料挤出带辅机（已完成修订并上报，待批准发布）	产品

序号	标 准 编 号	标 准 名 称	标准类别
33	JB/T 6929	塑料挤出转盘制鞋机（已完成修订并上报，待批准发布）	产品
34	JB/T 7251—2014	塑料挤出拉丝辅机（已完成修订并上报，待批准发布）	产品
35	JB/T 8061—2011	单螺杆塑料挤出机	产品
36	JB/T 8538—2011	塑料机械用螺杆、机筒	产品
37	JB/T 8539—2013	塑料挤出吹塑中空成型机	产品
38	JB/T 8698	热固性塑料注射成型机（已完成修订并上报，待批准发布）	产品
39	JB/T 8703—2011	塑料挤出吹塑薄膜辅机	产品
40	JB/T 6489—2014	塑料捏合机	产品
41	JB/T 8943	全塑鞋用注射机（已完成修订并上报，待批准发布）	产品
42	JB/T 5420—2014	同向双螺杆塑料挤出机	产品
43	JB/T 6491	异向双螺杆塑料挤出机（已完成修订并上报，待批准发布）	产品
44	JB/T 6492—2014	锥形异向双螺杆塑料挤出机	产品
45	JB/T 6494—2014	料斗式塑料干燥机	产品
46	JB/T 10342—2014	塑料挤出异型材辅机	产品
47	JB/T 10464—2004	拉条式塑料切粒机	产品
48	JB/T 5289—2004	鞋用转盘注射成型机	产品
49	JB/T 7267—2004	塑料注射成型机	产品
50	JB/T 7669—2004	塑料混合机	产品
51	JB/T 5416—2005	塑料挤出干法热切造粒辅机	产品
52	JB/T 5417—2007	塑料排气挤出机	产品
53	JB/T 5291—2007	塑料破碎机	产品
54	JB/T 5438—2008	塑料机械术语	基础
55	JB/T 2627—2008	塑料挤出硬管辅机	产品
56	JB/T 5290—2008	塑料圆织机	产品
57	JB/T 5419—2008	塑料挤出平膜扁丝辅机	产品
58	JB/T 10898—2008	塑料挤出复合膜辅机	产品
59	JB/T 10899—2008	塑料挤出双壁波纹管辅机	产品
60	JB/T 11343—2013	锥形同向双螺杆塑料挤出机	产品
61	JB/T 11347—2013	可发性聚苯乙烯泡沫塑料预发机	产品
62	JB/T 11345—2013	可发性聚苯乙烯泡沫塑料板材成型机	产品
63	JB/T 11346—2013	可发性聚苯乙烯泡沫塑料板材切割机	产品
64	JB/T 11348—2013	塑料挤出流延薄膜辅机	产品
65	JB/T 11344—2013	PVC 塑料配混系统	产品
66	JB/T 11509—2013	聚氨酯发泡设备　通用技术条件	产品
67	JB/T	塑料成型模具温度控制机（已下计划，2014 年底完成制定）	产品
68	JB/T	塑料成型模具用冷水机（已下计划，2014 年底完成制定）	产品
69	JB/T	转轮式塑料干燥机（已下计划，2014 年底完成制定）	产品
70	JB/T 53115—1999	塑料挤出吹塑中空成型机　产品质量分等	分等
71	JB/T 53123—2000	塑料圆织机　产品质量分等	分等

序号	标准编号	标准名称	标准类别
72	JB/T 53129—2000	塑料挤出平膜扁丝辅机　产品质量分等	分等
73	JB/T 53109—1998	单螺杆塑料挤出机　产品质量分等	分等
74	JB/T 53028—1999	锥型双螺杆塑料挤出机　产品质量分等	分等
75	JB/T 53029—1999	料斗式塑料干燥机　产品质量分等	分等
76	JB/T 53030—1999	异向双螺杆塑料挤出机　产品质量分等	分等
77	JB/T 53031—1999	塑料真空成型机　产品质量分等	分等
78	JB/T 53032—1999	塑料制袋机　产品质量分等	分等
79	JB/T 53079—1999	塑料挤出带辅机　产品质量分等	分等
80	JB/T 53080—1999	塑料挤出转盘制鞋机　产品质量分等	分等
81	JB/T 50018—1999	塑料注射成型机　产品质量分等	分等
82	JB/T 53111—1999	塑料挤出吹塑薄膜辅机　产品质量分等	分等
83	JB/T 53112—1999	密闭式炼塑机　产品质量分等	分等
84	JB/T 53113—1999	开放式炼塑机　产品质量分等	分等
85	JB/T 53114—1999	塑料压延机　产品质量分等	分等
86	JB/T 53116—1999	塑料混合机　产品质量分等	分等
87	JB/T 53117—1999	热固性塑料注射成型机　产品质量分等	分等
88	JB/T 53118—1999	橡胶塑料加压式捏炼机　产品质量分等	分等
89	JB/T 53119—1999	塑料压力成型机　产品质量分等	分等
90	JB/T 53120—1999	塑料捏合机　产品质量分等	分等
91	JB/T 53121—1999	鞋用转盘注射成型机　产品质量分等	分等
92	JB/T 53122—1999	塑料挤出硬管辅机　产品质量分等	分等
93	JB/T 53124—1999	可发性聚苯乙烯泡沫塑料成型机　产品质量分等	分等
94	JB/T 53127—1999	塑料破碎机　产品质量分等	分等

〔供稿单位：全国橡胶塑料机械标准化技术委员会塑料机械分技术委员会〕

全国橡胶塑料机械标准化技术委员会塑料机械分技术委员会于 1987 年成立，秘书处设在大连塑料机械研究所，其主要职能是组织有关单位对塑料机械国家标准和行业标准进行制修订和复审工作，并负责组织塑料机械国家标准和行业标准的宣讲、解释工作，另外还负责对塑料机械国家标准和行业标准提供技术咨询等工作。

大事记

记录2014年发生的、对塑料机械行业产生重要影响的事件

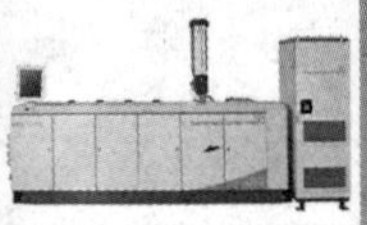

2014年中国塑料机械工业大事记

2014年中国塑料机械工业大事记

1月

6日 中国塑料机械工业协会在苏州组织召开了“苏州同大机械有限公司和江苏科技大学共同研制的TDB系列智能化复合流道中空成型机生产线”新技术、新产品成果鉴定会。

14日 张家港塑料饮料机械协会年会在张家港中油泰富国际大酒店召开，中国塑料机械工业协会王静副秘书长、展览部孟宪胤主任及“中国中西部国际塑料橡胶展览会（CMI-PLAS）”项目组成员一行5人参加了本次年会。

28—31日 2014年俄罗斯国际橡塑展（INTERPLASTICA 2014）在莫斯科Expocenter展览中心举办，中国塑料机械工业协会粟东平秘书长参加了本次展会，向参展企业了解俄罗斯橡塑市场情况，并与俄罗斯塑料加工协会负责人交流探讨行业发展与合作。

2月

11—13日 海天塑机集团有限公司参加了在美国加州Anaheim举行的美国西部塑料展，并展示了旗下长飞亚天锐二代系列全电式注塑机。

27日 泰瑞机器股份有限公司、浙江泰瑞重型机械有限公司顺利通过兴原认证中心ISO14001环境管理体系年度审核，将继续被推荐注册。

3月

17—28日 中国塑料机械工业协会暨2014中国中西部国际塑料橡胶展组委会项目组分别拜访了大连、青岛、潍坊、济宁和济南5个城市的30多家企业，进一步了解到当地企业和产业集群的最新发展情况。

21日 德国机械设备制造业联合会（VDMA）市场部经理克劳迪娅·弗雷女士在北京代表处首席代表柯蝶芬女士及商务总监温斌先生的陪同下拜访中国塑料机械工业协会，粟东平秘书长与王静、李志涛两位副秘书长接待了弗雷女士一行。

25—27日 中国机械工业联合会四届一次会员大会暨全国机械工业劳动模范表彰大会在北京京西宾馆胜利召开，中国塑料机械工业协会朱康建会长与粟东平秘书长出席大会。

中国塑料机械工业协会副会长、大连橡胶塑料机械股份有限公司党委书记、董事长洛少宁，中国塑料机械行业专委会副主任委员、博创机械股份有限公司总工程师饶启琛双双获得“全国机械工业劳动模范”荣誉称号；粟东平秘书长荣获中国机械工业联合会2011—2013年度“先进协会工作者”称号。

28日 中国机械工业联合会咨询服务与专家工作部下发关于建立中机联“装备制造业专家库及专家工作网络”的通知。中国塑料机械行业专家委员会推荐了瞿金平、吴大鸣、何亚东、何和智、粟东平5位专家委委员。

4月

16日 中国塑料机械工业协会组织召开了“宁波双马机械工业有限公司研制的BL2880EK高节能伺服控制超大型外曲式合模成型设备”新技术、新产品成果鉴定会。

23 日 《中国塑料机械工业年鉴》2013 年刊新书发布仪式在上海新国际博览中心成功举办。工信部装备司王卫明副司长，中国塑料机械工业协会朱康建会长、钱耀恩常务副会长和粟东平秘书长等出席，来自塑机行业特邀嘉宾和主机、配辅设备企业代表 40 多人参加了本次发布仪式。

23—26 日 中国塑料机械工业协会“会员徽标”首次亮相 Chinaplas2014。

25 日 中国塑料机械工业协会五届三次理事会在上海新国际博览中心召开。会议由朱康建会长主持，听取了由钱耀恩常务副会长所作的“2013—2014 年中国塑料机械工业发展报告”和由粟东平秘书长所作的“2014 年协会秘书处工作汇报”。

5 月

9 日 印度反倾销主管调查机关宣布正式立案启动对中国出口的锁模力在 40 ～ 1 000t 的注塑机启动反倾销日落复审调查。中国塑料机械工业协会经过考察，与北京市博恒律师事务所达成代理协议，应诉该项日落复审案件。

14 日 受越南排华暴动事态升级影响，海天国际发表书面说明，因担心员工安全，该公司在越南的工厂全面停工。随后，包括台湾台塑集团在内的多家中国台湾企业也宣布暂停生产。

19—23 日 中国塑料机械工业协会暨 2014 中国中西部国际塑料橡胶展组委会项目组赴广东拜访了会长单位博创机械股份有限公司等近 30 家企业，调研企业近期发展情况，并签订“2014 中国中西部国际塑料橡胶展”参展协议。

24 日 第十届中国工业论坛在北京京都信苑酒店和人民大会堂召开，中国塑料机械工业协会李志涛副秘书长、李春燕主任参加了本次论坛。

6 月

17—18 日 中国塑料机械工业协会朱康建会长应邀走访了山东大学和齐鲁工业大学。

19 日 2014 年“泰国曼谷国际塑料及模具工业展览会”（INTERPLAS THAILAND & INTERMOLD THAILAND）在泰国首都曼谷 BITEC 国际展览中心开幕，中国塑料机械工业协会粟东平秘书长和王静副秘书长参加了本次展会。

7 月

1 日 塑机行业资深人士 Michael L. Smith 开始担任力劲北美销售和市场副总裁，这标志着总部位于中国香港的力劲科技集团有限公司进入北美市场，推出多用途的 eXcel 注塑机系列。

2 日 海天塑机集团有限公司生产的全球最大二板式塑料注射成型机正式交付客户，该机最大锁模力达 8 800t，容模量 ≥ $50m^3$，可注塑目前世界上最大的制品 —— 重量达 328 696g 的 PE 制品。

3 日 机械汽车展览联合会年中工作会议在北京召开，中国塑料机械工业协会粟东平秘书长参加会议。

22—23 日 中国塑料机械工业协会朱康建会长、钱耀恩常务副会长、粟东平秘书长和王静副秘书长一行前往重庆参观两江新区规划馆和重庆国际博览中心，调研首届“中国中西部国际橡塑展”的组织进展情况，并与重庆市人民政府会展办、重庆市经济和信息化委员会、重庆市梁平县人民政府负责人分别就做好“中国中西部国际橡塑展”的支持和保障工作以及中国西部（重庆）塑料生态产业园的建设与发展进行了会谈。

8 月

2 日 中国塑料机械工业协会在征询行业企业意见后，

决定针对印度调查机关在日落复审期间擅自将原反倾销税率延长一年的不合理做法向印度德里高院起诉，并授权博恒律师事务所和印度律师代理这一诉讼。印度律师于2014年8月2日向印度德里高院递交起诉书。

6日 中国塑料机械工业协会组织召开了“张家港市贝尔机械有限公司研制的第五代高效节能单螺杆挤出生产装备”新技术、新产品成果鉴定会。

8日 陶氏化学（NYSE：DOW）和广东金明精机股份有限公司（SZSE：JMJJ）共同宣布签署授权协议，协议许可广东金明精机股份有限公司使用陶氏专有的预包裹模头技术用于制造聚偏二氯乙烯（PVDC）薄膜的共挤设备。

18日 中国塑料机械工业协会正式公布“2014中国塑料机械行业优势企业”排序结果。

28日 中国塑料机械工业协会下发中塑机协〔2014〕22号文《关于开展2014机械工业品牌培育及表彰活动及机械工业质量诚信企业表彰活动的通知》文件，并推荐“塑料挤出成型机10强企业”作为表彰活动的参加范围，同时根据行业特点制定了申报条件，最终确定推荐大连三垒机器股份有限公司参加本次表彰活动。

9月

17日 中国塑料机械工业协会五届四次理事会在渝召开，会议由朱康建会长主持，听取了钱耀恩常务副会长所做的首届“中国中西部国际橡塑展”活动安排、五届二次会员代表大会暨第三届中国国际塑料机械产业论坛日程介绍，王静副秘书长代粟东平秘书长所作的2014年前三季度协会秘书处工作汇报。

18日 由中国塑料机械工业协会和重庆市人民政府联合主办、中国塑料机械工业协会和重庆国际博览中心有限公司具体承办的首届“中国中西部国际塑料橡胶展”（CMI-PLAS 2014）在重庆国际博览中心正式拉开帷幕。

18日 中国塑料机械行业专家委员会（以下简称“专委会”）工作会议于重庆国际博览中心举行。会议由专委会主任瞿金平院士主持，吴大鸣常务副主任做专家委工作总结，何亚东秘书长就塑机行业“十三五”规划思路及设想与参会代表交流。

19日 中国塑料机械工业协会五届二次会员代表大会暨第三届中国国际塑料机械产业论坛在重庆国际博览中心召开。会议由中国塑料机械工业协会钱耀恩常务副会长主持，国家工业和信息化部装备司王卫明副司长、中国机械工业联合会于清笈执行副会长作重要讲话。中国塑料机械工业协会张静章名誉会长特致贺词。

26—27日 全国机械行业职业教育工作会议在大连市召开。

26—30日 作为全球最大的电子代工制造商，台湾富士康科技集团在中国台北开幕的台北橡塑展上正式推出了其全电动注塑机。

10月

15—19日 广东伊之密精密机械股份有限公司最新的PAC系列高速包装产品成型专用系统亮相第116届广交会。

17日 中国塑料机械工业协会在广东汕头组织召开“广东金明精机股份有限公司M6L-3000农用生态型斑马膜智能装备”新技术新产品成果鉴定会。

23—25日 中国塑料机械工业协会朱康建会长、粟东平秘书长和李志涛副秘书长赴张家港塑机饮机产业集群走访调研。

30—31日 “2014中国中西部国际塑料橡胶展览会总结会”在北京召开。会议由中国塑料机械工业协会粟东平秘书长主持，中国塑料机械工业协会朱康建会长、钱耀恩常务副会长出席并做重要讲话。

11月

6—9日 2014第六届东盟（曼谷）经贸论坛暨中国－东盟机械产业经贸合作洽谈会及中国－东盟机械行业项目合作对接洽谈会在泰国首都曼谷IMPACT国际会展中心举行。

11—13日 中国塑料机械工业协会粟东平秘书长、培训部唐子玲副主任应邀参加“第五届国防与军工配套产品技术应用发展项目推介会”暨“2014军事后勤保障新技术与产品展览会”。

17日 工业和信息化部发布《节能机电设备（产品）推荐目录（第五批）》，塑机行业有4家企业的5大产品进入本批推荐目录，分别是：①博创机械股份有限公司BS80-Ⅲ～BS1800-Ⅲ伺服塑料注射成型机、BU600～BU2800二板式塑料注射成型机。②浙江申达机器制造股份有限公司SE系列伺服塑料注射成型机。③宁波海星机械制造有限公司HXF J5系列伺服节能注塑机。④张家港市贝尔机械有限公司BRD60-38单螺杆挤出生产设备。

21日 广东金明精机股份有限公司的多功能环保薄膜智能吹塑装备研发团队，获汕头市首届“优秀人才奖”最高奖项“杰出人才奖”创新团队奖。

12月

1日 中国塑料机械工业协会下发关于完善《中国塑料机械行业专家智库信息的通知》，对中国塑料机械行业专家委员会70位专家资料进行了补充完善。

3—5日 中国塑料机械工业协会钱耀恩常务副会长、粟东平秘书长一行出席了宁波市塑料机械行业协会第四届三次会员大会暨四届五次理事会，并前往海天塑机集团有限公司进行调研。

12日 第十六届中国专利奖颁奖大会在北京举办，塑料机械行业荣获4个奖项。

15日 由中国塑料加工工业协会主办、中国塑料机械工业协会作为支持单位的“2014中国国际塑料新材料、新技术、新装备、新产品展览会”在广州保利世贸博览馆开幕。

16日 中国塑料机械工业协会粟东平秘书长、王静副秘书长和李志涛副秘书长一行前往会长单位博创机械股份有限公司和副会长单位震雄集团进行调研，并汇报协会秘书处年度工作情况。

16日 “2014年中国民营企业500强浙江企业授牌表彰大会”在浙江舟山举行，海天塑机集团有限公司再次荣获中国民营企业500强殊荣。

18—19日 东华机械两板机全电机新技术研讨会在合肥市泓瑞金陵大酒店举行。

18日 机械汽车展览联合会（简称“展联”）年会在哈尔滨召开，中国塑料机械工业协会粟东平秘书长和王静副秘书长参加了本次年会。

19日 “2014中俄会展经济合作论坛”在哈尔滨工大集团召开，中国塑料机械工业协会粟东平秘书长在论坛上介绍了中国塑料机械行业发展以及中俄塑料机械贸易情况。

25—31日 中国塑料机械工业协会粟东平秘书长与国际合作部吴建伦副主任赴印度拜会印度塑料制造协会相关领导、中国驻印度使馆经商处官员、印度商工部反倾销总局局长以及中方企业代表等，积极寻求印度同行及客户支持，呼吁印度政府停止征收对我国注塑机反倾销税，以维护中国塑机企业合法权益。

中国塑料机械工业年鉴 2014-2015

附录

介绍意大利、俄罗斯及南非塑料机械相关行业情况，供塑料机械行业参考

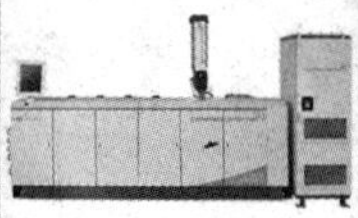

附录

意大利塑料橡胶加工机械行业综述（摘要）
俄罗斯塑料加工行业发展前景
南非塑料工业发展概况

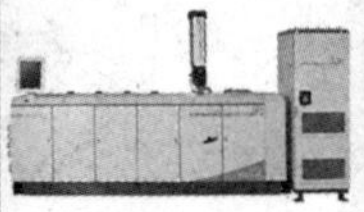

意大利塑料橡胶加工机械行业综述（摘要）

——意大利塑料、橡胶机械和模具制造者协会

一、意大利塑料、橡胶机械和模具行业10年发展概述

过去10年，意大利塑料橡胶机械及模具行业遭受了国内以及国际经济危机的冲击，尤其是在2009年，行业发展处于低谷时期。

2011—2013年，虽然塑机行业受到国际危机的影响，但由于意大利塑料、橡胶机械和模具行业对经济危机的快速反应，在产量、进出口方面，行业的发展趋势还是积极的。然而，如果对比过去10年的行业统计数据，却是另番景象。2011—2013年意大利塑料橡胶加工机械、设备及模具发展情况见表1。事实上，如表1所示，2011—2013年3年增长百分比比较好，仅有一项负增长（国内市场产值），其余几项都是正增长。然而，过去10年，行业发展基本处于静止状态，比如产值的增长只有0.4%。

表1 2011—2013年意大利塑料橡胶加工机械、设备及模具发展情况 （单位：百万欧元）

指标名称	2011年	2012年	2013年	2013年比2012年增长(%)	3年平均增长百分比(%)	10年平均增长百分比(%)
产值	4.00	4.00	3.90	-2.5	2.7	0.4
出口额	2.43	2.58	2.55	-1.0	8.2	1.5
进口额	605.00	625.00	590.00	-5.6	1.2	-0.1
国内市场产值	2.18	2.05	1.94	-5.4	-3.5	-1.1

在2014年最初的几个月，意大利国内市场有微弱的复苏迹象，毫无疑问，国内需求不足依旧是困扰意大利加工产业中的薄弱环节。2012年、2013年，意大利国内市场经历了巨幅下降（2012年下降5.8%及2013年下降5.4%）以及过去3年平均负增长（下降3.5%），如果把时间放远，意大利国内需求在过去10年表现和近几年相比稍微好一点（下降1.1%）。

尽管2013年波动频繁，但是年终出口总体情况与2012年基本持平（降幅小于1%）。国外销售的稳定性使意大利设备制造商能够弥补国内市场的持续低迷。2013年塑料机械出口额占行业收入的65%，但由于意大利国内需求滞涨，使得总产值较2012年下降2.5%。另一方面，从中长期视角来看，产值持续保持增长态势，较2011—2013年增长2.7%，较过去10年增长0.4%。

值得注意的是，意大利国家统计局提供的出口数据中不包括大量意大利生产并出售给意大利承包商，承包商又转手向外国客户提供成套设备所包括的各类部件。

分析意大利设备制造商出口走向，很明显地看到，在过去10年，外销缓慢下降（下降0.8%）的同时，某些地区存在个例增长。比如，非洲地区占外销总量的5.8%，2012年增长23%；南美地区占外销总量的8.2%，2012年增长9.6%；中东地区占外销总量4.0%，2012年增长3.8%。

现在意大利制造商的两个主要竞争者是德国与中国。2013年德国制造商出口仅增长1%，较2011—2012年的2.7%增长率有所下降。

尽管中国的出口每年同比依旧有很大增长，

但也有减缓的趋势，2013 年出口仅增长 6%，而 2012 年增长率达到 30%。

自 2010 年至今，中国的进口有逐渐下降趋势。3 年以前，中国进口额增长达到 28.3%，2013 年却下降 5.8%，这表明，中国制造商通过提升自身实力，产品已足以满足国内加工商的需求。但中国国内市场提供的并非都是高质量高科技产品，欧洲制造商在高精尖领域依然具有显著优势。

二、2011—2013 年意大利外贸行业进出口情况

2013 年意大利塑机行业进口比 2012 年总体下降 5.6%，这反映了经济形势，尤其是国内加工行业基本“瘫痪”。2011—2013 年意大利塑料橡胶加工机械、设备及模具行业进出口情况见表 2。

逐一分析表 2 中所列重要产品领域，相同的负增长趋势再次出现：挤出机的进口额增幅从 2012 年的 19.4% 降为 2013 年的 -56%。2013 年挤出机的主要供应国为奥地利，购买额达到 370 万欧元，较 2012 年意大利从奥地利购买 320 万欧元的挤出机，幅度有所下降。考虑到挤出机的高价格高附加值，2012 年该产品的主要供应国是德国，意大利从德国进口了价值约 1 800 万欧元的设备，而 2013 年购买额只有 330 万欧元。

另一种进口呈下降态势的设备是热成形机，从 2012 年进口额增长 55.2% 降为 2013 年的下降 66%。2013 年进口总额将近 250 万欧元，主要来自于中国。

表 2　2011—2013 年意大利塑料橡胶加工机械、设备及模具行业进出口情况

（单位：百万欧元）

项　目	进　口			出　口		
	2011 年	2012 年	2013 年	2011 年	2012 年	2013 年
弹性印刷机	22.77	15.94	17.67	119.29	128.96	126.64
单层及多层丝设备	3.24	5.03	1.28	56.30	49.61	26.58
注塑成型机	82.79	68.80	67.37	120.34	96.44	126.78
挤压机	25.13	30.01	13.05	287.70	312.29	300.74
吹塑机	16.69	9.78	9.22	129.04	152.25	135.63
热成型机	4.84	7.51	2.49	76.37	49.43	45.46
轮胎及内胎压力机	1.51	2.22	1.98	32.78	28.65	38.81
压力机	17.25	7.87	11.88	73.43	77.07	72.29
铸造或成形机械	13.31	15.81	13.09	145.71	149.54	148.74
活性树脂机械	1.04	1.48	2.91	30.02	35.60	41.69
发泡产品机械	5.50	5.02	3.04	30.74	28.86	35.29
粉碎设备	3.53	2.74	3.02	21.21	20.30	19.91
混合器	7.11	2.97	1.64	26.81	30.99	27.28
切割、剥离和分割机	3.13	4.09	2.77	10.03	15.60	10.18
其他机械	24.16	44.03	38.11	332.74	345.60	347.32
零部件	138.20	138.66	144.12	351.78	354.00	360.14
模具	237.07	262.64	256.27	585.40	697.47	688.45
总　计	607.27	624.60	589.88	2 429.69	2 572.64	2 551.91

意大利购买注塑成型机的价值同样有所下降，从 2012 年的 6 880 万欧元下降至 2013 年的 6 740 万欧元（下降 2.1%）。2013 年意大利注射机的最大进口国是德国，金额约 2 500 万欧元，比 2012 年下降 6%。2012 年的最大进口国是奥地利，总金额 2 380 万欧元，2013 年下降到 1 960 万欧元

（2012年德国数据紧随其后，为2 350万欧元）。

吹塑机购买量也同样下降（下降5.7%），从980万欧元下降至920万欧元。2013年最大进口国为德国，总额460万欧元，比2012年下降6%。

意大利塑料橡胶加工机械、设备以及模具主要来源国进口情况见表3。表3表明外国产品进口呈快速下降趋势。

表3 意大利塑料橡胶加工机械、设备以及模具主要来源国进口情况

国家和地区	2011年进口(百万欧元)	占总量百分比(%)	2011年比2010年增长(%)	2012年进口(百万欧元)	占总量百分比(%)	2012年比2011年增长(%)	2013年进口(百万欧元)	占总量百分比(%)	2013年比2012年增长(%)
德国	217.25	35.8	7.1	213.79	34.2	−1.6	201.91	34.2	−5.6
中国	60.51	10.0	23.3	70.74	11.3	16.9	68.24	11.6	−3.5
奥地利	62.02	10.2	8.0	58.08	9.3	−6.3	57.65	9.8	−0.7
瑞士	33.40	5.5	7.0	38.62	6.2	15.6	43.34	7.3	12.2
法国	45.88	7.6	−3.0	51.99	8.3	13.3	37.81	6.4	−27.3
捷克	26.31	4.3	30.9	23.33	3.7	−11.3	21.34	3.6	−8.5
美国	16.32	2.7	−18.6	23.99	3.8	47.0	17.47	3.0	−27.2
波兰	7.37	1.2	−15.3	14.20	2.3	92.6	15.95	2.7	12.3
西班牙	17.89	2.9	−22.3	14.40	2.3	−19.5	11.34	1.9	−21.3
卢森堡	7.94	1.3	157.0	10.71	1.7	34.9	10.88	1.8	1.6
其他国家	112.39	18.5	4.3	104.75	16.8	−6.8	103.96	17.6	−0.8
总计	607.27	100.0	6.4	624.60	100.0	2.9	589.88	100.0	−5.6

就单个国家而言，2013年进口降幅最大的是法国和美国。意大利从法国进口的单层及多层纤维设备（下降99%），注射机械（下降83%）以及热成型设备（下降66%）都出现了下降，但是挤压机（增长10%）和吹塑机（增长38%）的进口出现了增加。意大利从美国进口的挤压机（下降83%）、热成型机及吹塑机（下降100%）均大幅下降，但是，注射机进口却大量增加（增长58%）。

尽管2013年意大利从德国进口量有所减少(下降5.6%)，但德国依旧是意大利塑料、橡胶机械和模具的第一供应商（也是意大利主要出口目的地）。从德国进口占意大利购买量的34%，主要集中于注塑设备（占从德国进口总量的12.4%）。从奥地利进口设备情况相对稳定，意大利从奥地利主要购买注射机——金额约1 900万欧元（占总量的34%）。

意大利的出口产值占行业收入的比重很大，下面介绍一下主要种类设备的出口情况。

注射机出口额增长达31.5%（总计约1.27亿欧元，总共增长5%）。主要购买者：①巴西，2013年从意大利购买了价值约1 000万欧元的产品（增长12.7%）。②墨西哥，购买了价值接近700万欧元（增长39%）的产品。③秘鲁，购买金额从200万欧元增长到2013年的600万欧元。

挤出机约占意大利行业总出口的12%，价值约3.01亿欧元，下降3.7%。通过2012年的主要出口目的国分析，2013年整体销售下降影响到德国，但其从意大利的进口依旧保持领先地位，购买了价值约2 530万欧元（下降3%），其他出口下降的国家是法国1910万欧元（下降24%）、俄罗斯1 820万欧元（下降28%）、土耳其1 470万欧元（下降8%）以及波兰1 250万欧元（下降13%）。

意大利吹塑机（占意大利2013出口的5.3%）出口也遇到了出口衰退，下降10.9%，金额约1.36

亿欧元。2012 年出口主要目的国下降的有：美国进口约 610 万欧元（下降 70%）、法国进口 640 万欧元（下降 10%）、俄罗斯进口 670 万欧元（下降 4%）、巴西进口 350 万欧元（下降 42%）以及中国进口 350 万欧元（下降 41%）。2013 年意大利吹塑机的主要进口国为俄罗斯，进口约 670 万欧元（下降 4.1%）。

与吹塑机一样，2013 年意大利热成型机出口量较 2012 年均有所下降，总额从 4 943 万欧元降到 4 546 万欧元（下降 8%）。和 2012 年相比，2013 年意大利出口量变化如下：德国进口 200 万欧元（下降 70%）、法国进口 120 万欧元（下降 74%）、印度进口 190 万欧元（下降 37%）、英国进口 230 万欧元（下降 26%）以及巴西进口 130 万欧元（下降 52%）。2013 年热成型机的主要进口国为中国，总共从意大利进口了约 830 万欧元（2012 年为 250 万欧元）的产品。2011—2013 年意大利塑料橡胶加工机械、设备及模具出口区域见表 4。

表 4 显示，2013 年意大利欧盟内部出口方面有所下降（下降 1.9%）。北美自贸区也有同样的情况，2013 年下降约 7%。

新兴市场方面，最重要的是非洲地区，因为非洲经济的持续发展，正逐渐吸引主要设备制造商到那里布局。意大利的产品在非洲销量增长 23%，总额高达 1.49 亿欧元。德国对非洲市场的出口额增长了约 20%，总额达 2 000 万欧元。而中国远远早于其他欧洲国家进入非洲，销售总额达到了 2.9 亿欧元，较 2012 年增长 10%。意大利塑料橡胶加工机械、设备及模具出口主要目的国家见表 5。

表 4 2011—2013 年意大利塑料橡胶加工机械、设备及模具出口情况

地区	2011 年出口额（百万欧元）	占总量百分比（%）	2011 年比 2010 年增长（%）	2012 年出口额（百万欧元）	占总量百分比（%）	2012 年比 2011 年增长（%）	2013 年出口额（百万欧元）	占总量百分比（%）	2013 年比 2012 年增长（%）	2011-2013 年平均增长比率（%）
欧盟	1 138.32	46.9	23.4	1 207.00	46.9	6.0	1 184.64	46.0	-1.9	8.7
欧洲其他地区	292.25	12.0	28.9	335.97	13.1	15.0	314.61	12.2	-6.4	11.5
远东	321.22	13.2	31.8	305.22	11.9	-5.0	306.08	11.9	0.3	7.9
北美自贸区	221.11	9.1	16.6	268.85	10.5	21.6	250.15	9.7	-7.0	9.7
南美	198.57	8.2	4.5	191.01	7.4	-3.8	209.28	8.1	9.6	3.3
中东	127.73	5.3	23.0	99.32	3.9	-22.2	103.09	4.0	3.8	-0.2
北非	61.08	2.5	-4.8	68.49	2.7	12.1	85.04	3.3	24.2	9.8
非洲其他地区	39.85	1.6	-2.2	52.26	2.0	31.1	63.62	2.5	21.7	16.0
澳大利亚及大洋洲	17.30	0.7	18.6	24.20	0.9	39.8	15.90	0.6	-34.3	2.9
中美洲	12.26	0.5	-24.1	20.33	0.8	65.9	19.51	0.8	-4.1	6.5
总计	2 429.69	100.0	20.8	2 572.64	100.0	5.9	2 551.91	100.0	-0.8	8.2

表 5 意大利塑料橡胶加工机械、设备及模具出口主要目的国家

2011 年				2012 年				2013 年				2011-2013 年平均增长率（%）
国家	出口额（万元欧元）	占比（%）	比上年增长（%）	国家	出口额（万元欧元）	占比（%）	比上年增长（%）	国家	出口额（万元欧元）	占比（%）	比上年增长（%）	
德国	352.67	14.5	13.4	德国	376.79	14.6	6.8	德国	364.81	14.3	-3.2	5.5
法国	156.63	6.4	31.9	法国	174.12	6.8	11.2	法国	144.98	5.7	-16.7	6.9
中国	147.97	6.1	21.8	美国	159.24	6.2	32.8	美国	143.10	5.6	-10.1	5.6

（续）

2011年				2012年				2013年				2011-2013年平均增长率(%)
国家	出口额（万元欧元）	占比（%）	比上年增长（%）	国家	出口额（万元欧元）	占比（%）	比上年增长（%）	国家	出口额（万元欧元）	占比（%）	比上年增长（%）	
美国	119.94	4.9	6.8	中国	138.55	5.4	-6.4	波兰	125.11	4.9	4.8	3.7
俄罗斯	112.69	4.6	60.2	俄罗斯	131.69	5.1	16.9	中国	120.88	4.7	-12.8	19.8
波兰	107.51	4.4	41.1	波兰	119.38	4.6	11.0	俄罗斯	119.54	4.7	-9.2	16.2
土耳其	96.12	4.0	33.9	土耳其	89.61	3.5	-6.8	英国	92.92	3.6	7.4	9.0
巴西	90.06	3.7	-8.3	西班牙	87.58	3.4	2.0	西班牙	85.62	3.4	-2.2	-4.5
西班牙	85.85	3.5	-1.8	英国	86.48	3.4	33.9	土耳其	80.22	3.1	-10.5	-2.8
墨西哥	73.42	3.0	35.4	墨西哥	83.78	3.3	14.1	墨西哥	79.24	3.1	-5.4	13.5
印度	67.25	2.8	63.1	巴西	81.17	3.2	-9.9	巴西	78.75	3.1	-3.0	24.1
英国	64.60	2.7	-4.3	捷克	61.74	2.4	9.5	捷克	64.78	2.5	4.9	-1.4
捷克	56.36	2.3	63.0	印度	52.82	2.1	-21.5	罗马尼亚	43.56	1.7	-17.4	8.0
罗马尼亚	53.62	2.2	82.2	罗马尼亚	52.72	2.0	-1.7	瑞士	43.42	1.7	22.9	13.9
奥地利	43.65	1.8	51.9	奥地利	45.72	1.8	4.7	阿根廷	40.26	1.6	45.7	11.9
沙特阿拉伯	42.06	1.7	26.1	沙特阿拉伯	37.81	1.5	-10.1	奥地利	40.25	1.6	-12.0	6.5
斯洛伐克	39.83	1.6	123.9	塞尔维亚	36.07	1.4	572.8	斯洛伐克	38.05	1.5	22.2	28.8
瑞士	38.83	1.6	-19.5	瑞士	35.33	1.4	-9.0	印度	36.27	1.4	-31.3	-9.1
阿根廷	33.49	1.4	6.4	斯洛伐克	31.14	1.2	-21.8	沙特阿拉伯	29.49	1.2	-22.0	-2.2
比利时	32.44	1.3	16.5	南非	28.46	1.1	54.5	日本	27.98	1.1	185.9	0.2
前20名总计	1 814.99	74.7	22.5	前20名总计	1 910.20	74.3	7.7	前20名总计	1 799.22	70.5	-4.5	6.7
其他国家	614.70	25.3	16.0	其他国家	662.44	25.7	0.9	其他国家	752.69	29.5	9.2	12.4
世界	2 429.69	100.0	20.8	世界	2 572.64	100.0	5.9	世界	2 551.91	100.0	-0.8	8.2

其他主要新兴市场地区，2013年，意大利向南美洲以及中东地区出口增长9.6%及3.8%。

表5显示了意大利塑料橡胶加工机械、设备及模具出口主要目的国家前20名排名变化情况。

对德国的出口额占意大利塑料、橡胶机械和模具行业的14%，金额约3 560万欧元，确立了它作为意大利主要贸易伙伴的传统地位。但是，由于经济形势的变化，德国2013年进口的注射机减少（下降5.7%），约420万欧元；挤出机下降约2.9%，金额约2 500万欧元，热成型机下降70%，仅200欧元。

2013年，意大利出口至法国加工商（占意大利2013年出口的5.7%）的数量下降16.7%。2013年意大利出售至法国的注射机下降迅速，从总价值约700万欧元降至只有200万欧元（下降71%）；挤出机下降约24%，金额降到1 900万欧元。吹塑机（下降10%）及热成型机（下降74%）的销售量也呈下降的趋势。

在意大利出口的目的地国家中，美国依旧处于第三的位置，从意大利购买量下降约10%，总价值约1.43亿欧元。具体来讲，2012年美国加工商注射机购买量下降5.5%，总价值约合500万欧元；挤出机购买量增长109%，价值约1 300万欧元；吹塑机购买量下降约69%。热成型机方面经历了突飞猛进的发展，2012年美国进口额基本为0，但2013年，进口额约400万欧元。

对波兰加工商的出口取得了意外的惊喜增长，2013年总价值达到了1.195亿欧元。意大利向其出口的注射机增加（增长 35.4%），价值约 500 万欧元；挤出机出口下降约 13%，约合 1 200 万欧元；吹塑机下降约 40%，热成型机出口稳定，价值约 85 万欧元。

意大利对英国的出口量增长约 4.9%，价值约 6 978 万欧元。这主要归功于英国对注射机的购买量增长 13.7%，价值约 350 万欧元；挤出机购买量增加 5.2%，约合 700 万欧元。

三、2014 发展情况

2014 年对意大利来说，由于国内经济的脆弱性以及易受经济、政治、社会等多种变量的影响，行业发展前景具有不确定性。另外，某些国际市场的问题，进一步模糊了发展前景，进而影响意大利经济预期。

许多专家认为，意大利经济的严重衰退——16 年来的第二次——已经停止，但它的影响将长期存在。

因为出口占塑料橡胶行业收入的 70%，也许意大利国内经济衰退对行业的发展影响不严重。但是如果短期内，至少中到长期内，所谓的“意大利系统”最终若不能积极的引导出口导向型企业，那么对行业的影响就会显现出来。

如果意大利资金成本高于德国，如果长久期待的劳动力市场的灵活性无法实现，如果促进出口的资金被削减而不是增加，如果信贷危机持续，那么这些最终都会影响意大利公司的竞争力。

其次，在欧盟经济策略方面，转型至少限制财政政策及灵活预算赤字指数政策被广泛认为是必要的。这尤其适用于意大利，意大利正受制于欧盟方面的各种限制。

外国市场方面，美国经济复苏（主要受页岩气开发而实现的能源独立以及“回归”策略影响，即原先转移到国外、尤其是中国的许多制造企业重新回归美国本土以及其他因素的刺激）必将是增长的利好信息。当然，欧元与美元的汇率为 1.35 ～ 1.4，将会减缓对美国的出口。另一方面，美国依旧没有完整稳固的橡胶塑料设备制造产业。

巴西经济发展正在放缓，但考虑到 2009—2010 年，巴西经济逆势而上，持续发展，现在这种情形可以被看做是一种循环现象。

欧洲的主要不确定性依旧是俄罗斯，乌克兰危机对行业的影响很难进行量化。

同时，在亚洲市场，尽管中国经济增速放缓（GDP 增长率从两位降至 1 位数），中国依旧是重要的出口市场。

在 Chinaplas2014 塑胶展中，通过一系列与中国外贸官员的会面沟通，得知现在中国市场中的中低端产品过剩，而高端产品的需求依旧旺盛。

印度市场之所以很难进入，除当地竞争者和印度体制等因素外，交通运输方面的落后等问题影响巨大，所以印度未被列为意大利和德国出口目标市场前十名。

〔供稿单位：中国塑料机械工业协会〕

俄罗斯塑料加工行业发展前景

塑料被广泛应用于人类活动的所有领域，塑料制品的生产与应用，极大地提高了塑料应用领域的生产力，目前世界塑料总产量约为 2.45 亿 t。

俄罗斯年产高分子聚合物约 600 万 t，人均产量 38kg，人均消费量 53kg，目前人均需求量 67kg。据此分析，俄罗斯每年塑料加工行业产能缺口为 180 万～ 210 万 t，俄罗斯每年塑料制品的进口量约 150 万 t。

据统计，在过去的15年中，俄罗斯的塑料产量年增长率为8%～15%。俄罗斯的人均塑料消费量，虽然已经是前苏联的4倍，但依旧低于其他发达国家。

俄罗斯的塑料加工企业大约有6 500家，员工有35万～40万人。2013年俄罗斯塑料产品产值见下表。

2013年俄罗斯塑料产品产值

（单位：10亿卢布）

塑料产品类别	产 值
聚合物薄膜及制品	65
管道及配件	40
塑料片材及制品	25
注射塑料产品	100
挤出可充气产品	65
其他塑料制品	140
总 计	435

塑料加工产业在俄罗斯经济中起着非常重要的作用。但是，俄罗斯大量的塑料产品依靠进口。目前俄罗斯的石油化工产业的进口量远大于出口量，其中占进口量40%的产品直接或者间接地影响到俄罗斯的化学产业，尤其是塑料及塑料加工产业的发展。

对于原材料，只要有生产，不管在什么情况下，市场都是有需求的，俄罗斯的塑料加工行业正处于低迷状态，每年的进口量却达到150万t，说明俄罗斯的市场对于塑料产品加工行业是有很大需求的，只是目前俄罗斯的塑料生产和加工行业还不适应市场需求，无法生产出市场需要的产品。要克服这个难题，要通过政府和行业在政策及应对措施上采取多种方法，才能够使行业渡过难关，重现生机。

俄罗斯目前有6 500家塑料加工企业，市场的成熟程度依产品不同而各异。目前俄罗斯只有几家大公司能够生产高分子板，150家企业能够生产管道，大约有2 000家企业生产包装用的各种产品。从产量上来说，40%的塑料产品用于包装行业，建筑业使用的塑料产品数量位居第二，尽管塑料行业是非常重要的行业，但塑料行业消费额只占总消费额的7%～8%。

塑料产品的大量进口不仅削弱了俄罗斯塑料制品行业的发展能力，而且加重了俄罗斯对国外塑料供应的依赖程度。但是，进口行为都是由买家自行进行的，并不受政府部门的掌控，他们不关心进口对俄罗斯塑料行业的影响，他们关心的是产品供应是否充足，产品价格是否低廉，产品供货是否及时，这关系到他们的切身利益，但是政府应该采取措施鼓励他们使用国产的塑料制品。

各种不利因素影响着俄罗斯塑料制品行业的发展，影响俄罗斯塑料加工行业发展的主要因素有以下几点：

（1）塑料制品的高成本（参照进口平价以及15%～20%的更高出口价格）。

（2）俄罗斯国内原材料的质量不稳定。

（3）一些等级的塑料产品供应短缺，能够大量提供的产品不符合市场的需求，市场需求的产品行业无法提供。

（4）行业所需的原材料并不是总能够方便的提供，制约了行业产能以及供应能力的提高。

（5）消费的需求滞后也影响了行业的发展。

（6）俄罗斯的用户基本上没有向塑料制品生产厂家提供长期原材料供应合同的习惯。

这些因素是俄罗斯塑料加工行业发展的极大阻碍。

塑料加工行业的发展面临的两大挑战是：

（1）塑料上下游产业对于利润的分流，使得塑料加工企业处于无利可图，生产即亏损的地步。一般而言，加工企业的利润是原材料生产企业利润的一半，但是对于塑料生产企业而言，利润接近于零，此种情况既不利于行业的发展，更使得投资者对于塑料加工行业的投资望而却步。

（2）俄罗斯电力以及铁路运输行业的高价格，降低了俄罗斯国内塑料加工行业中小生产商的竞争力。现在塑料加工市场正在向买方市场转移，如何共同获利，塑料行业要向发达国家学习。据统计，目前世界上每四个塑料原材料制造商，就有一个是大型的塑料制品加工商。

塑料加工行业面临问题及建议：

（1）解决基础原材料的短缺以及石油的过度出口问题，以使国内塑料产品的产量品种能够满足国内需要。

（2）改善原材料供应商和塑料制品加工商的长期关系问题，原材料供应商和塑料制品加工商之间的关系应该是良性的，互相促进的，能够接受国家部门管理的。

（3）因为塑料加工行业的利润低，俄罗斯投资者以及外资担心收不回投资没有收益，不敢进入塑料加工行业。政府需要在税收、基础投资、关税、自然垄断等各方面提供优惠的待遇，以鼓励投资者对塑料加工行业加大投资。

（4）塑料加工行业的科研院所在 20 世纪 90 年的剧变中，受到重大打击，近些年来才逐渐恢复起来。

（5）俄罗斯塑料加工行业的基础设施还非常落后，国内塑料原材料也严重短缺，尤其是高端的塑料原材料更是短缺。

（6）俄罗斯塑料加工行业的专业技术人员，尤其是现场的技术人员非常短缺。

（7）俄罗斯加入 WTO 以后，竞争日趋激烈以及原材料价格的上涨使得行业遭受严重打击。

要想解决塑料加工行业面临的困难，政府和行业都要采取各种措施来应对。总之，塑料产品的生产和消费在俄罗斯的发展速度较快，但是，与其他工业化国家相比，俄罗斯的塑料产量以及在总消费中所占的比重依旧很低。尽管在过去五年中取得了一些进步（例如 Polyplastic 集团公司不仅是俄罗斯，也是世界管道及复合材料行业的知名企业），但是要追赶发达国家的脚步还有很长的路要走。

〔撰稿人：俄罗斯塑料加工协会副会长 Igor Tsapenko〕

南非塑料工业发展概况

根据 2013—2014 世界经济论坛全球竞争力指数调查统计，南非在 148 个调查国家中排名第 53 位，在非洲国家中排名第 2 位仅低于毛里求斯（45 位）。

一、对塑料的需求日益增长

近些年来，在南非乃至全世界，少有行业像塑料工业面临着快速增长、技术进步、创新以及不断变化的商业环境。自 2008 年以来，塑料工业实现了持续稳定增长，并在 2014 年依然保持增长态势。

南非的塑料生产处于区域领先地位，非洲其他国家由于基础设施建设、能源、通信和制造业等的不断发展，对塑料的需求也在显著增加。非洲快速增长的塑料工业正在吸引着更多的国际公司进入到这一片利润丰厚的新兴市场。据测算，非洲塑料包装的需求增长率约为 8%，高出西欧国家。以下方面对塑料的需求有一定影响。

（1）政府战略基础设施项目。政府战略基础设施项目（SIPs）致力于提升国家基础设施建设，自 SIPs 公告发布以来，南非建筑业对塑料的使用有所增长。

（2）创新。新的创新持续改进生产工艺，可能导致制造者不能与不断变化的技术进步步伐保持同步。此外，由于南非的地理位置所限，物流成本持续提高。由于研发不足，塑料市场可能会失去其优势。然而，塑料行业想要保持增长并创造更多的工作机会，创新至关重要。

回顾2013年，尽管南非的GDP仅增长0.9%，但是南非的塑料工业增长了5.4%。塑料制造对南非GDP的贡献度约为1.6%，对制造业的贡献度则高达14.2%。南非塑料行业综合营业额每年约500亿兰特，消费每年约13.7亿t。欧洲目前是南非塑料行业的最大出口市场。

二、南非塑料行业面临的挑战

因为需要很高的资本投入，所以塑料行业的技术升级并非易事。

由于塑料生产的自身特性，其应用的各行业与其所供应的市场离得很远，这使得厂商受的运输成本的影响很大。

行业也面临技术人才短缺难题。行业应对挑战采取的措施：

（1）可持续发展。南非塑料联合会与可持续发展委员会为提升回收率而在可持续发展举措方面取得较好的进展。但是若要塑料工业实现堆填区零塑料污染，还需要有回收与循环利用的更多措施。

（2）劳动力。塑料转换器协会成立一个单独的塑料协商论坛，使塑料行业利益得以在劳工谈判时予以考虑。

三、未来展望

塑料已经成为现代生活必不可少的重要原材料，预期近几年对塑料的需求不会下滑。由于不断上涨的电力成本、劳动力成本、运输成本以及进口低廉塑料制品的冲击，南非塑料企业制造成本会继续受到不利影响。

另一个影响塑料行业发展的因素是对回收塑料的需求。回收塑料一方面有利于减轻进口原材料的成本上升，同时，越来越多具有环保意识的消费者也将持续对品牌商和零售商施加压力，要求产品使用可回收的材料。

政府对塑料工业增长潜力的认同，将有利于塑料制造行业的发展。

〔供稿单位：中国塑料机械工业协会〕

中国塑料机械优势企业创新专栏

2015中国塑机制造业综合实力25强企业

（按“主营业务收入”排序）

1 海天塑机集团有限公司
2 上海金纬机械制造有限公司
3 震雄集团有限公司
4 大连橡胶塑料机械股份有限公司
5 山东通佳机械有限公司
6 广东伊之密精密机械股份有限公司
7 博创机械股份有限公司
8 富强鑫精密工业股份有限公司
9 宁波市海达塑料机械有限公司
10 力劲科技集团有限公司
11 宁波弘讯科技股份有限公司
12 东华机械有限公司
13 新乐华宝塑料机械有限公司
14 泰瑞机器股份有限公司
15 信易集团
16 浙江华业塑料机械有限公司
17 广东金明精机股份有限公司
18 浙江申达机器制造股份有限公司
19 东莞艾尔发自动化机械有限公司
20 宁波海雄塑料机械有限公司
21 宁波双马机械工业有限公司
22 宁波创基机械有限公司
23 宁波海星机械制造有限公司
24 张家港市贝尔机械有限公司
25 潍坊中云机器有限公司

2015中国塑料中空成型机行业3强企业

（按“主营业务收入”排序）

1 苏州同大机械有限公司
2 广东乐善机械有限公司
3 秦川机床工具集团股份公司

2015中国塑机辅机及配套件行业5强企业

（按“主营业务收入”排序）

1 宁波弘讯科技股份有限公司
2 信易集团
3 浙江华业塑料机械有限公司
4 东莞艾尔发自动化机械有限公司
5 宁波伊士通技术股份有限公司

中国塑料机械工业协会

2014中国中西部国际塑料橡胶展览会

2014中国中西部国际塑料橡胶展行业交流会

中国塑料机械工业协会粟东平秘书长赴印度协调应对反倾销事宜

中国塑料机械工业协会五届五次理事会

新产品、新技术交流会

粟秘书长与土耳其塑料产业基金会会长交流